Gunter Reus, Dr. phil., ist außerplanmäßiger Professor am Institut für Journalistik und Kommunikationsforschung der Hochschule für Musik und Theater Hannover.

Geboren 1950 in Neunkirchen/Saar. Studium der Vergleichenden Literaturwissenschaft, Germanistik und Kunstgeschichte in Mainz. Promotion 1977 mit einer Arbeit über politisches Theater.
Freie Mitarbeit bei der »Allgemeinen Zeitung« Mainz und beim Südwestfunk. Fünf Jahre Lektor an der Universität Lille (Frankreich). 1983 bis 1987 Volontär und Lokalredakteur bei der »Frankfurter Neuen Presse«.

Seit 1987 ist Gunter Reus in der Journalistenausbildung an der Hochschule für Musik und Theater Hannover tätig. Beiträge für verschieden Medien. 1996 Habilitation.

Gunter Reus

Ressort: Feuilleton

Kulturjournalismus für Massenmedien

2., überarbeitete Auflage

**Reihe Praktischer Journalismus
Band 22**

Die Deutsche Bibliothek – CIP-Einheitsaufnahme

Reus, Gunter:
Ressort: Feuilleton. Kulturjournalismus für Massenmedien /
2., überarb. Aufl. – Konstanz : UVK Medien, 1999
  (Reihe praktischer Journalismus ; Bd. 22)
  ISBN 3-89669-245-3

1. Auflage 1995
2. Auflage 1999

ISSN 1433-7649
ISBN 3-89669-245-3

Satz: Elisabeth Kochenburger, Konstanz
Druck: Legoprint, Lavis

Besuchen Sie uns im Internet
www.uvk.de

© 1999 UVK Medien
  Verlagsgesellschaft mbH, Konstanz

  Schützenstr. 24
  D-78462 Konstanz
  Tel.: (07531) 9053-0
  Fax: (07531) 9053-98

Alle Rechte vorbehalten.

Inhalt

Vorwort 7

Einleitung 9

Erster Teil: Kritik im Überblick 21

1. Kulturjournalismus heute – Rückzug in Erhabenheit? 21
1.1 Die Themen 23
1.2 Die Formen 30
1.3 Die Sprache 33

2. Wer für wen – Rollen, Mechanismen, Adressaten 45
2.1 Die Kritiker 47
2.2 Das Medium 59
2.3 Das Publikum 66

3. Zusammenfassung 81

Zweiter Teil: Wege und Möglichkeiten des Kulturjournalismus 83

1. Alte Felder, neue Wege 83
1.1 Theater 85
1.2 Buch 95
1.3 Kunst 103
1.4 Musik 112
1.5 Exkurs: Rock- und Poprezensionen (ein Blues) 122
1.6 Film 130
1.7 Medien 140

2. Andere Gebiete der Kulturkritik 159
2.1 Kulturpolitik 161
2.2 Wissenschaft 169
2.3 Politische Kultur 176

2.4	Reisen	181
2.5	Gesellschaft	187
2.6	Kleidung und Mode	194
2.7	Essen und Trinken	198
3.	Zusammenfassung	208

Dritter Teil: Ansichten, Einsichten, Konzepte 213

Horst Köpke: Kultur in der überregionalen Tagespresse 213
Gert Gliewe: Kultur in der lokalen Tagespresse 217
Hans Sarkowicz: Kultur im öffentlich-rechtlichen Hörfunk ... 222
Ina Rumpf: Kultur im privaten Hörfunk 227
Benedikt Gondolf: Kultur im öffentlich-rechtlichen Fernsehen 231
Dieter Hergt: Kultur im privaten Fernsehen 235
Dieter Baukloh: Kultur im Angebot der Nachrichtenagenturen 241

Vierter Teil: Giftzwerge gegen Angsthasen?
Streitfall Feuilleton 249

Lothar Baier: Kulturlandschaft mit Giftzwergen 249
Ulrich Greiner: Wer hat Angst vorm Feuilleton? 257

Literaturhinweise 263

Verzeichnis der Abbildungen 342

Autorenverzeichnis 343

Personenregister 345

Sachregister 352

Vorwort

»Als Herr Rathenau im Reichstag einen besonders schön gerundeten und klar verständlichen Satz beendet hatte, wurde ihm das Wort ›Feuilleton‹ zugerufen. Der Zuruf kam von den Bänken der Rechten und ist deshalb als ein Schimpfwort aufzufassen gewesen.

Versuchen wir uns darüber einig zu werden, was gemeint ist. Ein Feuilletonist ist ein Mann, der sich mit vielen Sachen – nicht nur mit einer – beschäftigt, der kurz schreibt oder spricht und der ein verständliches Deutsch schreibt oder spricht. All das ist den Deutschen sehr verdächtig und wird deshalb mit dem unerfreulichen Fremdwort Feuilletonismus bezeichnet; das übrigens gar kein rechtes Wort ist, denn bei den Franzosen selbst ist es ziemlich ungebräuchlich.

Eine ernste Sache unterhaltend und in guten Formen darzustellen, das ist es, was man Feuilletonismus nennt; das ist es, was ein strebsamer Schriftsteller und Politiker in erster Linie und auf das sorgfältigste zu vermeiden hat.

Wer auf das deutsche Publikum wirken will, der beschränke sich auf nur ein Gebiet, zum Beispiel die römische Literatur nach Augustus, und schreibe hierüber ein Werk, das auf drei Quartbände berechnet ist.«

So verteidigte Victor Auburtin am 7. Juni 1921 im »Berliner Tageblatt« das Feuilleton. Auburtin, vom Weltbürger Theodor Wolff zehn Jahre zuvor in die Redaktion geholt, stritt gegen den wohl sehr deutschen Glauben, das Geistige müsse sich schwierig geben, das Wichtige schwerfällig auf sein Gewicht verweisen. Er stritt für die Anmut und gegen die Anmaßung. Er stritt für die Form und gegen die Förmlichkeit, für den Satz und gegen die Phrase.

Mit »Feuilleton« meinte Auburtin eine Art der Darstellung, eine Prosaform zwischen Bericht und Kurzgeschichte, Journalismus und Literatur. Diese Art des gestalteten Alltagserzählens zog er der Ungestalt des Wissens vor, das sich nicht mehr mitzuteilen vermag.

Heute verbindet man mit dem Wort »Feuilleton« fast nur noch das Ressort. Der Begriff bezeichnet in Massenmedien die redaktionelle Zuständigkeit für »das Kulturelle«.

Ist das Feuilleton Auburtins im Feuilleton der Massenmedien aufgehoben? Können Kulturjournalisten unserer Zeit mit gutem Gewissen sagen, daß sie sich der Vielfalt der Dinge widmen? Stellen sie das Ernste verständlich, unterhaltend und in guten Formen dar? (Und stellen sie das Unterhaltsame dar?) Wie wollen sie auf das Publikum wirken?

Dieses Buch enthält einige Antworten. Daß sie neue Fragen aufwerfen, kalkuliere ich nicht nur ein. Ich wünsche es mir geradezu.

Die vorliegende zweite Auflage enthält kleinere Ergänzungen und aktualisierte Angaben. Im wesentlichen ist der Text jedoch unverändert geblieben. Lediglich Ina Rumpf, die jetzt für Radio Köln arbeitet, hat einen neuen Beitrag geschrieben. Die Bibliographie ist um 138 Titel angewachsen und versorgt alle, die sich weiter in das Thema »Feuilleton« vertiefen wollen, mit noch mehr Literaturhinweisen.

Hannover, im Januar 1999   Gunter Reus

Einleitung

Der Geißbock und die Hunde
Vom Dünkel
Warum dieses Buch notwendig ist

> *»Don't pay any attention to the critics;*
> *don't even ignore them.«*
> *(Samuel Goldwyn)*

> *»Schlagt ihn tot, den Hund! Es ist*
> *ein Rezensent.«*
> *(Goethe)*

Der Geißbock und die Hunde

Der Rezensent ist kein Hund. Gernot G., Kulturredakteur der »Bernhardiner Allgemeinen Zeitung«, ist ein Geißbock. Den Kopf nach hinten über die Stuhllehne gebeugt, schnarcht er mit kritischer Entschiedenheit. Eben noch hat er, geistvoll und unbestechlich, während der Morgenkonferenz ein »Do-Re-Mi-Fa-Sol-La-Si-Do« zu Papier gebracht, da war er auch schon weg.

Das passiert ihm öfter. Gernot Geißbock schläft auch mittags in der Kunsthalle ein wenig und ruht sich dafür abends im Schauspielhaus aus. Dazwischen schreibt er traumhafte Rezensionen, wenn seine Zeit es erlaubt.

So sehen es augenzwinkernd Mauri und Tarja Kunnas in ihrem Kinderbuch »Die Zeitungsmacher«.[1] Und so ähnlich sieht es ein gut Teil des Medienpublikums: Die Kritiker – irgendwo stets anwesend, ihr Treiben – irgendwie stets unwesentlich.[2] Eine Sache zum Einschlafen.

Der Rezensent ist doch ein Hund, rufen die Rezensierten aller Zeiten und finden keine Ruhe. Sabbernd warte »der wahre Kritiker« neben der Tafel der Künste auf Knochen, die für ihn abfallen könnten, flucht Jonathan Swift[3], und Paul Valéry ereifert sich: »Der schmutzigste Kläffer kann tödlich beißen; er braucht nur die Tollwut zu haben.«[4]

Einleitung

1905 gründen findige Publizisten in Breslau eine Zeitschrift mit dem Namen »Kritik der Kritik«, die sich als eine Art Kontrollorgan des Rezensionswesens und als Forum der Kritikgeschädigten versteht. Der Dramatiker Johannes Schlaf schreibt darin: »Die Hauptmängel unserer heutigen Kritik? Eine bodenlose Oberflächlichkeit, Zerfahrenheit, leichtsinniges Operieren mit schlottrigen, ungefähren Schlagworten, Denkfaulheit, Unwissenheit oder eine dilettantische Schön- und Weisetuerei, Höhenkünstelei und Narzisselei [...].«[5] Das klingt heute nicht wesentlich anders. Von der Redaktion der »Zeit« im Herbst 1992 eingeladen, über den Stand der Literaturkritik zu befinden, ziehen Schriftsteller kräftig vom Leder.[6] Über »scheinbar gelehrte Hühnersprache« und eitle »Mantelpaviane« empört sich Günter Herburger[7], über »Dummheit« und den Versuch der »Auslöschung« Stephan Hermlin[8]. »Auf Tanten und Onkel«, die ihr Kritikeramt »bucklig und betriebsblind für die fremde Schönheit eines Textes« gemacht habe, könne sie verzichten, läßt Ursula Krechel wissen[9], und George Tabori schickt ein vergiftetes Minidrama: »Vladimir: CRRRETIN! Estragon: CRRITIC!«[10]

Die Häme kann noch handfester werden. Aus den USA berichtet George N. Gordon: Ein Kritikerkollege erhielt so viele Morddrohungen, daß er bei den Behörden des Staates New York einen Waffenschein beantragte. Er bekam ihn umgehend. Er bekam überdies den Rat, sich mit dem Kauf seiner Pistole zu beeilen.[11]

Vom Dünkel

Die einen also berührt die Kritik zuweilen recht unangenehm. Die anderen, die Mehrheit des Medienpublikums, berührt sie überhaupt nicht. Dazwischen stehen die Kritiker – und sind beleidigt. Heute mehr denn je. »Das Feuilleton ist in Verruf geraten«, klagt Ulrich Greiner in der »Zeit«. »Parasitäre Medien wie etwa die privaten Fernsehanstalten, die *lifestyle*-Magazine oder die Szene-Blätter« hätten es umstellt und steuerten ungleich effektiver »die Marktfähigkeit eines Autors durch den Auftritt in einer Talk-Show, das Kurz-Interview in einer Illustrierten oder den Buchtip in einer Modezeitschrift«. Das gefalle den Autoren und wecke in ihnen den Wunsch, »es möge ›das Feuilleton‹ endlich Ruhe geben, es möge endlich der Kritiker aufhören mit seiner lästigen, manchmal schmerzlichen Kritik«:

»Es geht um die Kritik. Die neuen Kritiker des Feuilletons haben nämlich nichts gegen ein interessantes Interview, ein Portrait oder eine Reportage. Den Aufsatz über die neue Kafka-Ausgabe begrüßen sie ebenso wie den Essay zu Shelleys 200. Geburtstag. Was sie nicht so sehr mögen, ist die Rezension. Was ihnen ständigen Verdruß bereitet, ist das Urteil des Kritikers – das Urteil über ein Werk, das Urteil über literarische Entwicklungen, ästhetische Prinzipien.«[12]

Geradezu mit Endzeitpathos beschwört Gerhard Stadelmaier in einer Kolumne der Zeitschrift »Theater heute« den Untergang der Theaterkritik und polemisiert gegen den Kulturbringdienst von nebenan, den er allenthalben in der Presse zu entdecken glaubt: »Kellner ergreifen die Macht. Service triumphiert. Ein paar Kritikerexemplare überleben noch eine Weile in Reservaten, unantastbaren Gefilden wirklich großer Zeitungen in Frankfurt oder Hamburg. Der Rest ist unterm Tablett.«[13] Man rezensiere nicht mehr, man apportiere und retourniere. »Anekdoten« hier und »O-Ton Regisseur« da:

»Dann noch ein Interview mit der Bühnenbildnerin, die in den siebziger Jahren mit Frank Castorf in Anklam zusammengearbeitet hat [...]. Dazu eine Glosse, zwei Reportagen und ein Hintergrundbericht über den Kartenverkauf in der Fußgängerzone. So wird das Hors d'œuvre schon zum Hauptgericht. Eine Kritik würde hernach nur als Störung des Appetits empfunden, als Stimmungstöterin. Deshalb schaffen Chefredakteure kleinerer und mittlerer und mittelgrößerer Zeitungen die Stellen für Theaterkritiker ab und schaffen Stellen für Kulturreporter, Lokalschmonzetteure und Feelingpfadfinder.«[14]

Kein Wort wird hier darüber verloren, daß der Unmut über die »Schön- und Weisetuerei« des Feuilletons selbst verschuldet sein könnte. Statt dessen angestammte Selbstgefälligkeit, ja Naserümpfen über andere Formen und Branchen des journalistischen Metiers: Lokalbericht, Glosse und Interview schrumpfen da nachgerade zu Nippes auf dem Dienstbotenvertiko. Wirkliche Kulturkritik leisten einzig die Rezensionen. Wirkliche Rezensionen erscheinen in den großen Blättern. Die wirklich großen Blätter sind die eigenen. Die eigenen Blätter stehen ein für die große Kultur. Und große Kultur ist eben Kunst und sonst gar nichts – mit anderem machen sich große Kritiker nicht gemein.

Einleitung

Dabei muß man Stadelmaier und Greiner gar nicht in allem widersprechen. In der Tat sind nicht jeder Talk und jeder Tip schon Kulturjournalismus. Selbstverständlich muß Kulturkritik auch Eigenwilliges gegen Mehrheitsempfinden, das Subtile »hoher« Kunst gegen das »Alltägliche« abgrenzen und intellektuelle Debatten auslösen dürfen. Doch der Akzent liegt auf »auch«, und Abgrenzen heißt nicht Ausgrenzen. Das Problem ist der Dünkel. Er beginnt da, wo der Alltag aufhört zu interessieren und die Kulturkritik sich im »Romanischen Café« an den Stammtisch der Kollegen zurückzieht.[15]

Kulturjournalisten dürfen sich weder bloß an die Kunstkenner wenden, noch dürfen sie lediglich den Geschmack der Massen bedienen wollen. Sie sollten Eingeweihte wie Uneingeweihte anzusprechen bereit sein. Sie sollten die Vielfalt von Kultur erkennen und akzeptieren. Das birgt wohl stets die Gefahr von Beliebigkeit.[16] Deshalb muß die Kritik Gefälle und Unterschiede kultureller Angebote kennzeichnen, muß Interessen und Standpunkte von Anbietern bewerten. Deshalb muß sie sich um kritisches Profil bemühen. Es geht keineswegs um Nivellierung nach dem Motto »Alles ist irgendwie Kultur«. Es geht allerdings darum, verschiedene kulturelle Ansprüche und Leistungen ernst zu nehmen und zu vermitteln.

Vermittlung vor allem – so lautet der demokratische Auftrag der Kulturkritik. Nie wird sie alle Menschen gleichermaßen erreichen. Ein öffentliches Gespräch über Kultur aber muß möglich sein, das zumindest niemanden ausschließen *will*. Ein Gespräch, das geistvoll ist, ohne elitär zu gründeln, das leicht bleibt, ohne sich in leichtfertigem Partygeschwätz zu erschöpfen. Die Vorstellung, wahre Kultur sei eben nur Eliten zugänglich (»Mundus vult schundus«, meinte Franz Liszt), ist fatal, mag sie auch noch so sehr in Enttäuschungen begründet sein. Sie darf sich in den Köpfen von Angestellten jenes Dienstleistungsunternehmens, das Massenkommunikation heißt, nicht festsetzen.

Wer aber vor dem Thron seiner Kompetenz den Vorhang nicht aufziehen will, wer sich in papierenen Urkunden am liebsten täglich selbst sein Präzeptorenamt bestätigt, wer bei dem Wort »Reporter« das Gesicht verzieht und bei »Lokaljournalismus« nur an Schmonzette denkt, wer seine Perlen erst dann vor (nun ja) das Publikum wirft, wenn es mindestens um den »Diskurs« und um »ästhetische Prinzipien« geht, der darf sich freilich nicht wundern, wenn die einen ihn nicht verstehen und die anderen es nicht mehr hören können.

Warum dieses Buch notwendig ist

Seien wir nicht ungerecht. Tag für Tag erscheint auf Kulturseiten Intelligentes, das durchaus zu gewinnen und anzusprechen vermag, ist in Kultursendungen Unterhaltsames zu hören, das anregt und intellektuelle Einblicke erlaubt. Immer wieder bemühen sich Redakteure um Nähe, um Öffnung der Themen und Formen. Und doch gilt, alles in allem, immer noch, daß der Journalismus in diesem Land eher gravitätisch und orakelhaft als leicht und transparent daherkommt, wenn es um Kultur geht.[17] Noch immer hat Hermann Glaser recht mit seiner Klage, Feuilletonisten zeigten »besondere Affinität zum Kulturbewußtsein des Bildungsbürgertums«[18]. Immer noch »klafft eine Lücke zwischen den Kulturaktivitäten der breiten Bevölkerung und dem in den Medien dargestellten Kunstbetrieb«[19], konstatiert Kurt Koszyk. Die kleineren Redaktionen orientieren sich dabei sichtlich an Leitmedien aus Hamburg, Frankfurt oder München. Wie diese, informieren sie allemal gern über die neue Peymann-Premiere, während der Hintergrundbericht über das Kindertheater Firlefanz nur mitgeht, wenn »Platz« ist. Hier oft noch mehr als dort ist Kritik zuerst einmal Terminjournalismus und dann lange nichts (– es bleibt ja das Geheimnis von Gerhard Stadelmaier, in welcher deutschen Zeitung Kulturglossen und -reportagen derart üppig ins Kraut schießen).

Es fehlt alles in allem an Wagemut, Sinnlichkeit, Farbe und Humor. Es fehlt am Blick für das Große im Unscheinbaren und Unspektakulären. Es fehlt an der »kleinen Form«, als habe es Daniel Spitzer und Peter Altenberg, Alfred Polgar und Victor Auburtin, Erich Kästner und Kurt Tucholsky nie gegeben. Es fehlt an thematischer Breite, und es fehlt an Lesern, Hörern und Sehern. Nicht dagegen fehlt es am Katzengold der schmückenden Beiwörter, nicht fehlt es im Feuilleton an »meisterlichen Improvisationen«, an »stimmungsvollen Bildern« und »souveränen Interpreten«.

Seien wir nicht ungerecht – und bestehen wir auf Besserung. Es ist nicht alles schlecht, und vieles kann doch anders werden.

Daß »eine bessere Kulturberichterstattung«[20] wünschenswert wäre, ist keine neue Erkenntnis. Vor einem Vierteljahrhundert schon sprachen die Kommunikationswissenschaftler Peter Glotz und Wolfgang R. Langenbucher von der »journalistische[n] Fehlanzeige: Feuilleton«[21]. Um so erstaunlicher ist es, daß die Disziplinen der Kommunikationswissenschaft und der Journalistik, die sich seitdem im deutschsprachigen Raum etabliert haben, zwar eine Vielzahl von Untersuchungen zu einzelnen Kulturthemen und Medien[22], aber keine systematische Einführung in den Kulturjournalismus hervorbrachten. Von der älteren Zeitungskunde stammen Arbeiten über das Feuilleton, doch sind sie in Denkweise, Begriffen und Ergebnissen überholt.[23] Wilmont Haackes »Handbuch des Feuilletons«[24] aus den fünfziger Jahren beeindruckt immer noch durch seinen Quellenreichtum. In seinem idealistischen Pathos aber kann es dem Leser von heute nicht mehr genügen. Aus DDR-Sicht hat Heinz Knobloch 1962 Textformen des Feuilletons behandelt.[25]

Der von Dieter Heß herausgegebene Band »Kulturjournalismus«[26] hat mit seinem pragmatischen Ansatz die älteren Arbeiten hinter sich gelassen. Heß reiht in diesem Sammelwerk handwerkliche Empfehlungen von Autoren aus der Praxis aneinander; die können durchaus von Nutzen sein, doch fehlt eine analytisch begründete Darstellung. Überdies bleibt die Sicht von Herausgeber und Autoren mit wenigen Ausnahmen auf die traditionellen Gegenstände des Kulturjournalismus eingeengt. Eine Inhaltsanalyse des Zeitungsfeuilletons hat in jüngster Zeit Gernot Stegert vorgelegt.[27]

Dieses Buch soll die Lücke schließen und die Perspektive erweitern. Als Handbuch für die journalistische Praxis kombiniert es Analyse mit Anregungen, die in der Alltagsarbeit nützlich sein könnten. Dabei geht es vor allem um Hinweise auf Themen, Formen und Möglichkeiten des Kulturjournalismus. In erster Linie sind sie für Volontäre, Studenten und Berufsanfänger gedacht; vielleicht kann dieses Buch aber auch routinierten Redakteuren noch Impulse für ihre Tätigkeit geben. Bescheidenheit gebietet zu sagen, daß wir den Kulturjournalismus nicht neu erfinden können. Beleben aber wollen wir ihn schon.

»Kulturjournalismus« steht für Kulturberichterstattung oder Kulturkritik (die Begriffe werden im folgenden synonym verwandt). »Journalistische Praxis« steht für die Arbeit in allgemein und aktuell informierenden

Massenmedien. Spezielle Aspekte der Zielgruppenkommunikation (zum Beispiel in einem Popmagazin oder einer Fachzeitschrift für Architekten) bleiben unberücksichtigt.

Es geht ferner nicht darum, ausgeklügelte Marschrouten für kleine und große, lokale und überregionale Medien vorzuzeichnen. Vorrang hat das Ziel, den Blick für kulturelle Vielfalt zu schärfen – nach Möglichkeit in jedem Massenmedium. Was sich unter den Bedingungen einer bestimmten Redaktion an welchem Platz verwirklichen läßt (und ob vielleicht diese Bedingungen zu verändern, ob mehr Platz und mehr Zeit zu fordern wären), das wird jeder selbst entscheiden müssen.

Sachkompetenz ist für Kulturjournalisten unabdingbar. Kenntnisse in Musik oder Mode, Literatur oder Völkerkunde sollten die Leser aber auf anderem Wege erworben haben oder noch erwerben; zu solchem Wissen wird ihnen dieses Buch kaum verhelfen. Ähnliches gilt für *allgemeine* journalistische Fach- und Vermittlungskompetenz, also für Kenntnisse in Medienrecht oder Medienorganisation, für Recherchetechniken oder Sprachvermögen. Hierzu sind in den vergangenen Jahren etliche Bücher erschienen.[28]

Was niemand erwarten darf, sind Rezepte, wie man rasch Theaterrezensent oder Essayist wird, wie man (erstens, zweitens, drittens – fertig) ein preisverdächtiges Porträt verfaßt. Neigungen und Eignungen an wechselnden Gegenständen immer wieder selbst zu erproben, Phantasie zu befreien, Stil zu verfeinern, aus Kritik und Bestätigung stets neu zu lernen – auch das bleibt jeder und jedem einzelnen überlassen.

Was niemand zu erwarten braucht, sind hohe theoretische Gebäude oder endlose Tabellen. Was die Leser dieses Buches allerdings erwarten können, sind einige Daten und Fakten, sind Erkenntnisse über Inhalte und Formen des Kulturjournalismus, über Kritiker und ihr Publikum – Erkenntnisse, die aus verschiedenen Quellen stammen. Dieses Wissen wird praktisch gebündelt und systematisch vermittelt. Es soll kein totes Wissen bleiben, sondern Schlußfolgerungen für die Berufstätigkeit erlauben. So will diese Einführung dazu ermuntern, über Veränderungen nachzudenken.

Die Teile der Darstellung bauen aufeinander auf und fügen sich zu einem geschlossenen Text. Wer diesen Text von vorn bis hinten liest, wird gelegentlich auf Wiederholungen stoßen. Das war unumgänglich, denn das Buch soll sich auch jenen Lesern nicht verschließen, die nur zu einem bestimmten Punkt Informationen suchen.

- Im ersten Teil erkunden wir zunächst, was Kulturredaktionen als »Kultur« präsentieren, welche Textformen sie bevorzugen und welcher Sprache sie sich bedienen. Das erlaubt es bereits, auf das Selbstverständnis von Kulturjournalisten zu schließen. Damit befassen wir uns im Anschluß ausführlicher. Außerdem interessiert uns, inwieweit das Medium die Kulturberichterstattung beeinflußt und was das Publikum von Kritikern erwartet.

- Nach dieser Bestandsaufnahme in der Form eines Überblicks präzisieren wir im zweiten Teil unsere Kritik an Defiziten und bemühen uns darum, Wege aufzuzeigen. Sie führen zum einen durch die klassischen Felder der Kulturkritik. Hier wird die Vielfalt thematischer Möglichkeiten anzusprechen sein. Daß Kulturjournalismus weitaus farbiger und lebendiger sein kann, wenn er sich nicht auf die Monokultur des Rezensierens beschränkt, sollen Hinweise auf andere Formen und Perspektiven verdeutlichen. Gleichwohl richten wir unser Augenmerk immer wieder auch auf die Rezension. Gedanken über andere Gebiete der Kulturkritik, die in den Feuilletons der Massenmedien vernachlässigt werden, schließen sich an.

- Erfahrene Praktiker kommen im dritten Teil zu Wort. Sie skizzieren ihre Konzepte, erläutern, was sie von Kulturjournalisten erwarten und wie sie ihr Publikum sehen. Hier und da äußern sie auch Wünsche. Sie tun es aus der Perspektive ihrer Zeitung oder ihres Senders und sprechen jeweils für einen bestimmten Typ von Massenmedium. Das macht den Vergleich reizvoll, auch den Vergleich mit unseren Positionen.

- Auf das Gebiet der Polemik wagen wir uns im vierten Teil. Der Autor Lothar Baier greift mit gezücktem Säbel das Feuilleton der »Frankfurter Allgemeinen« an. Dem einflußreichen Kulturteil wirft Baier Stimmungsmache gegen die Linke vor. Ulrich Greiner wiederum holt zum Schlag der Kulturredaktion aus. In seiner Antwort auf Vorwürfe meist linker Autoren verteidigt er »das Feuilleton« als Stätte der Kunstkritik (sprich: der Rezension). Die beiden Texte aus dem Jahr 1992 haben unmittelbar nichts miteinander zu tun, sind aber vor einem gemeinsamen Hintergrund zu sehen – dem deutsch-deutschen Literaturstreit nach der Wiedervereinigung. Wenn sie zur Diskussion herausforderten, hätten sie ihren Zweck in diesem Buch erfüllt.

Die beiden Hauptteile enthalten zu Beginn jedes Kapitels eine Gliederung und münden jeweils in eine Zusammenfassung. Zwischenüberschriften lockern die Darstellung auf und erlauben rasche Orientierung.

Literaturhinweise sollen schließlich dazu ermuntern, die Lektüre fortzusetzen.

Nützlichkeit und Verständlichkeit hießen die Ziele. Und schön wäre es, wenn gelänge, was Kulturjournalisten Tag für Tag gelingen müßte: die Uneingeweihten anzusprechen, ohne die Eingeweihten zu langweilen.

Anmerkungen

1. vgl. Mauri und Tarja Kunnas: Die Zeitungsmacher. Wie eine Zeitung entsteht. Hamburg: Oetinger 1992
2. Wenn wir in diesem Buch von »den Kritikern«, »den Journalisten« oder »den Lesern« sprechen und andere Pluralformen vermeiden, dann ausschließlich deshalb, weil die Sprache leicht und lesbar bleiben soll. Auch der Gebrauch männlicher Singularformen (»der Rezensent«) soll Frauen nicht diskriminieren. Wenn nicht wirklich von einem Mann – wie Gernot Geißbock – die Rede ist, stehen diese Formen für Gattung oder Berufsstand. Sie stehen für *den* Typus. »Die Typen« sind damit nicht nur gemeint, und Männer haben auch keinen Grund, sich für die besseren Journalisten zu halten.
3. vgl. Winfried Hönes (Hrsg.): Lob der Kritik. Aphorismen für Journalisten und Kritiker. Wiesbaden: Drei Lilien 1989, S. 76
4. zit. n. a.a.O. S. 81
5. zit. n. Emil Dovifat: »Kritik der Kritik«. In: Publizistik, 8, 1963, Nr. 5, S. 432
6. vgl. Hermann Kant et al.: Kritikerbeschimpfung. In: Die Zeit, Nr. 41, 02.10.1992, Literaturbeilage, S. 2-22
7. a.a.O. S. 12
8. a.a.O. S. 14
9. a.a.O. S. 13
10. a.a.O. S. 6
11. vgl. Vorwort zu John W. English: Criticizing the critics. New York: Hastings House 1979, S. ix

Einleitung 19

12. Ulrich Greiner: Wer hat Angst vorm Feuilleton? Anmerkungen zu einem diffusen Mißmut. In: Die Zeit, Nr. 10, 28.02.1992, S. 59. – Der Text ist im vierten Teil dieses Buches vollständig abgedruckt.
13. Stadelmaier ist Theaterkritiker der »Frankfurter Allgemeinen«. »Die Zeit« erscheint in Hamburg. Inzwischen denkt man auch in den »unantastbaren Gefilden« des Hamburger Wochenblattes über Veränderungen nach. So kündigte die neue Feuilleton-Leiterin Sigrid Löffler zumindest an, daß sie das klassische Rezensionsfeuilleton öffnen wolle (vgl. Der neue »Zeit«-Tango. Ein Gespräch mit Sigrid Löffler über Veränderungen in der Medien-Welt, über Feuilleton heute, über die Zeit und »Die Zeit«. In: Theater heute, 39, 1998, Nr. 1, S. 32-36).
14. Gerhard Stadelmaier: Kritiker, zum Service! In: Theater heute, 32, 1991, Nr. 8, S. 55
15. vgl. Joachim Kaiser: Für wen schreiben Sie eigentlich, Herr Kritiker? In: Süddeutsche Zeitung, Nr. 282, 06.12.1973, Literaturbeilage, S. 2
16. vgl. Thomas E. Schmidt: Interesseloses Wohlgefallen. Aufstieg und Fall des Kulturjournalismus im Fernsehen. In: Frankfurter Rundschau, Nr. 213/37, 12.09.1992, Wochenendbeilage, S. ZB3
17. vgl. Kurt Koszyk: Feuilleton im Wandel. Abschied von den Edel-Federn. In: Journalist, 40, 1989, Nr. 7, S. 9
18. Hermann Glaser: Ist das Äffchen Feuilleton verunglückt? Beobachtungen zum Kulturteil der Tageszeitungen. In: Tribüne, 14, 1975, Nr. 56, S. 6593
19. Koszyk: Feuilleton im Wandel, S. 11
20. Hermann Glaser/Karl Heinz Stahl: Bürgerrecht Kultur. Frankfurt a. M./Berlin/Wien: Ullstein 1983, S. 59
21. Peter Glotz/Wolfgang R. Langenbucher: Der mißachtete Leser. Zur Kritik der deutschen Presse. Köln/Berlin: Kiepenheuer & Witsch 1969, S. 82 (Nachdruck München: Fischer 1993, S. 95)
22. vgl. die Literaturhinweise am Ende dieses Buches
23. vgl. Fritz Eckardt: Das Besprechungswesen. Eine Einführung in die Praxis. Leipzig 1927; Ernst Meunier/Hans Jessen: Das deutsche Feuilleton. Ein Beitrag zur Zeitungskunde. Berlin: Duncker 1931
24. Wilmont Haacke: Handbuch des Feuilletons. Drei Bände. Emsdetten: Lechte 1951 ff.
25. Heinz Knobloch: Vom Wesen des Feuilletons. Mit Studienmaterial Theorie und Praxis des Feuilletons. Halle: Sprache und Literatur 1962
26. Dieter Heß (Hrsg.): Kulturjournalismus. Ein Handbuch für Ausbildung und Praxis. München: List ²1997
27. Gernot Stegert: Feuilleton für alle. Strategien im Kulturjournalismus der Presse. Tübingen: Niemeyer 1998
28. vgl. die Literaturhinweise am Ende dieses Buches

Erster Teil:
Kritik im Überblick

1. **Kulturjournalismus heute – Rückzug in Erhabenheit?**

    1.1 Die Themen

    1.2 Die Formen

    1.3 Die Sprache

1.1 Die Themen

> *»Kramer: [...] Was nehmt ihr so vor, wenn ihr da so sitzt und andere in ihren Betten liegen?*
> *Arnold: Wir rauchen und sprechen über Kunst.«*
> *(Gerhart Hauptmann: Michael Kramer)*

> *»Wenn mir Theater über den Weg kommt, will ich auch über Theater sprechen. Ebenso über die anderen Seifenladen. Das Theater ist nicht wichtiger, aber nicht belangloser als ein Gemüsegeschäft. Bei mir soll jede Kohlrübe zu ihrem Recht kommen.«*
> *(Alfred Döblin)*

Kultur also. Doch schon beginnt das Fragen: Elitekultur oder Massenkultur? Alternativkultur? Soziokultur? Sprachkultur, Streitkultur, Körperkultur? Fahrkultur gar? In unzähligen Wortverbindungen erscheint der Begriff – und schillert.

Kultur zu definieren ist ein heikles Unterfangen. Rasch kann sich, zumal in Deutschland, Seite um Seite mit Hypothesen und Prinzipienstreit, mit normativen Anstrengungen und Denkmodellen, mit Widersprüchen und Wirrnis füllen. Und der Begriff schillert weiter.

Soll er schillern. Erkennen wir einfach die Existenz des Regenbogens an, selbst wenn der sich nicht greifen läßt. Wagen wir eine Begriffsbestimmung, die schlicht bleibt und im Bekenntnis zum Pluralismus doch sinnvoll und akzeptabel sein müßte:

Kultur ist die Summe schöpferischen Handelns von Menschen. Sie ist die Summe der Lebensäußerungen, mit der einzelne oder Gruppen ihre Umwelt gestalten und sich anderen mitteilen. Was sie voraussetzt, ist menschliches Empfinden und menschliche Besinnung. Was sie stiftet, ist »Sinn«.

Die Kunst, die Kunst...

Kultur, so verstanden, schließt keineswegs alles ein. Das Un-Menschliche etwa schließt sie aus. Das Un-Sinnige auch (nicht aber den geistreichen Nonsens). Sie hat Farben von besserer und von schlechterer Qualität. Sie hat verschiedene Niveaus, die sich unterscheiden und kritisieren lassen. Ein Spektrum aber bleibt sie allemal.

Kultur ist so vielfältig wie die Menschheit. Kultur ist »multikulturell«.

Vom Feuilleton der Massenmedien läßt sich das nur eingeschränkt behaupten. Eine kleine Stichprobe im Frühjahr 1994. Wir zählen eine Woche lang aus, was Zeitungsredaktionen auf ihren Kulturseiten anbieten. Nach dem Zufallsprinzip ist die Wahl auf die »HNA Hessische Allgemeine« (Kassel), die »Leipziger Volkszeitung« und die »Hannoversche Allgemeine Zeitung« gefallen. Zum Vergleich ziehen wir die Deutschlandausgabe der »Frankfurter Allgemeinen« heran.[1]

Die Ergebnisse sind, im strengen Sinn der Statistik, nicht repräsentativ. Aber sie sind deutlich genug. Nimmt man die drei Regionalzeitungen zusammen, so entfallen im Feuilleton auf die Themen Theater, Belletristik, Bildende Kunst, Musik und sonstige Künste 74 Prozent aller 180 Beiträge. Mit Film und Medien befassen sich weitere 11 Prozent der Feuilletonartikel. 15 Prozent bleiben übrig für alle sonstigen Kulturthemen wie Medizin, Geschichte, Völkerkunde und anderes.[2]

In der Rangfolge der häufigsten Themen liegt das Theater (mit Oper und Ballett) an der Spitze (25 Prozent aller Beiträge), gefolgt von Musik (18), Bildender Kunst (17), Belletristik (11) und Film (9).

Auf den vom Feuilleton räumlich getrennten lokalen Kultur- und »Szene«-Seiten haben Theater, Belletristik, Bildende Kunst und Musik mit zusammen 86 Prozent einen noch höheren Anteil. Film kommt hier auf 11 Prozent, alle anderen Themen machen noch ganze 3 Prozent aus. Musik (44 Prozent aller Beiträge) liegt auf den lokalen Kulturseiten klar vor Theater (27 Prozent).

Anders sieht es in den Wochenendbeilagen aus.³ Die traditionellen Kunstthemen erreichen hier zusammen 27 Prozent, Film und Medien 15 Prozent; in 58 Prozent aller Artikel dagegen geht es um andere Kulturthemen wie Naturwissenschaften, Medizin, Geschichte oder Gesellschaft.

Zählt man zum Feuilleton, dem lokalen Kulturteil und der Wochenendbeilage noch die Medien-, Film- und Buchseiten dazu, so ergibt sich für die drei Regionalzeitungen folgendes Bild: Die Themen Theater, Belletristik, Bildende Kunst und Musik haben an insgesamt rund 350 Beiträgen einen Anteil von knapp 60 Prozent. Am häufigsten vertreten sind Musik und Theater mit jeweils 18 Prozent. Film und Medien liegen zusammen jetzt bei 25, alle übrigen Themen zusammen bei 16 Prozent.

Dieses Größenverhältnis gleicht dem in Feuilleton und Wochenendbeilage der »Frankfurter Allgemeinen«. Von den rund 130 Artikeln der Untersuchungswoche haben 64 Prozent Theater, Belletristik, Bildende Kunst, Musik und sonstige Künste zum Gegenstand. Spitzenreiter sind Belletristik (21 Prozent), Bildende Kunst (19) und Theater (16). Mit Film oder Medien befassen sich 16 Prozent der »FAZ«-Artikel. 20 Prozent bleiben für alle übrigen Kulturthemen zusammengenommen.

Diese Ergebnisse ähneln dem Befund einer älteren, größeren Untersuchung. 1987 haben Wissenschaftler insgesamt 176 Ausgaben von 14 Tages- und zwei Wochenzeitungen ausgewertet. Dabei ließen sie einige kulturelle Themen (wie Naturwissenschaften oder Religion) offensichtlich unberücksichtigt, schlossen andererseits alle Ressorts ein. Ergebnis: Zwei Drittel aller Kulturberichte in der Tagespresse bezogen sich einzig auf Theater, Belletristik, Bildende Kunst und Musik. Theater und Musik lagen mit jeweils 18 Prozent in der Hierarchie der Kulturthemen ganz oben. Am unteren Ende der Skala rangierten zum Beispiel Kulturpolitik mit 2,5, Kulturgeschichte mit 0,7 oder Völkerkunde mit 0,04 Prozent.⁴ In der Studie heißt es dazu:

> »Schlüsselt man das gesamte Angebot nach Sparten und Themen der Berichterstattung auf, so offenbart sich ein Präferenzmuster, das von einem verengten, bürgerlichen Kunstkultur-Begriff bestimmt wird und von den Strukturen der kulturellen Wirklichkeit ebenso weit entfernt ist wie von Rezeptionsgewohnheiten der verschiedenen Publikumskreise. Das Sparten-

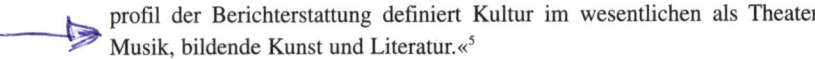 profil der Berichterstattung definiert Kultur im wesentlichen als Theater, Musik, bildende Kunst und Literatur.«[5]

Deutlich wird, daß Kulturjournalisten zwar den Regenbogen sehen. Auf einem mit dem Feuilleton verbundenen Platz wie der Wochenendbeilage berichten sie auch schon einmal über ein bunteres Spektrum von Themen. Auf den Stammplätzen der Kultur aber halten sie am liebsten nach einigen wenigen Farben Ausschau, von deren Wert und Schönheit sie immer wieder künden. Dort sprechen sie über die Kunst.

Ein solches Kulturverständnis ist erklärbar, historisch gewachsen und keineswegs ein deutsches Phänomen.[6] Redaktionen aber, die nicht vermögen, das Gewachsene behutsam zu verändern und zu ergänzen (und gerade so der Zukunft zu erhalten), sie werden es schwer haben im Wandel der Zeit.

Problematisch erscheint vor allem eine Tendenz: Je mehr sich Kulturthemen dem Alltag annähern, desto deutlicher wird die Neigung der Feuilletonredaktionen, sie ohne das Gütesiegel der »Kultur« anderen Ressorts zu überlassen. Das entehrt die Themen nicht und nicht die übrigen Ressorts. Dort jedoch spielen oft andere als kulturelle Gesichtspunkte eine Rolle. Sieglinde Trunkenpolz hat 1984 die Alltagskulturberichterstattung in insgesamt 76 Ausgaben sechs österreichischer Tageszeitungen analysiert. Ihr Ergebnis: Sämtliche 297 untersuchten Artikel über Kleidung, Mode, Schmuck, Kosmetik, über Reisen und Freizeit, Möbel und Wohnen, Küche und Restaurants standen nicht im Feuilleton, sondern in Beilagen, auf Bunten Seiten oder im Lokalteil. Die häufigsten »Handlungsträger« waren Firmen, Fachleute und Geschäftsinhaber. Fast jeder zweite Bericht erwies sich als nicht gekennzeichneter PR-Artikel. Luxuswaren galt viel Aufmerksamkeit, der »kulturelle Aspekt« blieb dagegen eher ausgeblendet. Insgesamt war die Tendenz der Artikel nur sehr selten negativ.[7]

Ist die Situation in Hörfunk und Fernsehen ähnlich? Wie diese Medien Kultur präsentieren, läßt sich nur mit erheblichem Aufwand und methodischen Schwierigkeiten ermitteln. Schon die Frage, was eigentlich als Kultur- und was »nur« als Unterhaltungsprogramm gelten könnte, wird zum Problem.[8] Im Gesamtprogramm der Funkmedien mit ihren Serien, Shows und Talkshows, ihren Dokumentationen, Magazin- und Ratgebersendungen und den zahllosen Musiksendungen vor allem des Hörfunks finden sich an den unterschiedlichsten Plätzen und in den unterschiedlichsten Formen kulturjournalistische Beiträge.

Die ARD/ZDF-Studie »Kultur und Medien« hat sie für das Fernsehen (mit einem engeren Kulturbegriff) dennoch ausgezählt. Folgt man dieser Untersuchung, so zeigte sich bei den »nonfiktionalen Kulturangeboten« von 13 Programmen ein klares Übergewicht der Themen Musik, Film, Literatur, Theater und Bildende Kunst (in dieser Reihenfolge).[9] Das erinnert an die Schwerpunkte in Zeitungen – allerdings hat Kinoinformation im Fernsehen quantitativ weitaus mehr Gewicht.

Parallele und Abweichung werden noch einmal deutlich, wenn man ein TV-Kulturmagazin herausgreift und gesondert betrachtet. Zwischen dem 7. Januar und dem 22. April 1994 präsentiert »aspekte« (ZDF) in 14 Sendungen 58 Beiträge. In 64 Prozent dieser Beiträge geht es um Theater, Belletristik, Bildende Kunst, Musik und sonstige Künste. 24 Prozent befassen sich mit Film und Medien, 12 Prozent mit Sonstigem. In der Rangfolge der häufigsten Themen führt die Bildende Kunst (21 Prozent) nur knapp vor dem Film (19 Prozent).[10]

Wenig Neues beim Blick auf ein Kulturmagazin im Radio. In »Texte und Zeichen«, dem Kulturjournal von NDR3, zeigen sich im Frühjahr 1994 die mittlerweile vertrauten Proportionen, wobei dem Film wieder etwas weniger Aufmerksamkeit geschenkt wird.[11]

... welche Kunst?

Wo Kultur drauf steht, ist vor allem Kunst drin. Nun soll die aus dem Feuilleton nicht weichen. Wer das wollte, würde eine Ausdrucksform menschlichen Empfindens und Besinnens von unermeßlichem Wert verbannen. Kein Lob des Banausentums also. Doch ein Lob der Mannigfaltigkeit, immer wieder. Das Gewachsene muß erhalten bleiben, gleichwohl stehen Um- und Erweiterungsarbeiten an. Kunst soll im Lichte bleiben, aber andere Themen müssen aus ihrem Schatten heraustreten. Um weniger Kultur geht es nicht. Es geht um mehr.

Und es geht darum: Welche Kunst ist eigentlich gemeint? Musik erklingt in der Philharmonie und beim Rockfestival; Peter Stein spielt Theater, und auf der Reeperbahn bei »Schmidts« spielen sie auch. Kunst kann Minderheiten ansprechen oder Mehrheiten suchen, sie kann sich elitär oder populär geben, etabliert oder alternativ, steif oder albern. Profis geben sich ihr hin und Laien.

Welche Spielart Kulturredaktionen mit Vorliebe verfolgen, läßt sich anhand bestimmter Kategorien ermitteln. Dazu gehören der Veranstaltungsort, das Genre einer bestimmten Kunstform (zum Beispiel Malerei als herkömmliches, Videokunst als nicht-herkömmliches Genre der Bildenden Kunst) oder Bekanntheitsgrad und Prestige der Akteure. Diese Kategorien trennen nicht immer scharf; so kann sich beispielsweise ein renommierter Künstler mit seiner Darbietung auf die Straße begeben. Überdies ist der Ermessensspielraum bei der Zuordnung groß. Wann etwa gilt ein Interpret als bekannt?

Wer hier mit exakten Zahlen operieren will, betritt schwankenden Boden. Dennoch läßt sich leicht erkennen, daß Formen »des institutionalisierten, repräsentativen Kunst- und Kulturbetriebs«[12] die besten Aussichten haben, von den Feuilletons beachtet zu werden. Namhafte Bühnen, Konzerthäuser, Museen und Verlage, in der eigenen Stadt oder anderswo, Künstler und Interpreten, die bereits im Kanon der gebildeten Stände verzeichnet sind und herkömmliche Genres vertreten – sie müssen um ihren Platz nicht bangen.[13]

Vorsichtig gezählt, beziehen sich etwa vier Fünftel aller Kunstartikel (ohne Film) des »FAZ«-Feuilletons vom 9. bis zum 15. April 1994 auf Namen und Ereignisse dieser etablierten Kunstwelt. Die drei untersuchten Regionalzeitungen stehen da keineswegs nach und erreichen zusammengenommen ähnliche Werte im Feuilletonteil. Hier wie dort ist das Gewicht der eingeführten Kunstkultur jedoch niedriger, wenn musikalische Ereignisse besprochen werden: Für Pop und Rock ist der Kulturteil keine uneinnehmbare Festung mehr.[14] Themen wie Laientheater, Design oder Comics dagegen haben im Feuilleton der Regionalzeitungen ausgesprochenen Seltenheitswert.

Im lokalen Kulturteil kann das ganz anders aussehen. Die »Leipziger Volkszeitung« etwa spricht auf ihrer Seite »Bühne Leipzig« die Kleinkunst- und Kabarettbühnen der Stadt sehr häufig an. Auch wenn von Musik die

Rede ist, bleiben repräsentative Spielstätten, Genres und Interpreten auf diesen Seiten der sechs untersuchten Ausgaben in der Minderheit.[15] Das Kunstbild, das in einem solchen lokalen Kulturteil gezeichnet wird, ist zwar alles andere als elitär, doch Ausdruck einer fragwürdigen Spaltung. Mit dem des Feuilletons hat es recht wenig gemein.[16]

In den Funkmedien vermitteln die Redaktionen alles in allem eine weniger exklusive Vorstellung von Kunst als die Feuilletonredakteure der Zeitungen.[17] Das Populäre kommt in den verschiedensten Sendungen und Zusammenhängen erwartungsgemäß leichter zu seinem Recht. Auch in den eigentlichen Kulturmagazinen von Fernsehen und Hörfunk lassen sich Versuche, andere Kunstäußerungen in die Diskussion einzubeziehen, häufiger beobachten.[18] Doch haben die Ereignisse in den großen Theatern, Galerien oder Konzertsälen hier wieder allemal Vorrang.

»Die Kultur-Journalisten«, sagte der ehemalige Münchner Kulturdezernent Siegfried Hummel, »ziehen sich in Erhabenheit zurück«[19], in etablierte, feierliche Kunstwelten. Vieles spricht dafür, daß er recht hat. Erhabenheit ist allerdings nicht unanständig, und keine Gesellschaft kann auf Eliten verzichten. Eine Elite jedoch, die sich nur noch selbst bespiegelt, wird bedenklich. Eine Kulturkritik, die ihr allzeit den Spiegel hält, wird es ebenfalls. Sie vernachlässigt, was keine Gesellschaft und keine Elite dauerhaft vernachlässigen darf: den Dialog und den Austausch mit anderen.

Daß das kundige und aktive Kulturpublikum sich keineswegs nur in den immer gleichen Kunsträumen tummeln will, wird noch zu zeigen sein (vgl. das folgende Kapitel). Einige Gedanken darüber, welche Kulturthemen im allgemeinen und welche Kunstthemen im besonderen dem Feuilleton guttun könnten, enthält der zweite Teil dieses Buches.

1.2 Die Formen

»Rezensionsfriedhöfe«
(Peter Glotz/
Wolfgang R. Langenbucher)

Journalistische Darstellungsformen sind alles andere als beliebige Hüllen für Inhalte. Sie haben sich historisch herausgebildet, damit Journalisten auf verschiedene Anlässe verschieden reagieren können – argumentativ oder ironisch, zurückhaltend oder temperamentvoll, moralisierend oder unterhaltsam, sachlich oder phantasiebetont, referierend oder kommentierend, knapp oder ausgiebig.

Mit der Wahl der Form interpretieren Journalisten bereits ihren Gegenstand, und sie wirken ein auf die Art, wie das Medienpublikum Wirklichkeit interpretiert. Zugleich beeinflußt die Darstellungsform den Grad der Aufmerksamkeit des Medienpublikums: Was seine Neugier am ehesten zu befriedigen verspricht, dem wendet es sich mit größerer Bereitschaft zu.

Ein breiteres Angebot an Formen, so läßt sich folgern, erhöht deshalb die Wahrscheinlichkeit, daß nicht nur ein Teil des Publikums aufmerksam wird – nämlich der mit ähnlichen Bedürfnissen. Ein Ressort dagegen, das ausschließlich auf wenige Formen setzt, wird eher die ansprechen, die sich aus Erfahrung und Interesse genau von diesen Formen Gewinn erwarten. Anderen mit anderen Erfahrungen erscheint es langweilig. Sie schließen von der Monotonie der Formen auf die Monotonie der Anlässe und Inhalte. Das ist das Problem von Wirtschaftsjournalisten, wenn sie nur über Bilanzpressekonferenzen berichten. Es ist das Problem von Sportjournalisten, die einen Spielbericht an den anderen reihen.

Formfehler

Und es ist wahrlich das Problem ihrer Kollegen vom Feuilleton. Unübersehbar herrschen im Kulturjournalismus zwei Darstellungsformen vor: Nachricht und Rezension. Sie machen rund drei Viertel der Beiträge in den Tageszeitungen aus. Beide Formen tauchen etwa gleich häufig auf.

Die Formen

Innerhalb der Regionalzeitungen unserer Stichprobe zeigen sich zwar gewisse Schwankungen.[20] Faßt man Feuilleton, lokale Kulturteile, Wochenendbeilagen, Film-, Buch- und Medienseiten aller drei Blätter zusammen, so gleichen sich die Proportionen jedoch an und ähneln wiederum sehr stark denen der »Frankfurter Allgemeinen«.

Rezensionen und rezensionsähnliche Berichte haben dann in den drei Regionalzeitungen einen Anteil von 38 Prozent. Meldungen (ohne Chronik, Veranstaltungstips und ähnliches) kommen auf 35 Prozent. In Feuilleton und Wochenendbeilage der »FAZ« zusammengenommen erreichen Rezensionen und Meldungen jeweils 37 Prozent. Die Dominanz dieser beiden journalistischen Ausdrucksformen wird in einem Hörfunkmagazin wie »Texte und Zeichen« gleichermaßen deutlich.

Vor-, Proben- und sonstige Berichte fallen dagegen mit einem Anteil von 14 Prozent auf den erwähnten Seiten der Regionalzeitungen deutlich ab (»Frankfurter Allgemeine«: 7 Prozent). Und alle anderen Textformen sind offensichtlich vom Aussterben bedroht. So schreiben die Mitarbeiter des vielbeachteten »FAZ«-Feuilletons zwar täglich eine Glosse. Hier und in der Tiefdruckbeilage am Samstag ist aber in der Woche der Stichprobe kein Kommentar und kein Interview, keine Reportage und keine anspruchsvolle Porträtform zu lesen.[21] Auf den verschiedenen Kulturseiten der Regionalzeitungen mit ihren rund 350 Beiträgen stehen, wie verloren, gerade vier Glossen und vier Interviews. Texte, die sich als Essays oder Features bezeichnen ließen, finden sich nach langem Suchen insgesamt zweimal, und ein einziger Kommentar versteckt sich im lokalen Kulturteil der »Leipziger Volkszeitung«.

Daß die Ergebnisse unserer zufälligen Stichprobe die Verhältnisse durchaus nicht verzerren, beweist wieder ein Blick in die Untersuchung innerhalb der ARD/ZDF-Kulturstudie:

> »Dem vergleichsweise niedrigen Stellenwert der Kultur in Tageszeitungen entsprechen auf der Ebene der formalen Präsentation ebenso stereotype wie unaufwendige Darstellungsformen. Über 90 Prozent des journalistischen Angebots sind Routinegenres wie Meldungen, Berichte oder Rezensionen. Andere Formen, etwa Reportagen, Interviews, Kommentare, Essays, Glossen bleiben die seltene Ausnahme.«[22]

Das Übergewicht von Meldung und Rezension verrät eine zentrale Schwäche der Kulturberichterstattung: die Neigung zum Termin- und Datumsjournalismus. Was als Meldung ins Feuilleton gelangt, sind zum großen Teil Hinweise auf Todesfälle, Geburtstage, Preisverleihungen und Wettbewerbe – eine Spielart des »name-dropping«, geliefert von Nachrichtenagenturen, oft genug von zweifelhaftem Informationswert, geeignet aber zweifellos, Löcher zu stopfen und den Anschein von Universalismus zu erwecken.

Nun brennt in der Brust des Feuilletonredakteurs nicht unbedingt der Ehrgeiz, kurze Nachrichten zu sammeln und zu verbreiten. Was ihn umtreibt, ist die Rezension. Sie gilt traditionell als Ausweis seiner Qualität, und sie gilt als Inbegriff dessen, was vom Feuilleton zu erwarten ist. Sie gilt als »Kritik«.

Mehr als Einzelgutachten

Diese Bedeutung der Rezension hat lange historische Wurzeln – wie die Bedeutung der Kunst im Feuilleton, mit der sie eng verwoben ist. In der Tat läßt sich ihr Beitrag zur Diskussion kultureller Leistungen, zu Auseinandersetzung und Orientierung nicht bestreiten. Unbestreitbar auch, daß sie mit anderen Genres spielen, daß sie Elemente der Glosse, der Reportage oder (zum Beispiel in Funkmedien) des Interviews aufsaugen und zu ihrem Vorteil nutzen kann. Im zweiten Teil dieses Buches wird die Rezension deshalb nicht zu kurz kommen.

Und doch – bei aller Bedeutung darf sie nicht alles bedeuten. Rezension ist Kritik, und Rezensenten sind Kritiker. Aber Kritik muß nicht Rezension und Kritiker müssen nicht allzeit Rezensenten sein. Nur wer Kritik eng begreift, nämlich ausschließlich als das Taxieren von Kunstwerken, mag beide Begriffe bedingungslos gleichsetzen. Enge der Anschauungen aber gehört nicht in die Köpfe von Journalisten. Ein Blick auf den Regenbogen empfiehlt sich immer wieder.

Wie Kultur mehr ist als die Abfolge künstlerischer Veranstaltungen, so ist Kulturkritik mehr als die Anhäufung von Einzelgutachten. Mühelos erkennt jeder Mediennutzer, daß Interview, Essay oder Reportage ebenfalls kritisch sein können (wenn Journalisten das wollen), ganz zu schweigen von Glosse oder Kommentar. »Kritik« wäre darum besser verstanden als Oberbegriff zur Bezeichnung eines Verfahrens, das sich verschiedener Textformen bedienen kann. Sie setzt voraus: intellektuelle Kraft, Sorgfalt, Urteilsfähigkeit. Sie äußert sich in dem Vermögen, Schönfärbern und Lobbyisten zu widerstehen, gewissenhaft zu berichten, einzuordnen und zu bewerten – was wiederum etwas anderes ist als das Bedürfnis, unter allen Umständen zu richten.

Hinweise darauf, wie sich andere Darstellungsformen im Kulturjournalismus nutzen lassen, folgen ebenfalls im zweiten Teil.

1.3 Die Sprache

> »Wenn dein Bißchen an sich nichts
> Sonderbares ist, so sage es wenigstens ein
> bißchen sonderbar.«
> (Lichtenberg)

> »Man kann gewiß nicht alles
> simpel sagen, aber man kann es einfach
> sagen. Und tut man es
> nicht, so ist das ein Zeichen, daß die
> Denkarbeit noch nicht beendet war. Es gibt
> nur sehr, sehr wenige Dinge in der
> Welt, die sich der glasklaren Darstellung
> entziehen. Hier ist Schwulst Vorwand.«
> (Kurt Tucholsky)

Viel Sand und keine Oase sieht E. A. Rauter. »Von allen Unverständlichkeitswüsten in der Presse ist die der Kulturkritik die weiteste«[23], schreibt er und setzt gleich noch eins drauf: »Was nach den Bemühungen auf dem Papier zurückbleibt, läuft hinaus auf Kommunikationsbetrug.«[24]

Eine ungestüme Attacke. Sofort weckt sie den Wunsch, den Angegriffenen beizustehen. So schlimm, so abstoßend kann sie nicht sein, die Sprache der Kulturkritik – zu verschieden die Talente der Schreiber, ausgesprochener Individualisten, die sich doch gerade, einer gegen den anderen, mit ihrer Macht über die Wörter auszeichnen wollen.

In der Tat präsentiert sich die Sprache des Feuilletons viel weniger einheitlich als etwa die Sprache des Sport- oder des Wirtschaftsressorts. Deren Metaphernvorrat, deren syntaktische Baupläne sind rasch erkannt. Nichts dagegen träfe Kulturkritiker härter als der Vorwurf, sie begnügten sich mit dem Standard, griffen auf »das Klischee, das automatische Sprechen«[25] zurück. Und es gibt sie ja durchaus, die Sprachtalente im Feuilleton. Es gibt Sätze voller Leben, Sinnlichkeit und rhetorischer Schönheit.[26] Es gibt die Schreiber, die das Einfache mit der Qualität zu vereinen wissen, die im Bemühen um individuellen Stil ihr Publikum nicht vergessen.

Es gibt sie – auch. Und doch nutzt alles nichts: Die Flucht vor dem Einerlei führt nur zu oft geradewegs in neue Unwirtlichkeit. Da knirscht es tatsächlich im Feuilleton, da ist der Sand, da ist die heiße Luft. Da ist eine Sprache voll eigener Formeln und Marotten, eine Sprache, die bei aller Andersartigkeit ihre Adressaten gründlich verprellen kann.

Kalkül und Blasen

Protest wird immer wieder laut gegen Fachbegriffe, gegen die »Sforzati«, »Sekundwege« und »sequenzierenden Tonfolgen« in der Musikkritik, gegen den »Siebdruck auf Aktionsrelikt« in der Ausstellungsrezension. Nun läßt sich dem Feuilleton ebenso wie anderen Fachressorts das Recht auf eigene Begriffe nicht absprechen, solange es nicht hemmungslos mißbraucht wird. Mathias O. C. Döpfner hat in Musikrezensionen überregionaler Feuilletons durchschnittlich 24 Termini, in lokalen Musikrezensionen bei vergleichbarer Länge 18 Termini ausgemacht.[27] Ist diese Häufung noch zu vertreten?

Fachausdrücke können den Zugang zum Text versperren. Sie müssen aber gar nicht so problematisch sein, wenn die Redaktionen einführen und erläutern, was unumgänglich ist. Weit ärgerlicher ist dagegen das Ausspielen von Begriffen, die jederzeit vermeidbar wären, die aber, würden sie vermieden, manche Blase platzen ließen. Wirklich ärgerlich sind die Blasen im Feuilleton: »Aus der Strenge des organisierenden Kalküls entwickeln sich stillebenhafte Kompositionen von großer epischer Kraft.« Manchmal freilich entwickelt sich aus dem Kalkül nur noch Unsinn: »[...] adäquate Hermeneutik zentraler Kategorien und Topoi der musikalischen Produktion Saties – wie seiner Produktionsaura.«

Die Sprache

In Wortfolgen dieser Art geht es um den Eindruck, nicht um das Verstehen. Wollte man sie übersetzen, bliebe nichts als Leere. Ihren Verfassern liegt daran, bei jeder Gelegenheit Bündel von »Diskurs«-Zertifikaten aus dem Jackett zu ziehen. An Klarheit liegt ihnen weniger. Sie schinden Eindruck mit Abstraktion, das am liebsten, und da macht es gar nichts, wenn das Jackett ein wenig verrutscht:

> »Der berückende Synkretismus dieser Zeichnungen spricht Bände über den phantasmatischen Charakter von Nitschs Materialismus. Daß derartige Dimensionen sich nicht ausschließen, sondern bedingen, macht die Relevanz des Orgien Mysterien Theaters als realmetaphorischen Geschehens aus.«

Dann wieder verrutscht anderes, hängen die Bilder einfach schief im Salon. Dann treten eine »Herrschaftsblondine« und ein »teufelsfüßiger Küchenwurm« auf, Wesen von merkwürdiger Gestalt, die es nur im Feuilleton gibt. Dann hat der Theaterrezensent »Müller-würgende Visionen«. Dann wird geschwatzt und gewurstelt und amputiert, bis selbst die Krankenlager an Blutarmut leiden:

> »Wo sonst nur humoristische Kaltblüter wursteln, Piefke-Ästhetik gepflegt wird und schmallippige Gesinnung jegliche Fabulierlust amputiert, von diesem filmischen Krankenlager mit dem Neigungswinkel zur Anämie, kommt dieser hochmotorische Glücksfall des deutschen Films? Das muss ein *fake* sein.«

Hermann Glaser schreibt: »Die Feuilletonisten – in den führenden überregionalen Zeitungen wie in den kleinen regionalen Blättern – leiden an einer Assoziationssucht. Sie versuchen, die Partitur ihres Witzes so umfangreich zu instrumentieren, daß manchem Leser Hören und Sehen vergeht.«[28] Spiel, Assoziation und Sprachwitz – sie gehören selbstverständlich ins Feuilleton. Aber oft genug ist der Witz dort eben gar nicht witzig, sondern nur komisch. Oft genug ist es die bloße Lust zu schäumen (»das Publikum, mit mählich aufweichendem Schock-Knödel im Hals«), mit der sich viele Autoren des Feuilletons unglaubwürdig machen. Statt wirklich geistreich zu formen, sagen sie es sonderbar, statt gekonnt, formulieren sie gewollt.

»Die Sprache des Kulturbetriebs«, weiß Dieter E. Zimmer, »[...] ist aufgeputzt mit falschen Gemmen, deren einziger Zweck es ist, für einen flüchtigen Augenblick zu glitzern, nicht aber, irgend etwas auszudrücken.«[29] Und Schopenhauer weiß: »Wer preziös schreibt gleicht Dem, der sich herausputzt, um nicht mit dem Pöbel verwechselt und vermengt zu werden [...].«[30]

Luzide die Bemerkung, weich das Ei

»Der deutsche Fernsehzuschauer ist eine durchweg dickhäutige, duldsame Kreatur. Arbeitspflichtige Bettflüchter, die sich werktags schon frühmorgens dem Sender Sat 1 ausliefern, müssen aber mit ungewöhnlichen nervlichen Belastungen rechnen.
Dort erscheinen, Punkt 6 Uhr, der stellvertretende Chefredakteur und Neigungsmoderator Udo Philipp sowie eine anmutige Corinna, die mit überirdischer Heiterkeit das Frühstücksprogramm gestalten. Und während unter deutschen Dächern übermüdete Hausfrauen zur familiären Grundversorgung aus den Schlafzimmern wanken, beweist der fönfrische Herr Philipp, Gatte der Bonner Bauministerin Irmgard Schwaetzer, daß ihm der hausinterne Spottname ›Philipp Schwaetzer‹ nicht unverdient zugefallen ist.
Wenn der sanguinische Moderator seine Stimme erhebt, verwandelt sich das Berliner Sat-1-Studio augenblicklich in einen Hort kommunikativer Verwirrung. [...]
Allgemeine Verblüffung begleitet auch den Börsentip, den Philipp mit der luziden Bemerkung krönt: ›Viele Anleger fragen sich: Wo gehen sie nun hin mit ihrem Geld? Denn das nimmt ja doch immer mehr zu.‹ Investitionswillige Couponschneider, die sich atemlos über ihr weiches Ei beugen, empfangen dann die wachstumshemmende Auskunft: ›Ich kann Ihnen auch keinen Rat geben.‹«

Unmöglich wäre es nicht, sich mit Texten dieser Art zu amüsieren. Käme, was da gefallen will an jedem Montag, nur nicht so überdreht und spiegelglatt daher. Buhlte es nicht ständig um Beifall. Folgte nicht auf jeden Gag noch ein Gag. Wäre nicht die Kreatur dickhäutig und duldsam, die Corinna anmutig, der Herr Philipp fönfrisch, der Moderator sanguinisch, die Bemerkung luzide, der Couponschneider investitionswillig, das Ei weich und die Auskunft wachstumshemmend. Pappten nicht überall die Attribute.

Die Schreiber des Feuilletons aber scheint es besonders zu beunruhigen, daß ein Begriff, der nicht sofort durch einen anderen gekennzeichnet wird, vielleicht nicht bestehen könnte. Daß ein Hauptwort ohne Beiwort vielleicht nicht genügte, einen Spielraum ließe, eine Lücke, die sie, die Kennzeichner, doch zu füllen hätten. Und so verfugen und verkleben sie ihre Sätze mit Adjektiven, bis die Sprache vor lauter Charakterisierung keinen Charakter mehr hat:

> »Mit sardonischem Vergnügen und angriffslustiger Verve beginnt eine schrille Filmkomödie, die den irritierenden Titel ›Schtonk‹ trägt – und deutsche Historie, in Cinemascope, mit glänzender Besetzung, vorzüglichen Dialogen und mit bitterbösen Volten, zur Fälscher-Groteske macht.«

Oder:

> »Peter Fitz als Beethoven vermeidet den plakativen Musiktitanen-Gestus. Jonkes traktatschwere Bandwurmsätze löst er mit sprech-spielerischer Virtuosität in nachvollziehbare Gedankenfolgen auf, widerspruchsgeladene Wortzusammenballungen gehen ihm mit verschrobener Selbstverständlichkeit über die Lippen, und im altfränkisch gewundenen Prosaton entdeckt Fitz den hellsichtigen Querulanten-Witz Bernhardscher Weltverbesserer: kein unberechenbarer Maestro, kein Donnergott am Komponistenhimmel, sondern eine angespannt-zerbrechliche Figur, die mit grobianischer Sanftwut und hinterhältigem Humor ihre Verletzungen erträgt.«

Kein Haufen zu hoch, um nicht noch höher zu stapeln – das Attribut zum Attribut zum Attribut:

> »In den Sinnbildern von wankenden Grundmauern, mit übereinander herfallenden Volksdeputierten und schirinowskihaft großkotzig um Stimmen buhlenden oder fernsehshowgerecht lächelnd demokratische Grundregeln erläuternden Theatertrickgöttern verfährt Stein zu simpel, zu ungenau.«

Beiwörter sind häufig »Quellstoffe«[31]. Sie blähen die Sätze auf, verdoppeln oft die Aussage (»stumme gestische Zeichen«; »gemeine Bestien«) und täuschen Genauigkeit dann nur vor. Sie können präzisieren und kennzeichnen, aber gerade wenn sie Qualität kennzeichnen sollen, erweisen sie sich als tückisch, reißen hinein ins Ungefähre, das man eigentlich vermeiden wollte. Die Folge sind Wertungsklischees im Feuilleton ohne Ende: »Höchst erstaunlich« die Regie, »selten« die Sicherheit der Bewegung, »glänzend«

die Besetzung, »hinreißend«, »grandios«, »furios«, »virtuos« dieses, jenes aber »platt«, »mäßig« oder »banal«.

Sprache kann jeden verführen – zu Automatismen, zur Bequemlichkeit, zur Pose. Dem Versuch, Eindrücke, Gedanken und Gefühle konkret zu fassen, kann sie sich beharrlich verweigern. Doch bleibt eben dieser Versuch, der Kraft kostet, das Geschäft der Kritiker. Sie haben mehr zu sagen als »grandios« oder »banal«. Sie haben zu belegen, wie etwas beschaffen ist, das diese oder jene Charakterisierung erlauben könnte, und warum diese Charakterisierung erlaubt ist.

Hohl tönt dagegen der Expertenspruch, der vor allem die Allwissenheit der Experten belegen will: »Der herausragende Roman des Jahres, ein blendendes Stück bravouröser Literatur.« Noch hohler tönt es, wenn Kritiker Gewißheit behaupten, den Superlativ aber gleich wieder relativieren, wenn sie mit Überblick und Kompetenz prahlen und sich zugleich gegen Einwände absichern möchten. Dann kombinieren sie das Absolute und das Irgendwie zu dem, was Kurt Tucholsky den »snobistischen Superlativ«[32] genannt hat: »Brodskys Essay gehört zum Poetischsten und Tiefsinnigsten, was in unserer Zeit über Venedig gedacht und aufgeschrieben worden ist.«

Die beiden letzten Textbeispiele standen zuerst in Zeitungen und dann in der Werbung. In Anzeigen und Prospekten beginnen, jeder Begründung entrückt, die Wertungsklischees des Feuilletons oftmals ein zweites Leben.[33]

Treten Kulturjournalisten hier lautstark auf, so lieben sie dort wieder das Beiläufige, die Kunst der Anspielung, des Verweises. Mit einem Schlenker bauen sie Bildungszitate und Titel ein, die sie gerne ein wenig verfremden (»Scherz, Satire, Ironie ohne tiefere Bedeutung«). Sie spielen mit dem Klang und schmieden Gedankenketten. Das muß grundsätzlich erlaubt sein, auch wenn nicht jeder folgen kann. Es sind ja Anspielungen möglich, die denjenigen erfreuen, der sie versteht, ohne andere zu verwirren. Die Zeile »Scherz, Satire, Ironie ohne tiefere Bedeutung«, in einem Text über Fernsehshows verwandt, wäre ein Beispiel: Sie schlösse keinen von der Lektüre aus, der nicht weiß, daß ihr der Titel eines Schauspiels von Grabbe zugrunde liegt.

Dieser Rezensent von Harold Brodkeys Roman »Profane Freundschaft« aber will etwas anderes. Er besteht mit seinen Anspielungen gerade auf Exklusivität. Er schließt das Tor vor dem Ansturm der Unbefugten:

> »Dieses Buch ist ohne Scham, ruchlos, verweigert sich den gefälligen Ehetraurigkeiten aller Rabbits dieser Welt und allen Bodenseehausspekulantentragödien. Es wagt ein Ecce-Homo, das nicht Fratze ist noch Karikatur, noch schleckrig Balthus-lüstern. Es wagt, Grenzen außer acht zu lassen und uns in ein unauflösbares Minotaurus-Mäander zu stellen.«

Rabbits und Bodensee, Ecce-Homo, Balthus und Minotaurus – wer's nicht begreift, muß leider draußen bleiben.

Der Kleist-Komplex

Stichwort Mäander: Manche Feuilletonautoren sind heftig verliebt in die Schlingen ihrer Sprache. Als triebe sie der Komplex, hinter der Prosa des Dichters Heinrich von Kleist nicht zurückstehen zu dürfen, schieben sie ihre Satzteile ineinander. Das Einfach ist ihnen zu simpel, das Konstruierte aber halten sie für Stil:

> »Mit dieser großen Erzählung, die, gleichsam entwicklungslos, aus visuellen und auditiven Erinnerungsfetzen zusammengesetzt, plötzlich ›angehalten‹ wird – und die Abfahrt des Zuges, der ihn aus dem Hamburger Hauptbahnhof nach Florenz bringt, wirkt weniger als emphatischer Aufbruch, eher als Versiegen –, mit dieser großen Erzählung betritt ein Schriftsteller erneut die deutsche Literaturszene, der, als seit langem bekannter Autor französischer Romane (Peter Handke hat einen davon, ›Der Spiegeltag‹, übertragen, eine Art Fortsetzung dieses ›Gartens‹) und Übersetzer deutscher Literatur leibhaftig etwas von dem verkörpert, was Roland Barthes, mit Blick auf die Photographie, ihr ›Noema‹ genannt hat, ihr unverrückbares ›Es-ist-so-gewesen‹.«

Wer so schreibt, hält nicht viel vom Auftrag der Medien, Informationen zu verbreiten. Ihm liegt an der eigenen Drechslerarbeit; Erkenntnisse der Verständlichkeitsforschung kümmern ihn nicht. Längst nämlich gilt als erwiesen, daß Schachtelsätze wie dieser den Verstand der Leser mit hoher Wahrscheinlichkeit nicht erreichen.[34]

Der nächste Satz aus einem Kulturmagazin im Radio ist zwar nicht so extrem verschachtelt. Er folgt eher dem Prinzip der Reihung. Deshalb muß er Leser nicht unbedingt überfordern. In einer Hörfunksendung schnell vom Blatt gelesen, wird das Gebilde allerdings zur Zumutung:

> »Denn daß da längst nicht mehr klar ist, welche Wahl das Wählen lohnt, daß auf nichts mehr recht Verlaß ist, nicht nur auf die Politiker nicht, sondern nicht mal mehr auf die Säulen der Wirtschaft, die offenbar latent und/oder chronisch tauben und blinden Herren Aufsichtsräte, daß Bonn zwar nicht Weimar und Schönhuber vielleicht kein neuer Führer ist, aber allemal Berlin Berlin geblieben ist, daß das Land unaufgehalten durch Justiz und Politik nach rechts kränkt und Mahnung wie Erinnerung wieder unverzichtbar wird, all das verblaßt natürlich recht schnell vor all dem Futter, das Bayerns schein- und heilige Hierarchen, die toten wie die lebenden, dem Brettl und den Autoren fuderweise vor die Tür gekippt haben.«

Die Verständlichkeit von Kulturbeiträgen läßt, alles in allem, zu wünschen übrig. Darauf deuten auch Ergebnisse empirischer Untersuchungen hin.[35] Wer aber äußert sich da so vertrackt? Was ist mit den Kritikern? Was beeinflußt sie, und was weiß man noch über ihr Publikum? Darum geht es im folgenden Kapitel.

Da sich Kulturjournalisten selbst meist so begreifen, ist hier überwiegend von Kunstkritikern die Rede. Unserer Maxime, daß Kulturkritik mehr ist als Kunstkritik und Terminjournalismus, werden wir dadurch nicht untreu.

Anmerkungen

1. Untersucht wurden die Ausgaben vom 9. bis zum 15. April 1994. Jeder Artikel, unabhängig von der Länge, galt als eine Texteinheit. Unberücksichtigt blieben allerdings Kulturkalender, gemischte Veranstaltungstips, reine Fernsehprogramm-Hinweise, Roman, Rätsel und ähnliches. Zu Themen und Formen im Feuilleton vgl. auch Gernot Stegert: Feuilleton für alle. Strategien im Kulturjournalismus der Presse. Tübingen: Niemeyer 1998, S. 111 ff.
2. Der Anteil der Kunstthemen war bei der »Hannoverschen Allgemeinen Zeitung« mit 79 Prozent am höchsten, bei der »Hessischen Allgemeinen« mit 60 Prozent am niedrigsten. Bei den übrigen Kulturthemen kam die »HNA« auf 28, die »HAZ« auf 8 Prozent.
3. Bei der »Hessischen Allgemeinen« wurde auch die »HNA Sonntagszeit« berücksichtigt.

Anmerkungen 41

4. vgl. Bernward Frank/Gerhard Maletzke/Karl H. Müller-Sachse: Kultur und Medien. Angebote – Interessen – Verhalten. Eine Studie der ARD/ZDF-Medienkommission. Baden-Baden: Nomos 1991, S. 173 f. – Siehe auch: Karl H. Müller-Sachse: Trist, trocken, traurig – kulturbezogene Angebote in Zeitungen. Ausgewählte Ergebnisse einer inhaltsanalytischen Untersuchung. In: Media Perspektiven, 26, 1988, Nr. 9, S. 576-589

5. Frank/Maletzke/Müller-Sachse: Kultur und Medien, S. 172

6. vgl. A. Hohenester/O. Kolleritsch/G. Schulter: Kulturteilgestaltung acht renommierter europäischer Tageszeitungen. In: Otto Kolleritsch (Hrsg.): Kulturteilgestaltung acht renommierter europäischer Tageszeitungen. Sonstige Beiträge. Graz: Institut für Wertungsforschung 1975, S. 7-68; Astrid Gstettner: Aktuelle Kulturberichterstattung in österreichischen Tageszeitungen. Eine inhaltsanalytische Untersuchung. Phil. Diss. Wien 1979, v.a. S. 207

7. vgl. Sieglinde Trunkenpolz: Kulturkritik und ihre Rezeption. Untersuchungen zur Theater-, Literatur- und Alltagskulturberichterstattung in österreichischen Tageszeitungen. Phil. Diss. Salzburg 1985, S. 89 ff.

8. vgl. dazu allgemein Helmut Volpers/Hans-Jürgen Weiß unter Mitarbeit von Wolfgang Büning und Joachim Trebbe: Kultur- und Bildungsprogramme im bundesdeutschen Fernsehen. Begriffsdiskussion und Programmanalyse. Eine Studie im Auftrag der Bayerischen Landeszentrale für neue Medien. München: Fischer 1992

9. Die Spitzenposition von Musikthemen ging im Untersuchungszeitraum (1989) wesentlich auf die Sender Tele5 und 3sat mit ihren umfangreichen Musiksendungen zurück. In allen anderen Programmen zusammen rangierten Filminformationen vor Musikinformationen (vgl. Frank/Maletzke/Müller-Sachse: Kultur und Medien, S. 146). Bei der Übersicht über die prozentuale Verteilung berücksichtigt die Studie Musik nicht. Allein mit den Themen Film, Literatur, Theater und Bildende Kunst beschäftigten sich rund 90 Prozent aller Beiträge (vgl. a.a.O. S. 144).

10. Eigene Auszählung

11. Jede Sendung zwischen Montag und Freitag hatte fünf größere Beiträge, zu denen Meldungen kamen. In der Zeit vom 20. April bis zum 3. Mai 1994 verteilten sich die Themen der 50 Beiträge folgendermaßen: Theater, Belletristik, Bildende Kunst, Musik und sonstige Künste 74 Prozent; Film und Medien 16 Prozent; Sonstiges 10 Prozent. Am häufigsten gingen die Mitarbeiter der Sendung auf Themen der Bildenden Kunst ein (30 Prozent), es folgten Theater (22 Prozent), Belletristik und Film (jeweils 12 Prozent) (eigene Auszählung).

12. Frank/Maletzke/Müller-Sachse: Kultur und Medien, S. 176

13. vgl. dazu auch Gstettner: Aktuelle Kulturberichterstattung, S. 221 f.

14. Im Feuilleton der »Hannoverschen Allgemeinen Zeitung« fanden sich neben acht Beiträgen über klassische Musik sieben Beiträge über Popmusik. Die »HAZ« hatte 1994 keine separate lokale Kulturseite, erschien aber einmal in der Woche mit einer zusätzlichen Pop- und Szene-Seite.

15. Das Gegenbeispiel bildete die »HNA Hessische Allgemeine«, die auch auf der lokalen Kulturseite nur zweimal auf Popmusik, achtmal aber auf klassische Musik einging.

16. Gerhard Jörder sieht durch den lokalen Kulturteil und die Spaltung der Kulturberichterstattung die »Traditionsfeuilletons« bedroht und spricht von »Legitimationsverlust« (vgl. Vor der Zerreißprobe? Gerhard Jörder, Kultur-Chef der »Badischen Zeitung«, im Gespräch über Chancen und Gefährdungen des regionalen Feuilletons. In: Theater heute, 38, 1997, Nr. 6, S. 24). Jörder ist seit 1998 Redakteur der »Zeit«. – Zur Problematik des lokalen Kulturteils vgl. auch Bernhard Möllmann: Kultur ist alles. In: Journalist, 45, 1995, Nr. 5, S. 43-44, und Gunter Reus: Kunst-Gewerbe. Der Wandel des Feuilletons. In : Journalist, 48, 1998, Nr. 8, S. 12-17

17. vgl. Frank/Maletzke/Müller-Sachse: Kultur und Medien, S. 145 f.

18. In rund einem Drittel der Kunstbeiträge von »aspekte« und »Texte und Zeichen« wurden Themen wie freie Theater, Industriedesign, Erzählungen von Doris Dörrie, Reportagen von Jane Kramer, Pop, Rock und Rap oder Willy Millowitsch behandelt.

19. zit. n. Josef Singldinger: Erinnerung an die Gegenwart. »Wehret den Anfängen«. Eine Ausstellung des Schutzverbandes Bildender Künstler im Münchner Kunstpavillon des Alten Botanischen Gartens. In: Publizistik & Kunst, 42, 1993, Nr. 9, S. 37

20. So lag die Zahl der Meldungen im Feuilleton der »Hannoverschen Allgemeinen Zeitung« (22 Prozent) viel niedriger als etwa im Feuilleton der »Leipziger Volkszeitung« (53 Prozent). Umgekehrt waren 55 Prozent aller Feuilletonbeiträge in der »HAZ« Rezensionen; bei »LVZ« und »HNA« waren es jeweils 20 Prozent. In diesen beiden Zeitungen wiederum schnellte die Zahl der Rezensionen im lokalen Kulturteil hoch (»LVZ«: 59 Prozent, »HNA«: 53 Prozent).

21. Würdigungen, Jubiläumsartikel oder Nachrufe finden sich dagegen in allen Zeitungen. Sie sind in der Regel aus Archivmaterial erstellt und von der Qualität eines „echten" Porträts weit entfernt.

22. Frank/Maletzke/Müller-Sachse: Kultur und Medien, S. 170 f. – Daß es auch anders geht, beweisen die Redaktionen jedes Jahr während des sogenannten Sommerlochs. Nun, wenn die Termine rar werden, tauchen auch mehr Glossen, Reportagen oder Porträts im Feuilleton auf. Nach wenigen Wochen aber setzt sich die Routine wieder durch.

23. E. A. Rauter: Kalkgrüne Grillen schnauben Pferdestärken. In: Ambiente, 1993, Nr. 5, S. 94

24. a.a.O. S. 96

25. Dieter E. Zimmer: Redens Arten. Über Trends und Tollheiten im neudeutschen Sprachgebrauch. Zürich: Haffmans 1988, S. 148

26. vgl. die Fallstudie von Birgitta Stimmler: Sprache und Stil des Feuilletons – illustriert am Beispiel der »Zeit« Nr. 21 vom 18.5.1979. Wissenschaftliche Arbeit Tübingen 1980

27. vgl. Mathias O. C. Döpfner: Musikkritik in Deutschland nach 1945. Inhaltliche und formale Tendenzen. Eine kritische Analyse. Frankfurt a. M./Bern/New York/Paris: Lang 1991, S. 253

28. Hermann Glaser: Ist das Äffchen Feuilleton verunglückt? Beobachtungen zum Kulturteil der Tageszeitungen. In: Tribüne, 14, 1975, Nr. 56, S. 6592

29. Zimmer: Redens Arten, S. 117

Anmerkungen

30. Arthur Schopenhauer: Parerga und Paralipomena: kleine philosophische Schriften. In: Arthur Schopenhauer: Zürcher Ausgabe. Werke in zehn Bänden. Zürich: Diogenes 1977, Bd. 10, S. 571
31. E. A. Rauter: Vom Umgang mit Wörtern. München: Weismann 1978, S. 27
32. Kurt Tucholsky: ›mit‹. In: Kurt Tucholsky: Gesammelte Werke in 10 Bänden. Hrsg. v. Mary Gerold-Tucholsky, Fritz J. Raddatz. Reinbek: Rowohlt 1975, Bd. 6, S. 20
33. Zimmer weist auf andere Formeln im »Warenhaus der Kultur« hin, »die Ehrfurcht gebieten und jeden Text zieren«, zum Beispiel die Hauptwörter »Traum« oder »Utopie« (Redens Arten, S. 144). Rauter spricht von »Adjektiv- und Substantiv-Haufen« und einem »extremen Mangel an Verben« in der Kunstkritik (Kalkgrüne Grillen schnauben Pferdestärken, S. 96).
34. Werner Früh hat herausgefunden, daß selbst Leser mit höherer Bildung verschachtelte Sätze nur schlecht begreifen (Lesen, Verstehen, Urteilen. Untersuchungen über den Zusammenhang von Textgestaltung und Textwirkung. Mit einem Vorwort von Winfried Schulz. Freiburg/München: Alber 1980, S. 195). – Zur Verständlichkeitsforschung vgl. auch Inghard Langer/Friedemann Schulz v. Thun/Reinhard Tausch unter Mitarbeit von Jürgen Höder: Sich verständlich ausdrücken. München: Reinhardt ³1987
35. vgl. Herbert Bruhn: Musikkritik und Leserpsychologie. Schreiben Musikkritiker zu kompliziert? In: Das Orchester, 32, 1984, Nr. 9, S. 727-733; Nr. 10, S. 850-855, und Trunkenpolz: Kulturkritik und ihre Rezeption, S. 172 ff.

2. Wer für wen – Rollen, Mechanismen, Adressaten

2.1 Die Kritiker
2.2 Das Medium
2.3 Das Publikum

2.1 Die Kritiker

> »Kritiker sind blutrünstige Leute, die es
> nicht bis zum Henker gebracht haben.«
> (George Bernard Shaw)

> »Ein sehr großer Kritiker steht meiner Meinung
> nach mit einem großen schöpferischen
> Künstler auf gleicher Stufe.«
> (Romain Rolland)

> »Mein Gott, ein Kritiker ist doch auch nur ein
> Mensch. Er kommt, schreibt was, geht nach Hause
> zu Frau und Kindern, nachts schnarcht er –
> von so einem kann ich mir doch nicht mein Leben
> kaputtmachen lassen.«
> (Liza Minnelli)

Arthur Honegger, der Komponist, machte fünf lebende Kritikerarten aus: den »mehr oder weniger verkrachten« Künstler; den fachlich unbedarften, aber »gepflegten Liebhaber«; »ganz junge Leute, die kaum die Grundbegriffe des Klavierspiels kennen«; die »Kritiker-Propagandisten«, schreibende Komponisten wie er selbst, die sich für oder gegen das Neue engagierten; schließlich die »Kohorte der pseudowissenschaftlichen Musikschriftsteller«, tiefsinnig, verschwommen, unverständlich.[1]

Volker Kriegel, der Jazzgitarrist, kam auf sieben: den »Konservativen« (Eiferer des reinen Jazz), den »Flottschreiber« (ahnungslos und überheblich), den »Politischen« (immer noch der Frankfurter Schule verpflichtet), den »Apologeten« (elitär und parteiisch), den »Liberalen« (gebildet und nicht gerade leidenschaftlich), den »Schwierigen« (stets frustriert; wenn andere »Hurra« rufen, ruft er »Pfui!«) und den »Berendt« (den Jazzautor und Rundfunkjournalisten Joachim Ernst Berendt).[2]

Zwei Stimmen – und schon zwölf Kategorien. Offensichtlich handelt es sich bei »dem« Kritiker um ein Lebewesen mit vielen Gesichtern. Ein Wesen, das zwar durch seine Verhaltensweisen Bilder von sich vorzeichnet, dessen konkrete Erscheinungsform aber erst in den Augen anderer entsteht. Jeder definiert da ein wenig mit.

Es wäre deshalb fragwürdig, schematisch und im Detail festzuschreiben, wer und was die Kritiker sind. Einige allgemeine Züge lassen sich aber durchaus erkennen. Vor allem sind Auskünfte darüber möglich, wie Kritiker sich selbst und ihre Rolle sehen. Das wollen wir im folgenden versuchen.

Wir zeigen dazu fünf Haltungs- und Handlungsfelder auf. Sie sind nach außen begrenzt, nach innen und untereinander offen. Zwischen den Polen jedes dieser Felder bewegt sich jeder Kritiker, wenn auch mit unterschiedlichem Elan, mit individuellen Absichten und Möglichkeiten. Ob es Standpunkte gibt, die Kritiker bevorzugen, bleibt jeweils zu fragen.

Berichter und Richter

Wie Journalismus allgemein, enthält Kulturkritik die Elemente des Beschreibens und des Bewertens. Beschreiben bedeutet, erkennbare Vorgänge und Zustände festzuhalten und mitzuteilen. Kritik ist deshalb weit mehr als Rezension. Sie schließt die Beobachtung aller kulturellen Prozesse und ihrer geistigen, wirtschaftlichen oder politischen Hintergründe ein, wofür ihr eine Vielzahl von Darstellungsformen zur Verfügung steht.

Kritiker haben aber auch als Rezensenten zunächst die Aufgabe zu informieren. Aussagen über den Wert von Gebäuden oder Gebrauchsgegenständen werden erst auf der Grundlage einer plastischen Beschreibung ihrer Formen, Teile und Funktionen nachvollziehbar. Das gilt ebenso für Bücher, Filme oder Bilder. Max Imdahl regte deshalb an, Kunstbesprechung solle mehr auf »überprüfbare Anschauungsfakten«[3] setzen. Welche Szenen bei einer Theateraufführung gestrichen wurden, wie Schauspieler die Bühne ausschreiten, wie hoch das Sprechtempo ist, wie Bühnenbild und Kostüme beschaffen sind, ob die Regie historisiert oder aktualisiert – all dies mitzuteilen ist zunächst einmal Aufgabe des *Berichters*. Jeder Theaterabend ist im übrigen nicht nur künstlerisches, sondern auch soziales Geschehen, ist ein Geschehen, das sich zugleich auf, vor und hinter der Bühne abspielt.

Georg Hensel nannte den Theaterkritiker einen »spezialisierte[n] Reporter«, der »über ein aktuelles, öffentliches Ereignis«[4] schreibe. Genauso sah es

Friedrich Luft: »Vorerst ist er Reporter, ein spezialisierter Reporter und Zeitungsmann. Er hat zu informieren. Er hat gewissenhaft und lesbar Nachricht zu geben über die Vorgänge im Bühnenhaus und Parkett.«[5]

Der Reporter weiß, daß es streng objektive Wahrnehmung nicht gibt. Er bekennt sich zum subjektiven Blick, zur Befangenheit. Aber er legt den Akzent auf die sinnliche Information, die ein Bewerten auch anderen ermöglicht. Er besitzt Urteilsfähigkeit, aber der unumstößliche und absolute Urteilsspruch ist ihm fremd.

Ganz anders der *Richter*. Für ihn zählt nur das Urteil über kulturelle Aussagen. Was indirekt (durch Selektion oder Aufmachung) oder unmittelbar stets zur Kritik gehört, wird ihm zum alleinigen Zweck. Er, nur er, entscheidet über Wert und Unwert. Der Richtertypus stammt aus vergangenen Epochen, als Akademien und gelehrte Zirkel erst nach der Durchsicht schwerer Gesetzesfolianten Harmonien und Proportionen, Jambus und Trochäus, Schwibbögen und Friesornamente genehmigten. Obwohl der Codex verbindlicher Kunstnormen im 19. Jahrhundert verlorengegangen ist und Bildung, Erziehung, sozialer Status, Launen, Moden und Suggestionen den Kritiker genauso subjektiv befangen halten wie andere, beharrt er auf papistischer Befugnis: »Kritik [...] ist Rangbestimmung der Kunst. Genauer: die Bestimmung, ob ein Produkt in Tönen, Farben oder Worten den Rang der Kunst erreicht oder nicht.«[6]

Die »letzte Instanz« kann aber auch schnoddrig und frech daherkommen: Mit dem Begriff des »Scherbengerichts« wie mit dem Spruch »Hangmen also die«[7] kokettierte der ehemalige »Spiegel«-Autor Harald Wieser auf dem Buchdeckel seiner Feuilletonsammlung. Walter Jens dagegen, als »Momos« viele Jahre Fernsehkritiker der »Zeit«, bestand mit dem Pathos der Aufklärung auf olympischen Richterwürden: »[...] unbestechlich auf jeden Fall ist er [der griechische Göttertadler Momos] gewesen, niemandes Diener und immer bemüht, das Licht der Kritik auch dorthin zu tragen, wo's die Mächtigen lieber bei Gewölk und fahler Dämmerung belassen hätten.«[8]

Es könnte etwas tiefer hängen. Kritik sollte sich nicht allzuviel sonnen in der Höhenluft von Göttern, Richtern und Gelehrten. In der Epoche der Massenkommunikation wäre ihr Auftrag eher in erklärender Vermittlung zu sehen. Das schließt Bewertung und gelegentliche Schärfe nicht aus, das kritisch informierende Beschreiben aber allemal ein. Der Kritiker steht dem Reporter näher als dem Richter.

Mit dieser Funktionsbestimmung scheinen Kulturjournalisten mehrheitlich auch durchaus einverstanden zu sein. Musikkritiker mehrerer deutscher Städte nannten es in einer Umfrage Lutz Lesles wichtiger, musikalische Ereignisse zu beschreiben als sie zu bewerten.[9] Freie Mitarbeiter von Literatursendungen des Westdeutschen Rundfunks maßen in einer Studie von Reinhold Viehoff der Wertung von literarischen Qualitäten zwar große Bedeutung bei; Sichtung des biographischen und literaturgeschichtlichen Zusammenhangs sowie Information über den Inhalt erschienen ihnen insgesamt aber noch wichtiger.[10] Petra Altmann befragte ebenfalls Buchkritiker und fand heraus, daß die Rollenauffassung vom Vermittler und Informanten auf die größte Zustimmung stößt.[11] Forschungen in den USA ergaben, daß sich Kritiker vorrangig als »reporters of artistic events«[12] begreifen. Als wichtigstes Element einer Rezension bezeichneten 75 Prozent Analyse und Interpretation oder Beschreibung, 25 Prozent entschieden sich für Bewertung.[13]

Kritiker sähen sich demnach selbst nicht ausschließlich und allzeit als ästhetisch urteilende Instanz. Allerdings läßt sich dieses Rollenbild nur bedingt mit der Erkenntnis vereinbaren, daß Kulturjournalisten andere Themenfelder als die im engeren Sinn ästhetischen eher brachliegen lassen. Auch nutzen sie Formen des Berichtens kaum aus: Rezension und Meldung dominieren (vgl. das vorige Kapitel).

Eine Repräsentativbefragung im Auftrag des Bundespresseamtes aus dem Jahre 1992 ermöglicht es, die Haltungen von Kulturjournalisten mit denen ihrer Berufskollegen in einigen Punkten zu vergleichen.[14] Diese Daten bestätigen, daß Kulturjournalisten mehrheitlich bereit sind, sich unter anderem als »neutrale Berichterstatter« zu begreifen (78 Prozent). Allerdings bekennen sie sich zu diesem Rollenverständnis weniger energisch, als ihre Kollegen in den übrigen Ressorts das tun (90 Prozent). Als jemand, »der die Bevölkerung über ihre Rechte und Ansprüche informiert«, sehen sich Kulturjournalisten ebenfalls deutlich weniger.[15]

Lobpreiser und Verreißer

Kritik – noch einmal – heißt auch Bewerten. Heißt Zustimmen und Einwenden, Anerkennen und Widersprechen. Wie weit dürfen sich Kritiker dabei vorwagen? Bis zum Äußersten, entschied Max Brod, Theater- und Musikrezensent des »Prager Tagblatts«, und zog, den Mund voller Hymnen, zum Pluspol. *Lobpreisen,* nicht Tadeln sei das Amt der Kritik: »Als ob der bekannte Satz ›Alles verstehen heißt alles verzeihen‹ nicht noch richtiger würde, wenn man ihn so steigert: ›Alles verstehen heißt alles bewundern‹.«[16] Eine bedenkliche Steigerung. Sie macht den Kritiker zum Apologeten, zum Claqueur, mehr gesteht sie »nichtschöpferische[n] Geister[n]«[17] nicht zu. Schauspieler Dustin Hoffman verwahrte sich gegen Umarmungen dieser Art: »I'd rather have a critic jump on me than praise me. When a critic says a movie is great, he's just building up the importance of his job. Critics do to movies what plant lovers do to plants. They water them until they die. It's called assassination by adoration.«[18]

Bereit zur Expedition an den Minuspol zeigte sich dagegen Walter Benjamin: »Nur wer vernichten kann, kann kritisieren.«[19] Und mit bemerkenswerter Radikalität schrieb Kurt Tucholsky, nachdem man ihn der Berufsschädigung geziehen hatte: »Ich will dem Mann schaden, wenn ich ihn tadle. Ich will die Leser vor ihm warnen und die Verleger auch – ich will aus politischen, aus ästhetischen, aus andern offen anzugebenden Gründen diese Sorte Literatur mit den Mitteln unterdrücken, die einem Kritiker angemessen sind.«[20]

Auch das *Verreißen* birgt Gefahren: Die Versuchung, sich der Mühe der Auseinandersetzung mit einem Handstreich zu entziehen, ist groß. Grundsätzlich muß ein leidenschaftliches »Nein« zwar möglich und nicht nur dem erlaubt sein, der selbst »besser machen« kann, was er tadelt. Kritiker müssen nicht choreographieren oder Kostüme entwerfen können. Um sich zum Salz in der Suppe zu äußern, brauchen sie nicht selbst zu kochen, weiß Lessing. »Vernichten« sie, dann allerdings müßte ihr Verfahren, die Kritik, dem Kritisierten überlegen sein an Esprit, Argumentation, an Witz, Logik und Form – das wäre zu verlangen.

Als Regelfall ist das »Erledigen« so wenig statthaft wie der Hymnus. Fehlt es dem Vernichter nicht selten an Distanz zur eigenen Eitelkeit oder

Bequemlichkeit, so fehlt es dem Apologeten an der Distanz zum »Genie«, dessen Abglanz auch den Kritiker noch ins Licht rückt. Sich »bedingungslos steuern« zu lassen vom »Jaja« oder »Neinnein«[21], wovor der Literaturkritiker Reinhard Baumgart warnte, muß die Ausnahme bleiben. Distanz beim Schreiben ist ein Grundgebot des Journalismus.

Wo sich deutsche Kritiker selbst auf der Skala zwischen Lobpreiser und Verreißer einordnen, geht aus keiner Studie hervor. 36 Prozent der amerikanischen Kulturjournalisten sehen sich laut English als eher abwägende, 26 Prozent als eher positive und 19 Prozent als eher negative Kritiker.[22] Inhaltsanalysen von Zeitungs- und Hörfunkbeiträgen in Deutschland und Österreich ergaben, daß sich Zustimmung und Ablehnung in der Gesamtheit der Rezensionen keineswegs die Waage halten. Im Gegensatz zu landläufigen Ansichten bewerten Kritiker öfter positiv als negativ, wenngleich ihre Urteile häufig nicht besonders entschieden sind.[23]

Kulturanwalt und Publikumsanwalt

Ein solches Ergebnis ließe sich mit der Auswahl der Kulturereignisse erklären, die eine Besprechung überhaupt zu verdienen scheinen. Es kann zugleich darauf hinweisen, daß es Kritikern – bei der Einschätzung von Hochkultur – an Abstand mangelt. Das führt zu der Frage, wen Kritiker vorrangig erreichen wollen oder wen sie als ebenbürtig betrachten.

Die Präferenz des *Kulturanwaltes* ist eindeutig. Er denkt zunächst einmal an diejenigen, über die er schreibt. Also in der Regel an Künstler, als deren Mentor, Berater und Förderer er sich sieht: »Denn der Kritiker, jener, auf den man hört, den zu überhören unmöglich ist, muß das Amt des Entdeckers an sich reißen. In seine schreibende Hand allein ist heute der Fortschritt, ist das Schicksal der Künstler gegeben.«[24]

In diesem Amt kann er sich als Demütiger geben: »Der Kritiker muß der Entsagende sein, der sich des Eigenen entäußert, der zum Dienste an der Sache lebt [...], um die zeitgenössische Kunst unter die Leute zu bringen.«[25] Oder aber er gibt sich als Pfau. Mentor der Kunst, spreizt er sich selbst zum Objekt der Verehrung: »Denn Kritik ist eine Kunst, keine Wissenschaft [...].

Ich gebe hier Kritiken in deutscher Sprache. [...] Sie suchen den Ewigkeitszug.«[26] Nicht nur Alfred Kerr hielt sich für begnadet. So meinte der amerikanische Theaterkritiker John Simon 1972:

> »But serious criticism is an art, a mode of perception and expression, an ability to evaluate based on multiplicity of experience and – less definably – taste. And here mass opinion has, historically, more often proven wrong than right. The critic, like any other artist, would be suspect if he did not – by not being only of his time – antagonize the multitude.«[27]

Wo aber die Menge mit ihrem banalen Alltagsempfinden geradezu zum Gegner und der Kritiker selbst zum Künstler wird, da schreibt er gleich am liebsten für sich selbst: »Warum treibt man das Verfassen von Rezensionen? Um des Rezensenten willen. Nicht um des Publikums willen, noch um des Rezensierten willen.«[28]

Hier erhebt der *Publikumsanwalt* Einspruch. Er »dient, schlicht gesagt, den nichtspezialisierten Lesern der Journale«[29]. Er schreibt und kostet vor für die, die seine Arbeit, die Kritik, bei ihm in Auftrag geben. Er formuliert Ansprüche und Empfindungen aus der Sicht der »Verbraucher« von Kultur. So sagt es Hellmuth Karasek:

> »Mein Privileg ist es, daß ich artikulieren kann, was ein Teil des Publikums von der Vorstellung hält. [...] Ich gehe jetzt mit der Anbiederung noch einen Schritt weiter. Ich denke, wir haben unseren Beruf dann richtig verstanden, wenn wir etwas artikulieren, was im Urteil nicht einzigartig ist, sondern den Eindruck einer Gruppe, einer Richtung, zumindest eines Teils des Publikums artikuliert.«[30]

Versteht man Kritik als journalistischen Auftrag, dann ist diese Haltung allemal angemessener, obgleich sie sich als tückisch erweisen kann – wenn sie dazu verleitet, Positionen wider die eigene Überzeugung zu beziehen, nur weil sie Auflage oder Einschaltquote steigern könnten.

Richtschnur müßte dennoch sein, daß Kritiker zunächst für das Medienpublikum arbeiten. Tun sie dies angemessen und gewissenhaft, dann »dienen« sie immer auch der Sache, um die es geht – also der Kultur.

Sehen das Kulturjournalisten mehrheitlich so? Das Bild ist getrübt. So bekannten sich die von Altmann befragten Buchkritiker zwar überwiegend zur Rolle des Vermittlers[31], dieselben Kritiker sagten aber auch, sie entschieden ungleich häufiger nach eigenem Interesse als nach dem Interesse der Rezipienten, ob sie ein Buch rezensierten oder nicht.[32] Lutz Lesle zufolge schreiben Musikjournalisten mit ihren Beiträgen in erster Linie für alle interessierten Leser; das Konzertpublikum folgt auf Rang zwei; erst an dritter Stelle der Prioritätenskala rangieren die Künstler.[33] Patrick Rössler fand heraus, daß Filmkritiker zwar »im wesentlichen« für das Publikum schreiben wollten, »aber über die Hälfte der Autoren schreibt auch für sich selbst«[34]. Eine Studie in Nordrhein-Westfalen führte zu dem Ergebnis, daß nur ein Drittel der freien und nur die Hälfte der fest in einer Feuilletonredaktion angestellten Filmkritiker »Reporter der Bedürfnisse des Publikums« sein möchten. Dagegen akzeptieren sieben von zehn Lokalredakteuren diese Rolle.[35] Sanches folgerte: Es herrschte der Typ des Kritikers vor, der auch auf einer einsamen Insel munter und ungerührt seine Kritiken weiter verfassen würde.«[36]

Das erinnert an den auf völliger Autonomie beharrenden Künstlertypus. In der Journalistenenquete 1992 sagten immerhin 22 Prozent der Kulturjournalisten, sie könnten sich eine künstlerisch-gestaltende Tätigkeit als Berufsalternative vorstellen. Ein weiteres knappes Fünftel nannte eine Tätigkeit als Schriftsteller, Autor oder Publizist. Weitere Indizien (Kulturjournalisten gehören zum Beispiel seltener einer Gewerkschaft an als andere) deuten auf eine gewisse Nähe zum »Künstlerischen«.[37]

English fand heraus, daß zwar mehr als die Hälfte der befragten Kritiker in den USA sich als »consumer guide for readers«[38] sieht. Zugleich aber messen amerikanische Kulturjournalisten Kunstkenntnis und -empfinden sowie dem eigenen Schreibvermögen weit mehr Bedeutung bei als dem Verständnis (»responsiveness«) für ihre Leser und die Bedürfnisse der Gesellschaft.[39] Vor allem Kritiker amerikanischer Kleinstadtzeitungen scheinen sich als Kulturanwälte zu verstehen.[40]

In ihrer Salzburger Dissertation versuchte Sieglinde Trunkenpolz, das Selbstbild österreichischer Kulturjournalisten nicht über Fragebögen[41], sondern durch sogenannte Tiefeninterviews mit einigen Kritikern zu ermitteln. Sie bekam dabei Äußerungen zu hören wie diese: »Schauen Sie, die Kunst wird einem ja auch nicht geschenkt, man muß sich das halt erwerben, und die Leute wollen sich's nicht erwerben – Sie können's ihnen ja gar nicht schenken.«[42]

Als gesicherte Erkenntnis der Kommunikationwissenschaft kann gelten, daß Journalisten allgemein über »die Leute«, ihre Leser, Hörer und Zuschauer, wenig wissen. Kulturjournalisten scheinen überdies ihr Publikum von vornherein für klein zu halten, da Kulturthemen die breite Masse eben nicht erreichen könnten.[43] Bei der Auswertung der Journalistenenquete 1992 war zu erkennen, daß sie sich Leser, Zuhörer und Zuschauer häufiger »kritisch« und »politisch links«, seltener »bieder«, »engstirnig« und »politisch rechts« vorstellen als die Kollegen in anderen Ressorts.[44] Offenbar denken sie bei ihrer Arbeit eher an ein gebildetes, aufgeschlossenes Teilpublikum als an die Gesamtheit der Mediennutzer.

Erzieher und Unterhalter

Wenden sich Kulturjournalisten bewußt an das Medienpublikum, um auf es einzuwirken, so bewegen sie sich zwischen den Polen der Belehrung und des Vergnügens. Der *Erzieher* hält sein Publikum mehr oder weniger für unmündig. Er will es formen, erbauen, er will es aufklären und auf ein höheres Niveau heben. Er hofft darauf, »geschmacksbildend zu wirken«[45]. Der Erzieher ist alt. Er gehört zum Feuilleton, seit es feuilletonistische Darstellungsformen im Pressewesen gibt. So verspricht ein Anonymus 1786 in der »Münchener Zeitung« dem verehrten Publikum »Früchte einer süßen Beschäftigung ... mit der Kunst«, um »den Geschmack zu erhöhen«[46].

Doch die »süße Beschäftigung« stellt nicht nur mehr Geschmack, sondern auch Lustgewinn in Aussicht. In der Tat tritt an die Seite des Erziehers durch die Jahrhunderte hindurch immer wieder die Figur des *Unterhalters*. So schreibt Theodor Fontane in einer »Egmont«-Rezension für die »Vossische Zeitung« 1872: »Unseren Kritiken, neben unserer amtlichen Lordoberrichterschaft, auch noch ein außer-amtliches, unterhaltliches Element zu geben, ist wenigstens unser Bestreben.«[47] Und wiederum 90 Jahre später weist der Musikkritiker H. H. Stuckenschmidt darauf hin, der »Ernst« stehe »in der Hierarchie der Werte nicht über, sondern unter dem Spiel, und wenn schon Kunst ein Ausdruck des Spieltriebs ist, so darf sich Kritik über die Kunst nicht anmaßen mehr zu sein als ein Gedankenspiel mit dem Spiel«[48].

Der Unterhalter will spielen und zerstreuen, er will erheitern und gefallen. Er weiß zu formulieren, man liest und hört ihn gerne. Stets aber riskiert er die Pose des Selbstgefälligen, dem seine Darstellung wichtiger wird als das Dargestellte. Der Erzieher dagegen riskiert die Pose des Besserwissers. Er provoziert den Unmut, den jeder Schüler irgendwann empfindet.

Freilich kann auch das Lernen, stößt es auf Interesse, vergnüglich sein, und freilich hält das Vergnügen noch Belehrungen bereit. Jeder Journalist, der informiert, »unterrichtet« sein Publikum, und noch am schieren Verbraucherhinweis klebt ein Rest von Pädagogik. Lutz Lesle kann das Ziel der Vermittlung daher auch als »publikumspädagogische« Pflicht von Musikkritikern verstehen.[49]

Kritik belehrt, selbst wenn sie gar nicht möchte. Ob sie allerdings ihr Publikum gewinnt, entscheidet sie selbst mit der anderen, der leichten Hand. Der Hand, die nicht den Zeigestock halten, sondern erzählen will. Kritik, sagt Benjamin Henrichs, ein Meister der leichten Schule, ein Feuilletonist unter den Rezensenten, Kritik sei ein Gewebe aus Verantwortung und Leichtsinn. Sie sei ein »ernstes Spiel«[50].

Sehen sich deutschsprachige Kritiker insgesamt ähnlich dialektisch? Nach dem Selbstverständnis als Unterhalter wird in älteren Studien nicht gefragt. Die pädagogische Neigung von Kritikern dagegen ist mehrfach belegt. Ausdrücklich als »Erzieher« bezeichneten sich Petra Altmann gegenüber zwar nur knapp zehn Prozent der Buchkritiker, nimmt man aber die Kategorie »Vermittler von Orientierungsmaßstäben« hinzu, kommt man schon auf fast 30 Prozent.[51] Ebenfalls fast jeder dritte WDR-Literaturkritiker ordnete sich als »Führer und Erzieher« ein; es war dies die am meisten genannte »Rollenselbstdeutung«.[52] In einer Studie über Fernsehkritiker kam Norbert Waldmann zu dem Schluß, daß der pädagogische Anspruch überwiege: »Sie verstehen ihre Aufgabe also nicht im Sinne einer Artikulationshilfe, sondern als Erziehung eines für unmündig erklärten Mediennutzers.«[53] Er sei »so beseelt von einem pädagogischen Auftrag«[54], gestand der Feuilletonchef der »Salzburger Nachrichten« Sieglinde Trunkenpolz.

Amerikanische Kritiker empfinden sich zum großen Teil als »educators«[55], der Anspruch »to entertain your readers« wird aber ebenfalls deutlich.[56] Die

Daten der Journalistenenquete 1992 zeigen, daß dies in Deutschland heute ähnlich ist. Genauso nachdrücklich wie die Kollegen anderer Ressorts bejahen Kulturjournalisten die Aussage, ein Journalist sollte unter anderem »die Leute unterhalten«. Vier von fünf Befragten stimmten dem zu. Dieser Anspruch sagt allerdings nichts darüber aus, ob sich »die Leute« tatsächlich unterhalten fühlen. Es liegt nahe zu vermuten, daß Kulturredakteure eher ein kleines Teilpublikum unterhalten wollen. Belehren wollen sie ihr Publikum auf jeden Fall auch – und zwar erheblich mehr als ihre Kollegen: Als »Pädagoge, Erzieher« ordnete sich fast jeder vierte Kulturjournalist, aber nur jeder achte andere Journalist ein. Zwei von drei Kulturjournalisten sagten, sie schätzten an ihrem Beruf die Möglichkeit, »sich für Werte und Ideale einzusetzen«. Ihre Kollegen waren zurückhaltender; nur knapp die Hälfte der anderen Journalisten stimmte diesem Anspruch zu, der gleichfalls einen erzieherischen Drang belegt.[57]

Experte und Liebhaber

Das letzte Gegensatzpaar zielt auf die Kompetenz der Kritiker. Was müssen sie mitbringen, wenn sie sich öffentlich über Kultur äußern? Genügt das Wissen des *Liebhabers*, also des Amateurs? Friedrich Luft bewies Verständnis für den Kollegen, der es ablehnte, gebildeter sein zu wollen und sich mehr auf eine Aufführung vorzubereiten als jeder zufällige Theaterbesucher. Dies, so der Kollege, könnte dazu verleiten, über die Köpfe des Publikums hinweg zu schreiben.[58] Luft entschied sich dann aber doch für die »gehobene Liebhaberei«[59] oder den zu Leidenschaft und Sinnlichkeit noch fähigen *Experten*:

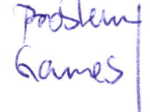

> »Der Kritiker hat immer etwas von einem Waren-Tester. Er muß ›gebildeter‹, beschlagener, muß unterrichteter sein als sein Leser und der landläufige Theatergänger. Das ist zu verlangen. Aber er muß seinen Befund, muß seine Meinung, seinen theatralischen Waren-Test möglichst lesbar, allgemeinverständlich, lustig und so verlockend formulieren können, daß den Leuten, die seinen Bericht lesen, Lust am Theater appliziert wird.«[60]

Dieser Sicht kann man sich rasch anschließen. Nicht der Ahnungslose überzeugt, aber auch nicht *der* Experte, der sein Publikum mit dem Knüppel des Imponiervokabulars spüren läßt, wie ahnungslos es ist. Es überzeugt derjenige, der Bildung und Vermittlungskompetenz, Wissen und Emotion, Verständnis und Verständlichkeit zu vereinen weiß.

Über welches Wissen Kritiker auf ihrem Gebiet verfügen, läßt sich empirisch kaum ermitteln. Nimmt man Studium und Ausbildung als Indikator, so sind die Unterschiede beim Berufszugang wohl erheblich. Bei weitem das häufigste Studienfach von Buchkritikern ist Germanistik. Zwischen 90 und 100 Prozent der von Altmann und Viehoff befragten Kritiker hatten eine Hochschule besucht[61]; nach Petra Altmann hatten drei Viertel ihr Studium abgeschlossen und fast die Hälfte promoviert.[62] Begreift man Buchkritik ausschließlich als Besprechung belletristischer Literatur, so läßt sich also hohes Vorwissen vermuten. Bei Kunst- und Musikkritikern (hier liegen vergleichbare Daten nicht vor) dürfte die Vorbildung ähnlich günstig sein.

Die Zahl der Fernsehkritiker, die von einer Hochschule kamen, lag bei Waldmann mit etwa 65 Prozent deutlich niedriger. Davon hatte die Hälfte das Studium abgeschlossen. Daß ihr Hauptfach überwiegend Germanistik war, prädestinierte sie schon nicht mehr unbedingt für ihren Gegenstand. Ihre Kenntnisse der Fernsehpraxis waren eher gering.[63]

Während die überwiegend fest angestellten Buch- und Fernsehkritiker bei Altmann und Waldmann etwa zur Hälfte über eine journalistische Ausbildung verfügten, fand Sanches heraus, daß kein einziger der von ihm befragten freien Filmkritiker in Nordrhein-Westfalen ein Volontariat oder eine Journalistenschule absolviert hatte. Eine filmspezifische Ausbildung konnten Freie ebensowenig angeben wie die Festangestellten.[64] Das bestätigte sich in den Befunden Patrick Rösslers; allerdings hatten 60 Prozent der von ihm befragten Filmkritiker immerhin eine journalistische Ausbildung.[65]

Filmkritiker stoßen, so scheint es, eher zufällig auf ihr Metier. Das dürften sie mit Modejournalisten oder Gastronomiekritikern gemein haben; es sagt freilich nicht, daß sie auf ihrem Gebiet kein Expertenwissen erwerben könnten.

Im Verhältnis zu anderen Ressorts sind Kulturredaktionen klein. Viele Kritiker übernehmen deshalb mehrere Sachgebiete, sind also zum Beispiel Theater-, Buch- und gelegentlich auch Fernsehkritiker, was einer hohen

Spezialisierung entgegensteht. Darüber hinaus übernehmen Nebenbeikritiker aus anderen Redaktionen Fernseh-, Buch- oder Popmusikrezensionen, schreiben gelegentlich für die Reiseseite oder gehen zu Modenschauen.

Insgesamt bleibt das Bild der Kritiker nicht ohne Widersprüche und Schatten. Sie bezeichnen sich als Vermittler und Informanten, doch beherrscht sie der Gedanke an die Gesamtheit des Publikums nicht sonderlich. Eher leitet sie ein subjektives Interesse an Kultur, über die sie tendenziell positiv berichten. Sie sehen sich weniger als Richter und wollen unterhalten, doch wollen sie auch führen und erziehen. Schließlich gelangen sie mit unterschiedlicher Vorbildung in den Beruf und nutzen ihr Wissen in den Redaktionen recht verschieden. Das führt zu der Frage, welchen Einfluß das Medium auf die Kritik ausübt.

2.2 Das Medium

»Kritik ist oft nur ein Wackelkontakt zwischen Kunst und Öffentlichkeit.«
(Hans Kudszus)

»Kritiker sind Leute, die ihre Artikel nicht für das Publikum schreiben, sondern für andere Kritiker.«
(Raf Vallone)

»Der Kritiker«, meinte Georg Hensel, »ist nur der Sekretär seiner Eindrücke, seiner Empfindungen, seiner Erfahrungen.«[66] Ein ebenso richtiger wie irreführender Satz. Er betont die Subjektivität von Kritik, könnte aber zu der Annahme verleiten, es handele da ein autonomes, nichts anderem als seinen Sinnen gehorchendes Individuum. Mythen dieser Art hängen Kulturjournalisten gerne an. Doch sind ihre Eindrücke und Empfindungen allemal das Ergebnis einer Vielzahl von Prägungen und Abhängigkeiten.

Ob einem Kritiker schon bei Max Reger der Schweiß ausbricht oder erst bei Max Greger, ob er die Lyrics von Ulla Meinecke mehr goutiert als die Lyrik von Ulla Hahn, darüber entscheiden Herkunft, Werdegang, soziale

Zufriedenheit, Lebensalter, Stimmungen, Wissen oder persönliche Kontakte. Zu diesen und anderen individuellen Einflußfaktoren kommt das Medium, für das Kritiker arbeiten, als formende Instanz hinzu. Das Fernsehen etwa schafft sich nicht nur eigene Darstellungsformen (wie die Talkshow »Das Literarische Quartett«), die Stil und Haltung ihrer Protagonisten beeinflussen, es setzt auch inhaltlich einen eigenen Akzent in der Kulturberichterstattung. So spielt das Kino dort eine ungleich bedeutendere Rolle als in der Tagespresse.[67] Dem öffentlich-rechtlichen Hörfunkprogramm sind andere Grenzen gesetzt und andere Möglichkeiten eröffnet als der lokalen Pop- und Informationswelle. Die Straßenverkaufszeitung verpflichtet den Kulturkritiker auf einen anderen Blick als das christlich orientierte Wochenblatt.

Medium und Nachrichtenfaktoren

Journalisten bilden die Wirklichkeit nicht ab. Die Stoffülle und der Charakter des Mediums zwingen sie dazu, Teilaspekte der Wirklichkeit auszuwählen und zu einer neuen Medienrealität zusammenzusetzen. Dies geschieht in der Regel nach Kriterien, die die Kommunikationswissenschaft Nachrichtenfaktoren nennt. Diese Faktoren bieten also einerseits dem Kritiker die Möglichkeit, Vorstellungen von Wirklichkeit zu schaffen, andererseits binden sie ihn wesentlich an sein Medium, sie geben ihm Freiheiten und halten ihn abhängig – und sie entscheiden darum mit über »Eindrücke« und »Empfindungen«. Ein Blick auf verschiedene Druckmedien soll dies verdeutlichen.

Birgit Meysing, die eine interessante empirische Untersuchung zur Theaterkritik in Deutschland vorgelegt hat, ging unter anderem der Frage nach, wie sich Zeitungen in ihrer Berichterstattung über eine Spielzeit am Stadttheater Ingolstadt unterschieden. Ihr Befund: Der örtliche »Donau Kurier« besprach das Theatergeschehen in Ingolstadt ausführlicher als andere Blätter und war von den Leistungen der Bühne am meisten beeindruckt. Etwas weniger gut war der Tenor der Rezensionen in der »Mittelbayerischen Zeitung« Regensburg und der »Augsburger Allgemeinen«. Deutlich am schlechtesten, nämlich rundweg negativ, klangen die Kritikermeinungen in der »Süddeutschen Zeitung«, die zugleich am wenigsten über Ingolstadt berichtete.[68] Hier hat nicht nur verschiedene Seherfahrung, sondern unter anderem der Nachrichtenfaktor *Nähe* gewirkt: Die lokalen Kritiker, für die

Ingolstadt das Zentrum ihrer Arbeit ist, bescheinigten dem Theater Qualität; die Kollegen der überregionalen Zeitung aus München wollten dagegen in der Provinz nur den Mangel erkennen.

Die Ingolstädter Kritiker hatten ihre lokalen Theaterberühmtheiten vor Augen, die Münchener aber sahen von Berühmtheiten keine Spur. Der Nachrichtenfaktor *Prominenz* hat also ebenfalls gewirkt. Gerade im Kulturjournalismus kann er so bestimmend werden, daß Nähe die Aufmerksamkeit nicht mehr zu begünstigen und Ferne sie nicht mehr zu beeinträchtigen vermag. Darum wird die sogenannte Qualitätszeitung aus Frankfurt der originellen Amateurbühne in Sachsenhausen kaum mehr Bedeutung zuschreiben als dem Hamburger Thalia-Theater oder Ariane Mnouchkines Théâtre du soleil in Paris. Darum wird die Regionalzeitung im Ruhrgebiet noch über müde Auftritte von Madonna in Berlin oder Nigel Kennedy in Stuttgart spektakulärer berichten als über die aufgeweckte Schülerband im Stadtteil. Und schenken Feuilletonisten einmal Alltagskultur Beachtung, dann haben es der Starkoch aus dem Badischen und die Modedesignerin aus Rom allemal leichter als ihre namenlosen Kollegen. Bekanntheit garantiert Interesse – kein Medium, das sich diesem Gesetz nicht unterwerfen würde, kein Kulturjournalist, der davon unbeeinflußt bliebe und sich vom Umgang mit der Prominenz nicht auch ein wenig Aufwertung seiner Tätigkeit erwartete. Deshalb sitzen Kritiker gerne da, wo »Männer« die »großen [...] Schiffe« steuern und »etwas Tollkühnes«[69] wagen, wie Peter Iden ganz und gar ohne Ironie schrieb.

Treibt es Kennedy entsprechend toll und die große Madonna ein wenig kühn, tritt zur Prominenz der Nachrichtenfaktor *Skandal* hinzu. Auf ihn setzen besonders die Druckmedien, die sich am Kiosk laut anpreisen müssen. Ergibt sich der Skandal nicht von allein, helfen auch Kulturjournalisten schon einmal nach. So bezichtigte Harald Wieser 1990 im »Stern« den Schriftsteller Walter Kempowski mit viel Tamtam und fadenscheiniger Argumentation des Plagiats, obwohl der Kritiker es hätte besser wissen müssen und obwohl der »Stern« den Roman »Aus großer Zeit«, um den es ging, selbst vorabgedruckt hatte. Das freilich mag zum Kalkül des Mediums gehört haben. Denn ohne Kempowski zuvor beim Publikum als eine Art Kulturmonument aufzubauen, hätte die »Enthüllung« wenig Voyeure versprochen. Das Bloßstellen jedenfalls war dem »Stern« recht – und der Kritiker Wieser wohl weniger der Sekretär seiner Empfindungen als der seiner Arbeitgeber.[70]

Daß der politische *Konflikt* gleichfalls zu einem Faktor werden kann, der Kritikerinteresse leitet, hat der Mainzer Kommunikationswissenschaftler Hans Mathias Kepplinger (allerdings selbst nicht frei von tendenziösem Erkenntnisinteresse) am Beispiel des »Spiegels« aufgezeigt. Schriftsteller, die sich während der sechziger Jahre öffentlich ins politische Streitgespräch einmischten (wie Grass, Böll, Enzensberger oder Jens), hat das Nachrichtenmagazin ungleich häufiger und ausführlicher erwähnt und damit vermutlich bekannter gemacht als andere, die die politische Auseinandersetzung mieden.[71] Das Thema »Christa Wolf, Heiner Müller und die Stasi« ist ein Beleg aus jüngerer Zeit dafür, wie der Nachrichtenfaktor Konflikt die Medienrealität der Feuilletons beherrschen kann.

Innermediale Einflüsse

Außer übergeordneten journalistischen Nachrichtenfaktoren, deren Rang oft von der Art des Mediums abhängt, wirken auf die Kritiker innerredaktionelle Beziehungen und Besonderheiten ein. Sie können auch bei gleichartigen Medien recht unterschiedlich ausfallen. Vorlieben von Ressortleitern oder gar Verlegern, die mehr oder weniger definierten Grundsätze eines Mediums, Rücksicht auf einflußreiche Leser, die Scheu vor einem Konflikt mit den Aufsichtsgremien der Rundfunkanstalten, Qualitätsansprüche, Bequemlichkeiten und Gefälligkeiten – dies alles führt dazu, daß Kritiker keineswegs immer autonom auswählen und berichten. Die Verfasser von Beiträgen können ihre Sicht selbst den Erwartungen der Redaktion anpassen, oder aber der Redakteur, der Beiträge bearbeitet, läßt sich von Erwartungen seiner Redaktion leiten und greift entsprechend in Manuskripte ein.

Von den Musikkritikern, die Lesle befragte, gab jeder dritte an, in der Wahl von »Form und Dramaturgie« seiner Berichte nur bedingt frei zu sein. Es waren dies ausschließlich freie Mitarbeiter. Ebenfalls jeder Dritte meinte, gelegentlich lege die Redaktion »Wertung und Gewichtung« nahe, wenn sie Themen vergebe. Zwei Drittel der Kritiker bekannten, manchmal beim

Schreiben »Rücksicht« (unter anderem auf Künstler, auf lokale Größen, auf das Publikum, auch auf die Redaktion) zu nehmen.[72]

Daß die Literaturredaktionen des WDR sie schon einmal »zensiert« hätten (zum Beispiel durch Eingriffe ins Manuskript ohne Rücksprache, durch Auflagen oder gar Absetzung des Beitrages), behauptete mehr als ein Viertel der freien Buchkritiker bei Viehoff. Mehr als zwei Drittel sagten, sie hätten in ihrer Medienlaufbahn insgesamt schon Erfahrungen dieser Art gemacht.[73] English kam zu dem Ergebnis, daß sich mehr als jeder dritte Kritiker in den USA von »Philosophie« oder »Ton« der Redaktion schon einmal beeinflussen ließ.[74] Festangestellte Redakteure fühlen sich der Linie ihres Mediums durchaus verpflichtet und berücksichtigen sie bei Themenwahl und Urteil – daran besteht wenig Zweifel.[75]

Materielle Bedingungen hinterlassen ebenfalls ihre Spuren in Anspruch und Qualität der Kulturkritik, und sie binden Kritiker weit mehr, als ihre Mythen glauben machen. Wie gut eine Redaktion besetzt ist, hat Auswirkungen darauf, wieviel Zeit für Recherchen, Vorbereitungen und Schreiben bleibt. Je schlechter sie besetzt ist und je schlechter Medien freie Mitarbeiter bezahlen, so daß diese von Termin zu Termin hetzen, um auf ihre Kosten zu kommen, desto mehr wächst die Gefahr, daß der Blick sich trübt. Desto verführerischer werden die Einflüsterungen der Waschzettel und Pressemappen, der Klappen-, Cover- oder Archivtexte.

Die ethischen Normen, nach denen eine Redaktion handelt, haben also zu tun mit der Marktposition und den wirtschaftlichen Möglichkeiten des Mediums. Sanches wies nach, daß Filmkritiker in Lokalzeitungen oft »ungeprüft die Inhaltsversprechen der Filmverleiher und Kinobesitzer«[76] übernehmen. Eine Zeitung in Gelsenkirchen-Buer sagte sogar ganz offen, sie bespreche lediglich »die Aktivitäten des Kommunalen Kinos und die Programme der bei uns inserierenden Kinos«[77].

Eine andere Art der medialen Beeinflussung hat Ulrich Greiner erkannt: die Sorge um die Originalität des eigenen Textes. Der Rezensent nehme seinen Gegenstand nicht mehr »normal« oder in »Unschuld« wahr, sondern stets in dem Wissen, daß er darüber gut, originell und interessant schreiben müsse: »Maßgeblich für die Rezension ist nicht die Qualität des Romans, sondern seine Rezensierbarkeit. So wie einen berühmten Regisseur nicht so sehr das Stück als vielmehr das interessiert, was er daraus machen kann.«[78] Greiner berührt den Anspruch von Kritikern, sich abzuheben und zu profilieren. Profilierung aber setzt Konkurrenz voraus. Und Konkurrent ist der Kritikerkollege.

Zwischenmediale Einflüsse

Journalisten, so weiß man aus einer Reihe von Untersuchungen, lassen sich unter anderem von der Wertschätzung leiten, die sie bei ihren Kollegen genießen. Kritiker, die aus ihrer Kritik »etwas machen« wollen, verhalten sich nicht anders. Sie suchen Anerkennung – innerhalb der Redaktion, also beim eigenen Medium, und innerhalb des Standes, also bei Vertretern anderer Medien. Deshalb läßt sich auch von zwischenmedialen Einflüssen auf die Kritik sprechen.

Der Suche nach Anerkennung entspricht die Suche nach Vorbildern. Die »Momos«-Kolumne etwa, die Walter Jens viele Jahre lang in der »Zeit« schrieb, schätzten seine Kollegen der Tagespresse außerordentlich hoch. Sie galt lange Zeit als eine Art Muster der Fernsehkritik.[79] Es gehört wenig Phantasie dazu, anderen Vertretern des Feuilletons ähnliche Führerfunktionen zuzuschreiben. Dies ist einerseits durchaus positiv und spricht für die Suche nach professionellen Standards. Fatal wird der Sog der »Großkritiker« andererseits, wenn darin die Redlichkeit untergeht, wenn die Bewunderer Posen und Attitüden ihrer Vorbilder übernehmen und die Arbeit am eigenen Namen wichtiger wird als das Tagewerk der Kritik.[80]

Die Leuchtkraft der Vorbilder rührt wesentlich vom Prestige bestimmter Medien her. Das ist kein Phänomen nur der Kulturberichterstattung, wird hier aber besonders deutlich. Keine Kulturredaktion kann es sich erlauben, die Feuilletons der überregionalen Tagespresse und der großen Wochenzeitungen zu ignorieren. Diese Blätter vor allem übernehmen in der Kulturberichterstattung die Rolle von Leitmedien, sie setzen Maßstäbe der Aufmerksamkeit und der Selektion. Was von Journalisten als bedeutsam aufgefaßt wird und was nicht, was zum Ereignis gemacht und was totgeschwiegen, was ins Licht der Prominenz getaucht und was ins Dunkel der Namenlosen zurückgestoßen wird, was also in Medien »Kultur« ist, das präjudizieren sie in hohem Maße. Die junge Autorin, der es gelingt, die

Rezensenten der »Frankfurter Allgemeinen« und der »Zeit«, vielleicht auch noch der »taz« und des »Spiegels« auf sich aufmerksam zu machen, wird sich bald in Fernseh- und Hörfunkmagazinen, in Regional- und hier und da in Lokalzeitungen wiederfinden. Peter Glotz hat diesen Steuerungsprozeß schon vor längerem nachgewiesen.[81]

Wie Medien aufeinander reagieren, wie sie kulturelle Bedeutung gleichsam unter sich ausmachen und konstruieren, sich dabei anziehen und – aufs eigene Profil bedacht – wieder abstoßen können, führte 1987 der wundersame Einzug Johannes Mario Simmels in das Pantheon des Feuilletons vor Augen.[82] Jahrelang als Trivialautor geächtet, fand Simmel bei Erscheinen seines Romans »Doch mit den Clowns kamen die Tränen« unerwartet die Türhüter des Berliner »Tagesspiegels« zum Einlaß bereit. Flugs bat die »taz« zum Interview, vor allem aber rehabilitierte Mathias Greffrath in der »Zeit« plötzlich den vielgeschmähten Erfolgsromancier, lobte Realismus und Zeitbezug seines Werkes. Die Pforten des Tempels auf dem Berge öffneten sich knarrend, schon wurden die Namen Balzac und Flaubert, Zola und Tolstoi gemurmelt.

Nun mochte Frank Schirrmacher in der »Frankfurter Allgemeinen« nicht länger zurückstehen, würdigte Simmels Sensibilität und Können – und stieg hinein in den Festwagen zu Ehren des Laureaten. Daraufhin machte der »Spiegel« die neue Simmel-Sicht rasch zur Spiegel-Story und kletterte seinerseits mit einer Würdigung des politischen Engagements von Simmel auf den Karren, in den auch noch Joachim Kaiser von der »Süddeutschen Zeitung« zustieg.

Jetzt, da alle mitfahren wollten, wurde es Ulrich Greiner in der »Zeit« zuviel. Er meldet sich zu Wort, betonte einerseits, daß sein Blatt in der Tat Zugpferd war und ist im neuen Denken, setzte sich andererseits vom Triumphzug zu Ehren Johannes Mario Simmels wieder ab und verkündete mit erhobenem Finger: Nicht Engagement und Realismus von Romanen habe die Literaturkritik in erster Linie nachzuspüren, sondern ihrer Form. Wende der Wende. Verwirrung im Pantheon.

Die Soziologin Ludgera Vogt, die den Fall gut dokumentiert hat, sieht ihn beispielhaft für »die selbstbezügliche und selbsterzeugende Dimension des Systems Literaturkritik«: »Nicht die Bücher sind die Ereignisse, sondern die

Meinung der Kritiker über dieselben und die gegenseitige – meist implizite, manchmal auch explizite – Bezugnahme aufeinander.«[83]

Alltäglich ist eine andere Form der Anpassung und Bedeutungskonstruktion, in die Medien sich – durch Konkurrenzdruck – gegenseitig hineintreiben. Der Musikkritiker Kurt Westphal hat darauf hingewiesen:

> »Wenn irgendein Veranstalter pfeift, d.h. zu einer ›Pressekonferenz‹ einlädt, dann tanzen die Journalisten. Pressekonferenzen sind zu einer Manie geworden. Jeder Agent, der erstmalig einen bis dato unbekannten Dirigenten, Geiger oder Pianisten [...] durch ein Konzert vorstellt, alarmiert die Presse, die durch ihr Erscheinen der schleichenden Werbung, die eine Pressekonferenz und ein Interview bedeuten, Vorschub leistet.«[84]

Daß spezielle Presseveranstaltungen Medienereignisse »machen«, läßt sich auf allen Feldern des Kulturjournalismus beobachten, insbesondere bei der Berichterstattung über Popmusik, Film, Fernsehen, Mode, Reise oder auch Wissenschaft.

Der Einfluß der Medien auf die Kulturkritik ist also erheblich. Er kann, wie wir gesehen haben, Unterschiede verschwinden lassen oder sie gerade hervorkehren. Das Konzert konkurrierender Stimmen kann unisono, aber auch polyphon erklingen. Bedenklich wird es allerdings dann, wenn sich das Gegen- und Miteinander der Medien so verselbständigt, daß die Kritik ihr Publikum darüber vollends aus den Augen verliert.

2.3 Das Publikum

> »Il faut toujours rester plus près
> du public que des créateurs.«
> (René Prédal)

> »Haben wir Leser? Wie schrecklich.«
> (Unbekannter Kritiker)

Robert Schumann war noch jung, als er schrieb: »Ich möchte nicht einmal, daß mich alle Menschen verständen.«[85] Nicht mehr so jung war der Filmkritiker einer angesehenen Frankfurter Zeitung, der in einem Seminar der Berliner Akademie der Künste bemerkte: »Wenn ein Kritiker anfängt, das Publikum zu bedienen, dann ist er schon am Ende.«

Solche Äußerungen mögen ihren Ursprung in der Furcht vor Anbiederung und Qualitätsverlust haben. Doch verraten sie auch eine gewisse Mißachtung derer, ohne die weder Kultur noch Kritik Verbreitung fände. Das Medienpublikum aber reagiert auf seine Weise. Es bedient sich nicht übermäßig des Feuilletons.

Nutzung der Kulturkritik

Was die Nachfrage nach ihrer Arbeit angeht, so ist für Kulturjournalisten der Vergleich mit Kollegen anderer Ressorts wenig schmeichelhaft. Interesse für den Kulturteil von Zeitungen bekundeten 1996 nach Allensbach-Daten 30 Prozent aller Zeitungsleser in den alten Bundesländern, für lokale Berichte interessierten sich dagegen 84 Prozent.[86] Und fragt man präziser, nämlich nicht bloß nach dem Interesse, sondern nach der tatsächlichen Nutzung an einem bestimmten Tag, fällt die Quote noch schlechter aus. So sagten 1995 nur neun Prozent der Zeitungsleser eines Stichtages in den alten Bundesländern (und fünf Prozent in den neuen), sie hätten Feuilletonbeiträge gelesen. 78 (79) Prozent hatten dagegen nach eigenen Angaben den Lokalteil genutzt, 65 (56) Prozent politische Nachrichten, 38 (36) Prozent Sportberichte und noch 22 (10) Prozent Wirtschafts- und Börsenberichte.[87]

Journalistische Beiträge über Kunst und Kultur an einem Stichtag des Jahres 1995 hörten ein Prozent der Radionutzer im Westen und zwei Prozent im Osten.[88] Generell haben auf Kultur spezialisierte Programme der ARD ein kleines Publikum.[89] Allem Lamento zum Trotz dürfte das Interesse der Radiohörer an Kulturkritik aber auch vor der Zeit der »Zielgruppendifferenzierung« und des »Dudelfunks« nicht sonderlich höher gewesen sein. So kam eine Sendung wie »Buchbesprechung« (WDR3) im Jahre 1971 auf schätzungsweise 60.000 Hörer, was 0,35 Prozent der nordrhein-westfälischen Bevölkerung entsprach.[90]

Ähnlich wie im Hörfunk folgte an einem Stichtag des Jahres 1995 nur jeweils ein Prozent der Fernsehzuschauer in West- und Ostdeutschland Informationssendungen über Kunst und Kultur.[91] Angebote dieser Art sind allerdings im Fernsehen nicht jeden Tag zu sehen. Sendungen wie die Kulturmagazine der ARD und »aspekte« (ZDF) hatten 1997 im Durchschnitt einen Marktanteil von 8,4 beziehungweise 5,1 Prozent. Das ist für sich genommen durchaus beachtlich, aber doch deutlich weniger als die Quoten, auf die politische oder wirtschaftliche Magazine kamen.[92]

Nun sind Quantität und Qualität zweierlei. Eine schwächere Nachfrage muß journalistische Arbeit noch nicht diskreditieren, und Minderheitenangebote sind nicht unstatthaft. Vergleichsweise geringe Leser, Hörer- und Zuschauerzahlen bei Kultur- und Kunstbeiträgen lassen zunächst einmal ein vergleichsweise geringes Interesse an Kultur und Kunst vermuten.

Doch können sich Journalisten, deren Hauptaufgabe die Vermittlung ist, damit auf die Dauer nicht herausreden. Interesse an Kulturthemen läßt sich wecken – und es läßt sich einschläfern. An diesem Prozeß sind Journalisten erheblich beteiligt; sie »bedienen« ihr Publikum in jedem Fall. Und gerade weil sie im Prozeß der Massenkommunikation nie genau wissen können, wen sie erreichen – den hochmotivierten Konzertbesucher oder den Zufallshörer ohne Vorkenntnisse –, gerade darum müßte sie der Wille beherrschen, möglichst jeden zu erreichen. Gerade weil die Bedürfnisse des Publikums so unterschiedlich sein können, müßte das Ethos der Kritiker Offenheit und Vielfalt heißen. Vielfalt ist etwas anderes als Beliebigkeit. Sie setzt die Bereitschaft voraus, die eigenen Ausdrucksformen zu erweitern, und die Bereitschaft, andere als die prestigeträchtigen kulturellen Ausdrucksformen ins kritische Gespräch einzubeziehen. Vielfalt ist das Gegenteil von Einfalt.

Interessen des Publikums

Eine solche Öffnung der Kulturberichterstattung entspräche nicht nur den Erwartungen eines an Hoch- und Kunstkultur weniger interessierten Publikums, sondern auch dem Verhalten der eifrigsten und kundigsten Kunstnutzer. Diese Schlußfolgerung erlauben die Daten einer repräsentativen Untersuchung im Auftrag von ARD und ZDF.[93] Die Autoren der Studie befragten 3.000 Bundesbürger nach kulturellem Wissen und Freizeitverhalten. Auf diese Weise ermittelten sie (etwa im Verhältnis 1:3:4:1) vier Segmente des »Kulturpublikums«: Ein höchst kenntnisreiches und aktives »Kernpublikum«, eher bildungsorientierte »Gelegenheitsnutzer«,

»Unterhaltungsorientierte« und schließlich »Kulturferne«. Entscheidend für die Zugehörigkeit zu einer dieser Gruppen ist die kulturelle Sozialisation im Elternhaus.[94]

Die Studie hat ihre methodischen Mängel; so setzen die Autoren zum einen *Kunst* und *Kultur*, zum anderen *Kenntnis* von Romanen oder Musikstücken und *Interesse* an Kultur weitgehend gleich. Dennoch hält sie ein hochinteressantes Ergebnis bereit: Das Kernpublikum besteht nämlich nicht aus Spezialisten, sondern aus Generalisten. Wer sich also stark mit dem Theatergeschehen beschäftigt, nimmt am Musikleben oder am Film ebenfalls großen Anteil. Er beschäftigt sich überdies mit »Elitärem« ebensogern wie mit »Populärem«.

Mehr noch: Die Kunstkenner pflegen das Populäre intensiver als die anderen Publikumsgruppen, intensiver sogar als die Unterhaltungsorientierten. Häufige Theatergänger etwa besuchen nicht nur sehr viel öfter Stadt- und Staatstheater, freie und experimentelle Bühnen. Sie gehen auch öfter als alle anderen Teile der Bevölkerung in Volks-, Mundart- und Boulevardtheater, zu Kleinkunst- und Straßentheateraufführungen, ins Kabarett und ins Varieté, ja sogar in den Zirkus. Theaterkenner halten sich häufiger in Kneipen mit Live-Musik auf als Zufallsinteressierte oder bildungsorientierte Theatergänger. Sie hören sich mehr Rock- und Popkonzerte und mehr Unterhaltungsmusik im Radio an.[95] Ähnliches gilt für die Kenner anderer Kunstsparten.

Ein aufregender Befund. Er bedeutet, daß Kulturjournalisten, die eher auf das Repräsentative und Spektakuläre der Elitekultur starren, nicht nur am unterhaltungsorientierten Kulturpublikum, sondern auch an den durchaus pluralistischen Neigungen der Kenner vorbeischreiben. Anders gesagt: Wo der Kulturjournalismus sich öffnet, wo er das Populäre, Leichte öfter neben das Bildungsschwere und nur einer Minderheit von vornherein Zugängliche rückt – da vergibt er sich nichts. Er kann seiner Sache, also der Kultur, gerechter werden *und* ein größeres Publikum bedienen.

Was erwartet nun das Kulturpublikum, wenn es zugleich Medienpublikum ist, von der Kritik? Dieses Gebiet ist noch wenig erforscht, doch bieten sich einige Anhaltspunkte. In ihrer Eichstätter Diplomarbeit befragte Birgit Meysing ein Spezialpublikum, nämlich Abonnenten des Stadttheaters Ingolstadt, nach ihren Ansprüchen. Diese Besucher, die nahezu alle angaben, gelegentlich oder öfter Theaterrezensionen zu lesen, antworteten einmütig (99 Prozent), Kritik solle Informationen vermitteln. Aufschluß über die politische und gesellschaftliche Bedeutung von Theaterstücken erwarteten 83 Prozent. Deutlich weniger beharrten auf dem subjektiven Eindruck der Rezensenten (65 Prozent). Kritik an Mißständen, Werbung für das Theater, Erziehung zu Kunstverstand und Beratung des Publikums befürwortete jeweils etwa die Hälfte der Befragten.

Dem Bedürfnis nach Information gemäß, sprachen sich fast alle (93 Prozent) für einen sachlich-informativen Stil der Kritik aus. Acht von zehn Abonnenten hielten die Rezensionen von Aufführungen in Ingolstadt auch durchaus für informativ. Unterhaltsam dagegen fand sie nur jeder Fünfte.

Ob das Publikum von der Kritik Unterhaltung erwartet, fragte Meysing nicht. Dagegen fand sie heraus, daß Unterhaltung und Entspannung zentrale Motive für den Theaterbesuch waren (99 Prozent). Ebenfalls außerordentlich hoch war der Wunsch nach Bildung im Theater (91 Prozent). Diese Zahl verweist auf den besonderen (bildungsbürgerlichen) Charakter des Abonnentenpublikums, was die Aussagekraft dieser Studie relativiert.[96] Bei einer älteren Infas-Umfrage 1970 in Berlin hatten 72 Prozent der Theaterbesucher Unterhaltung, Entspannung oder Festlichkeit, nur zehn Prozent dagegen Bildung erwartet.[97]

Daß das Publikum von Kritikern in erster Linie Information und Bericht verlangt, dieses Ergebnis Meysings dürfte aber gültig sein. Es bestätigte sich bei einer kleineren Umfrage unter Kinobesuchern in Hannover, Bremen, Uelzen und Berlin.[98] Die Erkundungen Lutz Lesles unter musikinteressierten Feuilletonlesern weisen in die gleiche Richtung.[99]

Wirkung auf das Publikum

Die Frage, wie Massenmedien wirken, ist wohl die schwierigste der Kommunikationswissenschaft überhaupt. Was Zeitungsglossen, Radiofeatures, Fernsehfilme mit ihrem Publikum »machen«, hängt ja zu einem erheblichen Teil davon ab, was das Publikum mit sich machen läßt. Das wiederum ist abhängig von intellektuellen und emotionalen Voraussetzungen, von Lebenssituationen, Erwartungen, Wünschen und Ängsten. Diese Bedingungen können bei jedem Individuum anders sein; darum sind

Aussagen über spezielle Medieneffekte wie etwa Meinungsbildung immer nur bedingt möglich.

So kann der Zeitpunkt der Rezeption (zum Beispiel vor oder nach einer Aufführung) die Wirkung einer Rezension verändern. Sind Leser ausgeglichen und hellwach, werden sie Feuilletontexte anders aufnehmen, als wenn sie gereizt oder müde sind. Prestige und Ruf von Kritikern oder Medium können sie dazu verleiten, Dinge in den Bericht hineinzulesen, die dort gar nicht stehen. Auf den Wissenden wirkt Information anders als auf den Unwissenden, auf den Interessierten anders als auf den Gelangweilten.

Generell läßt sich sagen, daß die sicherste Medienwirkung die Thematisierung ist. Medien streuen Namen und halten andere zurück, sie machen diese Ereignisse bekannt und verschweigen jene. Sie können also Regisseure, Galeristen, Modeschöpfer, Designer und Dirigenten ins Gespräch bringen, über die sonst vielleicht niemand sprechen würde. Sie verbreiten Neuigkeiten und wecken Neugier. Sie leiten und verleiten, zum Besuch, zum Kauf, zum Ausprobieren, zur Diskussion. Diese Beeinflussung setzt nicht zwingend voraus, daß Journalisten ausdrücklich werten. Schon die bloße Nachrichtenselektion kann wirksam sein.

Allerdings können nicht nur Journalisten thematisieren; Werbung oder das direkte Gespräch zwischen Menschen verbreitet Interesse ebenso. Und nach dem, was wir zuvor gesagt haben, liegt es nahe zu vermuten, daß die kulturelle Neugier der Bevölkerung nur bedingt von den traditionellen Feuilletons und Kulturmagazinen geweckt wird.

Wann und in welchem Maße sich das Publikum von Medienhinweisen auf Neuigkeiten steuern läßt, hängt von der Art des Ereignisses ab. Mit hoher Wahrscheinlichkeit geschieht dies um so weniger, je institutionalisierter, und um so mehr, je spontaner das Bedürfnis nach kultureller Beschäftigung ist. Joachim Scharioth fand in einer Analyse des Kulturpublikums in Nordrhein-Westfalen heraus, daß jeder vierte Besucher des Folkwang-Museums in Essen durch Medien auf eine Museumsveranstaltung aufmerksam wurde. Bei Theater- und Konzertreihen mit vielen Abonnenten lagen die Zahlen deutlich niedriger (zwischen acht und dreizehn Prozent).[100] Zu zusätzlichen

Besuchen außerhalb des Abonnements lassen sich Theaterliebhaber von Medien wiederum erheblich anregen; Meysing ermittelte in Ingolstadt einen Wert von 40 Prozent.[101]

Groß dürfte die Orientierungsfunktion der Kulturberichterstattung bei der Filmkritik sein. 78 Prozent der Kinobesucher, die Studenten aus Hannover befragten, gaben an, sie hätten vor dem zuletzt gesehenen Film eine Besprechung gelesen, gesehen oder gehört. Bei der Hälfte von ihnen war dies angeblich entscheidend für den Besuch.[102] Auch Buchkäufer lassen sich durch Medien erheblich stimulieren. Nach Viehoff schätzen Buchhändler, daß jeder zweite Kauf auf Hinweise in Rundfunk oder Presse zurückgeht.[103]

Medienwirkung durch Thematisierung und Medienwirkung durch Kritikermeinung ist allerdings nicht dasselbe. Die Vermutung, das Publikum folge, wenn es denn folge, einem positiven Verdikt stets durch Kauf oder Besuch und einem negativen durch Boykott, führt in die Irre. In besonders eingespielten Systemen (bei Konkurrenzdruck von Kulturproduktionen auf engem Raum und bei allgemein anerkannter Autorität der Kritikerpersönlichkeiten) mag dies so sein. Buchhändler etwa beteuern, es schlage sich unmittelbar in ihren Umsatzzahlen nieder, wenn Marcel Reich-Ranicki in der Fernsehsendung »Das Literarische Quartett« ein Buch lobe oder verreiße.

Entsprechende »Macht« hatte bis in die dreißiger Jahre hinein die Berliner Theaterkritik. In der Weimarer Republik, schreibt Günther Rühle, habe sie »Schauspieler über Nacht bekannt gemacht und manche Inszenierung von der Bühne gefegt. Viele haben drei Aufführungen nicht überlebt.«[104]

Wie sehr eine kleinere Bühne, die weniger auf Abonnenten zählen kann, heute noch von Lob und Tadel eines einflußreichen Kritikers abhängt, hat Klaus Pierwoß 1980 als Intendant des Landestheaters Tübingen beschrieben.[105] Ähnliches dürfte für freie Theatergruppen gelten – wenn (namhafte) Rezensenten sich denn überhaupt zu ihnen herablassen. Geradezu Allmacht wird der New Yorker Theaterkritik und ihrer Fähigkeit zugeschrieben, Broadway-Produktionen wirtschaftlich zu vergolden oder zu vernichten. Lehman Engel nannte sie deshalb »the Dow Jones of the theater«[106].

Die hochsubventionierten Stadt- und Staatstheater in Deutschland, die Bühnenkonkurrenz selten fürchten müssen und meist über einen festen Abonnentenstamm verfügen, spüren den Börsenwert der Theaterkritik jedoch nicht mehr in diesem Maße. Infas fand 1970 heraus, daß nur neun Prozent der Berliner Theaterabonnenten oder Mitglieder von Besucherorganisationen wegen einer schlechten Rezension auf den Besuch einer Aufführung verzichten würden.[107]

Je offener das System wird (und je unbekannter möglicherweise der Kritiker), desto mehr nimmt die Möglichkeit zu, daß sich das Publikum gerade gegen die Kritikermeinung entscheidet oder sie ignoriert. Spektakuläre Verrisse können unter Umständen einen wirtschaftlichen Erfolg sogar begründen – wenn etwa der Nachrichtenfaktor »Skandal« wirkt.

Vor allem populäre Kulturformen setzen sich mitunter gegen die Kritikersicht durch; das ließe sich an der Karriere mancher Rock- und Popstars und auch an Kinoerfolgen belegen. In einem Experiment konfrontierten Kommunikationswissenschaftlerinnen 113 Studenten in Mainz mit verschiedenen Rezensionen zu einem fiktiven Film und fragten sie unter anderem, ob sie sich einen solchen Film ansehen würden. Sie fanden heraus, daß sich die Versuchspersonen zwar empfänglich für Tendenz und Urteil von Filmkritikern zeigten. Auf den Wunsch, den besprochenen Film zu sehen, hatte die Kritikermeinung aber nachweislich keinen Einfluß. Selbst wenn die Studenten nach der Lektüre eines negativen Kritikervotums einen negativen Eindruck von dem Film gewonnen hatten, bekundeten sie durchaus Lust darauf – dann nämlich, wenn die Handlung des Films sie überzeugte. Das Urteil der Rezensenten, schreiben die Wissenschaftlerinnen,

> »wirkte nicht auf das Interesse am Film weiter. Der Gesamteindruck des Films und das tatsächliche Interesse daran waren [...] weitgehend unabhängig voneinander. [...] Wenn ein solcher Einfluß bestand, so war er gegenläufig, d.h. je negativer die Versuchspersonen die Kritik wahrgenommen hatten, desto größer war das Interesse an dem Film. Möglicherweise stachelte eine sehr negative Kritik die Neugier der Versuchspersonen an oder rief eine Art Trotzhaltung hervor, über den Film selbst urteilen zu wollen.«[108]

Auf die Frage, inwieweit das Publikum bereit ist, wegen einer kritischen Besprechung seine Meinung von einem Kulturereignis nachträglich zu ändern, weiß die Medienwissenschaft noch keine rechte Antwort. Ein Drittel der von Meysing befragten Theaterabonnenten in Ingolstadt räumte dies immerhin ein.[109] Doch sei noch einmal daran erinnert, daß es sich hier um ein Spezialpublikum handelte. Allgemein gilt in der Wissenschaft die Erkenntnis, daß das Publikum von Massenmedien eher die Bestätigung seiner Meinung erwartet.

Wirkung auf Künstler

Auch Künstler und andere Kulturträger gehören zum Publikum der Massenmedien. Wirkt die Kritik verändernd auf sie ein? Darüber läßt sich Gesichertes nicht sagen. Befragungen würden hier kaum zu verläßlichen Auskünften führen, da Stolz und Aufrichtigkeit miteinander in Konflikt gerieten. Künstler achten die Kritik bekanntermaßen nicht sonderlich.

Kritiker wiederum äußern sich eher skeptisch über Einflußmöglichkeiten. »Ich bin«, meinte Georg Hensel, »nun etwa seit 40 Jahren Theaterkritiker. In diesen 40 Jahren ist es ein einziges Mal vorgekommen, daß ein Regisseur den Schluß einer Aufführung aufgrund meiner Kritik umstellte, der also sagte: ›Der hat recht, das machen wir neu‹.«[110] 32 Prozent der Fernsehkritiker, die Waldmann befragte, hatten das Gefühl, Einfluß auf die Programmgestaltung der Sender nehmen zu können, 42 Prozent nicht, der Rest war unschlüssig.[111]

Befriedigung und Enttäuschung, Bestätigung und Verunsicherung, Freude und Wut – diese Arten individueller Wirkung zeigt Kritik sicherlich bei allen Kulturschaffenden. Daß sie sie auch existentiell gefährdet, gilt für die Erfolgreichen und Renommierten gewiß weit weniger als für den Nachwuchs. Hat der Künstler erst einmal einen gewissen Marktwert, schreibt der Musikkritiker Kurt Westphal, »ist er gegen die Kritik so gut wie völlig abgesichert«. Zu Beginn seiner Karriere dagegen brauche er positive Rezensionen, in diesem Stadium sei er »praktisch in der Hand des Kritikers«[112].

Auch wenn es, wie erwähnt, in der Popkultur gelegentlich anders läuft, kann urteilende Kritik also durchaus Wege ebnen oder versperren. Gerade junge

Kritiker sollten sich darum ihrer Verantwortung bewußt sein. Das gilt ebenso für den Umgang mit den Leistungen von Laien, die nicht weniger Würde besitzen als die der Profis.

Insgesamt läßt sich sagen, daß Kritikerurteile um so mehr wirken, je bekannter die Kritiker und je unbekannter die Kritisierten sind. Mehr als durch Wertung dürften die Medien das Publikum aber durch Thematisierung leiten.

Anmerkungen

1. Arthur Honegger: Über die Musik-Kritiker. In: Melos, 15, 1948, Nr. 4, S. 97 ff.
2. Volker Kriegel: Unser Jazz und unsre Kritiker. In: Der Rabe, 1986, Nr. 14, S. 44 ff.
3. Max Imdahl: Kunst-Kritik. In: Heinz-Dietrich Fischer (Hrsg.): Kritik in Massenmedien. Objektive Kriterien oder subjektive Wertung? Köln: Deutscher Ärzte-Verlag 1983, S. 106
4. Georg Hensel: Für wen schreibt der Theaterkritiker? In: Süddeutsche Zeitung, Nr. 248, 26.10.1974, Wochenendbeilage, S. 1
5. Friedrich Luft: Das Wesen der Kritik. In: Günter Blöcker/Friedrich Luft/Will Grohmann/H. H. Stuckenschmidt: Kritik in unserer Zeit. Literatur, Theater, Musik, Bildende Kunst. Mit einem Vorwort von Karl Otto. Göttingen: Vandenhoeck & Ruprecht ^{2}1962, S. 37
6. Siegfried Melchinger: Keine Maßstäbe? Zürich/Stuttgart: Artemis 1959, S. 17, zit. n. Helmar Klier: Theaterkritik als Beruf? Zu Selbstverständnis, Berufsbild und Ausbildungsaspekten einer umstrittenen Profession. Magisterarbeit München 1975, S. 41
7. Harald Wieser: Von Masken und Menschen. Zwei Bände. Zürich: Haffmans 1991
8. Walter Jens: Momos am Bildschirm. 1973-1983. München/Zürich: Piper 1984, S. 8
9. vgl. Lutz Lesle: Der Musikkritiker – Gutachter oder Animateur? Aspekte einer publikumspädagogischen Handlungstheorie der Musikpublizistik. Hamburg: Wagner 1984, S. 296 ff. – Lesle befragte 23 Kritiker.
10. vgl. Reinhold Viehoff: Literaturkritik im Rundfunk. Eine empirische Untersuchung von Sendereihen des Westdeutschen Rundfunks/Köln 1971-1973. Tübingen: Niemeyer 1981, S. 180 f. und S. 327 f. – 64 Befragte machten zu diesem Punkt eine Aussage.
11. vgl. Petra Altmann: Der Buchkritiker in deutschen Massenmedien. Selbstverständnis und Selektionskriterien bei Buchbesprechungen. Phil. Diss. München 1983, S. 164 ff. – Altmann befragte 35 Kritiker.
12. John W. English: Criticizing the critics. New York: Hastings House 1979, S. 45. – Die Angaben beruhen auf den Antworten von 107 Kritikern.
13. vgl. a.a.O. S. 36

14. Befragt wurden 983 festangestellte Journalistinnen und Journalisten in den alten Bundesländern. 105 davon bezeichneten »Kultur« als »Schwerpunkt« ihrer »journalistischen Tätigkeit«. Die Untersuchung galt der Zusammensetzung, dem Aufgabenverständnis und den Einstellungen des Berufsstandes insgesamt (vgl. Beate Schneider/Klaus Schönbach/Dieter Stürzebecher: Westdeutsche Journalisten im Vergleich: jung, professionell und mit Spaß an der Arbeit. In: Publizistik, 38, 1993, Nr. 1, S. 5-30). Sie enthielt also keine Fragen, die speziell auf Kulturredakteure zugeschnitten waren. Eine Sonderauswertung ermöglichte es jedoch, einige charakteristische Haltungen zu ermitteln. Vgl. dazu Gunter Reus/Beate Schneider/Klaus Schönbach: Paradiesvögel in der Medienlandschaft? Kulturjournalisten – wer sie sind, was sie tun und wie sie denken. In: Peter Becker/Arnfried Edler/Beate Schneider (Hrsg.): Zwischen Wissenschaft und Kunst. Festgabe für Richard Jakoby. Mainz/London/Madrid/NewYork/Paris/Tokyo/Toronto: Schott 1995, S. 307-327

15. vgl. a.a.O. S. 315

16. Max Brod: Sternenhimmel. Musik- und Theatererlebnisse. München/Prag: Wolff/Orbis 1923, S. 11. – Ganz ähnlich schreibt der Wiener Kulturkritiker Egon Friedell zu Beginn des Jahrhunderts:»Der Kritiker hat zu loben, zu loben um jeden Preis, prinzipiell und ausschließlich.« (Egon Friedell: Theaterkritik. In: Egon Friedell: Ist die Erde bewohnt? Theater, Feuilleton, Essay, Aphorismus, Erzählung. Hrsg. v. Reinhard Lehmann. Mit einem Nachwort und einer Zeittafel des Herausgebers. Berlin: Volk und Welt 1990, S. 62)

17. Brod: Sternenhimmel, S. 14

18. zit. n. English: Criticizing the critics, S. 79

19. Walter Benjamin: Die Technik des Kritikers in dreizehn Thesen. In: Walter Benjamin: Gesammelte Schriften. Unter Mitwirkung von Theodor W. Adorno und Gershom Scholem hrsg. v. Rolf Tiedemann und Hermann Schweppenhäuser. Zwölf Bände. Frankfurt a. M.: Suhrkamp 1980, Bd. IV.1, S. 108

20. Kurt Tucholsky: Kritik als Berufszerstörung. In: Kurt Tucholsky: Gesammelte Werke in 10 Bänden. Hrsg. v. Mary Gerold-Tucholsky, Fritz J. Raddatz. Reinbek: Rowohlt 1975, Bd. 9, S. 315

21. Reinhard Baumgart: Der Kritiker bekniet die Literatur. Literaturkritik – eine verlorene Sache? Dankrede für den Merck-Preis. In: Die Zeit, Nr. 44, 23.10.1987, S. 67

22. vgl. English: Criticizing the critics, S. 40

23. vgl. Astrid Gstettner: Aktuelle Kulturberichterstattung in österreichischen Tageszeitungen. Eine inhaltsanalytische Untersuchung. Phil. Diss. Wien 1979, S. 229 ff. (Basis: 1249 Artikel); Mathias O. C. Döpfner: Musikkritik in Deutschland nach 1945. Inhaltliche und formale Tendenzen. Eine kritische Analyse. Frankfurt a. M./Bern/New York/Paris: Lang 1991, S. 264 ff. (Basis: 600 Artikel); Viehoff: Literaturkritik im Rundfunk, S. 320 ff. (Basis: 337 Hörfunkbeiträge; Patrick Rössler: Erfolgsaussichten von Alltags-PR. Beispiel Filmverleih: Wie Pressematerial in die Berichterstattung einfließt. In: Public Relations Forum, 2, 1996, Nr. 1, S. 35 (Basis: 224 Artikel). Anders verhalten sich Fernsehkritiker (vgl. dazu Kapitel 1 im zweiten Teil dieses Buches).

24. Hans Weigel: Kritik der Kunst – Kunst der Kritik. In: Dramaturgische Gesellschaft e. V.: Jahresband 1963, S. 302, zit. n. Klier: Theaterkritik als Beruf?, S. 41

Anmerkungen

25. So der Wiener Kritiker und Schriftsteller Hermann Bahr, zit. n. Emil Dovifat: Zeitungslehre. Zwei Bände. Sechste, neubearbeitete Auflage von Jürgen Wilke. Berlin/New York: de Gruyter 1976, Bd. II, S. 81
26. Alfred Kerr: Das neue Drama. Berlin: S. Fischer 1905, S. VIII
27. John Simon: Who Pens the Poison. In: New York, 21.08.1972, S. 39, zit. n. English: Criticizing the critics, S. 77
28. Kerr: Das neue Drama, S. X
29. Hensel: Für wen schreibt der Theaterkritiker?, S. 2
30. »Theater heute«-Gespräch mit dem Kritiker und Autor Hellmuth Karasek. »Bridge nach dem Beischlaf«. Von Peter von Becker und Michael Merschmeier. In: Theater heute, 31, 1990, Nr. 6, S. 27 ff.
31. vgl. Anm. 11
32. vgl. Altmann: Der Buchkritiker, S. 108 ff.
33. vgl. Lesle: Der Musikkritiker, S. 294 f.
34. Patrick Rössler: Filmkritiker und Publikum: Diskrepanzen und Übereinstimmungen. Ergebnisse einer Befragung von Filmrezensenten und Kinogängern. In: Media Perspektiven, 35, 1997, Nr. 3, S. 137. – Rössler wertete die Angaben von 150 Kritikern aus.
35. vgl. Miguel Sanches: Dienstleistungen für die Kinos. Wie die Regional- und Lokalpresse über Film berichtet. In: Medium, 17, 1987, Nr. 1, S. 10. – Sanches befragte alle regionalen und lokalen Tageszeitungen in Nordrhein-Westfalen. 44 Redaktionen (65 Prozent) antworteten. Redakteure und freie Mitarbeiter wurden mit einem gesonderten Fragebogen angeschrieben.
36. a.a.O. S. 11
37. vgl. Reus/Schneider/Schönbach: Paradiesvögel, S. 322
38. English: Criticizing the critics, S. 62
39. vgl. a.a.O. S. 20
40. vgl. Trevor Brown: Reviewers on Reviewing. In: Journalism Quarterly, 55, 1978, Nr. 1, S. 36. – In dieser Studie wurden 452 »reviewers« und 177 »editors« befragt.
41. Solche Erhebungen sind oft nicht repräsentativ; Fragen können suggestiv oder mißverständlich, Antworten unehrlich sein.
42. zit. n. Sieglinde Trunkenpolz: Kulturkritik und ihre Rezeption. Untersuchungen zur Theater-, Literatur- und Alltagskulturberichterstattung in österreichischen Tageszeitungen. Phil. Diss. Salzburg 1985, S. 358
43. vgl. Altmann: Der Buchkritiker, S. 149 ff., und Manfred Rühl: Die Zeitungsredaktion als organisiertes soziales System. Freiburg/Schweiz: Universitätsverlag ²1979, S. 129
44. vgl. Reus/Schneider/Schönbach: Paradiesvögel, S. 313
45. Friedrich Torberg: Das fünfte Rad am Thespiskarren. Theaterkritiken. Zwei Bände. München/Wien: Langen Müller 1966 f., Bd. 1, S. 8
46. zit. n. Wilmont Haacke: Handbuch des Feuilletons. Drei Bände. Emsdetten: Lechte 1951 ff., Bd. 1, S. 89
47. Theodor Fontane: Theaterkritiken. Hrsg. v. Siegmar Gerndt. Vier Bände. Frankfurt a. M./Berlin/Wien: Ullstein 1979, Bd. 1, S. 68

48. H. H. Stuckenschmidt: Musikkritik. In: Blöcker/Luft/Grohmann/Stuckenschmidt: Kritik in unserer Zeit, S. 59 f.
49. vgl. Lesle: Der Musikkritiker, passim
50. Benjamin Henrichs: Erbarmen mit Clavigo! Kritik, ein ernstes Spiel – Rede zum Johann Heinrich Merck-Preis. In: Theater heute, 33, 1992, Nr. 11, S. 24
51. vgl. Altmann: Der Buchkritiker, S. 167 f. und S. 169 ff.
52. vgl. Viehoff: Literaturkritik im Rundfunk, S. 165. – Die übrigen Rollenbilder waren Vermittler und Anreger (jeweils rund 12 Prozent), subjektiver Informant (10), Kritiker und Anwalt (jeweils 9), Diskussionspartner (7), objektiver Informant und Spiegel der öffentlichen Meinung (jeweils 6).
53. Norbert Waldmann: Der Fernsehkritiker: Arbeitsweise und Urteilsbildung. Ergebnisse einer Befragung bei Tageszeitungen. Mainz: ZDF 1983, S. 26. – Waldmann befragte 117 Kritiker.
54. zit. n. Trunkenpolz: Kulturkritik und ihre Rezeption, S. 357
55. English zufolge rangiert dieses Rollenbild auf Platz zwei, nach dem der »reporters of artistic events«, doch vor »promoters of the arts« (vgl. Criticizing the critics, S. 45).
56. vgl. Brown: Reviewers on Reviewing, S. 36
57. vgl. Reus/Schneider/Schönbach: Paradiesvögel, S. 315 und S. 319
58. vgl. Luft: Das Wesen der Kritik, S. 31 f.
59. a.a.O. S. 34
60. Friedrich Luft: Stimme der Kritik. Zwei Bände. Frankfurt a. M./Berlin/Wien: Ullstein 1982, Bd. 2, S. 16
61. vgl. Altmann: Der Buchkritiker, S. 94 ff., und Viehoff: Literaturkritik, S. 140 f.
62. Altmann befragte allerdings Kritiker, von denen jeder zweite zugleich Kulturressortleiter war.
63. vgl. Waldmann: Der Fernsehkritiker, S. 16 ff.
64. vgl. Sanches: Dienstleistungen für die Kinos, S. 11
65. vgl. Rössler: Filmkritiker und Publikum, S. 135
66. Georg Hensel: Der Hordenkomiker, Alfred Kerr, Karl Valentin und Kollegen. Der Maßstab des Theaterkritikers oder Die Elle des tapferen Schneiderleins. In: Frankfurter Allgemeine, Nr. 110, 12.05.1990, Wochenendbeilage [o. S.]
67. vgl. Bernward Frank/Gerhard Maletzke/Karl H. Müller-Sachse: Kultur und Medien. Angebote – Interessen – Verhalten. Eine Studie der ARD/ZDF-Medienkommission. Baden-Baden: Nomos 1991, S. 144 f., und das vorige Kapitel dieses Buches
68. vgl. Birgit Meysing: Theaterkritik in der Tagespresse, untersucht am Beispiel des Stadttheaters Ingolstadt. Diplomarbeit Eichstätt 1991, S. 115 ff. – Meysing untersuchte alle Artikel über das Stadttheater Ingolstadt in den genannten vier Zeitungen zwischen September 1990 und Juni 1991.
69. Peter Iden: Theater als Widerspruch. Plädoyer für die zeitgenössische Bühne. Nachwort: Claus Peymann im Gespräch. München: Kindler 1984, S. 77
70. Der Fall ist gut dokumentiert bei Volker Ladenthin: Literaturbetrieb ohne Literatur: Harald Wieser und der »stern«. In: Publizistik, 36, 1991, Nr. 4, S. 494-504

71. vgl. Hans Mathias Kepplinger: Realkultur und Medienkultur. Literarische Karrieren in der Bundesrepublik. Freiburg/München: Alber 1975. – Die Basis der Studie bildeten 1265 »Spiegel«-Berichte aus den Jahren 1960 bis 1971.
72. vgl. Lesle: Der Musikkritiker, S. 305 ff.
73. vgl. Viehoff: Literaturkritik im Rundfunk, S. 156 ff.
74. vgl. English: Criticizing the critics, S. 25
75. vgl. auch Altmann: Der Buchkritiker, S. 137; Waldmann: Der Fernsehkritiker, S. 27
76. Sanches: Dienstleistungen für die Kinos, S. 9. – Rössler hingegen konnte nur eine »insgesamt geringe unmittelbare Resonanz« von PR-Material des Filmverleihs feststellen (vgl. Erfolgsaussichten von Alltags-PR, S. 34).
77. zit. n. Sanches: Dienstleistungen für die Kinos, S. 10
78. Ulrich Greiner: Die verlorene Unschuld. In: Franz Josef Görtz/Gert Ueding (Hrsg.): Gründlich verstehen. Literaturkritik heute. Frankfurt a. M.: Suhrkamp 1985, S. 51
79. vgl. Waldmann: Der Fernsehkritiker, S. 24
80. Manfred Seiler hat dies bittersüß persifliert: Wie man als Meister vom Himmel fällt. Vom Rezensenten zum eigentlichen Künstler. In: Die Zeit, Nr. 42, 11.10.1991, S. 68
81. vgl. Peter Glotz: Buchkritik in deutschen Zeitungen. Hamburg: Verlag für Buchmarkt-Forschung 1968, S. 182 ff.
82. vgl. Ludgera Vogt: Vom »Trivialautor« zum »Literaten«: Das Beispiel Simmel. In: Bertelsmann Briefe, 32, 1992, Nr. 128, S. 13-17
83. a.a.O. S. 15
84. Kurt Westphal: Welchen Einfluß hat Musikkritik? In: Musica, 26, 1972, Nr. 5, S. 445
85. zit. n. Lesle: Der Musikkritiker, S. 34
86. vgl. Bundesverband Deutscher Zeitungsverleger e. V. (Hrsg.): Zeitungen '97. Bonn: ZV Zeitungs-Verlag Service GmbH 1997, S. 476
87. vgl. Klaus Berg/Marie-Luise Kiefer (Hrsg.): Massenkommunikation V. Eine Langzeitstudie zur Mediennutzung und Medienbewertung 1964-1995. Baden-Baden: Nomos 1996, S. 215 f.
88. vgl. a.a.O. S. 208
89. vgl. Arbeitsgemeinschaft der öffentlich-rechtlichen Rundfunkanstalten der Bundesrepublik Deutschland (ARD)(Hrsg.): ARD Jahrbuch 97. 29. Jahrgang. Hamburg: Hans-Bredow-Institut 1997, S. 370 ff.
90. vgl. Viehoff: Literaturkritik im Rundfunk, S. 36
91. vgl. Berg/Kiefer (Hrsg.): Massenkommunikation V, S. 199
92. vgl. Wolfgang Darschin/Bernward Frank: Tendenzen im Zuschauerverhalten. Fernsehgewohnheiten und Programmbewertungen 1997. In: Media Perspektiven, 36, 1998, Nr. 4, S. 161
93. vgl. Frank/Maletzke/Müller-Sachse: Kultur und Medien, S. 185 ff.
94. Zu einer ähnlichen Publikumstypologie führten Studien im Auftrag der ORF (vgl. Rudolf Bretschneider: Kultur im Leben der Österreicher. Entwicklungen und neue Befunde. In: Media Perspektiven, 30, 1992, Nr. 4, S. 273 ff.).

95. vgl. Frank/Maletzke/Müller-Sachs: Kultur und Medien, S. 198 ff.
96. vgl. Meysing: Theaterkritik in der Tagespresse, S. 75 ff. – Die Befragung war repräsentativ. Meysing schrieb 1030 Abonnenten an, 368 antworteten.
97. vgl. a.a.O. S. 58
98. Unveröffentlichte Untersuchung von Studenten des Instituts für Journalistik und Kommunikationsforschung der Hochschule für Musik und Theater Hannover. Befragt wurden 64 Personen.
99. Das gilt speziell für Rezensionen zeitgenössischer Musik (vgl. Lesle: Der Musikkritiker, S. 96 ff.). Zu dem Bedürfnis nach Information vgl. auch die Untersuchung von Sabine Haas: Kulturangebote im Fernsehen. Sendungskonzepte, Nutzungsmuster, Publikumserwartungen. In: Media Perspektiven, 32, 1994, Nr. 9, S. 446 ff., sowie Rössler: Filmkritiker und Publikum, S. 138 f.
100. vgl. Joachim Scharioth: Kulturinstitutionen und ihre Besucher. Eine vergleichende Untersuchung bei ausgewählten Theatern, Museen und Konzerten im Ruhrgebiet. Phil. Diss. Bochum 1974, S. 208 ff.
101. vgl. Meysing: Theaterkritik in der Tagespresse, S. 102
102. vgl. auch die ähnlichen Ergebnisse bei Rössler: Erfolgsaussichten von Alltags-PR, S. 35. Nach den Daten der Repräsentativbefragung von ARD und ZDF liegt die Zahl der Kinogänger, die Filmbesprechungen in Medien »zur Kenntnis nehmen«, allerdings niedriger. 51,1 Prozent der »Cineasten«, 35,7 Prozent der »Unterhaltungsorientierten« und 31,7 Prozent der »Bildungsorientierten« werden davon erreicht (vgl. Frank/Maletzke/Müller-Sachs: Kultur und Medien, S. 334).
103. vgl. Viehoff: Literaturkritik im Rundfunk, S. 106. Vgl. auch Angelika Machinek: Wozu Literaturkritik? Empirische und innerbetriebliche Bedeutung von Rezensionen. In: Heinz Ludwig Arnold (Hrsg.): Über Literaturkritik. Text + Kritik, 1988, Nr. 100, S. 84
104. Günther Rühle: Das Theater der Republik. In: Günther Rühle: Theater für die Republik. Im Spiegel der Kritik. Zwei Bände. Frankfurt a. M.: Fischer ²1988, Bd. 1, S. 37. – Rühle relativiert jedoch sogleich: »Aber gegen die Macht der Kritik gibt es auch eine Fülle von Beispielen für die Ohnmacht der Kritik. Wieviel Erfolge hat das Theater gegen die Kritik gehabt!« (a.a.O.)
105. vgl. Klaus Pierwoß: Theater und Kritik: Geschichten von Haß und Leidenschaft. In: Theater heute, 21, 1980, Nr. 8, S. 1
106. Lehman Engel: The critics. New York: Macmillan 1976, S. XIV
107. vgl. Meysing: Theaterkritik in der Tagespresse, S. 62 f.
108. Sabine Holicki/Michaela Krcho: Filmkritik, Filmbeurteilung und der Wunsch, den Film zu sehen. Zum Einfluß von Struktur und Inhalt einer Filmrezension. In: Publizistik, 37, 1992, Nr. 3, S. 368
109. vgl. Meysing: Theaterkritik in der Tagespresse, S. 102 f.
110. zit. n. a.a.O. S. 53
111. vgl. Waldmann: Der Fernsehkritiker, S. 27
112. Westphal: Welchen Einfluß hat Musikkritik?, S. 443

3. Zusammenfassung

»Kultur« besteht in der Berichterstattung des zuständigen Ressorts überwiegend aus Theater, Belletristik, Bildender Kunst und Musik. Mit einem gewissen Abstand folgen Film und Medien, deren Bedeutung Kulturjournalisten aber schon nicht mehr einheitlich sehen. Andere Themen kommen nur noch am Rande vor. Sie aufzuwerten würde der Mannigfaltigkeit des Kulturlebens gerechter und müßte ein Anliegen der Medien werden. Die Künste haben gleichwohl aus guten Gründen ihren Platz im Feuilleton. Es darf nicht Aufgabe eines modernen Kulturjournalismus sein, sie zu verdrängen.

Wünschenswert wäre allerdings ein weniger enges Kunstverständnis. Auf den Feuilletonseiten der Zeitungen erhalten Ereignisse, Namen und Genres einer repräsentativen Kunstkultur den Vorzug; das gilt, etwas weniger ausgeprägt, für Kulturmagazine in Fernsehen und Hörfunk ebenso. Popmusik kann sich mitunter auf den Stammplätzen des Kulturjournalismus behaupten. Sie kann aber auch, wie die übrigen weniger etablierten Kunstformen, leicht auf andere Plätze rutschen, was unter Umständen eine andere Sicht von kultureller Bedeutung nach sich zieht. Ohnehin gilt: Je näher ein Thema am Alltag liegt, desto leichter geben Kulturredaktionen es an andere Ressorts ab.

Der Vorliebe für Kunstthemen entspricht eine Vorliebe für Terminjournalismus. Sie wiederum führt dazu, daß Kulturredaktionen die Rezension bevorzugen und alle anderen Vermittlungsformen der Kritik vernachlässigen. Nur die Meldung spielt quantitativ eine ebenso große Rolle.

Kapriziös gibt sich die Sprache im Kulturjournalismus. Hier arbeiten Schreiber, die dem Banalen entkommen und anspruchsvoll formulieren wollen. Manchen gelingt es. Oft aber herrscht das Wollen vor, und von Leichtigkeit des Stils ist dann nur noch wenig zu spüren. In der Kulturberichterstattung finden sich Marotten, Hohlheit und Bildungsjargon, Sprachbilder verrutschen, Texte sind mit Beiwörtern überladen. Anspielungen, Begriffe und Satzbau können das Publikum vom Verständnis ausschließen.

Die Urheber dieser Sprache, die Kritiker, bezeichnen als publizistische Norm ihres Handelns zwar recht deutlich Vermittlung und Information, zugleich begreifen sie sich aber häufig als Erzieher oder Führer. Tendenziell berichten sie über hochkulturelle Ereignisse positiv. Ihr subjektives Interesse am Gegenstand ist stärker ausgeprägt als das Interesse am Medienpublikum.

Dabei sind Kritiker keineswegs so autonom, wie sie selbst glauben mögen. Nicht nur biographische Zufälle, sondern auch die Medien bestimmen Themenselektion und Bewertung mit. Nachrichtenfaktoren wie Nähe, Prominenz, Skandal und Konflikt hinterlassen ihre Spuren ebenso wie innerredaktionelle Beziehungen und materielle Bedingungen. Von besonderem Einfluß sind die sogenannten Leitmedien, die den Blick auf Ereignisse lenken. Beobachten läßt sich mitunter ein geschlossenes System: Die Kritik wirft sich selbst die Stichwörter zu und definiert im Selbstgespräch, was kulturell wichtig ist und was nicht.

Die Nachfrage nach dieser Art von Kulturkritik ist vergleichsweise gering. Das wird besonders deutlich, erkundigt man sich nicht nur nach dem Interesse etwa von Zeitungslesern am Feuilleton, sondern danach, wer an einem bestimmten Tag tatsächlich das Feuilleton gelesen oder Kulturmagazine wahrgenommen hat. Es läßt sich jedoch vermuten, daß die Publikumsresonanz größer wäre, würden sich die Medien thematisch öffnen. Bedenkt man die Kenntnisse und das Freizeitverhalten des Kulturpublikums, dann schreiben Kulturjournalisten häufig nicht nur an der Masse derjenigen vorbei, die kein sonderliches Interesse an Kunst und Hochkultur haben. Ihr Themenangebot entspricht auch nur bedingt dem Kulturverhalten der »Kenner«.

Allgemein, so ist anzunehmen, erwartet das Publikum der Medien von der Kritik eher Information und Bericht. Sein Bedürfnis nach Richtern und Erziehern hält sich in Grenzen. Es läßt sich, wenn überhaupt, von Thema und Neuigkeitswert der Kulturbeiträge mehr leiten als von Meinung und Urteil der Kritiker.

Zweiter Teil:
Wege und Möglichkeiten des Kulturjournalismus

1. **Alte Felder, neue Wege**

    1.1 Theater
    1.2 Buch
    1.3 Kunst
    1.4 Musik
    1.5 Exkurs: Rock- und Poprezensionen (ein Blues)
    1.6 Film
    1.7 Medien

KRITIKER

"NA, ALTES HAUS! WIE GEHT'S SO?" "SCHLECHT!"

"ICH KONNTE GESTERN DEN GANZEN ABEND NICHT EINSCHLAFEN..."

"UND WIE WAR DIE PREMIERE IM THEATER? ICH MEINE DAS NEUE STÜCK VON PROLO MAUS?"

"ICH SAGTE DOCH SCHON: ICH KONNTE EINFACH NICHT EINSCHLAFEN!"

1.1 Theater

>»Die langweilen sich alle zu Tode und kippen
>das auf Feuilletonseiten aus.«
>(Peter Stein)

>»Unser Feuilleton mißachtet den Unterhaltungsbetrieb [...].
>Neulich hörte ich von einem Theaterkritiker, er lache
>nicht gern im Theater.«
>(Matthias Beltz)

>»Ich bin Theaterreferent. Ich rufe mich hiermit zur
>Ordnung. Meine Ressortverwischung läßt jede Strenge
>der Pflichtenauffassung vermissen. Merken Sie sich das.«
>(Alfred Döblin)

>»Für Theater-Referate, die ich nicht schreibe, fallen
>mir unglaublich gute Sachen ein. Nie ist mein Senf
>besser, als wenn ich ihn nicht dazugebe.«
>(Alfred Polgar)

»Das Startum der Kritik«, schreibt Herbert Ihering 1925 in einer Polemik gegen seinen Kollegen Alfred Kerr, »ist dieselbe Zersetzungserscheinung wie die Starwirtschaft auf der Bühne.«[1] Man mag Ihering selbst einen Kritikerstar nennen. Man mag das Wort »Zersetzung« befremdlich finden. Der Satz trifft doch ins Schwarze, immer noch.

Es gebe keine Theaterkrise, meint 64 Jahre nach Ihering der Schriftsteller Joseph von Westphalen in einer Kolumne für die Zeitschrift »Theater heute«. Es gebe allerdings eine »Ehekrise«. Jahraus, jahrein lobten und tadelten die gleichen Kritikerstars die gleichen »spektakulären Aufführungen« der Regiestars und langweilten sich, wenn der Kitzel des Andersartigen ausbleibe: »Szenen einer Ehe. Benjamin Idensucher ist seit Jahr und Tag mit Clauspeter Peyme verheiratet. Ein Strindbergpaar. [...] Mein Therapievorschlag: Ehebruch, mehr Seitensprünge. Statt zum 1000. Mal ins Burgtheater: ab auf die neue Szene!«[2]

Die Therapie könnte anschlagen. Die Diagnose stimmt. Zu ergänzen wäre, daß nicht nur die »neue Szene« zu entdecken bleibt und daß nicht nur die sogenannten Großkritiker sich auf Ereignisse an Renommierbühnen konzentrieren. Fünf von sechs Theaterberichten in der deutschen Presse, so ergab die ARD/ZDF-Studie »Kultur und Medien«, widmeten sich 1987 dem »repräsentativen Theaterbetrieb«[3].

Theater in der Zeit

An großen Stadt- und Staatstheatern ist Deutschland allerdings – noch – so reich wie kein anderes Land der Welt. Das hat zu tun mit einer Eigenart unserer Geschichte. Die Fürstentümer, Kleinstaaten und freien Städte schufen sich seit dem 18. Jahrhundert in Schauspiel- und Opernensembles Symbole der Eigenständigkeit und des Prestiges. Diese Tradition prägt auch die Theaterkritik: Quantitativ stehen Themen rund um die Bühne in den Feuilletons deutscher Zeitungen an vorderer Stelle.[4]

Nun ist gegen ein besonderes Interesse des Kulturjournalismus am Theater gar nichts einzuwenden. Das Spiel gilt als elementare Kulturtechnik, als eine Urform der Daseinsbewältigung. Im Spiel mit der Maske sucht und wahrt die Menschheit von alters her ihr Gesicht, schafft sich Bilder von Konflikt und Macht, Liebe und Tod. Theaterkritik beobachtet für Öffentlichkeit und Medienpublikum Bereitschaft und Vermögen einer Kultur, dem Menschlichen unmittelbar Gestalt zu geben. Das ist ihre erste wichtige Aufgabe.

Im Unterschied zum Spielfilm riskiert das Spiel auf der Bühne stets ein Scheitern in diesem Augenblick. Es ist nie völlig kontrollierbar und nie gleich. Es zeigt sich stets als Spiel. Theater ist vergänglich, einmalig, und Theaterkritik hält für das Publikum etwas von dem Vergänglichen, Einmaligen fest. Sie dokumentiert. Das ist ihre zweite wichtige Aufgabe.

Theater steht nicht außerhalb der Zeit. Materiell und ideell geht es aus der Gesellschaft hervor und wandelt sich mit ihr. Wie jedes Spiel greift es – nicht nur im sogenannten Zeitstück – die Konflikte seiner Umgebung auf. Das vergängliche Spiel mit der Maske ringt immer auch um die Bewältigung der Gegenwart. Das gilt selbst für das sogenannte Unterhaltungstheater (»Music-hall«, heißt es bei James Joyce einmal, »not poetry, is a criticism of life«). Theater ist Zeitkritik. Theaterkritik, die öffentlich beobachtet, festhält und bewertet, wird es ebenfalls. Das ist ihre dritte wichtige Aufgabe.

Daß eine der Hauptrollen im Kulturjournalismus an die Theaterkritik fällt, dagegen spricht also nichts. Doch kann die Kritik ihre Funktionen nur erfüllen, wenn sie die Theaterformen einer Gesellschaft stets neu sichtet, wenn sie die Vielfalt der Bilder, Entwürfe und Aussagen zur Zeit nicht übersieht. Sie muß bereit sein, ihren Senf auch dort dazuzugeben, wo sie sich nicht mit raschem Starruhm bekleckern kann.

Was mehr Aufmerksamkeit verdient

Hier wären zum Beispiel die von weniger Glanz umgebenen und mit geringeren Subventionen bedachten Landesbühnen zu nennen[5] – Ensembles, die sich als Nachfahren der Wandertruppen begreifen. Mit ihren Tourneen und in eigenen Häusern verschaffen diese Bühnen einer Vielzahl von Menschen Theatererlebnisse; sie versorgen – unter schwierigsten Bedingungen[6] – die sogenannte Provinz. Wer darüber die Nase rümpft, tut es den höfischen Schnöseln gleich, die einst Molière und seine fahrende Truppe verachteten.

Es trifft wohl zu, daß die Landesbühnen nicht Zentren der Avantgarde sind. Aber daß sie Zentren der Anspruchslosigkeit wären, kann nur behaupten, wer sie nie besucht. Es sei schon bemerkenswert, schreibt der Theaterwissenschaftler Wilfried Passow, »daß die armen und ärmsten Theater durchaus nicht die Stücke-Verhunzer und Geschmacks-Verbilder vom Dienst sind, daß viele ihrer Produktionen den Vergleich nicht zu scheuen brauchen«[7]. Passow verlangt zu Recht »mehr Notizen aus der Provinz«[8]. Diese Aufforderung richtet sich vor allem an die überregionale Theaterkritik, die die Landesbühnen praktisch ignoriert. Aber die regionale Berichterstattung darf sich gleichfalls angesprochen fühlen, dann nämlich, wenn sie Landesbühnen zwar wahrnimmt, doch wie eine Art Amateuroberliga behandelt: Keineswegs überall sind diese Theater Kultur-Chefsache, oft sind sie Probebühnen für freie Mitarbeiter. Und deren Beitrag steht in Zeitungen häufig an weniger prominenter Stelle.

Die Vorliebe der Kritik für Prestigebühnen und spektakuläre Aufführungen schlägt auch auf dem Gebiet des Kinder- und Jugendtheaters publizistisch negativ zu Buch. Hier aber leisten freie wie institutionalisierte Ensembles

Beachtliches. Nach der Werkstatistik des Deutschen Bühnenvereins wurden 1996/97 in Deutschland 681 Schauspiele für Kinder und Jugendliche und 1076 Opern für Erwachsene inszeniert. Mit welcher Sorgfalt die Medien das eine, mit welcher sie das andere registrieren, kann jeder Leser mühelos an jeder Tageszeitung, jedem Kulturmagazin im Rundfunk überprüfen. Noch eine andere Relation ist interessant: Die 681 Inszenierungen des Kindertheaters brachten es auf 15.602 Aufführungen, die 1076 Operninszenierungen auf 8709.[9]

Die Geringschätzung des Kindertheaters im Feuilleton ist fatal – ebenso wie die Spielplanpolitik mancher großen Häuser, in denen man sich allenfalls zu Weihnachten daran erinnert, daß Spielen nicht »ab 18« ist. Der Wert einer Kultur läßt sich immer danach bestimmen, ob sie Kinder, ihre Fragen und Sehnsüchte, ihre Bilder und Weltentwürfe berücksichtigt. Der Wert einer Kulturkritik auch. Vor Kulturjournalisten ohne Staralllüren tut sich hier ein weites Feld auf.

Wie die Landesbühnen, wie spezielle Jugend- und Kindertheaterensembles stehen die privaten (oder kommerziellen) Tourneebühnen nicht gerade im Rampenlicht des Medieninteresses. Sie liefern als reine Gastspieltruppen mit En-Suite-Programm etwa sieben Prozent aller Theateraufführungen in der Bundesrepublik. Dabei gehen sie stärker auf Publikumsbedürfnisse ein, setzen auf populäre Klassiker und Boulevardstücke. Oft stehen Fernsehlieblinge wie Klaus-Jürgen Wussow, Horst Tappert oder Inge Meysel im Mittelpunkt. Ein Grund, diese Theater prinzipiell mit spitzen Fingern anzufassen? Oder ein Grund, sie – kritisch – zu begleiten? Immerhin »tingelte« auch ein Will Quadflieg, und die »Welt« zitierte ihn mit den Worten: »Ich habe dieses Wandertheater immer bejaht. Es ist über 2.000 Jahre alt und Ausgangsbasis jeglicher Schauspielerei.«[10]

Merkwürdigerweise aber funktioniert der Nachrichtenfaktor »Prominenz« hier nur bedingt. Maria Becker – früher am Burgtheater und bei Gründgens, dann Prinzipalin der privaten »Schauspielertruppe Zürich« – wies in einem Interview darauf hin, es sei nur in Deutschland so, daß die Kritik derart trenne, also den Stars der Staatstheater huldige und die Protagonisten der Reisebühne mit Liebesentzug strafe: »In England, in Amerika, in Frankreich und in Italien macht die Kritik keine Unterschiede zwischen subventionierten Theatern und Tourneetheatern.«[11]

Dort, vor allem in England und Amerika, sind auch die Boulevardbühnen besser angesehen. Viele deutsche Theaterkritiker scheinen, stets auf »Seriosität« bedacht, einen Besuch in den Häusern der Unterhaltungskomödien und des leichten Musiktheaters als Zumutung zu empfinden. Amüsement kommt ihnen verdächtig vor. Das Publikum sieht das anders. Vor allem einige private Musicaltheater stehen bei ihm hoch im Kurs. Über Qualität sagt das nichts aus; zwangsläufig aber spricht vom Theater der Zeit nur unvollständig, wer diese Bühnenstätten meidet.

Während die großen unter ihnen vom Urteil der Kritik weitgehend unabhängig sind, kann das bei kleineren Privattheatern und bei Laienensembles schon wieder anders aussehen. Zu entdecken bleibt jedenfalls im Feuilleton – und nicht nur in lokaljournalistischen Terminberichten – die Fülle der Volks- und Mundarttheater, der Tanz- und Volkstanzgruppen, der Straßentheater und Clowns, der Varietés, der Zauberer und Artisten. Man muß, was André Heller macht und vor allem wie er es macht, nicht goutieren. Aber seinem Beharren darauf, daß das Theatralische mehr zu bieten hat als den literarischen Stückekanon der Repertoirebühnen, wird man nicht widersprechen können.

Zu entdecken bleibt die Landschaft der Kabarettbühnen. Gegen die Arroganz der Kritik schrieb Matthias Beltz:

> »Kabarett gehört zur Kleinkunst, und dieser Name ist naturgemäß eine Beleidigung. [...] In der ernsten Theaterkritik wird denn auch fallweise der Großkunst vorgeworfen, sie sei ins Kabarettistische abgeglitten, habe sich also unter ihr Niveau begeben, Kabarett wird dann zum Schimpf-Synonym für schlechte Qualität, für opportunistisches Bedienen des Unterhaltungsbedürfnisses, für schmale Karikatur. Kabarett steht in der Hierarchie der Ewigen Kunstwerte ziemlich tief, aber wer hat es da hingestellt?«[12]

Und vor allem: Welcher Kritiker hebt es hinauf?

Ähnlich wie diesen populären Theaterformen begegnen Kulturredaktionen freien Ensembles und Avantgardegruppen mit einer gewissen Nonchalance. Wenn Medien auf deren Produktionen eingehen, bleibt es häufig beim Kurzbericht eines freien Mitarbeiters, der gerade Zeit hat. Überregional finden solche »off«-Theater wenig Beachtung. In ihrem Wollen oft schwierig, in ihren Formen sicher oft bemüht, hätten sie mehr kompetente Kritik verdient.

Vom »Kleinen« mehr zu wagen heißt nicht, vom »Großen« zu lassen. Theaterkritik würde ihren Namen nicht verdienen, wollte sie nichts wissen von Andrea Breth und Peter Brook, von Pina Bausch und Harry Kupfer, von Ulrich Mühe und Katharina Thalbach. Das Namenlose oder Populäre mehr zu beobachten heißt auch nicht, die Grenzen der Qualität zu verwischen. Es gibt gute Gründe dafür, das Leichte kritisch zu wägen. Wenig spricht jedoch dafür, Bedeutsamkeit immer auf denselben Brettern zu vermuten.

Wenn der Nachrichtenfaktor »Prominenz« zu Routinerezensionen führt, sollten es Theaterjournalisten ruhig öfter einmal mit der »Nähe« (etwa dem Kindertheater) versuchen. Wenn das Stadttheater außer Nähe einmal nichts zu bieten hat, lohnt vielleicht ein Blick auf das Fremde der Szene. Und wenn dem Ressortleiter einmal 120 statt 220 Zeilen für die Opernpremiere im großen Haus genügten, dann hätte die junge Kulturredakteurin vielleicht 100 Zeilen für ihr Porträt des freien Tanzensembles gewonnen.

Manchem Platzhirsch wird das nicht passen. Aber Theater lebt von der Neugier und vom Probieren. Journalismus eigentlich auch.

Andere Formen, andere Perspektiven

Probieren heißt Einüben von Formen. Wie alle Spielarten des Kulturjournalismus braucht die Theaterkritik es nicht nur bei der Rezension bewenden zu lassen.

Überblicksartikel oder Reportagen verhelfen in allen Medien unter Umständen zu einer viel klareren Sicht auf das Theater der Zeit als eine Summe von Einzelrezensionen. Sie können sich zum Beispiel mit der Lage an den Bühnen der neuen Bundesländer befassen oder nach den Ansprüchen und Problemen der Schülertheater einer Stadt fragen. Solche Berichte zielen auf ästhetische ebenso wie auf wirtschaftliche und politische Zusammenhänge; sie sind aufwendig in der Recherche und scheitern deshalb oft an den Zwängen des Redaktionsalltags. Nicht selten aber scheitern sie, wie viele andere Formen neben der Rezension, lediglich an der Bequemlichkeit.

Der Ausdruck »Hinter den Kulissen« stammt nicht zufällig aus dem Theater. Hier wird nicht nur gespielt. Die Bühnen einer Stadt sind gesellschaftliche Orte, soziale Faktoren; hier geht es um Arbeitsplätze, um Ansehen und eine Menge Geld. Umgekehrt »ereignet sich« Theater auch vor der Bühne. Foyer und Parkett sind Stätten der Begegnung, der Erwartung, der Freude, der Enttäuschung und des Unmutes. Da ist Stoff genug für Reportagen, Stoff auch für Glossen, Spitzen und Causerien, für alle Formen der unterhaltsamkritischen Beobachtung und Teilnahme. Engagement allerdings muß diese Beobachtung beweisen; der bloße Tratsch hat mit Kritik nichts gemein.

Zu selten nutzt die Theaterkritik in den tagesaktuellen Medien die Möglichkeit von Interviews, Gesprächen und Porträts, obwohl sie der kritischen Demaskierung dienen können. Hat die Dramaturgie des Stadttheaters wirklich ein Konzept oder redet sie wirres Zeug? Man kann sich mit der jährlichen Pressekonferenz begnügen oder aber nachhaken. Warum dieses Stück auf dem Spielplan einer »off«-Bühne, und nicht jenes? Wie sieht der Arbeitstag einer jungen Schauspielerin an der Landesbühne aus, die täglich 200 Kilometer mit dem Bus über Land fahren muß? Was bleibt da noch an Kraft, was motiviert, was deprimiert? Wie arbeitet eigentlich ein Bühnenbildner? Welche Rituale pflegen Opernchöre? Nicht nur Intendanten und Regisseure haben Gesicht und Maske – aber die natürlich auch.

Durchaus kann Kritik die Funktion haben, auf Bühnenereignisse vorzubereiten. Ein Probenbericht, zu manchen Aufführungen vielleicht ein Essay, eine Chronik vorab – vieles ist in Presse, Hörfunk und Fernsehen möglich. Doch prominente Kritiker haben dagegen polemisiert. »All die Vorberichte, Hofberichte, Probenberichte«, schreibt Benjamin Henrichs, »all die Spaziergänge, Gespräche, Begegnungen, die aus den neuen Magazinen unaufhaltsam ins alte Feuilleton eindringen, nützen der Kunst nur wenig (umso mehr dem Marktwert und Sozialprestige des Künstlers). Sie korrumpieren das journalistische Gewerbe.«[13] Hier ohrfeigt der Kunstanwalt den Publikumsanwalt. Henrichs hat nur dann recht, wenn der Vorbericht wirklich zum Hofbericht, wenn das Interview zur Lobhudelei wird. Dazu freilich kann auch jede Rezension mißraten. Und auch »Strindbergpaare«, weiß

Joseph von Westphalen, leben in falscher Nähe. Kritik braucht Distanz. Über Distanz entscheidet der Kritiker, nicht die Darstellungsform.

Birgit Meysing hat in ihrer Studie Theaterabonnenten in Ingolstadt nach »neuen Formen der Theaterkritik« gefragt. Hier einige Antworten:

»Es sollten 2-3 Kritiker zum selben Stück ihre Meinung äußern. (m., 40 Jahre) [...] Warum werden nach Veranstaltungen die Besucher nicht befragt? (m., 50 Jahre) Kritische Meinungen der Besucher zu Aufführungen im Theater IN ermöglichen. (m., 50 Jahre) Theaterkritik solle von jedem Einzelnen möglich sein mittels Gespräch mit dem Regisseur und den Schauspielern. (m., 32 Jahre) Die Meinungen von Schaupielern zum Stück kommen zu kurz. (w., 21 Jahre)«[14]

Rezension – wie vor allem?

Am Theater arbeiten Regisseure, aber nicht nur Regisseure. »Das neue Theater«, moniert Adolf Dresen, »ist nicht mehr von Schauspielern für Zuschauer, sondern von Regisseuren für Kritiker. Das ›Regietheater‹ haben die Medien erfunden, es ereignet sich im Feuilleton.«[15] Ihr Pendant, die Regie-Theaterrezension, läuft Gefahr, sich aufzuplustern mit Vorwissen, den altklugen Vergleich mit anderswo Gesehenem über das hier und jetzt Sichtbare wuchern zu lassen. Davor wäre zu warnen.

Wissen und Vergleichsmöglichkeit sind wertvoll. Belesenheit und Stückkenntnis sind notwendig. Aber jede Theateraufführung ist zunächst einmal kein Regiekonzept, sondern eine sinnliche Erfahrung, ein Ereignis aus Sprache, Text, Musik, Gestik, Mimik, Bewegung, Licht, Raum. Sie zeigt lebende Bilder, handelnde Menschen. Die Theaterrezension ist in allen Medien die Darstellungsform, die von diesem Ereignis hier und jetzt spricht, und zwar überwiegend zu Menschen, die ihm nicht beigewohnt haben. Der Rezensent tut deshalb gut daran, sich zunächst als eine Art von Reporter zu begreifen und von Schauspielern für das Publikum zu berichten. Was geschieht? Wer handelt wie in welcher Umgebung? Das sind die elementaren Fragen. Sie klingen einfach, und doch erfordert die Antwort darauf ein Höchstmaß an Konzentration, Wahrnehmung und Selbstdisziplin.

Die Reportage ist subjektiv. So teilt auch der reportierende Kritiker nicht einfach mit, sondern vermittelt, interpretiert, erläutert bereits seine Wahrnehmung. Die Wege zwischen analytischem Ernst und feuilletonistischem Witz sind dabei so vielfältig wie die Temperamente der Journalisten. Dieser Ausschnitt aus der Rezension einer »Romeo und Julia«-Aufführung (Regie: Leander Haußmann) steht für *eine* Möglichkeit. In seiner Akribie ähnelt er der Live-Übertragung:

> »Dann, kaum bemerkbar, der tödliche Stich, Stille tritt ein. Tybalt zu Tode erschrocken, Mercutio starr, die zerbrochne Brille in der Hand, ein einsamer roter Luftballon steigt zum Bühnenhimmel auf, Musik rauscht auf, ein melancholischer Blues, Mercutio taumelt, nimmt Abschied von jedem, wortlos, läuft plötzlich los, als laufe er um sein Leben, mit nackter Brust jetzt und schwer rudernden Armen, torkelnd immer im Kreis, eine endlose Zeit, er ist nicht aufzuhalten. Als Romeo sich ihm in den Weg stellt, umschlingt er den Freund und schwingt ihn mit letzter Kraft durch die Luft, wie in Trance schon, dann setzt er sich an die kleine Mauer. ›So‹, sagt er nur, dann sinkt sein Kopf vornüber.«

Jetzt – da er vermittelt hat, was er wie wahrnimmt – verläßt der Rezensent die Ebene der Reportage und ordnet ein, bewertet auf der Grundlage früherer Theatererfahrung. Jetzt sagt er »seine Meinung«: »Das alles könnte fürchterlich sentimental sein – ist aber großes Melodram. Mercutios langer Abschied vom Leben und von den Freunden – schon diese Szene allein lohnt die Reise nach München.«

Nicht auf die Reihenfolge (erst Schilderung, dann Wertung) kommt es an; Schemata dieser Art wären eher abträglich. Worauf es ankommt, ist die Begründung des Urteils mit dem Sinneseindruck.

Wie anders, wie unanschaulich und flüchtig wertend dagegen der folgende Text. Über zwei Spalten referiert der Kritiker den Stückinhalt (nicht das Spiel) von Howard Brentons »Berlin Bertie«, dann schreibt er:

> »Der aus Leipzig stammende Regisseur Sewan Latchinian macht aus ›Berlin Bertie‹ am Deutschen Theater ein sehr geradliniges Konversationsstück. In dem bis auf eine Matratze und einige Dosen sonst leeren, durch hohe graue Wände begrenzten Salon (Bühne: Donald Becker) verläßt sich Latchinian im

Prinzip auf die Kunst der Schauspieler. Und die sind durchweg große Klasse: Sehr zynisch Karl Kranzkowski als Bertie, sehr kaputt, anfangs wie in Drogentrance Katrin Klein als Alice, sanft und bieder Margit Bendokat (Rosa), ganz cool Kay Schulze als Sandy, sehr abgedreht Kathi Liers (Joanne). Trotzdem wirkt das Stück in Berlin eher langatmig.«

Namen und Attribute – mehr enthält dieser Text nicht.»In der Theaterkritik«, meint der Schauspieler Gert Voss,»wird im allgemeinen zu wenig beschrieben und statt dessen gleich ins Meinungshafte umgelenkt. Und das ist meist merkwürdig leidenschaftslos.«[16] Voss zielt hier auf den Typus des gelangweilten *Richters*. Der *Berichter* dagegen, der auf Stimmen, Geräusche, Bewegungen noch achtet, der Bühnenbild und Kostüme, Beleuchtung und Maske wirklich sinnlich wahrnimmt, der auf dieser Grundlage nach dem Konzept fragt, sein Wissen ergänzt,»Wert« erörtert – er macht diesen Fehler weniger schnell. Er kann – wie das Theater selbst – unterhalten. Und ihn kann jeder, der fünf Sinne hat, verstehen. Der Theaterkritiker muß eben nicht»eine gewisse Qualifikation«[17] beim Publikum voraussetzen, wie Rolf May meint.

Diese Art der Beobachtung ist prinzipiell in allen Medien möglich (sie erfordert natürlich eine medienspezifische Form). Die Oper eignet sich nicht grundsätzlich schlechter dafür als das Sprechtheater. Möglich, wenngleich schwieriger, ist anschauliches Schildern auch im Tanztheater. Dafür noch ein Beispiel aus einer Besprechung von Johann Kresniks »Frida Kahlo«:

>»Immer wieder erfindet Kresnik solch urtheatralische Bilder. Einmal humpelt die fabelhafte Tänzerin und Komödiantin Susana Ibanez zusammen mit ihrem Todesschatten (der ihre Lebensstütze ist) an Krücken über die Bühne, mit zwei blutigen Babys an den Füßen. Diego Rivera (Henry Bailey) schlägt ihr die Krücken weg, sie, die ihre Kinder im Leben alle verlor, geht in den Schneidersitz und wiegt mit den wundklumpigen Füßen zugleich die Babypuppen an der Brust, bis Diego sie zum Tanz auffordert: Dabei streift sie die Kinds-Füße ab, tritt im Tanz auf die kleinen Leiber, die verschmiert und nackt mit eingedelltem Kopf auf dem Boden liegen bleiben, während der Mann und die Frau sich in einem Pas de deux vereinen.«

Oft lassen Zeilenzahl und Sendezeit eine derart genaue Wiedergabe von Beobachtungen und Eindrücken nicht zu. Zumindest Elemente der Anschaulichkeit aber muß jede Theaterrezension in sich bergen.

1.2 Buch

> »*Kritik der Kritiker: Viele Rezensenten*
> *können schreiben, aber nicht lesen.*«
> *(Ludwig Marcuse)*
>
> »*Sie reagieren aufeinander, gegeneinander,*
> *dem Klima der Zeitungen, für*
> *die sie arbeiten, entsprechend.*«
> *(Ursula Krechel)*

Frau H. hat einen Roman geschrieben. Der Kritiker einer großen Zeitung hat einen Verriß geschrieben. Jetzt liegt Frau H. im Bett. Sie rechnet.

> »Die Zeitung lesen vielleicht 300.000 Menschen. Von diesen 300.000 Menschen lesen vielleicht 50.000 das Feuilleton. Von diesen 50.000 überfliegen vielleicht 30.000 die Kritik und denken ›aha, gut‹ oder ›aha, schlecht‹. Vielleicht 20.000 lesen die Kritik gründlich und fühlen sich bestätigt oder verärgert. Die, die sich von der schlechten Kritik bestätigt fühlen (wie hätte auch eine so unerträgliche Person wie Frau H. ausgerechnet etwas Gutes schreiben sollen!), wären sowieso nie auf die Idee gekommen, das Buch zu kaufen. Die, die sich verärgert fühlen – sagen wir, die Hälfte, also 10.000, denken: Das will ich doch selber lesen, das kann ich gar nicht glauben, daß eine so sympathische und gescheite Person ein derart schlechtes Buch geschrieben haben soll.
> Von diesen 10.000 setzen, na, sagen wir, 1.000 das Vorhaben in die Tat um und lesen das Buch. So, da hätten wir schon wieder 1.000 Leser, trotz einer schlechten Kritik! Und die erzählen es weiter, wenn ihnen das Buch gefällt. Und auf gute Kritiken hin gehen auch wieder 1.000 in den Buchladen.«[18]

Frau H., Elke Heidenreich, ist zufrieden. Sie weiß jetzt, worauf es ankommt.

Buch und Druck

Lesekultur fängt nicht erst beim Roman an. Aufgabe der Massenmedien ist darum nicht nur »Literaturkritik«[19], wie sie gemeinhin verstanden wird, sondern Buchkritik – Auseinandersetzung mit dem gedruckten Wort.

Der Anspruch ist enorm. 1996 erschienen in der Bundesrepublik insgesamt 71.515 Buchtitel (Erst- und Neuauflage).[20] Selbst wenn ein Hörfunksender pro Woche 20 Bücher besprechen kann, hat er am Jahresende nicht mehr als anderthalb Prozent des neuen Angebotes berücksichtigt.[21]

Und auf 20 Titel bringt es kaum ein Medium. Sonder- und Vordruckseiten je nach Anzeigenaufkommen, Wochenendbeilagen und Supplements im Frühjahr, zur Frankfurter Buchmesse und zu Weihnachten – das sind selbst bei großen Zeitungen die Reservate der Buchkritik. Ein Buch jedoch, das sich nicht innerhalb von sechs Monaten nach dem Erscheinen gut verkauft, gilt in der Branche häufig schon als »Flop«[22]. Entsprechend nachdrücklich weisen Verlage die Redaktionen – mit Leseexemplaren, Werbeprospekten, Besuchen und Telefonaten – auf ihre Produktion hin. Und sie wissen wie Frau H.: Noch ein Verriß ist nützlich.

Es klingt gut, wenn Kritiker wie Thomas Rothschild sich gegen den Anspruch verwahren, Agenten des Buchmarktes zu werden. Rothschild ruft dazu auf, »im Kampf des Kapitals gegen die Kultur« weiterhin für »ansonsten vielleicht nicht bemerkte Bücher«[23] statt für Bestseller einzustehen. Doch sind nicht nur willfährige PR-Agenten, sondern auch die sogenannten anspruchsvollen Buchkritiker berechenbar. In ihrem Selektionsmechanimus vermengen sich vor allem »persönliches Interesse« und das Interesse an »namhaften Autoren«. Die »für gut gehaltenen« Verlagsnamen beeinflussen sie ebenfalls erheblich. Am Ende der Prioritätenskala rangieren dagegen Auswahlkriterien wie »kleine Verlage, die nicht so viel Werbung betreiben können« oder »Erstlingsautoren«.[24]

Verleger wissen das. Ein Blick in die Literaturbeilage der »Zeit« im Frühjahr 1993: Auf den ersten 16 Seiten mit Rezensionen belletristischer Literatur werden 28 Bücher besprochen (ausschließlich Prosa, zum größten Teil Romane). Diese 28 Bücher sind in 18 Verlagen erschienen, allein 15 Bücher (also mehr als die Hälfte) in den sechs Verlagen S. Fischer, Hanser, Insel,

Piper, Rowohlt und Suhrkamp. Die Verlage Hanser, Piper und Rowohlt werben siebenmal innerhalb und der Suhrkamp Verlag einmal außerhalb der Beilage für genau die Romane, die Kritiker in derselben Ausgabe auch rezensieren. Von allen 28 rezensierten Büchern stammen 17 aus Verlagen, die in derselben Ausgabe eine Anzeige schalten. Fünf Bücher stammen aus Kleinverlagen; keiner dieser Verlage inseriert. Nur drei von 28 Büchern kennzeichnen die Rezensenten als Debutwerke.[25]

Druck und Selektionszwang existieren. Trotzdem muß sich die Buchkritik nicht vollends anpassen. Zu einem erheblichen Teil schafft sie sich ihre Mechanismen selber.

Vor welche Aufgaben sieht sich Buchkritik gestellt? Im Auftrag der Öffentlichkeit soll sie das Kulturgut Buch und das in ihm veröffentlichte Wissen der Zeit sichten und bewerten. Sie eröffnet ein Gespräch über Bücher, einen Dialog, der grundsätzlich universell ist – im Hinblick auf Themen wie auf Länder.

Weil Bücher, Buchproduktion und Buchmarkt Zeitfragen berühren, erwächst auch der Buchkritik die Funktion der Zeitkritik.

Eine Dokumentationsfunktion (wie die Theaterkritik) hat sie nicht unbedingt. Bücher bleiben, wo die Aufführung vergeht. An Autoren- und Verlagsnamen darf sich die Buchkritik nicht binden.

Was mehr Aufmerksamkeit verdient

Kulturjournalisten sind immer wieder zu ermuntern, öfter die Kreisbahn der Konvention zu verlassen. Sie müssen nicht nur das auswählen, was ihre Kollegen in vergleichbaren Redaktionen auch gerade auswählen.

Niemand kann bestreiten, daß die Kleinverlage in der Bundesrepublik die kulturelle Vielfalt dieses Landes prägen. Hier läßt sich Innovatives und Besonderes, Wertvolles und Eigenwilliges finden und kritisieren. Diese Verlage haben ein Recht darauf, vom Gespräch über Bücher nicht ausgeschlossen zu bleiben. Es ist ja nicht so, daß der Roman eines schwarzen Autors der französischen Antillen weniger an Klugheit, Temperament und Sprachkraft aufzuweisen hätte als ein wiederholter Versuch Peter Handkes über die Müdigkeit. Eher ist es umgekehrt. Man muß den Karibik-Titel in einem hannoverschen Kleinstverlag nur entdecken.

An Sachbüchern, an Fotobänden, Reiseführern, politischen Analysen, zeitgeschichtlichen Dokumentationen, an Reprints und Faksimiles haben die »Zwerge« der Branche gleichfalls einiges zu bieten. Sicher auch eine Menge Plunder. Doch eine Buchkritik, die sich als Zeitkritik begreift, findet hier allemal ihre Themen. Sie findet sie natürlich ebenso in den Sachbuch-Editionen der Großverlage. Insgesamt kommen Sachbücher bei Kulturjournalisten eher zu kurz. Wie kraß das Mißverhältnis sein kann, verriet Alexander U. Martens 1987. Er schätzte den Anteil der Belletristik an Buchrezensionen in »aspekte«- und »aspekte-literatur«-Sendungen auf 60 Prozent.[26] Der Anteil der Belletristik an der gesamten Titelproduktion lag 1996 aber nur bei 13,5 Prozent.[27]

Daß nur jede siebte Rezension sich mit schöngeistiger Literatur befassen dürfe, wäre nun wiederum eine absurde Forderung; die Lektüre von Belletristik zu fördern ist durchaus ein legitimer Anspruch der Kritik.

Auf etwa zwei neue belletristische Titel für Erwachsene kam 1996 ein Kinder- und Jugendbuch.[28] Wenn es gerecht zuginge, wenn Kulturjournalisten und Ressortleiter weniger an ihre Interessen und an Prestigeautoren dächten, dann allerdings müßte in jeder Sonntagsbeilage, in jedem Radio-Buchmagazin zumindest ein Hinweis auf Kinderliteratur auftauchen. Davon sind die Medien weit entfernt. Selbst in größeren Zeitungen ist es wie mit dem Kindertheater: Vor Weihnachten, vielleicht auch noch vor Ostern erinnert man sich mal eben daran, daß da noch etwas war.

Viele Feuilletonisten klagen über das Ende der Lesekultur. Sie sind so lange nicht glaubwürdig, wie sie selbst die Leser von morgen ignorieren. *Daran* könnte die Lesekultur in der Tat sterben. Ein Zweispalter statt eines Vierspalters über den neuen Botho Strauß – das wird sie überleben. Schon wäre Platz für Christine Nöstlinger, Rafik Schami oder Elisabeth Zöller.

Soll Buchkritik in Massenmedien zu alledem auch noch auf die Bestseller des Trivialen eingehen? Publikumszeitschriften und Boulevardzeitungen tun es reichlich. Ein Ideal: Sie hätten öfter Mut und Platz, auch auf Barbara Honigmann oder Ludwig Fels, auf die Erzählung aus Haiti oder den Essay zur Zeitgeschichte hinzuweisen. Noch ein Ideal: Die »besseren« Feuilletons würden öfter kritisch, doch ohne Degout über Stephen King und Barbara Noack, über Utta Danella und die Geschichte von Betty Mahmoody, über Sportlermemoiren und Comics nachdenken. In welcher Form und wie intensiv sie das tut, muß jede Kulturredaktion für sich entscheiden. Wenn aber Buchkritik etwas mit Zeit und Zeitkritik zu tun hat, dann stehen zumindest gelegentlich auch solche Autoren und Werke zur Debatte. Nicht, weil es chic ist und die anderen es gerade vormachen (wie bei Simmels Einzug in das Pantheon). Nicht, weil diese Bücher herausgehoben werden müßten durch Thematisierung. Sie sind ja längst Thema – und vermutlich würden die Verkaufszahlen solcher Bestseller dank der Aufmerksamkeit der Kulturredaktionen nicht einmal mehr viel steigen. Diese Bücher sind bereits »Literatur«, für Millionen Menschen. Was macht eine Kulturredaktion da? Schweigt sie indigniert, mit hochgezogenen Brauen und aus Prinzip?

Buchkritik ist auch Nachdenken über den Geschmack der Zeit. Daran kann die Kultur nun wirklich nicht zugrunde gehen.

Andere Formen, andere Perspektiven

Vielleicht fände die Buchkritik aus ihrem Selektions- und Bestseller-Dilemma heraus, wenn sie sich öfter dazu entschließen könnte, das Rezensionsritual einfach zu verweigern. Nicht törichte Verkaufs- und Trendlisten wie im »Spiegel« oder in der »Woche« wären die Alternative, nicht bloße Konsumtips. Aber Essay und Feature bieten sich zum Beispiel an, um in größeren Zusammenhängen über Bücher nachzudenken – Formen, die der »Spiegel« durchaus auch pflegt. Welchen literarischen Helden huldigt die Moderne? Was bedeutet eigentlich der Begriff des Trivialen? Welche Entwicklung nahmen und nehmen einzelne Genres, nimmt die Sprache? Auseinandersetzungen mit den Schauplätzen und Protagonisten des alten und neuen Kriminalromans, mit den Mythen der Comicliteratur, den Leitbildern im Kinderbuch und ihrem Wandel, mit Sinn und Unsinn von Ökolyrik – sie erlauben den Blick auf Bewegung und Wandel, auf Geschichte und Gegenwart. So orientieren sie unter Umständen viel nachhaltiger. Das »integrative Kulturräsonnement«, das »problembewußte Gespräch«[29] sei Aufgabe der Literaturkritik, schrieb Otto Lorenz. Es gehört nicht nur in größere Zeitungen und Sendungen.

Wie das Gespräch über Belletristik kann die Diskussion über Sachbücher in essayistischen Zusammenhängen geführt werden. Reflexionen eines Physikers, eine Geschichtsmonographie, ein Fotoband – sie können ebensogut zu Buchreportagen führen, zum Anlaß eigener Recherchen und Beobachtungen werden.

Wenn sie ein Gespräch über Bücher sein will, dann hat die Buchkritik auch den Markt und all das zum Gegenstand, was Lesen bedingt. Berichte, Reportagen und Kommentare über Buchclubs und Kaufhaussortiment, Literaturunterricht an Schulen, Leseverhalten und Leseförderung, Probleme der Bibliotheken und Archive gehören ins Feuilleton. Verlagen und Verlegern ist auf die Finger zu sehen, Werbepraktiken sind zu beleuchten. Die Art, wie die Welt des Buches sich selbst inszeniert, ihre Eitelkeiten pflegt in Wettbewerben, Lesungen und Auftritten, sich aufbläst zu Bedeutsamkeit – das schreit oft geradezu nach stichelnden Anekdoten, nach Feuilletons und Glossen. Sind diese Formen vergnüglicher Distanzierung deshalb so selten auf den Literaturseiten, weil die Buchkritik nur allzu gerne teilhat an der Eitelkeit? Mehr »Bären von sehr geringem Verstand« könnte sie jedenfalls vertragen, mehr Feuilletonisten wie Harry Rowohlt. Wenn er zum Beispiel über die Möglichkeit spintisiert, einen irischen Vierzeiler zu übersetzen, dann verrät er über Sprache, Literatur und Buchbetrieb vielleicht mehr als alle Wortsnobs des »Diskurses«.

Porträts von Lesern und Nichtlesern, von Sammlern und kauzigen Randfiguren des Literaturbetriebs können Porträts von Autoren ergänzen, die zum Standard der Buchkritik gehören müßten. Das Interview mit einem Autor kann, wenn der Frager gewappnet und durch Nähe nicht zu korrumpieren ist, weitaus kritischer geraten als der Monolog einer Rezension. Mehr als in vielen Fernsehmagazinen üblich, muß es Schlagabtausch gleichberechtigter Partner und nicht nur Forum der Selbstdarstellung sein.

Kritik als Gespräch von Kritikern erprobt das »Das Literarische Quartett« des ZDF. In Zeitungen müßten solche Gesprächsrunden, vielleicht sogar mit Lesern, nicht den Showcharakter haben, den man der Fernsehsendung oft vorwirft. Dennoch könnten sie sich unterhaltsam lesen. Auf einen Versuch käme es an.

Wie sich die herkömmliche Rezensionsform im Hörfunk durch Dialogisierung und Dramaturgie aufbrechen läßt, hat Dieter Heß beschrieben.[30] Im Wechselspiel von Moderation, Interviewausschnitten, Textzitaten, Spielfilm- und Reportagesequenzen, Standbildern, Musik und Kommentar hat die Buchkritik im Fernsehmagazin viele Möglichkeiten.

Ende der Kritik? Auch Thomas Rothschild warnt, »Hintergrunds- und Tratschgeschichten sowie Autorengespräche« ersetzten »zunehmend die Literaturkritik«[31]. Auch er wäre daran zu erinnern: Kritik bedarf einer festen Haltung, nicht einer starren Darstellungsform.

Rezension – wie vor allem?

Buchkritik soll den Dialog ermöglichen. Rezension ist in ihrer Textgestalt ein Monolog. Der Kritiker, der sich auf diese Form einläßt, hat einerseits die Chance, sich auf einen Gegenstand zu konzentrieren, für eine Weile alles außer acht zu lassen, was außerhalb seiner Leseerfahrung liegt. Andererseits riskiert er stets, daß er an Menschen vorbeiredet, die diese Leseerfahrung nicht haben.

Der Buchkritiker, der von einem nicht-öffentlichen, inneren Ereignis, nämlich Lektüre, berichtet, muß darum einen Ton treffen, der die Leser gleich in den ersten Sätzen gewinnt, der ihnen bedeutet: Es lohnt sich zuzuhören, es lohnt sich, darüber zu reden.

Die Rezensentin eines Buches von Hella Eckert kümmert sich nicht darum. Sie beginnt so:

> »Adoleszente Befindlichkeitsprosa muß nicht gräßlich sein. Da gab es eine Carson McCullers, einen J. D. Salinger, die so etwas sehr schön schreiben konnten. Im deutschen Sprachraum hat die autoreflexive Sensibilität, unter der gerade junge Talente heftig leiden, ähnliches bisher verhindert.«

Schon im ersten Wort geht diese Kritikerin auf Distanz zu ihren Lesern, spreizt sich als etwas Besonderes. Im zweiten Satz trumpft sie auf mit Namen, die offenbar jeder zu kennen hat. Im dritten Satz klopft sie mit dem Fremdwortrohrstock aufs Katheder und macht unmißverständlich klar, daß sie die gesamte autoreflexive Sensibilitätsprosa des deutschen Sprachraums selbstverständlich gelesen hat. Diese Rezensentin sagt: Ich kenne mich aus, jetzt rede ich. Es folgt eine relativ kurze, positive Besprechung.

Ganz anders beginnt der Rezensent von Susan Sontags »Der Liebhaber des Vulkans«:

»Feingeister werden die Fabel etwas üppig finden. Sie kombiniert Kitsch, Intellekt und tiefere Bedeutung. Sie spielt in den feinsten Kreisen, an den schönsten Orten und, versteht sich, in den aufregendsten Zeiten. Natürlich ist es eine Liebesgeschichte. Und natürlich nicht irgendeine. Sie handelt, die Superlative sind unumgänglich, von der Frau, die als die schönste ihrer Epoche galt, die den distinguiertesten Kunstsammler ihrer Zeit heiratete und zu guter Letzt die Geliebte des berühmtesten Engländers ihrer Zeit wurde. Woher kommt eine solche Frau? Ich kann nichts dafür – aus der Gosse (sagt man noch so?). Wo endet sie? Man ahnt es.«

Auch dieser Rezensent hat viel gelesen. Auch er erzählt von seinem Wissen. Aber er grenzt niemanden aus, spricht mit dem ersten Wort seine Leser sogar keck an, sucht augenzwinkernd ihre Zustimmung (denn tatsächlich findet er selbst das Buch ja »etwas üppig«). Er schlägt einen fein ironischen Ton an, referiert das Geschehen knapp, ordnet Thema und Genre ein, macht klar, wie er dieses Werk über Lady Hamilton ästhetisch einschätzt, verrät, daß dieses Buch Qualen wie Lust bereiten kann, verrät aber nicht alles, macht neugierig, zieht hinein. Er verknüpft Niveau mit Leichtigkeit, Wissen mit Anregung. Dieser Rezensent sagt: Ich habe da etwas erlebt, wenn du willst, hör mir zu. Es folgt eine lange, informativ zitierende und entschieden wertende Kritik an Sujet, Form und Sprache des Romanes.

Die Rezension eines Romanes sollte, wie die eines Sachbuches, informieren über Autor, Entstehungszusammenhang, Inhalt, Gestaltung, Neuigkeitswert und Relevanz. In Analyse und Bewertung kann sie sich der verschiedensten Methoden bedienen. Da sie kein Augenzeugenbericht von einem öffentlichen Ereignis ist, sind ihre formalen Ausprägungen noch vielfältiger als die der Theaterrezension. Sie kann referieren und fabulieren, schildern und bis ins Extreme hinein subjektiv verdichten. Sie kann die Groteske sachlich und das Sachbuch witzig vermitteln.

Ein Mindestmaß an erzählerischer und beschreibender Qualität wird ihr immer guttun. Denn vor allem muß sie eines: den Dialog über Texte eröffnen.

1.3 Kunst

> *»Kunst ... das ist, was die Ausstellungen zufällig zeigen. Basta. Das ist nicht viel.«*
> *(Adolf Behne)*

> *»Art people who only write about art have something wrong with them.«*
> *(John Russell)*

»Populär und seriös«[32] sei die Kunst, sagt Walter Filz. Namen wie Beuys und Warhol klängen nicht weniger vertraut als Politikernamen, und die »meisten Menschen« hätten »eine zumindest ungefähre Vorstellung von Pop-Art oder Impressionismus«[33].

Das will man gerne glauben. Hunderttausende zieht es im Frühjahr 1993 zu einer Cézanne-Ausstellung in die Kunsthalle Tübingen. Touristen-Serpentinen winden sich Tag für Tag vor dem Eingang der Uffizien in Florenz. Besucherrekorde verzeichnet die »documenta«.

Documenta? Kurz nach der Eröffnung dieser Kunstschau im Juni 1992 meldet dpa:

> »Die documenta in Kassel [...] ist für mehr als drei Viertel der Westdeutschen ›ein Buch mit sieben Siegeln‹. Zum Teil wird die große internationale Ausstellung zeitgenössischer Kunst sogar für eine Wirtschaftsmesse oder eine Computerschau gehalten. Dies geht aus einer Repräsentativumfrage des Bonner Zentrums für Kulturforschung (Zfkf), der Stadt Kassel und der dortigen Gesamthochschule/Universität hervor. Auch von den Befragten mit Abitur weiß nur knapp jeder zweite Westdeutsche Bescheid. Institutsleiter Andreas Wiesand sagte, die Umfrage belege, wie stark in Westdeutschland der Umgang mit zeitgenössischer Kunst ein Privileg der Gebildeten bleibe.

Das sei in diesem Kunstbereich stärker ausgeprägt als etwa beim Theater oder bei Büchern und Bibliotheken. Noch unbekannter als im Westen ist die documenta bei der Bevölkerung im Osten, wo nur vier Prozent der Bevölkerung die Schau korrekt beschreiben können.«

Kunst-Sprung

Vom »Boom« der Kunst war in den vergangenen Jahren allerorten die Rede. Doch hohe Besucherzahlen mancher Ausstellungen können über Tendenzen hinwegtäuschen. Vor allem bleibt zu bezweifeln, ob die in Galerien und Museen präsentierte Malerei, Grafik und Plastik der *Gegenwart* von der Bevölkerung wirklich angenommen (also populär) ist. Anfang 1992 erwarb das hannoversche Sprengel Museum einen Bronzefries des Wiener Bildhauers Alfred Hrdlicka, der sich thematisch mit dem Massenmörder Haarmann auseinandersetzt. Eine Welle von Leserbriefen rollte daraufhin über die Zeitungen. Tendenz und Vokabular des Unmutes (»Geschmacklosigkeit«, »Scheußlichkeit«, »Pervertierung von Wertvorstellungen«, »Machwerk«) waren mit verletztem Lokalstolz allein nicht zu erklären.

Es geht – immer noch – um den Wert der Moderne. Daran, ob sie sich dieser Auseinandersetzung geduldig und prinzipienfest als Vermittlerin stellt, wird Kunstkritik auch in Zukunft gemessen werden müssen. Das gelingt ihr freilich nur, wenn sie von mehr zu erzählen weiß als dem »Konflikt zwischen einer kraftvollen Farbgebung und dem getupften Pinselstrich«. Sie muß aus dem Jargon der Zirkel ausbrechen, sich öffnen. Diese Kritikerin einer Ausstellung von Giorgio Morandi in Saarbrücken schließt sich lieber ein: »Die Orientierung an der Valeurmalerei Corots ist passé, nun dominiert das Wechselspiel aus Fläche und Form. Konstruktive Blöcke, die verknappten Architekturelemente, verbinden sich mit den Vegetationszeichnungen aus pulsierenden Liniengeflechten.«

Museen und Galerien bleiben legitime Räume der Kunstkritik. Aber nicht die einzigen. Eva Karcher rät dem Kritikernachwuchs, sich heimisch zu fühlen in der »Szene der Galerien, der Auktionshäuser, der Ausstellungsmacher und Museumsleute« und »regelmäßig auf Vernissagen und Pressekonferenzen«[34] zu sein. Andere »Szenen« nennt sie nicht. Doch eben diesen Kunst-Sprung aus der Welt der Abonnenten von »Art« und »Vanity

Fair« hinein in andere Räume muß die Kritik genauso wagen wie die Vermittlung des Unpopulären oder Erlesenen. Auch außerhalb der Galerien ist gestaltete Zeit.

Aufgabe der Kunstkritik: Sie hat zu beobachten und zu deuten, mit welchen visuellen Themen und Motiven, mit welchen Symbolen, Chiffren und Ornamenten die Gegenwart ihr Gesicht zeichnet. Sie erkundet und bewertet bildliche und räumliche Erscheinungsformen der Moderne und den Umgang der Gesellschaft mit dem künstlerischem Erbe. Sie fragt nach materiellen Bedingungen und Zusammenhängen. Die Objekte der Kritik können funktionslos sein oder einem Zweck unmittelbar dienen. Sie können in der Gesetzlosigkeit der Postmoderne verwirren. Stets bleiben sie doch Zeitbilder. Kunstkritik ist in hohem Maße Kritik ihrer Zeit.

Was mehr Aufmerksamkeit verdient

Architektur, meinte Will Grohmann, sei »heute wieder die vornehmste Kunst«, und ein Kritiker, der sich ihrer mit Vernunft annehme, erfülle »eine Aufgabe, die wichtiger ist als das Besprechen von Ausstellungen, es sei denn, daß es sich um ein außergewöhnliches Ereignis handelt«[35]. Das war Anfang der sechziger Jahre. Heute scheint diese Art von Vornehmheit Feuilletonisten kaum zu reizen. Texte, die sich mit Bauwerken und dem Bauen befassen, machen gerade ein Prozent der Kulturberichte in der Presse aus.[36] Der Architekturkritiker Christoph Gunßer schätzt, daß er in der Bundesrepublik nicht mehr als zwei Dutzend »etablierte« Kollegen hat, wobei er die Fachpresse bereits mitzählt.[37] Dafür gibt es mehrere Gründe. Der bequeme Weg des Terminjournalismus läßt sich hier selten einschlagen. Recherchen kosten Zeit und Kraft, sie bewegen sich meist im Grenzbereich von Kultur, Wirtschaft und Politik. Und im Gegensatz zu Theatermachern oder Verlegern haben Bauherren, Planungsämter und Architekten selten Interesse an öffentlicher Kritik.

Letzteres aber müßte Journalisten gerade herausfordern – nicht nur bei spektakulären Großprojekten wie dem Umbau Berlins zur Hauptstadt. Tatsächlich ist wohl keine Form schöpferischen Gestaltens denkbar, die das Leben der Menschen so dauerhaft begleitet und bestimmt wie das Bauen. Das gilt für die Ästhetik von Gebäuden, die einzuordnen und zu bewerten Kulturjournalisten in der Tradition der Kunstgeschichte noch am leichtesten fällt. Doch beschränkt sich Architekturkritik nicht nur darauf. Gunßer nennt folgende Recherchethemen:

»Was wird geplant/gebaut und von wem, für wen, zu welchem Zweck? Wo entsteht das Objekt, was war dort vorher? Welches Verfahren wird durchlaufen? Wie wird finanziert? Welchen Einfluß wird das Vorhaben auf die Umgebung ausüben? Gibt es vergleichbare Vorgänge? [...] Immer aufschlußreich (und in Fachpublikationen auch üblich) ist der Vergleich verschiedener Beispiele für einen Gebäudetyp (Schulen, Bibliotheken, Schwimmbäder, Treppen, Türme usw.). Auch das Nicht-Bauen ist eine Betrachtung wert: Ruinen-Landschaften sind ein zeitgeistträchtiges Thema. Auch anonyme Architekturen sind in Zeiten der Skepsis gegenüber individuellem Künstlertum lohnende Sujets.«[38]

Zur Architekturkritik gehören der Denkmalschutz sowie Fragen der Stadtplanung (Verkehrsführung, Satellitenstädte, sozialer Wohnungsbau und ähnliches). Hier berührt sich die Kritik am Bauen mit der Kritik am Wohnen und am Wohnumfeld.

Wie Bauwerke bedürfen Gebrauchsobjekte des Alltags einer wachsamen Kulturkritik. Auch hier vermengen sich Funktion und Ästhetik auf eine Weise, an der unsere Zeit zu erkennen ist. Das gilt für die Mode (vgl. Kapitel 2), und es gilt für das gesamte Gebiet der Warenästhetik. »Design«, heißt es in der Anzeige einer Krefelder Möbelfabrik, »tells us about life, our wishes, our dreams, our memories.« Das ist, wie jeder Werbeslogan, gut behauptet. Es könnte auch clever gelogen sein. Was daran wahr und was nur Spruch ist, was die Gestalter von Sofas, Kerzenständern und Teekesseln über den Menschen zu erzählen haben und wo sie flunkern, was an Design bestehen und was vergehen sollte – Kunstkritiker müßten sich dazu äußern. Es bleibt ein Phänomen, daß sie sich in ihrer ästhetischen Urteilskraft immer erst dann herausgefordert fühlen, wenn ein Museumsdirektor diese Objekte aus dem Warenverkehr zieht und zu Ausstellungsstücken adelt. Solange ein Alltagsgegenstand zirkuliert, schweigt die Kunstkritik, als sei es immer noch möglich, auf diese Weise zwischen Kunstwerk und Ware, zwischen Erhabenem und Profanem zu unterscheiden.

Ganz ähnlich gehen Journalisten mit der Werbung um. Ein »Maggi«-Plakat aus dem Jahre 1910, ein Emailleschild mit »Persil«-Reklame aus den fünfziger Jahren – im Museum eingerahmt, sind sie Anlaß feuilletonistischer Gedanken (über die Zeit um 1910, um 1950). Was Plakate und Anzeigen heute mit ihren grafischen Zitaten, ihren Emblemen, Ikonen und Mythen ansprechen, an welche Formtradition sie anknüpfen, woran sie appellieren, wie sie wirken, das könnte die Kunstkritik kontinuierlich und aktuell beobachten. Sie muß es nur wollen.

Buchgestaltung und Karikatur, Typografie und Layout sind Themen, die die Kunstkritik angehen. Seit einigen Jahren verändern Zeitungen und Zeitschriften rasant ihr Aussehen. Das ist weit mehr als eine Äußerlichkeit. Hier schafft sich die Zeit unmittelbar ein neues Gesicht, das zu beschreiben und zu interpretieren wäre.

Gleiches gilt für Videokunst, multimediale Ausdrucksformen und für die Fotografie. Daß Fotografie eine Kunstform ist, bestreitet längst niemand mehr. In den vergangenen Jahren hat sie zunehmend die Museen und Galerien erobert und damit auch die Kritiker für ihre Ausdrucksmöglichkeiten interessiert. Doch was ist mit den Bildern, die ohne Museum täglich ein Millionenpublikum finden, in Schwarzweiß oder im Vierfarbdruck? Wer »erklärt« sie, wer mischt sich ein, wer beschreibt, bestätigt, verwirft?

Die Kunstkritik wird lernen müssen, auch das zu sehen, was ganz nahe liegt, nur eben außerhalb des etablierten Kunstbetriebs. Hierzu zählt schließlich das gesamte Gebiet der Laienkunst und des Kunsthandwerks. Nicht weil alles Kunst von gleichem Rang ist, sondern weil die Zeit und ihr Ausdruckswille niemals nur ein Zuhause haben. Und weil »die Kunst« nicht alles ist. Nur wer den Horizont erweitert, behält den Überblick. Nur wer sich und anderen Überblick verschafft, kann Gültiges von Scharlatanerie und Ausdruck von Pose scheiden.

Andere Formen, andere Perspektiven

Stärker als in Theater- und Buchkritik verweisen in der Kunstkritik andere Inhalte von sich aus auf andere Formen. Bauen ist ein öffentlicher Prozeß mit einer Vielzahl von Beteiligten, von Interessen und Konflikten. Am ehesten läßt sich dieser Prozeß in Reportagen und Hintergrundberichte fassen. Kommentare werden sie sinnvollerweise ergänzen. Reportagen in allen medialen Spielarten eignen sich ferner dazu, längst Gebautes (Plätze, Parkhäuser, Ruinen, Straßen zum Beispiel) neu zu erkunden und kritisch zu beleuchten. Der Architekturkritiker John Pastier kümmerte sich sogar um die ästhetische und funktionale Verbesserung von Abfallkörben, Verkehrsampeln, Telefonzellen, Bushaltestellen, Lampen und Sitzbänken in den Straßen von Los Angeles.[39]

Geht es um Fragen der »Benutzbarkeit von Bauten und Plätzen«[40], kann sich die Umfrage unter Anwohnern als sinnvoll erweisen. Umfragen werden dagegen in der Regel eher unergiebig oder oberflächlich bleiben, wenn Passanten sich spontan über den ästhetischen Wert einer Straßenplastik oder Museumsbesucher sich zu einer Ausstellung äußern sollen.

Für Themen wie Design, Werbung, Kunst im Alltag, Kunsthandwerk oder Pressefotografie eignen sich Feature, Reportage und Essay besonders, also Text- und Funkformen, die sich um Verbindungen und die Analyse von Entwicklungen bemühen. Welche kulturellen Normen und Unterschiede (etwa zwischen Frankreich und Deutschland) verraten Zeitschriftenfotografien zu einem bestimmten Thema? Tauchen ungewöhnliche Graffiti in der Stadt auf, die mehr sind als Krakelei? Oder neuartige Plakate? Wie entstehen eigentlich Werbeplakate? Welche Haltungen, Gesten und Zeichen aus der Geschichte der Bildenden Kunst plündern die »Art Directors« der Werbeagenturen und in welcher Absicht?

Motive der Bildenden Kunst selbst bieten sich an für den Essay. Die Geschichte der Kuh in der Malerei – warum nicht? Ein Frankfurter Kollege hat sie geschrieben. Andere Themen bleiben zu entdecken; stets können sie einen aktuellen Bezug haben.

Zur Kunstkritik gehören natürlich Reportagen und Hintergrundberichte über Auktionen, Kunsthandel und Antiquariate, über Nepp und Geschäftemacherei, über Kunstämter und Probleme der Museen. Kunstschulen und Kunstunterricht in der Schule – ein Thema, das jeden interessieren müßte, der Kinder hat; Berichte darüber gehörten deshalb regelmäßig ins Feuilleton und in die Kulturjournale von Hörfunk und Fernsehen.

Hier wie in anderen Sparten können Porträts und Interviews das Kunstgeschehen kritisch beleuchten. Voraussetzung ist allerdings, daß

Journalisten genügend Distanz zur Welt des Vernissagen-Glamours und des Geniekultes wahren, daß sie in Künstlern, in Sammlern, in Galeristen nicht die Sterne sehen, die vor allem ihr eigenes Dasein erhellen. Distanz ist auch die Voraussetzung für Humor. An Formen geistreichen Humors mangelt es der Kunstkritik in Deutschland ganz besonders. An Anlässen dagegen mangelt es nicht, denn Einbildungskraft und Einbildung liegen nahe beisammen.

Auf die Möglichkeit des Hörfunks, Kunstkritik dialogisch zu formen, hat Walter Filz hingewiesen. Er schlägt vor, im Gespräch zwischen Reporter und Studioredakteur unterhaltsam über »inszenierte Erlebniswelten«[41] von Kunstausstellungen zu berichten.

Der Kunsthistoriker Max Imdahl regt anderes an. Herkömmliche Ausstellungsrezensionen sprächen mit ihren Urteilen zu einem Publikum von Kennern, das selbständig zu vergleichen, zu bestätigen und zu widersprechen vermag. Für die Masse der weniger kenntnisreichen Interessenten jedoch hielten solche Rezensionen, denen mehr an der summarischen Bewertung als an Beschreibung gelegen sei, eher normative Formeln bereit: »Ich meine dagegen, die Vorstellung eines Bildes und seine Erklärung seien zumindest nicht weniger wichtig – ich glaube sogar, daß dies die wichtigste sozialkulturelle Aufgabe der Medien ist.«[42]

Rezension – wie vor allem?

Im Ausstellungsbetrieb, dessen Publikum überwiegend ein Flanierpublikum ist, sollten sich die Medien also stärker auf das einzelne Werk, auf das Erläutern und Erkennen konzentrieren, wünscht Imdahl. Er selbst gibt ein Beispiel für diese Art von Vermittlung moderner Kunst und beschreibt das Bild »Jericho« von Barnett Newman, eine abstrakte Dreieckskomposition:

> »Als eine Figur rationaler Vermessung enthält das gleichschenklige Dreieck einen senkrechten, nur wenige Zentimeter breiten roten Streifen, der einerseits die Mittelachse des Dreiecks bestätigt, sie andererseits aber, mehr noch, in Frage stellt. Denn nur mit seinem linken Rand stimmt der rote Streifen mit der Mittelachse des Dreiecks überein, insgesamt aber ist er von der Mittelachse nach rechts hin abgerückt. Diese Verrückung bleibt im unteren Bildbereich noch undeutlich, sie wird um so deutlicher, je mehr der Blick hinaufgelangt, und ist erst ganz oben, im oberen Winkel des Dreiecks, offen-

sichtlich. Für die Anschauung steigert sich die Verrückung des roten Streifens gemäß der Blickbewegung von unten nach oben. Dort, im oberen Winkel, kann der rote Streifen nicht sinnfällig enden, er ist vielmehr Ausdruck eines Aufwärts, das in der Dreiecksform nicht aufgehen kann und als deren Grenzüberschreitung erfahren werden muß.«

Imdahl fährt fort in Beschreibung und Analyse und gelangt dann zu dem Fazit:

»Hierin beruht die Leistung des Bildes von Newman, nämlich das Faßbare und Meßbare nicht, ja durchaus nicht zu verleugnen, aber doch die darin einbeschlossenen Gewißheiten zu erschüttern und – in letzter Konsequenz – Welt als ein auch nicht zu Bewältigendes zur Erfahrung zu bringen.«[43]

Diese Art der Bildbetrachtung (die an die WDR-Fernsehserie »1000 Meisterwerke« erinnert) empfindet Imdahl selbst gar nicht als »Kritik«. Und doch führt er damit vor, was die Rezension moderner Kunstwerke leisten könnte, leisten müßte: Beschreiben und Analysieren, Interpretieren *und* wertendes Einordnen – frei von Formeln und Normen und stets mit dem Ziel, das oft scheinbar Gegenstandslose verständlich zu machen. Das erfordert Konzentration und Geduld, beim Kritiker wie beim Medienpublikum. Es erfordert überdies Platz, zumal ein Foto den Text in der Zeitung ergänzen sollte.

Natürlich muß der Stil nicht derart nüchtern und lehrhaft sein wie bei dem Wissenschaftler Imdahl. Natürlich können sich Ausstellungsrezensenten ihrem Gegenstand auch assoziativ, eigenwillig oder humorvoll nähern. Natürlich darf ihre Meinung entschiedener sein und sich mit dem Beschreiben vermengen. Notwendig aber bleibt der Mut, Beispiele erläuternd herauszugreifen. Andere Bilder einer Ausstellung werden darüber zu kurz kommen. Doch leistet der Rezensent auf diese Weise für die kritische Vermittlung der Moderne immer noch weitaus mehr, als wenn er Vollständigkeit anstrebt – und nur durchs Museum hastet. Flotte Charakterisierungen wie diese werden weder den erwähnten Werken sonderlich gerecht, noch vermitteln sie dem Medienpublikum viel:

»Rolf Bier läßt ein plüschenes Kunstfaserplaid sich quallig aus dem Schatten einer weißen Wand hervorrollen, Max Elzholz vertraut auf die ästhetische

Wirksamkeit gläsernen technischen Gerätes, und Joachim Kettel umgibt einen grüngestrichenen Weidenkorb mit allerhand vegetabiler Terrakottaware; Stahlhelm und Knobelbecher malt Torsten Uhde auf die besagten Puristenplumeaus, und Margund Smolka verleiht im Kubus schwerfälligen Zementkugeln Pegasusflügel aus Fahrradpedalen.«

Worauf bei der Wahrnehmung neuer Architektur zu achten wäre, hat Paul Goldberger in der »New York Times« für Rezensenten wie für jedermann zusammengefaßt:

»1. The Building as object. What does the building look like? Is it pleasurable? What is the emotional reaction you have to the building as a pure object? Is it totally new to you, or does it call to mind some sort of historical precedent? Evaluate the facade – is there a reason the building looks as it does, or is it merely an architect's whim?
2. ... An object among objects. Broaden your visual field; stop looking at a building as an isolated object. What message is the building communicating to its neighboring buildings? Does it want to stand apart in the city or does it respect the line of the street or perhaps continue a cornice line from its neighbors?
3. ... As interior space. A building's use of interior space may be the quintessential architectural message. Look at a building's interior space from a practical standpoint. Do rooms connect logically with one another? Do you always have a sense of where you are in relation to the building as a whole or does the arrangement of rooms strike you as capricious and more concerned with some sort of abstract pattern than with rational use?
There is another aspect to the evaluation of a building's interior – the nature of the space itself. As with the facade, the best place to begin is with your own very personal reactions. Does the room make you feel grand and ennobled? Does it humble you? Do you feel driven to the center or do you feel compelled to stay around the edges? Do you want to stand still or does it make you want to move? Rooms can do any of these things and work or any of these things and not work. Because the perception of space is so personal, it is best to trust your own feelings here.«[44]

1.4 Musik

>»Die Musik drückt das aus, was nicht
>gesagt werden kann und worüber es
>unmöglich ist zu schweigen.«
>(Victor Hugo)
>
>»Es wird so viel über Musik gesprochen, und so
>wenig gesagt.«
>(Felix Mendelssohn Bartholdy)

Mit dieser Musik wußte der Rezensent nicht viel anzufangen. Am 17. Mai 1737 schrieb er im »Critischen Musikus«:

> »Dieser große Mann würde die Bewunderung ganzer Nationen seyn, wenn er mehr Annehmlichkeit hätte, und wenn er nicht seinen Stücken, durch ein schwülstiges und verworrenes Wesen das Natürliche entzöge, und ihre Schönheit durch allzugroße Kunst verdunkelte... Alle Manieren, alle kleine Auszierungen, und alles, was man unter der Methode zu spielen versteht, drücket er mit eigentlichen Noten aus, und das entzieht seinen Stücken nicht nur die Schönheit der Harmonie, sondern es machet auch den Gesang durchaus unvernehmlich...«[45]

Der Kritiker hieß Johann Adolf Scheibe. Der »schwülstige« Musikus war ein gewisser Johann Sebastian Bach.

Phrasengestaltung

Musikkritik tat sich nicht immer leicht, das Zukunftsweisende zu erkennen.

Sie hatte es allerdings auch nie leicht, in ihren Anfängen sowenig wie in den folgenden Jahrhunderten. Musikalische Bedürfnisse sind, alles in allem, eher konservativ. Heftiger als das Auge verlangt das Ohr immer wieder nach dem, was es einmal als angenehm und bedeutsam empfunden hat. Heute steht die Musikkritik den Komponisten der sogenannten Neuen Musik insgesamt sehr wohlwollend gegenüber. Das Konzertpublikum aber hält es trotz gelegentlicher Offenbarungen allemal lieber mit Mozart und Brahms als mit Viera Janáceková oder Karlheinz Stockhausen (während die in die Jahre gekommenen Anhänger von Jethro Tull und Joe Cocker vor Hip-Hop und Techno-Pop zurückschrecken).

Die Orchester geben eingeführten Namen und Werken ebenfalls den Vorrang. Der Kölner Hochschullehrer Michael Braunfels hat für die Spielzeit 1979/80 die Programme der Abonnementkonzerte von 65 großen deutschen Klangkörpern untersucht. Erst an 20. Position erschien in seiner Statistik ein Komponist, der in unserem Jahrhundert geboren wurde – Dimitrij Schostakowitsch.[46] Anderthalb Jahrzehnte später war dem »Zeitmagazin« Alicja Mounk eine Geschichte wert, die es als Generalmusikdirektorin in Ulm wagte, sich für zeitgenössische Musik zu engagieren.[47]

Die Konzertabläufe selbst sind rituell und förmlich. Gegen das Spontane behauptet sich nach wie vor die Etikette des Repräsentativen. Auf dieser Umlaufbahn der Konventionen dreht sich als Satellit die Musikkritik mit. Und was sie hervorbringt, ist häufig genug eine Sprache, in der alles Sinnliche rituell und förmlich geronnen ist. So schreiben und reden Kritiker vor sich hin von »schlanker, durchhörbarer und beweglicher Phrasengestaltung«, »brillanter Virtuosität und spannungsgeladener Dynamik«, von »beachtlichen Interpretationen« und einem »feinen Gespür für kantable Nuancen«.

Doch geht es ohne »Rotwelsch«[48], Formeln und Phrasen in jenen Texten genausowenig ab, die sich freieren musikalischen Stilformen wie Free Jazz[49] oder Rock und Pop[50] zuwenden. Das verweist auf ein zweites Kardinalproblem der Musikkritik: Sie hat nicht nur mit der Beharrlichkeit der Hörgewohnheiten, sondern auch mit dem »Unsagbaren« zu kämpfen. Wie Theater ist Musik flüchtig. Im Gegensatz zum Theatererlebnis ist das Musikerlebnis aber nur bedingt Wahrnehmung eines objektivierbaren Geschehens. Zwar lassen sich technische Fehler, Eigenarten eines Interpreten oder Abweichungen von der Partitur beschreiben. Wie aber Musik beschaffen ist und welche Empfindungen sie weckt, das kann Sprache nie so unmittelbar zurückrufen, wie sie optisches oder verbales Erleben wiedergeben kann. Liegt es unter anderem daran, daß gerade in Musikbetrachtungen zwischen Wert und Unwert, dem Wahren und dem Banalen oft so kategorisch, sprachlos und begründungsarm unterschieden wird?

Schließlich die dritte Eigenart, mit der es Musikkritik zu tun hat: die Aufteilung des musikalischen Universums in das vermeintlich nur Ernste und das vermeintlich nur Unterhaltsame, in »E« und »U«.

Konrad Heidkamp ist in der »Zeit« forsch vorgeprescht und hat behauptet, »das Publikum« kümmere sich um solche Unterscheidungen längst nicht mehr. Nur Plattenfirmen, Veranstalter und Kritik hielten an »E« und »U« fest. »Wen es zum Minimalisten Steve Reich in den Konzertsaal treibt, den findet man auch bei den monotonen Rhythmen der Gruppe Fall, dem Industrierock der Einstürzenden Neubauten oder den Klangimprovisationen eines Peter Brötzmann.«[51]

Heidkamp will den Trend – und übertreibt. Ganz so grenzenlos läßt sich das Musikpublikum nicht beschreiben. So fand die ARD/ZDF-Kulturstudie heraus, daß mit den Kenntnissen in sogenannter E-Musik zwar die Neigung zu Tanz- und Schlagermusik, Musicals, Folklore, Operette, Soul, Blues und Jazz wächst, nicht jedoch die Neigung zu aktueller Pop- und Rockmusik. Sie löst eher Aversionen aus. Je mehr umgekehrt Musikliebhaber über Rock und Pop wissen, desto mehr wenden sie sich auch Musicals, Folklore, Soul, Blues oder Jazz zu. Deutlich weniger aber mögen sie Klassik, Operette und Tanzmusik.[52]

Ein Riß ist also – noch – da. Dennoch erlauben die Ergebnisse der Repräsentativbefragung auch den Schluß, daß das Publikum musikalische Welten keineswegs so starr voneinander trennt, wie man vermuten könnte. Brücken sind durchaus vorhanden; die Musikkritik müßte sie mutiger beschreiten und den Dialog zwischen diesen Welten vorantreiben.

Unterschiedliche Musikformen befriedigen unterschiedliche Bedürfnisse. Sie sind mehr oder weniger anspruchsvoll, komplex, originell. Produktionen und Arrangements sind gewissenhaft oder schlampig. Keine Musikform aber ist prinzipiell ohne Wert. Das wäre zu vermitteln.

Wie das Spiel mit der Maske ist das Streben nach Rhythmus und Melodie eine Urform der Daseinsbewältigung. Dieses Streben einer Kultur, seine Voraussetzungen und Möglichkeiten, hat die Musikkritik zu verfolgen und einzuordnen.

Auch sie hat die Aufgabe, Vergängliches vor dem Vergessen zu bewahren. Auch sie kann den Blick auf die Zeit schärfen, doch muß sie sich allen Ausdrucksformen der Moderne stellen.

Was mehr Aufmerksamkeit verdient

Die Schlußfolgerung ist klar: Außer der Interpretation des Überlieferten hat die Musikkritik die eigentlichen musikalischen Anliegen ihrer Zeit mit mehr Überzeugungskraft zu begleiten.

Das gilt zum einen für die sogenannte Neue Musik, für alle Formen des Experiments und der Avantgarde. Heidkamp betont, daß diese Musik längst den Zauber des Leichten, Unterhaltsamen, des populären Wohlklanges für sich entdeckt habe, wie umgekehrt in den Jazz die Harmonik der europäischen Moderne eingeflossen sei.[53] Alicja Mounk weist auf einen anderen Berührungspunkt hin: »Wenn man zum Beispiel bedenkt, welche Filmmusiken die Leute heute hören, wieviel neue Musik es da gibt! In einem Krimi sind manchmal ganz erstaunlich moderne Dinge zu hören, wenn etwa Spannung aufgebaut wird. Das stößt niemanden ab.«[54] So gesehen und entsprechend umgesetzt, wären die Aussichten nicht schlecht, dem Publikum Neue Musik besser als bisher zu vermitteln.

Folgt die Kritik hier eher einem »publikumspädagogischen«[55] Anspruch, so trägt die Kritik populärer Musik den Hörgewohnheiten von Millionen Rechnung. Diese Musik beherrscht die Rundfunkprogramme, sie begleitet unseren Alltag, sie ist ein Wirtschaftsfaktor ersten Ranges.[56] Sie ist, in allen ihren Varianten, *die* Musik unserer Zeit.

Zweifellos hat sich die Popmusik in den vergangenen 25 Jahren stetig mehr Aufmerksamkeit der Kulturberichterstattung erobert. Die Qualität ist dabei nicht unbedingt mitgewachsen. Zu oft überlassen Redaktionen das Feld des »Leichten« auch journalistischen Leichtgewichten, lassen sie die Popkritik absacken auf das Niveau von Starhuldigungen und Szene-Gestammel. Häufig beschränken sie Beiträge im Umfang oder verweisen sie von den Höhen der »großen« Kultur in Nischen und Ghettos spezieller Popseiten. Allerdings scheitern kritische Versuche, vor allem in der üblichen Form der

Rezension, auch immer wieder an der Allgegenwart dieser Musik und der Macht ihres Managements. Einige Gedanken zu diesem Dilemma im nachfolgenden Exkurs.

Auf dem Gebiet, das die GEMA als »U« einstuft, vernachlässigen Musikjournalisten quantitativ und qualitativ Ausdrucksformen wie Jazz[57], Chanson oder Folklore – obwohl gerade diese Genres das musikinteressierte Publikum weniger spalten. Kritische Beobachtungen zur Straßenmusik, zu Gebrauchsklängen in Fernsehen und Werbung, zu sogenannten Heimatmelodien – das Kulturressort könnte sie liefern, bände es sich nicht ausschließlich an den Konzertbetrieb.

Mehr als beiläufiges Schulterklopfen oder Rezensionsversuche von Hobbyjournalisten auf der letzten Lokalseite verdiente im Konzertwesen wiederum der gesamte Sektor der Laienorchester, -chöre und halbprofessionellen Ensembles. Keine leichte Aufgabe in einem Land, in dem allein die städtischen und staatlichen Kultur- und Theaterorchester 1992/93 über 5.300 Konzerte gaben.[58] Wie zahllose Kirchenmusiker oder private Konzertagenturen beanspruchen diese öffentlichen Orchester »ihre« Kritik. Ganz ohne Abstriche wird es da nicht gehen. Redaktionen werden ihre Zeilendeputate und Sendeminuten umverteilen müssen, wollen sie ihrem Auftrag gerecht werden, Gültiges über das Musikleben ihrer Zeit zu sagen.

Andere Formen, andere Perspektiven

»Quälend«, schreibt Claus Spahn, seien »Besprechungen von mittelmäßigen Konzerten«, deren »Programm und Interpreten einfach nicht den Stoff für einen guten Text hergeben«[59]. Eine waghalsige These, falls Spahn meint, nur das »große« Musikereignis lohne und verbürge guten Journalismus. Sie wird allerdings richtig als Empfehlung, »Routinetermine« zu meiden und nicht ausschließlich auf die Rezension zu setzen.[60]

So regt zum Beispiel Lutz Lesle an, einen Kritiker statt auf ein Kirchenkonzert »auf die vorösterliche Kirchenmusik insgesamt anzusetzen, um dem noblen Trott in den Hauptkirchen manch couragierte Gegenbewegung in den randständigen Gemeinden gegenüberzustellen«[61]. Auf ähnliche Weise vergleichend könnten sich Kulturjournalisten mit den über 130.000 Laienorchestern, -chören und -bands, ihren Ansprüchen und Besonderheiten befassen.⁶² Hierfür eignen sich Reportage, Feature oder Hintergrundbericht ebenfalls. Mit ihnen ließen sich auch immer wieder Leistungen und Probleme der musikalischen Ausbildung thematisieren. Allein an den privaten und kommunalen Musikschulen der Bundesrepublik lernten und musizierten 1994 über 840.000 Kinder, Jugendliche und Erwachsene.⁶³ Unter welchen Bedingungen und mit welchen Erfolgen? Familien interessiert das. Also eine Menge Zuschauer, Zuhörer und Leser.

Reporter und Kommentatoren könnten sich hartnäckig mit dem Thema befassen, wie Schallplattenproduktionen entstehen, wer CD-Preise diktiert und auf welche technisch-akustischen Qualitätsunterschiede man hereinfallen kann. Gut hörbar machen kann solche Unterschiede der engagierte Musikjournalist im Radio.

Fragen der Entwicklung und Steuerung musikalischen Geschmacks, der Zusammenhänge von Musik, Umwelt und Lebensgewohnheiten lassen sich in Essays und Features aufgreifen. Was hat es zum Beispiel mit der Renaissance sogenannter Volksmusiksendungen im Fernsehen auf sich? Was bedienen die »Herzilein«-Klänge der Wildecker Herzbuben an Sehnsüchten, was verraten sie an Wahrheiten und Falschheiten der Epoche? Wie entstehen Musikpräferenzen in Kindern, und wie wandeln sie sich? Welche sozialen Identitäten verschaffen Musikstile Jugendlichen? Gibt es, von den Texten abgesehen, »rechten« Rock? Befriedigen oder wecken Hörfunkprogramme musikalische Bedürfnisse? Zitate klassischer Musik in Werbespots, Fernseh- und Kinofilmen – was suggerieren, wofür stehen sie? Stimmt die These, daß die Musikstile der Moderne mehr und mehr verschmelzen? Für solche und viele andere Themen bedarf es nicht unbedingt der 500 Zeilen in der Wochenendbeilage oder der 30-Minuten-Sendung. In Serienform können sie täglich das Rezensionseinerlei beleben und Verbindungen herstellen.

Das können auch Interviews, Streitgespräche und Porträts. Mit ihnen läßt sich – Engagement statt Demut vorausgesetzt – am Lack der allzeit Glänzenden kratzen, der großen und kleinen Pavarottis und Milvas, der Popmanager, Konzertagenten und Festival-Tausendsassas. Glossen kratzen gleichfalls vorzüglich, und es stünde Musikjournalisten nicht schlecht zu Gesicht, mehr Unbotmäßiges zu wagen. Richter und Henker müssen sie deshalb nicht werden. Sie müssen allerdings ganz Ohr sein – in den Foyers und Orchestergarderoben, im Rummel der Wettbewerbe, der Medienkonzerte und Alltagsgeräusche.

In Hörfunk und Printmedien bieten sich unter Umständen Vor- und Probenberichte an, die nicht nur auf eine Veranstaltung hinweisen, sondern auf Ungewohntes oder Schwieriges kritisch vorbereiten können. Wiederum der Essay kann musikhistorisches Wissen zusammentragen.

Burde schlägt vor, »die lexikalisch getreue Erläuterung neuerer Fachterminologie«[64] zu einer ständigen Einrichtung der Musikkritik zu machen. Über solche Glossare ließe sich nachdenken. Denn sicher wird Musikkritikern nicht immer gelingen, was Theaterkritiker durchaus können: auf Fachbegriffe völlig zu verzichten oder sie verständlich zu umschreiben.

Und das musikalische Ereignis selbst? Der Kampf mit dem Unsagbaren? Warum zum Beispiel nicht einmal, als publizistische Reaktion auf ein Konzert Gilbert Bécauds, einen Briefkommentar der ergrauten Geliebten »Nathalie« aus Moskau schreiben? Immer wieder haben Kritiker versucht, die Standardform der Rezension feuilletonistisch abzuwandeln oder zu umgehen. George Bernard Shaw plauderte 1891 in einem Bericht über das Londoner Musikleben frech und ausführlich von seiner »Influenza« und nannte sie das »wichtigste Ereignis in der musikalischen Welt seit meinem letzten Artikel«[65]. 55 Jahre zuvor hatte Heinrich Heine im »Morgenblatt für gebildete Stände« und in der »Revue des deux Mondes« seine »Florentinischen Nächte« veröffentlicht. Sie enthalten den literarisch geformten Text über ein Paganini-Konzert in Hamburg. Heine versucht, was er »Transfiguration der Töne« nennt: In spöttische Reportagebeobachtungen aus dem Konzertsaal eingebettet, schildert er musikalische Empfindungen als Visionen, als Ein-Bildungen in der Art eines inneren Schauspieles. Er *sieht* Musik – und macht sie so hören. Heine schreibt ein Feuilleton:

> »Ja, die Töne trieben ein heiteres Spiel, wie Schmetterlinge, wenn einer dem andern neckend ausweicht, sich hinter einer Blume verbirgt, endlich erhascht wird und dann mit dem andern, leichtsinnig beglückt, im goldenen Sonnenlichte hinaufflattert. Aber eine Spinne, eine Spinne kann solchen verliebten Schmetterlingen mal plötzlich ein tragisches Schicksal bereiten. Ahnte dergleichen das junge Herz? Ein wehmütig seufzender Ton, wie

Vorgefühl eines heranschleichenden Unglücks, glitt leise durch die entzücktesten Melodien, die aus Paganinis Violinenspiel hervorstrahlten... Seine Augen werden feucht... Anbetend kniet er nieder vor seiner Amata... Aber ach! indem er sich beugt, um ihre Füße zu küssen, erblickte er unter dem Bette einen kleinen Abbate! Ich weiß nicht, was er gegen den armen Menschen haben mochte, aber der Genueser wurde blaß wie der Tod, er erfaßt den Kleinen mit wütenden Händen, gibt ihm diverse Ohrfeigen, sowie auch eine beträchtliche Anzahl Fußtritte, schmeißt ihn gar zur Tür hinaus, zieht alsdann ein langes Stilett aus der Tasche und stößt es in die Brust der jungen Schönen...
In diesem Augenblick aber erscholl von allen Seiten: Bravo! Bravo! Hamburgs begeisterte Männer und Frauen zollten ihren rauschendsten Beifall dem großen Künstler, welcher eben die erste Abteilung seines Konzertes beendigt hatte und sich mit noch mehr Ecken und Krümmungen als vorher verbeugte. Auf seinem Gesichte, wollte mich bedünken, winselte ebenfalls eine noch flehsamere Demut als vorher. In seinen Augen starrte eine grauenhafte Ängstlichkeit, wie die eines armen Sünders.
›Göttlich!‹ rief mein Nachbar, der Pelzmakler, indem er sich in den Ohren kratzte, ›dieses Stück war allein schon zwei Taler wert.‹«[66]

Rezension – wie vor allem?

Heute klingen Konzertrezensionen eher so:

»Beide Musiker agierten perfekt und wechselten sich sogar in der Rolle des Primarius ab. Und mit der ebenso geschmeidig agierenden Bratschistin Catherine Metz und dem hellhörigen Violoncellisten Timothy Eddy vervollständigte sich das Orion-Quartett zu einem faszinierenden Ensemble. Auch ohne das als Zugabe übrigens sehr dicht musizierte Andante cantabile aus Mozarts ›Dissonanzen‹-Quartett war der Appetit auf ein Wiederhören geweckt.«

Keine Frage: Das anderthalb Jahrhunderte ältere Feuilleton Heinrich Heines wirkt ungleich jünger und graziler. Nun sind flirrende Arabesken, wie sie dem Poeten scheinbar so leicht gelangen, sicher nicht allzeit angebracht und nicht jedem zu empfehlen. Das traumhaft Tänzelnde kann leicht abstürzen. Heine schreibt, wenn man so will, unsachlich. Er ist kein Musikexperte. Journalistisch wegweisend an seinem Paganini-Text bleiben jedoch die

Sinnlichkeit und der geformte Witz. Ohne solche Eigenschaften wird jedes Gespräch über Musik rasch schal und armselig. Wo sich die Kunst dem äußeren Auge entzieht, wo die Kamera des Reporters versagt, wird der Rezensent auf Berichte von inneren Bildern und Vergleiche nicht verzichten können.

Diese Ausdrucksformen müssen wirklich eigene sein, sie müssen Erfahrung, Subjektivität und Charakter in sich bergen. Musikkritiker müssen auf metaphorische Dutzendware ebenso verzichten können wie auf die Wortklunker der Salons. Wenn es ihnen überdies noch gelingt, das an Atmosphäre, Spieltechnik oder Eigenart der Interpretation zu beschreiben und zu bewerten, was sich einigermaßen objektivieren läßt – dann haben sie geleistet, was sie in einer Rezension leisten können.

Dieser Rezensent verwirklicht viel vom Möglichen. Er fängt, noch ganz »äußerer« Reporter, die Atmosphäre beim Auftritt des Pianisten Ivo Pogorelich ein und deutet damit den Charakter des Spiels bereits an:

> »Er nähert sich dem Flügel, als sei die Luft um das Instrument herum irgendwie dicker als im Saal und leiste einen Widerstand, der ihm, Pogorelich, freilich vertraut ist, weswegen er zwar auffällig langsam geht, aber doch auch lässig und lachend. Und kaum ist die Tastatur in Griffnähe, da fällt alle Lähmung ab. Nach den ersten Tönen weiß man, daß Ivo Pogorelich mit dem Instrument machen kann und wird, was er will, und mit der Musik auch.«

Dann beschreibt der Rezensent Technik und Eigenart und verschränkt dies zugleich wertend mit Empfindungen, Bildern, Assoziationen:

> »[...] Pogorelich formuliert keine Gedanken, sondern Klangmischungen, die zweifellos kostbar und selten sind. Mal klingt der Steinway wie Röhrenglocken, dann nach Hammerklavier, mal werden die Saiten im Ausschwingen noch sanft mit dem Filz betupft. Man ist fasziniert, aber nicht bewegt [...].
> Im ersten Satz läßt er die melodische Linie in unverhofften Echos und Verzögerungen versacken, im zweiten Satz versieht er die traulich-zierlichen Achtel der rechten Hand mit einer Schärfe, die zuerst beeindruckt – das klingt halb nach pizzicato, halb nach kurzem Trompetenschrei. Die linke

Hand darf nur Schatten spielen. [...] Die Achtel rechts spielt er jedesmal so scharf. Keine Entwicklung, keine Erzählung. Im Presto gönnt er der Komposition immerhin einen klaren Ausdruck, unterbricht den getriebenen Dreiachteltakt mit schlimmen Tatzenschlägen und läßt aus der so perforierten Partitur funkelnde Dreiklänge hochschäumen. Er ist gnadenlos. Man mag einwenden, daß für Gnade die Kirche zuständig ist und nicht Mozart. Aber jener Mozart, der nach den Worten einer tschechischen Dichterin seinen Hörern ›das Nichts verbirgt‹, indem er sich davorstellt, hat bei Pogorelich keine Chance. Er umspielt den Komponisten.«

So verfolgt der Rezensent den Abend weiter – Beethoven, Brahms, Chopin, Balakirew. Bild und Urteil festigen sich. Pogorelich – ein Held im Kampf *gegen* das Werk, kunstvoll, kraftvoll, von sich selbst berauscht, gnadenlos, gedankenlos – ein Drachentöter:

»Das war der pure Rausch, Extase durch eine Technik, deren Sicherheit und Kondition von keinem Pianisten zu überbieten sind. ›Satanisch‹, fiel einem einerseits ein, und andererseits, daß die Saitenspannung eines Konzertflügels genau der Schubkraft eines Jumbojets entspricht. Dann war der Drache überwunden, der Ritter genehmigte sich und dem mittlerweile stehenden Publikum noch einen kleinen Ravel und verließ den Kampfplatz.«

Spöttischen Humor in der Art Heines beweist dieser Konzertkritiker:

»Jener also [der Pianist] führte dem Publikum vor, wie schwer es doch ist, eine C-Dur-Tonleiter mit allen Tönen über eine Oktave weg sicher hinunter oder hinauf zu bringen. Aber der linke Daumen, – er war ungeheuer stark, wenn er dran war, klirrte der Flügel und erinnerte mich daran, daß ich meine Glasbruchversicherung erhöhen sollte. [...]
Ergriffen murmelte eine ältere Dame ›Bravo‹ [...].«

Das ist süffisant und ungerecht. Und erfrischt doch auch im Ton. Die Musikrezension, formelhaft und steif wie kaum eine andere Art der Kritik, kann gelegentlich ein bißchen davon vertragen.

1.5 Exkurs: Rock- und Poprezensionen (ein Blues)[67]

»Der Kritiker im Stadion – überflüssig. Die Dinosaurier sind nicht zu kritisieren, sie sind zum festen Bestandteil im Haushaltsplan geworden.«
(Konrad Heidkamp)

»What you get is what you see.«
(Tina Turner)

Manchmal wirken Poprezensionen so komisch, daß sie schon wieder lustig sind. Auf Roger Chapman macht ein Kritiker folgendermaßen Appetit: »[...] man trinkt diese Stimme, die sich im Hinterkopf festbeißt wie eine Ratte.« Delikat auch der Geschmack dieses Rezensenten: »Für einen Schuß Pfeffer im Roxette-Eintopf raspelte sie im Duett mit dem Gitarristen herbes Blues-Holz.«

Meist aber haben Leser und Hörer wenig zu lachen. An Klischees und Phrasen herrscht im Popjournalismus kein Mangel. Liturgisch beteuern seine Vertreter »messerscharfe« Bläsersätze und »soliden« Rock, »tanzbaren« Rhythmus und »stimmungsvolle« Balladen, »gefühlvolle« Soli und »opulenten« Sound. Da »zündet der Funke«, wenn die Band »alle Register ihres Könnens zieht« und nicht nur »phonstarken Müll« oder »langweiliges Punkgeschrammel« produziert. Da geht es »in die vollen«, klingt »kraftvoll«, »souverän«, »überzeugend«, »präzise«.

Ob B.B. King oder ZZ Top, von »Legenden« läßt sich allenthalben berichten, wahlweise auch von »ehrlichen« Rock- oder Blues-»Arbeitern«. Da sind die »Hooklines« »griffig«, die »Gigs« voller »Soul«. Was zu hören ist, ist »toll«, »hochkarätig«, »mitreißend« oder (das Ganze rasch negativ gewendet) einfach »grauenvoll«. Irgendwie wird es schon stimmen.

Im Zusammenhang klingt diese Art von Rezension etwa so:

»Begleitet wird Zucchero Sugar Fornaciari von fünf ausgezeichneten Musikern und der beeindruckenden schwarzen Sängerin Lisa Hunt. Rauhe, aber herzliche Rockmusik, Rhythm & Blues, Soul bereitet Zucchero zu einer nicht gerade neuen, aber mitreißenden Mischung auf. Die ehrlich schwitzende Haut läßt allerdings etwas an Ausstrahlung vermissen. Immerhin hat er ein paar tolle Songs im Programm [...].«

Die Grenzen

Poprezensenten kämpfen wie Musikrezensenten allgemein mit dem Unsagbaren, und sie verlieren diesen Kampf allzu oft. Dann flüchten sie ins Vage oder in den Jargon. Branchentypisch ist ihr Streben nach dem Superlativ. Ihre Sprache soll »flott« sein – und biedert sich flott an. Sie soll »locker« sein – und klappert. Natürlich gibt es Gegenbeispiele, bemühen sich manche Autoren um Qualität, um Pfiff; einige kraxeln gar auf musikwissenschaftliche Höhen. Insgesamt aber läßt sich Nachdenklichkeit selten beobachten, häufig dagegen das, was Thomas Rothschild schon 1977 als »In-group-Pose«[68] geißelte. Dies hat sicher mit mangelhafter journalistischer Qualifikation zu tun. Eine »seltsame Spirale der Inkompetenz und der provinziellen Feigheit«[69] bemerkt der Popjournalist Karl Bruckmaier bei seinen Kollegen. Doch gilt es auch, das Dilemma der Poprezension zu erkennen. Mehr noch als andere Spielarten der Kritik stößt sie, die über Qualität befinden und Menschen erreichen will, an ihre Grenzen.

Vor zwei Jahrzehnten unterschied der Musikwissenschaftler Tibor Kneif in einer Studie über Wertungskriterien in der Rockmusik zwei Liebhabertypen. Das kleinere Lager der »Alternativhörer« suche, eher aus der Bildungstradition kommend, im Rock nach Originalität, Komplexität und kulturellem Fortschritt. Genau das interessiere das weitaus größere Lager der »Primärhörer« aber nicht; ihm sei ein Verlangen nach musikalischer Analyse völlig fremd:

> »Nirgendwo ist Musikhören einem Erkenntnisakt so radikal entgegengesetzt wie beim primären Rockhörer. Er zergliedert die Musik nicht, sondern nimmt sie als Ganzes hin, und selbst wenn er ein Stück fünfzigmal gehört hat und auswendig kennt, ist er verwundert, zu hören, daß es Aufbau und Struktur besitzt: jede analytische Betrachtung muß sich daher gegen sein Mißtrauen behaupten. Dies liegt im latenten Stimmungscharakter jedes Rockstückes begründet. [...] In der Eigenschaft eines Stimmungserzeugers und -lenkers erfüllt die Rockmusik eindeutig eine funktionale Aufgabe [...]. Es wirkt auf

den [primären] Rockhörer wirklichkeitsfremd und banausisch, wenn jemand ein Rockstück nach Aufbau, harmonischen Funktionen und dergleichen erklären will.«[70]

Kneifs Versuch, die beiden Hörertypen auch sozial und in ihrem Musikgeschmack voneinander abzugrenzen, erscheint heute fragwürdig. Erkannt und benannt hatte er aber ein Grundproblem: Die Mehrheit, von der Popmusik »getragen wird«[71], kann auf kritische Erklärungen offenkundig verzichten.

Das Dilemma der Kritiker nimmt zu, je mehr Popmusik ihren alternativen Charakter verliert, je weiter sie sich als Primärmusik einerseits und als Nebenbeimusik andererseits durchsetzt. Nur ein hartnäckig verklärender Blick wird im Pop noch das Moment des Fortschritts oder gar der Rebellion erkennen. Wenn die anarchische Gegenkultur des Pop je mehr als ein Mythos war, dann hat sie sich längst erschöpft. Nicht den Untergrund, sondern den Hintergrund, das ständige Bühnenbild der Massengesellschaft, bildet der Pop. Jederzeit verfügbar, erlaubt er jederzeit Spiel und Unterhaltung. Überall zugänglich, verspricht er Stimmung in allen Lebenslagen.

Pop ist, selbst ungebeten, immer schon da. Er beherrscht die Radioprogramme, und seine Protagonisten treten längst in Fernsehsendungen für die ganze Familie auf: Die Toten Hosen bei Karl Dall, Phil Collins in »Wetten, daß...«. Oder umgekehrt. Kaum ist das Autoradio abgedreht, erwartet uns Pop am Arbeitsplatz und im Café, beim Zahnarzt und im Kaufhaus. Er begleitet uns ins Kino und ins Theater, er umspült uns im Hallenbad und im Flugzeug. Er ist der Werbung für Schokoriegel ebenso dienstbar wie der Hungerhilfe für Afrika. Rockgruppen unterstützen Wahlkampfauftritte demokratischer wie republikanischer US-Politiker, sie trommeln in den Walkmen von Neonazis und Linken, von Hauptschülern und Hochschulprofessoren.

Das alles ist kein Grund zu kulturpessimistischem Wehklagen. Es geht nicht darum, mit dem Dünkel Adornos die Banalität des Populären von der Wahrheit der Kunstmusik abzugrenzen.[72] Es geht um die Grenzen der Rezension. Wo allerdings Musik *nur noch* der Stimmungskontrolle dient, wo sie als Dauer- und Nebenbeigeräusch allgegenwärtig ist, wo jegliche Besonderheit verlorengeht – da wird das Geschäft der Kritiker schwierig, die wie gewohnt von *musikalischem* Erleben und Erkennen berichten wollen. Da läuft die herkömmliche Form der Rezension weitgehend ins Leere. Sein »Wunschleser«, sagt der Popkritiker Tom R. Schulz, sei »ein wählerischer, kundiger Mensch, der Musik nie nebenbei hört, sondern mit Hingabe und Verstand, der selten Platten kauft und dem doch Musik (fast) alles bedeutet«. Ein Phantom also, ein »bestürzend irreale[s] Wesen«[73], weiß Schulz.

Noch mehr als die Viel- und Nebenbeihörer lassen die Fans, der innere Kreis des Rock- und Poppublikums, den Rezensenten seine Grenzen spüren. Fleischgewordene Zustimmung, als Individuen oder organisiert in Clubs, sind sie zum Gespräch über Musik, gar zu ironischer Distanz am wenigsten bereit. Was sie berauscht, ist oft genug nicht die Musik, sondern die Nähe zu deren Urhebern. Sie stiftet Identität und Einvernehmen. Es interessiert die Fans nicht so sehr, ob der Auftritt ihrer Stars gut oder schlecht ist, solange die nur auftreten. Jede kritische Anmerkung wird da zur Bedrohung des Idols und damit zum Angriff auf die eigene Würde.

Und die Idole selbst? Mit den kreativen Ausnahmen, die jede Regel zuläßt, stanzen Produzenten und Manager ihr Image wie ihre Musik nach seriellen Mustern aus. Textzeilen, Arrangement, Harmoniefolgen, Sound- und Rhythmuseffekte werden, bei Joe Cocker wie bei Roxette, bei Michael Jackson wie bei den Spice Girls, längst strategisch geplant und zusammengesetzt. Darüber muß man sich nicht erregen. Man kann das Ergebnis mögen. Was aber bleibt zu *rezensieren*, wenn die Standards sich »am Markt« durchgesetzt haben? Wenn die Maschine läuft?

Popstars, Musikfirmen und Veranstalter von Popkonzerten brauchen Rezensenten als musikkritische Instanz gleichfalls nicht sonderlich. Das zeigt sich seit einigen Jahren an den Live-Auftritten bekannter Gruppen. Das Authentische, das mit Live-Musik eigentlich gemeint ist, macht sich dort rar. Vokalisten wie Instrumentalisten zitieren und imitieren sich zunehmend selbst; ihre Aufgabe besteht darin, mit Hilfe einer Heerschar von Klangtechnikern das zu reproduzieren, was von Schallplatten bekannt ist oder bekannt werden soll. Wobei es für die einschlägigen Titel relativ belanglos bleibt, daß in der Akustik der Stadien und Messehallen die Originale nur ungefähr anklingen können. Schon bei den ersten Takten ist die Wahrnehmung der Liebhaber weitgehend festgelegt: Sie erinnern sich, und sie hören, woran sie sich erinnern. Klatschrituale bei schnellen,

Feuerzeug- und Wunderkerzenrituale bei langsamen Titeln setzen sofort ein. Abweichungen, Verfremdungen, Improvisationen (also »Live«-Musik) würden da nur noch irritieren.

Nicht nur das Hören, auch das Musizieren ist immer weniger »echt«. Was an Klang wirklich noch auf der Bühne entsteht und was an Vorfabriziertem aus dem Computer zugespielt wird, was nur Playback-Grimasse und was wirklich in diesem Augenblick herausgestoßene Leidenschaft ist, das kann der Rezensent in Block B, Reihe 13, nicht mehr unterscheiden. Und wie um die Grenzen von Schein und Sein, Fiktion und Realität vollends zu verwischen, erscheint das Bild des Stars auf einer überdimensionalen Leinwand, Double seiner selbst, in genau kalkulierten Kamerawinkeln und Schnitten – ein Video schon während des Live-Auftritts. »What you get is what you see«, singt Tina Turner. Kam da jemand, um lebendige Musik zu hören?

Ist eine Gruppe noch unbekannt, ihr Image wenig festgelegt, dann haben Aussagen von Popkritikern über Art und Qualität der Musik unter Umständen Einfluß. Oft allerdings bleiben sie auch hier ohne Bedeutung. Ist eine Band aber erst einmal etabliert – und im Regelfall werden die Feuilletons und Kulturmagazine erst dann aufmerksam –, so kann das Gewerbe auf Aussagen dieser Art gerne verzichten. Was an einer Poprezension interessiere, sei nicht die »zufällige Meinung eines zufälligen Rezensenten«, schreibt der Musikwissenschaftler Tibor Kneif, sondern die »stilisierte Werbung«[74]. »Zeit«-Kritiker Konrad Heidkamp meint zur (Un-)Möglichkeit, Konzerte von Stargruppen zu rezensieren:

> »Der Kritiker wird zum ignorierbaren Spielverderber oder zum guten Menschen von Public und Relation. Entweder wird er wieder zum Fan und kehrt in das Paradies bewußter Unschuld zurück, oder er langweilt sich beständig und beklagt den Zustand einer Musik, die sich schon lange nicht mehr mit musikalischen oder inhaltlichen Kategorien erfassen und bejammern läßt.«[75]

Der Kritiker Jörg Gülden zitiert einen amerikanischen Musiker: »Man, you can write anything you like as long as you spell my name right!«[76]

Und dafür, daß die Rezensenten das tun, sorgen die Agenten schon: mit Freikarten, kostenlosen Platten, Cocktailempfängen und Parties, mit

Schmeicheleien und Aufmerksamkeiten, mit »exklusiven« Interviewterminen, Hochglanzbildern – und mit Waschzetteln aller Art.

Ein Ausweg

Solche Zwänge machen anderen Kritikern ebenfalls zu schaffen. In der Popkritik aber massieren sie sich. Und es scheint, als triebe eben dies viele Vertreter des Genres ins Lager der Marktschreier und Liturgen. Vor die Wahl gestellt, Spielverderber zu sein oder lauthals mitzuspielen, entscheiden sie sich für letzteres. Und wissen doch insgeheim um ihre Ohnmacht: Die Superlative ihrer Rezensionen (die negative Wertungen keineswegs ausschließen) verraten ja nicht nur ein Beharren auf Bedeutsamkeit, sondern auch das Eingeständnis, daß sich um ihre Urteile normalerweise niemand sonderlich schert. In dem Versuch, dennoch Gehör zu finden (und oft mit dem Auftrag, junge Leute an das Blatt oder den Sender zu binden), identifizieren sich Popkritiker auf eine Art mit Gruppen und Posen, die ihrem kritischen Anspruch zuwiderlaufen muß.

Was tun? Selbstverständlich gehört die Auseinandersetzung mit der Popularmusik in Feuilleton und Kulturmagazine – nicht weniger, sondern eher noch mehr. Aber die Popkritik braucht zugleich mehr Qualität. Sie darf zustimmen und Sympathie bekunden, aber sie darf nicht kreischen. Und sie braucht eine Sicht- und Darstellungsweise, die mit der Form auch das Formelhafte der Rezension aufbricht.

Manfred Sack hat den Begriff des »Musikkritikreporters«[77] geprägt. Damit wäre eine Lösung angedeutet. In der Tat ist eine Erneuerung aus dem Geist der Reportage denkbar. Ein Popkonzert spricht (dem Theater ähnlich) die Gesamtheit der Sinne an; die Reportage kann dies ins Bewußtsein bringen, statt um »musikalische Kategorien« zu ringen, die sich rasch im Klischee erschöpfen. Die Reportage kann sich einlassen auf das Alltagsphänomen unserer Zeit in seinen Erscheinungsformen und seinen Scheinformen, ohne sich mit den Beteiligten und ihren ästhetischen Projektionen gemein zu machen. Sie *muß* sich von den Phrasen der Popfabrik, vom Jargon der Gurus lösen, denn die Reportage wendet sich prinzipiell an alle. Ihr Ziel ist es, Wahrnehmungen so präzise zu beschreiben, daß jeder sie sinnlich nachvollziehen kann. Sie will hören, sehen, riechen, verstehen, was sich vor, auf und hinter der Bühne hören, sehen, riechen, verstehen läßt. Waschzettel helfen da nicht weiter.

Das zwingt Kritikreporter, dem Alltagsereignis Pop sinnlich nahe zu sein. Es zwingt sie, sich ihrem Gegenstand und ihrem Publikum zuzuwenden. Es zwingt sie zugleich, Distanz zum Star und zur Szene zu wahren. Die Kritikreportage ist kritischer als die Summe der jetzigen Poprezensionen.

Kritik braucht Distanz. Die eingefleischten Fans wird deshalb auch die Kritikreportage nicht erreichen. Und auch von ihr werden Stars und Busineß nicht mehr erwarten als Werbung. Den Viel- und Nebenbeihörer aber kann sie schon eher interessieren. Wie kaum eine andere journalistische Form vermag die Reportage, das Vertraute zu verfremden, das Besondere im Allgegenwärtigen wieder sichtbar zu machen. What you get is what you see.

Der Vielhörer ist Unterhaltungshörer. Sinnliches Mitteilen ist unterhaltsam. Ironie ist es ebenfalls. Die Kritikreportage kann Elemente der Glosse aufnehmen oder zum Feuilleton werden. Einer ausdrücklichen Bewertung dessen, was zu sehen und zu hören ist, muß sie sich nicht enthalten. »Reine« Reportage will sie nicht bleiben. Sie kann sinnlich, zeitkritisch und amüsant zugleich erzählen.

Popjournalisten hätten in jedem Fall zu begreifen, daß sich über *das* Unterhaltungsphänomen unserer Zeit wirklich unterhaltsam schreiben läßt. Daß das Unterhaltsame und das Kritische sich nicht ausschließen, wohl aber das Kritische und die Phrase.

Existiert das Ideal? Dieser Beobachter eines Auftrittes von Guns N' Roses hat sich den Reporterstandpunkt bewahrt. Er meidet abgedroschene Wendungen, schaut, hört, riecht noch hin (die »blauen Häuschen«), staunt ironisch, aber nicht lieblos über die »Recken«, die ihn umgeben, zitiert und achtet auf Zitate. Er steht dem Rockereignis nahe und ist doch distanziert zugleich. Er weiß, Sein und Schein kritisch zu trennen und das Geschehen einzuordnen (dessen Beschreibung er überdies in ein langes Porträt der Band einbaut):

Exkurs: Rock- und Poprezensionen (ein Blues)

»Es ist voller als bei Hertha, aber leerer als bei Hertie. Knapp die Hälfte derer, die erwartet wurden, verlieren sich auf den Rängen des Olympiastadions von Berlin. [...]
Im Vorprogramm mühen sich Soundgarden aus Seattle und Faith No More. Der Sänger quäkt, das Schlagzeug pappt, das Echo hallt von überall in dieser Riesenschüssel aus Beton. Wer irgend auf Musik hält, drängt in den Innenraum und harrt aus inmitten von verwegensten Gestalten. Unglaubliche Nasen, Ohren und Nacken! Unerhörte Recken in Leder und verzierter Haut! Allen gemein scheint eine gewisse *Politikverdrossenheit*. Sie stauen sich am Schultheiß-Stand und vor den paar blauen Häuschen, die sie von innen und außen befeuchten. Wo bleibt die *fuckin'* Band?
Da! Schlag acht donnert das Intro, springt Slash mit den Kumpanen aus der Kulisse, drischt Matt Sorum ins Trommelwerk. Axl Rose, in Shorts und wehendem Jackett, stemmt den Fliegerstiefel auf die Box und singt ›Live And Let Die‹, das alte James-Bond-Lied.
When you were young/ And your heart was an open book/ You used to say live and let live/ You know you did
Doch nun, hört man von Rose, dem hundertjährigen Tragöden, wolle er leben und sterben lassen.
Zwei Stunden lang arbeiten sich Guns N' Roses durch ihr düsteres Songbuch. Rose kreischt von Besessenheit, von *Mr. Brownstone* Heroin, perfekten Verbrechen und daß der Blues dem Tod der Unschuld folge, *right next door to hell*. Die erste Flasche fliegt. Rose droht mit dem Abbruch der *fuckin'* Show und macht weiter. Sie spielen viele Balladen: ›Don't Cry‹, Bob Dylans ›Knockin' On Heaven's Door‹, das prächtige ›Civil War‹, von Slash mit Jimi Hendrix' ›Voodoo Chile‹ eingeführt. Mit seinem neuen Gitarrenkollegen Dizzy Reed spielt er ›White Horses‹ von den Stones. Überhaupt zitieren sie ständig – die Who, Led Zeppelin im Übermaß, die Attitüden des Punk –, als müßten sie zeigen, was jeder weiß: Hier ist nichts neu. Guns N' Roses plündern ältere Bestände. Sie schrecken nicht, sie rühren nicht – sie *handeln* von Rührung und Schock: das Déjà vu als Schöpfungsprinzip, aber zu laut und zu viel. Riesige Aufblaspuppen buhlen um Sensation, Feuerwerk umböllert die Band. Slash und Rose hetzen wie Hasen hin und her auf der achtzig Meter breiten Bühne, die sie sowenig füllen können wie das Stadion. Was sie auch spielen, war schon da. Wie sie auch rennen: Ick bün all hier.«

1.6 Film

> »Als Diskurs der Kritik schließt
> der Subjektivismus vor allem hermeneutische
> Verfahren der Kontextuierung aus, die er als
> aggressive Verunreinigung seiner eigenen
> Parameter-Konstruktionen sehen muß.«
> (Gertrud Koch)

> »Wer nicht klar schreiben kann, der soll
> nicht von anderen klares Denken fordern.«
> (Claudius Seidl)

> »Do you go to the movies/ find a friend
> in a film/ holding hands with the
> heroes/ fall in love with the heroine.«
> (Hothouse Flowers)

Warum gehen Menschen ins Kino? Um mit dem Helden Händchen zu halten. Um sich in die Heldin zu verlieben. So singt es die irische Rockgruppe Hothouse Flowers. Und der amerikanische Filmkritiker Bruce Cook sagt es so:

> »You don't go to the movies to be instructed. You go to the movies to be hit between the eyes – splat! – with action, energy, emotion, most of all with that grand sense of style that you get from no other form. The very nature of film limits intellectual content. Film is something you do in the dark, a dream run before your eyes, a fantasy.«[78]

Also: Kino als Stimmungskontrolle? Ergebenheit und blinde Liebe auch hier? Versinken im Gefühl des Augenblicks, in der Sprachlosigkeit des »splat!«? Und über Film ließe sich wie über Popmusik nur noch bedingt mit »inhaltlichen Kategorien« urteilen?

Wenn es dunkel wird

In der Tat will auch der Film Hingabe und Gefühl. Auch hier laufen Maschinen, die Erfolgsstandards zuverlässig reproduzieren. Und sie finden ihr Publikum. Der größte Teil derjenigen, die sich für Spielfilme interessieren, »verfügt trotz intensivster Kinonutzung nur über ein auf Unterhaltungsgenres begrenztes Spektrum an Filmerfahrungen«[79], schreiben die Autoren der ARD/ZDF-Kulturstudie. Bruce Cook hat recht: Dieses typische Kinopublikum erwartet alles, wenn es dunkel wird, nur keine Belehrung. Andererseits erwartet es durchaus Instruktionen, bevor es sich ins Kino begibt. Viele Kinogänger lesen, sehen oder hören Filmbesprechungen.[80] Sie nutzen solche Angebote in tagesaktuellen Medien vermutlich weitaus öfter, als sich die Besucher von Popkonzerten dort Poprezensionen anschauen oder anhören.

Ihre Orientierungsfunktion verschafft der Filmkritik einen großen Startvorteil. Überdies ist der Film als Bild- und Sprachereignis Wort und Gedanken leichter zugänglich als Musik, selbst wenn er nicht intellektuell daherkommt (natürlich kann Film auch intellektuell ansprechen).

Der Kritiker Klaus Kreimeier weist darauf hin, auch Kino sei »überall: im Wohnzimmer und im Kaufhaus, in den Schaufenstern und in den Spielhallen, in Bahnhöfen und auf Flughäfen«[81]. Das beschreibt eine interessante Tendenz. Doch läßt sich die Präsenz des Films im Alltag mit der populärer Musik nur bedingt vergleichen. Etwas Neues im Kino anzuschauen bedeutet immer noch ein anderes Erleben, als Musik auf der Bühne wiederzuhören, die man schon lange im Kopf hat.

Die Voraussetzungen für ein Gespräch über Filme sind also, selbst in der Form der Rezension[82], günstiger als die Voraussetzungen der Popkritik. Und die Selektionsnöte sind, vom Sonderfall der Filmfestivals abgesehen, nicht zu vergleichen mit denen der Buchkritiker: Auf durchschnittlich eine Kinopremiere am Tag kommen etwa 180 neue Bücher.[83] Obwohl viele Zeitungsfeuilletons den Film nachlässiger behandeln als die traditionellen Künste[84], müssen Kinokritiker vor der Fülle des Neuen nicht kapitulieren.

Welche Haltung aber ist angemessen? Wie schreiben über Film? Es scheint, als ringe keine Kritikerliga derart andauernd um Profil wie die der professionellen Filmbetrachter. Mal teilen sie sich selbst ein oder lassen sich einteilen in »Genießer«, »Kramer« und »Flipper«[85], mal in »O-Schreiber«, »Gegen-Schreiber«, »PR-Schreiber«, »in‹-Schreiber« und »Ich-Schreiber«[86]. Vor allem die Wortführer der Filmkritik in den Feuilletons großer Zeitungen, einiger Sender und Filmfachdienste formulieren seit Jahrzehnten am Grundsätzlichen – politische Linke versus ästhetische Linke, Gesellschaftskritik versus Semiotik, Aufklärung versus Sinnlichkeit, Analyse versus Emphase. Oder: alte Filmkritik gegen neue Filmkritik.[87] Jene beklagt wie Gertrud Koch den »Subjektivismus« einer jungen Kritikergeneration, der die Lust am Kino wichtiger sei als der »Diskurs« im Geiste Adornos und »hermeneutische Verfahren der Kontextuierung«. Diese amüsiert sich wie Claudius Seidl darüber, wie dunkel es im Kino wird, wenn die Vertreter der »kritischen Theorie« ihre Sätze verkorksen.[88]

Dieser (so oder so) ambitiösen Filmkritik steht am anderen Ende der Skala der Filmtip gegenüber. Beseelt vom Servicedenken oder auch nur vom Waschzettel, der eigenen Überzeugung oder auch nur der redaktionellen Not gehorchend, hauen seine Autoren ihre Geschmacksurteile hin: »super«, »kann man ansehen«, »schrecklich«. Häufig reduzieren sie den Beitrag auf wenige Zeilen Inhaltsangabe oder auf spektakuläre Bilder. Diese Schrumpfversion der Kritik findet sich in kleineren Zeitungen, Stadt-, Szene- und Filmmagazinen, Publikumszeitschriften, auf Servicewellen und in Programmen des Privatradios.

Die Kinobeiträge in diversen Magazinsendungen des Fernsehens schlagen Beobachter ebenfalls eher dieser Kategorie zu. Vom »Annoncen-Ausrufen im Moritaten-Stil«[89] spricht Eva M. J. Schmid, von der »5-Minuten-Filmterrine« auf »jedem Kanal«[90] Andreas Kilb. Andererseits beurteilen Kinogänger insgesamt (auch »Cineasten«) die Filmbesprechungen des Fernsehens »besser« als die der Printmedien.[91]

Die Kluft der Ansprüche und die Gräben der Theorie wollen wir visionär überbrücken. Ein Filmjournalismus muß möglich sein, der sich kundig und intelligent zu Wort meldet, ohne sein »typisches« Publikum zu vergraulen. Der seine Servicefunktion akzeptiert, ohne sich darin zu erschöpfen. Der, beflügelt von der Aufklärung, den Himmel nicht nur über Adorno sucht und der sich nicht mit dem Nebel der Niederungen begnügt. Der Genuß und

Die Filmkritiker: Der Flipper, der Genießer und der Krämer

Kritik, Geist und Amüsement, Wissen und Emotion, Kunst und die Sehnsucht nach dem Trivialen nicht allzeit nur als Widersacher begreift.

Ähnlich wie die Theaterkritik beobachtet und bewertet die Filmkritik die Fähigkeit des Menschen, Bilder von sich zu entwerfen, Gesichter und Masken, Rollen und Konflikte, Erhabenheit und Niedertracht zu inszenieren. Sie weiß: Dieses Spiel ist nicht unmittelbar, sondern stets und überall zu reproduzieren. Sie weiß, daß es kollektive Vorstellungen und Mythen nicht nur berührt, sondern produziert. Filmkritik hat die Aufgabe, nach den Umständen und Interessen dieser Produktion zu fragen.

Siegfried Kracauers Satz aus den dreißiger Jahren, der Filmkritiker sei nur als Gesellschaftskritiker denkbar, wäre abzuwandeln. Soziale oder politische Absichten herauszufiltern kann nicht alleinige Aufgabe der Filmbetrachtung sein. Doch die Frage nach den Inszenierungen der Zeit, nach ihren Mythen und Interessen macht sie zweifellos auch zur Zeitkritik.

Was mehr Aufmerksamkeit verdient

Daß professionelle Beobachter insgesamt den Unterhaltungsspielfilm vernachlässigen, läßt sich schwerlich behaupten. Hier wäre der Wunsch nach mehr Aufmerksamkeit eher qualitativ als quantitativ berechtigt. Wo sich Journalisten eilfertig der »Szene« Hollywoods und ihrem Glanz unterwerfen, stünde ihnen mehr Interesse für das »Szenario«, für den Rahmen, gedankliche Zusammenhänge und Weltbilder des Kinos gut zu Gesicht. Wo umgekehrt die Kritik nur sauertöpfisch Weltbild und Glanz der Erfolgsproduktionen beklagt, da wird ihr immer wieder entgehen, was Kino für die meisten Menschen vor allem ist – ein Ort, an dem das Licht verlischt, wenn die Sehnsucht ihr Recht einfordert. Kino kann den Alltag abbilden und ausdrücklich kritisieren. Es kann ihn aber ebensogut nicht abbilden und auf diese Art kritisieren. Wer das nicht sieht, sieht wenig von Film und Zeit.

Bis wohin Massenmedien das Terrain der Traumhändler zu erkunden bereit sind, müssen sie sich überlegen. 15 von 16 Feuilletonredakteuren und 18 von 28 Lokalredakteuren in Nordrhein-Westfalen »erklärten einmütig, sie würden grundsätzlich nicht über Porno- und Sexfilme berichten«, schreibt Sanches.

»Neben den Pornos gab es noch andere ›Aussätzige‹, die von den Redaktionen totgeschwiegen werden: ›Kommerzielle Reißer‹ oder ›alle schlechten Filme, für die man auch bei Negativ-Kritik nur werben würde‹, wie der Redakteur einer großen Regionalzeitung meinte. [...] Eine solche ›positive Berichterstattung‹ nimmt einen Teil fürs Ganze und malt dadurch das geschönte Bild einer Filmkultur, die so nicht existiert.«[92]

Mit anderen Worten: Sie begibt sich der Kritik.

Wenn es ein Ziel der Kulturkritik ist, den »Reichtum des Verschiedenartigen«[93] zu wahren und zu vermitteln, dann muß sie allerdings auch in die andere Richtung gehen dürfen. Die von Filmemachern immer wieder beklagte Übermacht der nordamerikanischen Filmindustrie ist ja kein Hirngespinst. Kritik hat das Recht und die Pflicht, jenes Gelände gleichermaßen auszuschreiten und zu sichern, auf dem es nicht um populäre Unterhaltungsgenres geht. Der europäische Autorenfilm, Filmkunst aus Japan und der sogenannten Dritten Welt, Dokumentar-, Experimental- und Avantgardefilme – wer sie nicht einbezieht in die Berichte auch kleinerer oder publikumswirksam ausgerichteter Kulturredaktionen, der verzerrt seinerseits das Bild von Filmkultur.

Kommunale Spielorte und Programmkinos im Schatten der Paläste haben ein Recht auf Kritik. Sie bieten ihr überdies die Chance, sich und ihr Publikum vom Diktat der Neuerscheinungen zu lösen. So selbstverständlich, wie Buch-, Musik- oder Kunstkritik sich immer wieder dem »Erbe« zuwenden, könnte Filmkritik in tagesaktuellen Medien Wissen über die Traditionen ihres Gegenstandes vermitteln, Wissen über Eisenstein oder Murnau, den Dokumentarfilm der siebziger oder den Kinderfilm der fünfziger Jahre. Der Kinderfilm hat übrigens – man weiß es kaum, folgt man den Feuilletons – auch eine Gegenwart. Und sie besteht nicht nur aus den Superlativen der Disney Company oder Steven Spielbergs. Freilich geben Titel wie »Anna Anna« von Greti Klää und Jürgen Brauer oder »Zirri – Das Wolkenschaf« von Rolf Losansky dem Affen der Diskursexperten keinen Zucker. Die nächste Generation von Kulturjournalisten könnte das anders sehen.

Kinder wie Erwachsene schauen sich weitaus mehr Filme zu Hause an als im Kino. Das bedeutet nicht nur einen anderen Ort, sondern eine andere Art der Wahrnehmung. Der Kritik bleiben zwei Möglichkeiten, darauf zu reagieren. Entweder gräbt sie sich ein im Bewußtsein, auserwählt und bedroht zu sein; dann schleudert sie ihre Arroganzgranaten auf den Fernsehpöbel: »Wenn wir kaputtmachen wollen, was uns kaputtmacht, müssen wir zuerst erkennen, wo der Feind steht. Ich behaupte, er steht beim Fernsehen, dem Gralshüter unserer Provinzialität. Schlagt es, wo ihr es trefft.«[94]

Die andere Möglichkeit besteht darin, den Wandel zu erkennen und sich auf Veränderungen einzustellen. Filmredakteure, die sich weigern, den audiovisuellen Medien insgesamt Aufmerksamkeit zu schenken, die über Spielfilmprogramme im Fernsehen, über Musikclips, Werbespots oder Amateurvideos nicht einmal nachdenken wollen – sie werden sich über kurz oder lang ins Abseits schreiben. Sie werden ihrer Zeit nicht mehr folgen können und als Kommentatoren versagen.

Andere Formen, andere Perspektiven

Eine aufgeschlossene Filmkritik könnte sich dem Fernsehen nicht nur rezensierend zuwenden, sondern das Spektrum journalistischer Formen daran erproben. All die Zitate und ästhetischen Bausteine des Werbestreifens, all die Bilder von Bildern, all die Spiel-Waren, die Anspielungen in Videoclips und »kommerziellen Networkprogrammen der Musikkanäle«, die »tendenziell die gesamte Filmgeschichte [...] in eine gigantische Recycling-Maschine«[95] einspeisen – sie könnten Gegenstände von Betrachtungen, Essays und Features, von Glossen und Feuilletons werden. Und Beiträge dieser Art würden von der Aktualität des Filmischen vielleicht mehr verraten als die Sammelpflichtberichte aus Cannes oder Venedig.

Aber auch die Filmkritik, die dem alten Kino verbunden bleibt, wird ihren Formensinn neu glaubhaft machen müssen. Wo, wenn nicht auf den Jahrmärkten der Eitelkeit in Cannes oder Venedig, in Berlin oder Oberhausen, böte sich die Gelegenheit, Kraft und Witz der »kleinen Form« kunstfertig vorzuführen? Wo, wenn nicht hier, ließe sich die Qualität von Gesprächen beweisen?

Im »Schmalspurjournalimus«[96] der Kinoseiten und -sendungen nehmen Interview und Porträt neben Rezension und Nachricht noch den meisten Raum ein. Wer sich ihrer bedient, rückt den Star zwangsläufig in den Mittelpunkt.

Das Publikum erwartet dies wohl so. Erwarten darf es aber auch Vermittlung und Information. Personalisierung ist die eine, das Studio als Drehbühne für den Star die andere Sache. Kritik heißt nicht Geschwätz. Die Parfümwolken der stets Entzückten, die Trommelwirbel der Rekordausrufer – sie vermitteln nichts. Sie betäuben und übertönen.

Was Gespräch und Interview, was Reportage und Bericht zu leisten vermögen, läßt sich außerhalb des »Star Treks« vielleicht noch besser zeigen. Videoinitiativen oder Amateurfilmer gibt es überall. Der »provinzielle« Charakter einer Zeitung muß kein Manko sein; er kann der Filmkritik Perspektiven eröffnen, die die Interessen ihres Publikums unmittelbar berühren.

Was in den Vorführsälen der Metropolen und im »Schmuddelkino« auf dem Lande zu sehen ist, hat wirtschaftliche und politische Hintergründe. Nicht nur Regisseure, Schauspieler, Kameraleute und Cutter machen Filmkultur, sondern auch Politiker, Jurys und Fördergremien, Sponsoren und Kinobetreiber. Das Geflecht dieser Zusammenhänge zu entwirren kann Gegenstand eines großen Artikels oder Korrespondentenberichtes sein. Schlaglichter sind aber in Lokalreportagen, Glossen oder Kommentaren gleichfalls möglich.

Zeit und Kapazität vorausgesetzt, können Journalisten aller Medien über das Tagesgeschehen hinaus Verbindungen und Tendenzen aufzeigen. Die Mythen der Traumfabrik, ihre Chiffren und Symbole, ihre Helden und Schurken, ihre Schönen und ihre Biester – sie brauchen eine Geschichtsschreibung, die allen zugänglich ist. Sie brauchen den Essay und die Betrachtung, die nicht nur vom Kunstwerk, sondern ebensowohl von den Sehnsüchten und Projektionen der Menschen erzählen. Ganze Serien lassen sich so konzipieren, unterhaltsam und klug zugleich.

In Werkporträts über Themen und Autoren der Filmgeschichte kann das Fernsehen seine Mittel ausspielen. Aber auch Hörfunk- oder Pressejournalisten ist es möglich (zum Beispiel vor einer Fernsehwiederholung), Klassiker in Kolumnen und Serien neu zu sichten und einzuordnen. Glossare zur Filmgeschichte, -ästhetik und -technik sind denkbar. Peter W. Jansen regt an, mit den Möglichkeiten des Fernsehens mehr analytisch zu arbeiten, also Szenen, Einstellungsfolgen oder Bildaufbau neu sichtbar zu machen. Er räumt zugleich ein, daß eine solche Auseinandersetzung aufwendig ist. Sie kann überdies zur elektronischen Spielerei oder zur Schulmeisterei verführen.[97]

Rezension – wie vor allem?

Wenn Massenmedien Filmrezensionen anbieten, nutzt das Kinopublikum sie häufig zur aktuellen Orientierung. Diese Funktion können Kritiker nicht ignorieren; was sie schreiben, schreiben sie nicht (zumindest nicht in erster Linie) für sich selbst. Eine Rezensentin von Christian de Chalonges »Dr. Petiot« jedoch beginnt ihren Text so: »Die Filmkritik sieht heute in Fritz Langs ›Dr. Mabuse‹ eine Art Proto-Hitler [...].« Die Kritik zitiert die Kritik, und sie zitiert die Filmgeschichte, bevor sie noch vom Film erzählt – dieser Einstieg verrät eine Neigung zur »Selbstreferenz«. Gut möglich, daß die Rezensentin bei ihren Lesern schon an dieser Stelle verspielt hat.

Völlig anders, als Referentin und Augenzeugin, beginnt diese Kritikerin, die Nikita Michalkows »Urga« bespricht:

> »Ein Mongole schlachtet ein Schaf. Behutsam legt er es zur Seite, streicht das Fell glatt, schneidet das Bauchfell auf. Nur ein kleiner Schnitt, es blutet nicht. Dann greift der Mann in den Tierleib hinein, sucht, vielleicht das Herz. Das Schaf lebt noch, es sieht verwundert aus und zappelt ein bißchen. Der Schäfer hält ihm die Schnauze zu. Das Tier stößt ein paar gedämpfte Laute aus, dann entspannen sich seine Muskeln. ›Ich hole eine Schüssel, um das Blut aufzufangen‹, sagt die Frau des Schäfers. Die Kinder stehen dabei und schauen zu, schweigend und neugierig. Dann helfen sie beim Fellabziehen. Der Vater zeigt ihnen die Handgriffe. Der Junge ist ganz ernst bei der Sache.«

Das klingt simpel und protokollarisch, und doch hat die Rezensentin auf diese Weise schon Entscheidendes zur Eigenart des Filmes gesagt, zum Bann seiner Bilder, zu dem Verzicht Michalkows auf Story und Inszenierung im üblichen Sinn. Mit dem schildernden Gestus der Reporterin hat sie eine Grundlage geschaffen, auf der sie den Film ausführlich diskutieren und bewerten kann.

Spielfilme mit ihren Montagen, Effekten und Suggestionen sind in der Regel anders als »Urga«. Sie steuern den Blick mit der Kamera, sie nehmen dem

Auge gerne seine Autonomie, führen und verführen es. Das läßt die Wiedergabe von Geschehen in Unmittelbarkeit und Sprache der Reportage nur bedingt zu. Immer aber ist es möglich, zumindest punktuell Wesen und Wirkung eines Filmes mit Mitteln des Beschreibens anschaulich darzustellen, zu orientieren und zugleich der Kritik (der eigenen wie der des Zuschauers) ein Fundament geben. So in dieser Rezension von Andrew Birkins »Zementgarten«:

> »Wie im Weltraum fühle er sich, sagt Jack dann, als er sich Julie körperlich nähert. Ein Schwebezustand, eine Art Traumzeit beherrscht Birkins Film. Das bräunliche Rot der Bilder erscheint unwirklich. Ein knallroter Austin Healey, der plötzlich vor dem Haus der Kinder auftaucht, scheint eindeutig aus der harten realen Welt zu kommen. Doch kurz vorher hat Jack noch ein solches Auto als Spielzeugmodell von seinem kleinen Bruder geschenkt bekommen.«

Der Rezensent von Peter Jacksons »Braindead« charakterisiert gleich in den ersten Sätzen das »Was« und das »Wie« des Filmes. Er beschreibt überdies eine mögliche Wirkung, die er danach im fiktiven Dialog mit seinem Leser kommentiert:

> »Das Thema dieses Films ist Blut. Blut und die Möglichkeit, darüber zu lachen, wo, warum und wie es fließt. Die Krankenschwester bekommt den Kopf halb abgetrennt. Später entbrennt die eigentlich tote, tatsächlich aber untote Krankenschwester in Leidenschaft zum ebenfalls zum Zombie mutierten Pfarrer, aber dummerweise kippt bei jedem Kuß ihr Kopf auf den Rücken. Das ist nicht lustig, sagen Sie? Warum haben Sie dann schon als Halbwüchsiger sich kaum noch halten können, wenn Stan Laurel seinen Finger in Oliver Hardys Auge bohrte?«

Nach diesem Auftakt geht der Rezensent näher auf die Story ein, informiert über Regisseur, Finanzierung, das Genre des »Splatter«-Filmes, als dessen Höhe- und Endpunkt er »Braindead« mit seinem makabren Humor begreift. Schließlich befaßt er sich ausführlich mit der Darstellung von Gewalt.

Vieles haben Rezensenten von Filmen zu beachten: Handlung und Dramaturgie, Figuren und Schauspieler, Schauplätze und Ausstattung, Kamera und Ton, Sprache und Musik, Schnitt und Rhythmus, Genre, Entstehungszusammenhang und Rezeption. Kaum werden sie alle diese Aspekte in einer Rezension berücksichtigen können. Immer wird es verschiedene Möglichkeiten geben, Schwerpunkte zu setzen, Stil und Temperament, Ernst und Witz zu nutzen, die Tendenz des Urteils zu untermauern. Als Gutachter über öffentliche Ereignisse aus Bild, Sprache und Geräusch sind aber auch Filmrezensenten gut beraten, wenn sie ihrer Kritik schildernd und beschreibend Kraft verleihen.

1.7 Medien

> *»Die Geschichte der deutschen Fernsehkritik ist immer auch die Geschichte einer Publikumsverachtung.«*
> *(Jürgen von der Lippe)*

> *»Medienkritik ist natürlich weit mehr als diese linksliberale Kommentierung des Fernsehgeschehens [...].«*
> *(Lutz Hachmeister)*

Arbeiten: acht Stunden. Schlafen: sagen wir, auch acht Stunden. Und was machen wir mit dem Rest?

Zwei Stunden und 16 Minuten ihrer Freizeit verbrachten Erwachsene in den alten Bundesländern 1995 an einem Durchschnittstag mit dem Fernsehprogramm (in den neuen Ländern waren es 2:47 Stunden). 0:57 Stunden (1:04 Stunden) hörten sie in ihrer Freizeit Radio, 0:17 Stunden (0:19 Stunden) lasen sie Zeitung. Die Beschäftigung allein mit diesen drei Massenmedien beanspruchte 41 Prozent (51 Prozent) ihres gesamten Freizeitbudgets. Dazu kamen noch 0:27 Stunden (0:31 Stunden) täglich für Zeitschriften, Tonträger und Videokassetten.[98] Kein Zweifel – den »Rest«, also die frei gestaltete Lebenszeit jedes einzelnen, bestimmt der Umgang mit Massenmedien. Und von einem Medium wie dem Radio wird auch während der Arbeitszeit kräftig Gebrauch gemacht.

Oft nutzen wir Massenmedien nebenbei oder zur Stimmungskontrolle. Das gilt vor allem für Musikprogrammme. Aber Massenmedien hüllen uns keineswegs nur ein. Zu einem erheblichen Teil beschäftigen wir uns aktiv und aufmerksam mit ihren Angeboten. Sie liefern sehr vieles von dem, was unsere Vorstellungen anregt oder abstößt, worüber wir uns erregen, wovon wir uns distanzieren, worüber wir nachdenken, streiten, was wir heftig kritisieren. Sie liefern uns fast alles, was wir über die Welt außerhalb unserer unmittelbaren Umgebung wissen oder zu wissen glauben.

Knappheit und Inkompetenz

Fast alles. Denn über die Welt der Medien liefern sie Kritisches eher spärlich. Nur sie selbst könnten das ändern. Immer noch aber ist Medienkritik in vielen allgemein informierenden Medien selbst nur Beiwerk statt zentrales Anliegen, auch wenn sie quantitativ in den letzten Jahren zulegen konnte. So hatten in den ersten zehn Ausgaben des Nachrichtenmagazins »Focus« 1993 Berichte über Massenmedien (mit dem Schwerpunkt Fernsehen, Marketing und Werbung) den größten Anteil an allen Kulturberichten überhaupt.[99] Auch in anderen Zeitschriften und Wochenzeitungen hat Medienkritik an Terrain gewonnen, wobei »Die Zeit« auf eine eigene Medienseite allerdings wieder verzichtet. Medienmagazine oder medienkritische Beiträge im Fernsehen hingegen sind Mangelware. Die ARD hat ihre Sendung »Glashaus – TV intern« schon vor Jahren ebenso eingestellt wie das ZDF »Betrifft: Fernsehen« oder VOX sein experimentierfreudiges Magazin »Canale Grande«. Der Hörfunk hat gleichfalls nicht allzuviel zu bieten.[100]

In der Tagespresse versuchen die überregionalen Blätter, vor allem die »Süddeutsche Zeitung«, die »taz« und die »Frankfurter Rundschau«, Mediengeschehen regelmäßig und kompetent zu begleiten. Auch hier ist Medienkritik überwiegend Fernsehkritik. Das gilt erst recht für regionale und lokale Tageszeitungen, wenn sie überhaupt mehr als das Fernsehprogramm abdrucken. Eine Untersuchung der Medienbeiträge in 18 Schweizer Tageszeitungen und zwei Programmzeitschriften förderte 1990 folgendes Bild zutage: 87,6 Prozent aller Texte waren kurze Programmhinweise, mit einem deutlichen Schwerpunkt auf dem Fernsehprogramm. Die Hinweise enthielten selten Wertungen. Wenn gewertet wurde, dann eher positiv. Es folgten (10 Prozent) Medienberichte. Gering blieb der Anteil von Rezensionen gesendeter Programmbeiträge: Sie machten 2,3 Prozent aus.

Weniger als ein Fünftel dieser wenigen »Nachkritiken« widmete sich dem Hörfunk. Insgesamt urteilten die Rezensenten von Fernsehsendungen in knapp der Hälfte aller Fälle negativ, in jeweils einem Viertel der Fälle äußerten sie sich positiv oder ambivalent.[101]

Diese Zahlen mögen nicht exakt auf die deutsche Presse übertragbar sein; die Nachkritik hat hier möglicherweise einen größeren Anteil. Das zentrale Ergebnis aber dürfte auch für Deutschland Gültigkeit haben: Es zeigt sich ein Nebeneinander von umfangreichem (Fernseh-)Programmservice, den häufig Agenturen liefern, und redaktioneller Nachkritik, die eher bruchstückhaft und überwiegend negativ ist. Die Autoren dieser Nachkritik verhalten sich deutlich anders als Journalisten, die über Theater, Musik, Buch oder Kunst schreiben. Die Vermutung Norbert Waldmanns, Kritiker der Tagespresse hielten eine negative Besprechung von Fernsehsendungen prinzipiell für angemessener als eine positive, scheint immer noch berechtigt zu sein.[102] Eine »hochnäsige, pädagogisierende Sicht auf das scheinbar verderbende Medium Fernsehen, das den Film entstellt, die Kultur kaputtmacht, den Bücherkonsum immer weiter von bildungsbürgerlichen Idealen entfernt«[103], bemängelte entsprechend der Medienjournalist und NDR-Programmkoordinator Michael Wolf Thomas bei vielen Kollegen. »Knappheit und Inkompetenz«[104] sah Lutz Hachmeister in den Medienberichten der Regionalzeitungen herrschen.

Vielleicht wandelt sich das, je mehr jüngere Journalisten die Beschäftigung mit diesem Thema für sich entdecken. Eine Gesellschaft, die zur Mediengesellschaft geworden ist, braucht jedenfalls Raum und intellektuelle Kapazität für eine Medienkritik, die mit dem Fernsehen wach und wachsam, aber unvoreingenommen umgeht. Und die, wenn sie sich äußert, nicht nur vom Bildschirm spricht.

In diesem Prozeß der Medien(selbst)kontrolle geht es auch um die Demokratie. Medien und Medienindustrie haben eine Menge zu tun mit dem Kampf um gesellschaftliche Macht und Einfluß. Das erleichtert die Aufgabe nicht. Verflechtung der Medienunternehmen und Konkurrenzdruck nehmen zu; damit wächst das Interesse, Kritik zu unterbinden, abzutun oder Medienredakteure für PR-Zwecke zu mißbrauchen. Recherchen erfordern mehr Zivilcourage, denn die Nähe der Kollegen, die Gesetze der Medienwelt und die Verlags- oder Funkhauspolitik können korrumpieren. Daß Journalisten generell wenig Bereitschaft zeigen, über ihr eigenes Metier, über Ethik und Ziele ihres Handelns nachzudenken, erschwert Medienkritik in den Medien zusätzlich.[105]

Die Probleme sind unübersehbar. Doch ändern sie nichts an der Notwendigkeit: In den Kulturredaktionen oder in speziellen Medienressorts von Presse, Hörfunk und Fernsehen müssen mehr Journalisten als bisher unter angemesseneren Arbeitsbedingungen als bisher die Medienkritik vorantreiben. Sie müssen lernen, sich gegen den Hochmut der Alteingesessenen zu behaupten. Sie müssen sich als Spezialisten auf einem Kultursektor durchsetzen, dessen gesellschaftliche Bedeutung weiter zunehmen wird.

Ihre Aufgabe besteht einerseits darin, zu sichten, zu beschreiben und zu bewerten, welche kulturelle Realität die Medien in ihren Angeboten schaffen und verbreiten. Darüber hinaus müssen sie aufmerksam verfolgen, wie sich Medieninstitutionen selbst auf die gesellschaftliche Kultur auswirken.

Was mehr Aufmerksamkeit verdient

Letzteres kann nur eine Kritik leisten, die Medienmarkt und Mediensystem ununterbrochen beobachtet, medienpolitische Auseinandersetzungen und Entscheidungen analysiert, medientechnische Entwicklungen im Auge behält (Stichwort »Multimedia«). Mit gelegentlichen Insiderhäppchen, mit Geschichten über Diadochenkämpfe in den Führungsetagen dieses Verlages oder jenes Senders ist es nicht getan. Viel wichtiger wären Beiträge, die unabhängig von der Tagesaktualität immer wieder Zusammenhänge herstellen. Die beleuchten, was Veränderungen in der Medienlandschaft für den Alltag und das Leben jedes Menschen bedeuten.

Das setzt mehr Bereitschaft von Redakteuren voraus, sich mit Erkenntnissen der Medienwissenschaft zu befassen. In einer Zeit, in der jede Stammtischdebatte irgendwann das Thema »Macht der Medien« berührt, handelt die Kulturkritik unverantwortlich, die es mit Spekulationen und Mutmaßungen über Medienwirkungen gut sein läßt. Was an Wissen über das Wechselspiel von Publikum und Medien vorhanden ist, müssen sich Medienkritiker auch aneignen. Und sie müssen es (nicht nur in Fachdiensten und -zeitschriften) weitergeben. Sie haben zu fragen nach Bedürfnissen und

Ansprüchen der Leser, Hörer und Seher. Sie haben zu fragen, wer diese Bedürfnisse wie befriedigt und wer sie mit welcher Absicht steuert.

Sie haben, daran führt kein Weg vorbei, über ihren eigenen Beruf nachzudenken. Wer über Medien redet, kann über Journalisten nicht schweigen. Sie prägen, mit ihrem Auftreten und ihrem Handeln, trotz »Multimedia« auch in Zukunft die Kultur der Zeit. Eine Medienkritik, die ihren Namen verdient, wird künftig weitaus mehr Journalismuskritik sein müssen. Sie wird öffentlich zu diskutieren haben, mit welchen Methoden Journalisten recherchieren, wie sie Nachrichten auswählen, wie sie es mit der Würde von Menschen halten, in welcher Rolle sie sich sehen. Das wird heikel werden und zu Konflikten führen. Aber Kritik darf nicht das Geschäft der Pharisäer sein. Kritik braucht Distanz – auch und immer wieder zur eigenen Eitelkeit. Wer sich nicht selbst stets in Frage stellt, denkt nicht gerecht, sondern selbstgerecht.

Wo es um die kulturelle Realität von Medienangeboten geht, verdient das Radio weitaus mehr Aufmerksamkeit als bisher. Welche bedeutende Rolle der Hörfunk im gesamten Tagesverlauf spielt, dessen sind sich viele gar nicht bewußt.[106] Wo aber sind die Kulturfachleute in Presse, Fernsehen oder im Hörfunk selbst, die Veränderungen in den öffentlich-rechtlichen Programmen kompetent und regelmäßig festhalten? Die nicht nur vom »Dudelfunk« und vom Niedergang der Radiokultur raunen, sondern die Musik- und Nachrichtenangebote privater Stationen immer wieder abhören und kritisch kommentieren? Die bereit sind, Leistungen dieser Stationen, wo es sie gibt, zu analysieren und zu vergleichen?

Und wenn es die Radiokultur zu retten gilt, dann wäre es an den Kulturkritikern, damit anzufangen. Vereinzelte Besprechungen von Hörspielen oder Hinweise auf Konzertübertragungen sind ehrenwert. Aber Radiokultur fängt damit weder an, noch hört sie damit auf. Von einem engagierten Kulturjournalismus wäre zu erwarten, daß er sich Tag für Tag auch Ratgebersendungen, Sportreportagen, Magazinen für ältere Menschen, dem Kinderfunk und vielem anderen mehr zuwendet.

Am 6. April 1992 erschien der »Spiegel« mit einem Titelbild, auf dem Menschen ein Tor stürmen. Vor ihnen, mit dem Rücken zur Kamera, mehr oder weniger hilflos, zwei Beamte des Bundesgrenzschutzes. In riesigen

Buchstaben darüber das Wort »Asyl«, darunter ein roter Balken: »Die Politiker versagen«. Das Bild war nicht authentisch; der Symbolik halber hatte der »Spiegel« die Uniformierten hineinmontiert. Es war ein übler Kommentar. Es war das Bild zur »Asylantenflut«.

Solche und ähnliche Erscheinungsformen von Medienkultur könnte eine Kritik aufgreifen, die die Presse unter die Lupe nimmt. Ein Seitenhieb im Feuilleton der »Zeit« auf das Feuilleton der »Süddeutschen Zeitung« und umgekehrt – das stimmt Kenner vergnügt. Eine Folge von Glossen in der »taz« über den Illustriertenmarkt – das liest sich gut. Wünschenswert aber bleibt insgesamt eine Medienkritik, die die Kulturprodukte Zeitung und Zeitschrift einer *ständigen* Expertise für wert erachtet. Den Titelgeschichten und Titelbildern des »Spiegels« könnte sie ihre Aufmerksamkeit ebenso regelmäßig zuwenden wie den Kommentaren und Karikaturen der »Frankfurter Allgemeinen« oder den Aktionen von »Bild«. Nicht minder wichtig wäre es, Regional- und Lokalzeitungen auf ihre Qualität hin abzuklopfen. Was fällt auf an ihrer Berichterstattung, an Überschriften, Kommentaren, Nachrichtenauswahl, Sprache? Was fehlt, was ist zuviel? Die lokale Konkurrenzzeitung wäre dafür sicher der falsche Platz, ihre Sachverständigen sind zwangsläufig befangen. Aber so, wie sie eine Presseschau anbieten, könnten zum Beispiel lokale und regionale Hörfunkprogramme Pressekritik zur festen Einrichtung machen – wenn sie nicht gerade selbst vom örtlichen Verleger abhängen.

Die Kritik an Fernsehprogrammen wäre quantitativ und qualitativ auszuweiten. Derzeit greift sie sich, Mechthild Zschau zufolge, »vor allem die Premieren«[107] heraus, also die erste Sendung einer neuen Unterhaltungsshow, einer Serie, eines Magazins, oder Einzelstücke wie Reportagen, politische Debatten, Dokumentationen, Fernsehspiele. Ponkie, die langjährige Fernsehkritikerin der Münchener »Abendzeitung«, bestätigte das: »Deutsche Erstaufführungen von Filmen, neue Serien, neue Talk-Shows und vor allem Eigenproduktionen des Fernsehens wie Dokumentationen und Fernsehspiele.« Sie sehe zwar stundenlang, von 18 Uhr bis in die Nacht, mache aber gegen 20 Uhr »meistens Pause« bei »Shows mit Jürgen von der Lippe oder so ein[em] Käse«: »Das Fernsehen hat nun mal einen Kulturauftrag. Auch wenn das altmodisch ist, den muß es halt erfüllen. Basta.«[108]

Eine solche Haltung aber, so berechtigt sie zu sein scheint, kann Kritiker dazu verleiten, nicht mehr von dem Medium zu reden, über das und mit dem sich die Zuschauer unterhalten. Dieses Medium schließt Vormittags- und Nachmittagsprogramm, Werbung und Sportschau, Prime-Time-Shows, Kitsch und Catchen ein.

»Ohne die Anerkennung der Tatsache, daß Fernsehen weder primär eine kulturelle noch eine politische Anstalt, sondern vor allem eine gigantische Unterhaltungsmaschine ist, daß Fernsehen *alltäglich* und *trivial* und nicht elitär und einmalig ist, wird die Fernsehkritik keine angemessenen Verfahren und Kriterien zur Behandlung und Würdigung ihres Gegenstandes entwickeln. Sie bleibt so obsolet, wie es eine Sportberichterstattung wäre, die sich vornehmlich mit Bogenschießen und Hammerwerfen beschäftigt und die Spiele der Fußballbundesliga außer acht ließe.«[109]

So sagt es HR-Programmdirektor Hans-Werner Conrad, und dem ist schwerlich zu widersprechen.

Conrad erinnert überdies an »Kontinuum« und »serielle Struktur«[110] des Fernsehprogramms. Dies wie den Unterhaltungsanspruch der Fernsehkultur hätte die Kritik grundsätzlich zu akzeptieren. Sie soll, sie muß sich weiterhin mit anspruchsvollen Einzelstücken, mit TV-Filmen und Magazinen befassen, aber sie darf schlechterdings nicht wegschauen, wenn der »Käse« kommt. Und mit dem Verriß einer Show-Premiere ist es nicht getan; die Show kann besser werden, sich verändern, vielleicht sogar unter dem Einfluß von Kritik. Ein »vorurteilsloses und offensives Verhältnis zu den populären Medienformen«[111] empfiehlt Lutz Hachmeister. Mag sein, daß die Fernsehkritik dabei wie die Popkritik an Grenzen stößt. Auf mehr Versuche aber käme es allemal an.[112]

Apropos »Kulturauftrag«: Wenn es Fernsehkritikern wirklich damit ernst ist, dann müssen sie sich, wie Theater-, Buch- oder Filmkritiker, fragen lassen, wie oft sie an Kinder denken. Vor den Gefahren des Vielsehens, vor der Bilderflut und der Gewalt in Sonntagsreden mit großer Gebärde zu warnen, aber die Realität des Kinderfernsehprogramms einfach zu übergehen, Sendungen, die Kinder faszinieren, nicht zu berücksichtigen, also auch nicht Qualität von Schlechtem argumentativ zu scheiden – das ist alles andere als glaubwürdig. Wer über »Power Rangers« oder »logo« nichts schreibt, wer über »Tabaluga tivi« und »Li-La-Launebär«, über »Käpt´n Blaubär« und »Captain Future« nie ein Wort verliert, der versagt als Fernsehkritiker in Massenmedien. Er ignoriert die Interessen von Millionen Eltern und Kindern. Er ist ein Ignorant.

Noch etwas? Noch etwas. Hörkassetten für Kinder. Game Gears und Computerspiele. Videokassetten. Die Themen der Medienkritik stapeln sich im nächsten Kaufhaus.

Andere Formen, andere Perspektiven

Wo Medienkritik alles in allem sich erst entfaltet, erscheint es wenig sinnvoll, mehr journalistische Formenvielfalt zu empfehlen. Bis auf den bloßen Programmtip sind *alle* Textformen der Kritik in der Medienberichterstattung von Presse, Hörfunk und Fernsehen noch auszubauen. Ein Feature zum Beispiel über die Medienentwicklung in den USA, die uns bald erreichen könnte; ein Wissenschaftsreport zum Thema Gewalt und Kindermedien; ein Hintergrundbericht darüber, wie westdeutsche Verleger den Pressemarkt in den neuen Bundesländern erobert haben und wie sich dieser Prozeß auf die Pressefreiheit auswirkt; Betrachtungen zur Entwicklung des Genres Fernsehspiel, zur Geschichte von Quizsendungen im Hörfunk, zur Nachrichtensprache von Agenturen; Glossen, die Fehlverhalten und Eitelkeiten des Metiers aufgreifen; regelmäßige Meldungen und Kommentare darüber, welche Rügen der Presserat ausgesprochen hat; Gespräche und Interviews mit Redakteuren, mit Programmverantwortlichen, die mehr sind als Selbstbespiegelung – Formen und Perspektiven dieser Art werden einen modernen Kulturjournalismus zu begleiten haben.

Wo die Rezension von Medieninhalten unbefriedigend ist und im wahrsten Sinne zu kurz kommt, bleibt diese Form ebenfalls zu entwickeln und durchzusetzen. Rezensieren lassen sich Zeitungen und Zeitschriften nicht schlechter als Bücher (jede »Blattkritik« einer Redaktion ist im Prinzip nichts anderes). Rezensieren lassen sich natürlich Hörfunksendungen. Solange das Fernsehen als Freizeitmedium und Diskussionsgegenstand klar dominiert, muß aber auch die Besprechung von Fernsehsendungen deutlich mehr Raum einnehmen.

Ob ihre Arbeit sich immer wieder auf bereits ausgestrahlte Programmteile konzentrieren sollte, hätten die Redaktionen zu überdenken. Wo die Möglichkeit besteht, den Programmhinweis der Agenturen eigenständig durch eine kritische und kundige Vorrezension zu ersetzen, wäre sie öfter zu nutzen. Den Charakter einer Empfehlung wird die Vorrezension allerdings nicht verleugnen können; sie kann es um so weniger, je seltener und isolierter sie erscheint.

An das »Programm als Folge« hat Peter Christian Hall erinnert, an den »Moloch, der einen ganzen Abend Lebenszeit beansprucht, wenn man sich ihm widmet, oder gar einen ganzen Tag«. Hall bemängelt, daß nirgends der Versuch gemacht werde, »einen ganzen Fernsehabend zu kritisieren, gar noch mit Blick auf das Parallelprogramm«[113]. Läßt sich eine Form der Fernsehabendkritik etablieren? Der »Zapping«-Kritik gar? Sie könnte einerseits Zusammenhänge herstellen und dem Sehverhalten entsprechen. Andererseits könnte sie sich – wie Rezensionen einer Kunstausstellung – leicht im Flanieren erschöpfen und Kritik auf rasch hingeworfene Attribute reduzieren, statt den Blick zu schärfen. Daran litt auch der (eingestellte) Versuch der Programmzeitschrift »Gong«, Leser das Fernsehprogramm einer ganzen Woche in wenigen Zeilen beurteilen zu lassen.

Rezension – wie vor allem?

Rezensenten von Medienangeboten müssen wie alle Kritiker kompetente Zuschauer, Zuhörer oder Leser sein. Kompetent sein heißt, über Medium und Genre Bescheid zu wissen (was nicht alle Fernsehrezensenten von sich behaupten können). Zuschauer, Zuhörer oder Leser sein heißt, sich vom Sicht-, Hör- und Lesbaren leiten zu lassen und nicht vom Präjudiz. Es heißt auch, von Erwartungen des Publikums nicht einfach abzusehen. Rezensenten müssen sich deshalb nicht mit dem Publikum gemein machen. Sie sind Teil einer Masse, und sie sind Subjekte. Ihre Funktion besteht gewissermaßen darin, unabhängig von allen anderen zu tun, was alle anderen tun, und danach von Erfahrungen beim Umgang mit einem Massenmedium zu berichten.

Es ist legitim, dabei Inhaltliches in den Mittelpunkt zu stellen. Medien dienen in erster Linie der Übertragung von Aussagen (Unterhaltung inbegriffen). Um diese konkrete Übertragung von Aussagen muß es in der Re-

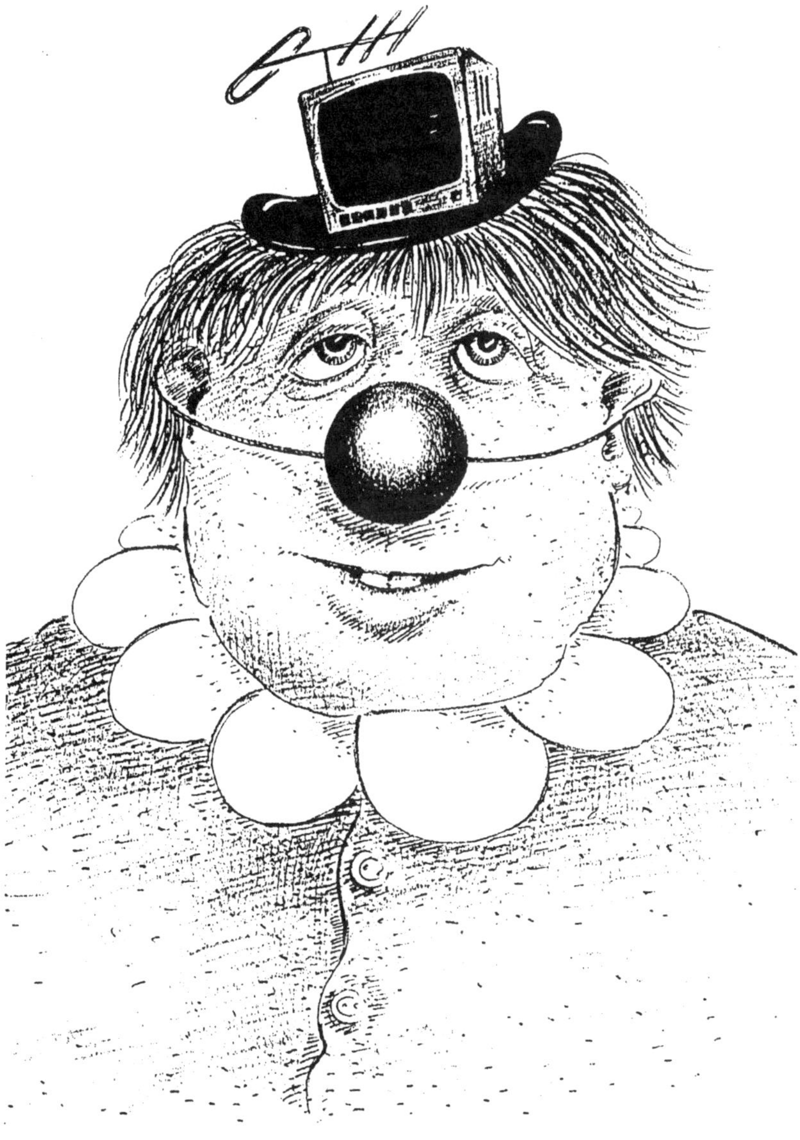

zension allerdings gehen und weniger um das Thema eines Medienbeitrages im allgemeinen. Der Begriff »Gehalt« wäre darum vielleicht angemessener als der Begriff »Inhalt«. Er verweist auf Ansprüche und Substanz des Beitrages, auf Charakteristika und innere Verbindungen. Letzteres deutet wiederum darauf hin, daß der Gehalt stets die Gestalt berührt. So, wie die reportageähnliche Theaterrezension nicht nur das »Was«, sondern im gleichen Atemzug das »Wie« registriert, so sollte die Medienrezension immer auch die medienspezifische Form ansprechen, also Aufbau, Schnitte, Moderation, Tempo, Sprache, Illustrationen und ähnliches. Im Idealfall werden Rezensenten dies mit Überlegungen zum Genre, zum Sendeplatz oder zum Zeitpunkt der Veröffentlichung, mit Fragen der Mediennutzung und Medienwirkung verbinden.

Das ist eine ganze Menge, und die Möglichkeiten, anschaulich zu beschreiben, sind zeitlich und räumlich in der Regel begrenzt. Einiges davon läßt sich dennoch umsetzen. Diese Fernsehrezension von 46 Druckzeilen Länge beweist es:

> »Starkes Stück zur Prime Time, dort wo donnerstags die Politmagazine Monitor und Panorama angesiedelt sind. Der Filmemacher Wilfried Huismann klettet sich an einen zwölfjährigen Berliner Knirps, dessen hervorragendes Merkmal es ist, gemeinsam mit anderen Jungen bereits mehrfach Frauen überfallen und getreten zu haben. Ohrfeigen oder Arschtritte nützen da nichts mehr. Die hat Raymond, so heißt das Früchtchen mit dem (laut Ansage) ›Engelsgesicht‹, mit dem ›eiskalten‹ Innenleben (der Lehrer), daheim längst bekommen.
> Da schlucken wir nun und wissen nicht so recht, wohin damit: auf nach Berlin, Raymond helfen, einen Raymond-Fonds gründen, den Raymonds in unserer Nachbarschaft helfen, falls wir überhaupt eine haben, oder was? Solcherlei Verunsicherung und derlei Fragen provoziert zu haben, ist die Stärke des Films. Der Autor griff wenig ein (hätte allerdings noch weniger eingreifen müssen). So blieben Ärgernisse stehen, wurden beschwichtigende ›Ja-da-muß-man-doch‹-Lösungen nicht geboten. Starker Tobak beispielsweise, als Raymond vor dem Fernseher saß, auf dem die Bilder einer Getretenen liefen, und das Kerlchen die Frage, ob es ihm leid tue, mit der Antwort quittierte: ›Nee, auf keen Fall‹. Daß für solche Laborversuche lange Vorbereitungen und Annäherungen notwendig waren, ist leicht zu erahnen. Leider wurden sie in den Film selber nicht mit eingebracht. Man blieb in einem

Muster von Statements, Spots, Inszenierungen (›Es ist morgens 6.30 Uhr‹) verhaftet. Der Fall des zwölfjährigen Raymond steht angeblich knapp vor der Entscheidung: Verrohung oder Rettung ist die Frage. Indessen dürfte der Film selber schon manche Entkriminalisierung geleistet haben. Nun kommen andere dran. Raymond übrigens auch.«

Darf man auch ganz anders? Gleich daneben erzählte der Kollege einen Witz zur »Gaudimax-Show« des Bayerischen Rundfunks:

> »Wenn der ARD überhaupt nichts mehr einfällt, läßt sie halt Witze erzählen, programmflächendeckend. Wenn die ARD Witze erzählen läßt, fällt wiederum dem Kritiker nichts dazu ein – so füllt er nie die Spalten. Es sei denn, er fängt aus lauter Verlegenheit selbst an, Witze zu erzählen. Zum Beispiel den, kommt ein bekannter Sportreporter in die Kantine des Bayerischen Rundfunks und trifft dort zufällig den Unterhaltungschef, der sich so seine Gedanken macht über die Zukunft des öffentlich-rechtlichen Fernsehens. Sagt also der Unterhaltungschef zum Sportreporter: ›Mensch, Junge, alles ist so freudlos geworden, könntest du uns nicht helfen, die Grundversorgung in Sachen Witzereißen sicherzustellen? Ein Sportreporter, der heutzutage immer nur den Sportreporter spielt, ist für die ARD auf Dauer sowieso witzlos.‹ – ›Soll wohl'n Witz sein‹, sagt daraufhin der Sportreporter und bestellt erst mal ein Bier. ›Im Gegenteil‹, erwidert der Unterhaltungschef, ›das ist mein voller Ernst. Wenn der Matthäus seine Dinger ins gegnerische Tor knallt, sagst du doch auch immer genau an der richtigen Stelle ‚Sauber!‘.[...]‹««

Und so weiter, 49 Zeilen lang. Darf man das auch? Das darf man auch. Wenn das, was unterhaltsam sein will, wirklich nur ein schlechter Witz ist.

Anmerkungen

1. Herbert Ihering: »Der fröhliche Weinberg«. Theater am Schiffbauerdamm. In: Berliner Börsen-Courier, 23.12.1925, zit. n. Herbert Ihering: Theater in Aktion. Kritiken aus drei Jahrzehnten 1913-1933. Hrsg. v. Edith Krull und Hugo Fetting. Berlin: Henschel 1986, S. 226

2. Joseph von Westphalen: Theaterkrise gibt es nicht. In: Theater heute, 30, 1989, Nr. 10, S. 55. – Westphalen spielt an auf die Regisseure Claus Peymann, Peter Zadek oder Peter Stein und Hansgünther Heyme sowie auf die Kritiker Benjamin Henrichs, Peter Iden und C. Bernd Sucher.

3. vgl. Bernward Frank/Gerhard Maletzke/Karl H. Müller-Sachse: Kultur und Medien. Angebote – Interessen – Verhalten. Eine Studie der ARD/ZDF-Medienkommission. Baden-Baden: Nomos 1991, S. 177

4. vgl. a.a.O. S. 173 und Kapitel 1 im ersten Teil dieses Buches

5. Daß die Landesbühnen mit geringeren Betriebszuschüssen je Besucher wirtschaften müssen als die meisten Stadt- und Staatstheater, gilt vor allem für die alten Bundesländer. In den neuen Ländern lagen die Einspielergebnisse dieser Bühnen 1995/96 im Durchschnitt niedriger und die öffentlichen Zuschüsse höher (vgl. Deutscher Bühnenverein – Bundesverband Deutscher Theater [Hrsg.]: Theaterstatistik 1995/96. 31. Heft. Köln 1997, S. 139 ff.).

6. vgl. Ralf Hoppes Reportage über das kleine Landestheater Dinslaken: Deutscher Alltag. Apparat mit Abenteuern. In: Zeitmagazin, Nr. 15, 06.04.1990, S. 34-45

7. Wilfried Passow: Landesbühnentage '86. Ohne populäre Zugpferde in die Zukunft. In: Die Deutsche Bühne, 57, 1986, Nr. 12, S. 47

8. a.a.O. S. 48

9. vgl. Deutscher Bühnenverein – Bundesverband Deutscher Theater (Hrsg.): Wer spielte was? 1996/97. Werkstatistik. Deutschland – Österreich – Schweiz. Darmstadt: Mykenae 1998, S. 21

10. zit. n. Reinhard Tschapke: Kalkulierter Mix zwischen Sekt und Selters. In: Die Welt, Nr. 115, 18.05.1990, S. 21

11. Der Zeitgeist ist ein großer Wiederkäuer. Charakter als Profession: Ein Gespräch mit Maria Becker. In: Die Welt, Nr. 132, 09.06.1990, S. 24

12. Matthias Beltz: Im Stahlgewitter der Satire. Zur Aktualität des Kabaretts. In: Theater 1992. Jahrbuch der Zeitschrift »Theater heute«. Seelze: Friedrich 1992, S. 144

13. Benjamin Henrichs: Der neue Journalismus: Aus Kritikern werden Komplizen. Falsche Nähe. In: Die Zeit, Nr. 37, 09.09.1988, S. 45

14. Birgit Meysing: Theaterkritik in der Tagespresse, untersucht am Beispiel des Stadttheaters Ingolstadt. Diplomarbeit Eichstätt 1991, S. 133

15. Adolf Dresen: Ist alles gut, bloß weil es neu ist? Eine Polemik: Die Mühle der Moden oder Wenn Kritiker ohne Normen auskommen. In: Frankfurter Allgemeine, Nr. 118, 22.05.1990, S. 36

16. Schauspieler über Theaterkritik. In: Theater 1992. Jahrbuch der Zeitschrift »Theater heute«. Seelze: Friedrich 1992, S. 74

Anmerkungen

17. Rolf May: Exkurs: Theaterkritik in der Boulevardzeitung. In: Dieter Heß (Hrsg.): Kulturjournalismus. Ein Handbuch für Ausbildung und Praxis. München: List ²1997, S. 90
18. Elke Heidenreich, in: Hermann Kant et al.: Kritikerbeschimpfung. In: Die Zeit, Nr. 41, 02.10.1992, Literaturbeilage, S. 8
19. vgl. Thomas Anz: Literaturkritik. In: Heß (Hrsg.): Kulturjournalismus, S.59-68
20. vgl. Börsenverein des Deutschen Buchhandels e.V. (Hrsg.): Buch und Buchhandel in Zahlen. Ausgabe 1997. Frankfurt a. M.: Buchhändler-Vereinigung 1997, S. 60
21. Zum Vergleich: Pro Jahr kommen 300 bis 350 neue Filme in die Kinos. Wolf Donner nannte dies eine »Sintflut« (Kritiker-Kritik, Kulturbetrieb, Kieslowski. Notizen zum Stand der Filmkritik und zu Kieslowskis ›Krotki Film o zabijaniu‹ [1987]. In: Norbert Grob/Karl Prümm [Hrsg.]: Die Macht der Filmkritik. Positionen und Kontroversen. München: edition text + kritik 1990, S. 117).
22. Helmut Volpers: Der deutsche Buchmarkt 1991/92. Zwischen Aufschwung und Krise. In: Media Perspektiven, 30, 1992, Nr. 10, S. 657
23. Thomas Rothschild: Zirkulationsagenten. Literaturkritik als PR oder als Literatur? In: Medium, 22, 1992, Nr. 3, S. 62
24. vgl. Petra Altmann: Der Buchkritiker in deutschen Massenmedien. Selbstverständnis und Selektionskriterien bei Buchbesprechungen. Phil. Diss. München 1983, S. 108 A
25. vgl. Die Zeit, Nr. 14, 02.04.1993, Literaturbeilage, S. 1-16 und S. 22 sowie S. 88 der Hauptausgabe. Berücksichtigt wurden hier nur die Verlagsnamen, nicht die Verflechtungen. – W. Christian Schmitt rechnete nach, daß Kritiker in der SWF-Bestenliste von März 1975 bis November 1981 auf Bücher aus nur 35 (von insgesamt rund 2000) Verlagen hinwiesen, aber »bald 150mal auf Suhrkamp-Produktionen, über 50mal auf Rowohlt-, Hanser- und S. Fischer-Bücher usw.« (W. Christian Schmitt: Vor dem Ende der Lesekultur. 20 Jahre Buch- und Literaturmarkt aus nächster Nähe. Kehl/Strasbourg/Basel: Morstadt 1990, S. 53).
26. vgl. Schmitt: Vor dem Ende der Lesekultur, S. 35
27. vgl. Börsenverein (Hrsg.): Buch und Buchhandel in Zahlen, S. 61
28. vgl. a.a.O. – Der Anteil der Kinder- und Jugendliteratur an der gesamten Titelproduktion lag 1996 bei 6,4 Prozent.
29. Otto Lorenz: Literatur als Gespräch. Zur Aufgabe von Literaturkritik heute. In: Heinz Ludwig Arnold (Hrsg.): Über Literaturkritik. Text + Kritik, 1988, Nr. 100, S. 103
30. vgl. Dieter Heß: Exkurs: Literaturkritik im Hörfunk. In: Heß (Hrsg.): Kulturjournalismus, S. 68-78
31. Rothschild: Zirkulationsagenten, S. 62
32. Walter Filz: Exkurs: Kunstkritik im Hörfunk. In: Heß (Hrsg.): Kulturjournalismus, S. 140 f.
33. a.a.O. S. 146
34. Eva Karcher: Kunstkritik. In: Heß (Hrsg.): Kulturjournalismus, S. 133
35. Will Grohmann: Kunstkritik. In: Günter Blöcker/Friedrich Luft/Will Grohmann/H. H. Stuckenschmidt: Kritik in unserer Zeit. Literatur, Theater, Musik, Bildende Kunst. Mit einem Vorwort von Karl Otto. Göttingen: Vandenhoeck & Ruprecht ²1962, S. 68 f.

36. vgl. Frank/Maletzke/Müller-Sachse: Kultur und Medien, S. 174
37. Christoph Gunßer: Architekturkritik. Unveröffentlichtes Manuskript. Institut für Journalistik und Kommunikationsforschung, Hochschule für Musik und Theater Hannover 1992, S. 6
38. a.a.O. S. 4 f.
39. vgl. John W. English: Criticizing the critics. New York: Hastings House 1979, S. 200
40. Gunßer: Architekturkritik, S. 5
41. Filz: Exkurs: Kunstkritik im Hörfunk, S. 144
42. Max Imdahl: Kunst-Kritik. In: Heinz-Dietrich Fischer (Hrsg.): Kritik in Massenmedien. Objektive Kriterien oder subjektive Wertung? Köln: Deutscher Ärzte-Verlag 1983, S. 106
43. a.a.O. S. 107 f.
44. Paul Goldberger: Buildings Speak to Us; Here's How to Listen. In: The New York Times, 25.04.1976, S. 16, zit. n. English: Criticizing the critics, S. 201
45. zit. n. Wolfgang Burde: Musikkritik. In: Neue Zeitschrift für Musik, 142, 1981, Nr. 6, S. 559
46. vgl. Heinz Becker: Musik-Kritik. In: Fischer (Hrsg.): Kritik in Massenmedien, S. 122 f.
47. vgl. Eckhard Roelcke: »Ich bin ein Mensch für den Graben«. In: Zeitmagazin, Nr. 16, 16.04.1993, S. 22-25
48. H. H. Stuckenschmidt: Musikkritik. In: Blöcker/Luft/Grohmann/Stuckenschmidt: Kritik in unserer Zeit, S. 48
49. vgl. etwa die anstrengenden, vom Stil der Frankfurter Schule geprägten Texte von Wilhelm E. Liefland: Musik-Kritiken. Kriftel: Dillmann 1992
50. vgl. dazu den folgenden Exkurs
51. Konrad Heidkamp: Weder E noch U. In: Die Zeit, Nr. 17, 23.04.1993, S. 48
52. vgl. Frank/Maletzke/Müller-Sachse: Kultur und Medien, S. 283
53. Heidkamp: Weder E noch U, S. 48
54. zit. n. Roelcke: »Ich bin ein Mensch für den Graben«, S. 25
55. vgl. Lutz Lesle: Der Musikkritiker – Gutachter oder Animateur? Aspekte einer publikumspädagogischen Handlungstheorie der Musikpublizistik. Hamburg: Wagner 1984
56. 90 Prozent aller 1997 abgesetzten Langspielplatten, Musikkassetten und CD's enthielten Popmusik (vgl. Bundesverband der Phonographischen Wirtschaft [Hrsg.]: Jahrbuch '98 Phonographische Wirtschaft. Starnberg: Keller 1998, S. 19).
57. vgl. dazu Volker Kriegels Polemik: Unser Jazz und unsre Kritiker. In: Der Rabe, 1986, Nr. 14, S. 37-56
58. vgl. Andreas Eckhardt/Richard Jakoby/Eckart Rohlfs (Hrsg.): Musik-Almanach 1996/97. Daten und Fakten zum Musikleben in Deutschland. Kassel: Bärenreiter/Bosse 1995, S. 51
59. Claus Spahn: Musikkritik. In: Heß (Hrsg.): Kulturjournalismus, S. 114
60. vgl. a.a.O. S. 114 f.
61. Lutz Lesle: Muß Musikkritik ein »Notfall« sein? In: Das Orchester, 32, 1984, Nr. 1, S. 10

Anmerkungen 155

62. Stand 1993/94. Diese Chöre, Orchester und Ensembles hatten etwa 4,7 Millionen aktive Instrumentalisten und Sänger (vgl. Eckhardt/Jakoby/Rohlfs [Hrsg.]: Musik-Almanach 1996/97, S. 40).
63. vgl. a.a.O. S. 9
64. Burde: Musikkritik, S. 563
65. zit. n. a.a.O. S. 558
66. Heinrich Heine: Paganini-Konzert. In: Hans Bender (Hrsg.): Klassiker des Feuilletons. Auswahl und Nachwort von Hans Bender. Stuttgart: Reclam 1965, S. 11 f.
67. Dieses Kapitel fußt auf: Gunter Reus: »Ziemlich grauenvoller Sound«. Zum Wortschatz der Popkritik in Tageszeitungen. In: Musik und Unterricht, 3, 1992, Nr. 15, S. 44-49. – Der Aufsatz stellt die Ergebnisse einer Analyse von 76 Vorberichten, Konzert- und Plattenrezensionen in 14 mittleren und großen Tageszeitungen vor. Er wurde für diesen Exkurs gekürzt und überarbeitet. Unter »Pop« verstehen wir hier die Gesamtheit angloamerikanisch geprägter Popularmusik und nicht nur eine (kommerzielle) Stilrichtung.
68. Thomas Rothschild: Zettelkasten-Journalismus und die Backstage-Szene. Zum Zustand der deutschen Rock-Kritik. In: Frankfurter Rundschau, Nr. 170, 26.07.1977, S. 12
69. Karl Bruckmaier: Exkurs: Popkritik im Feuilleton. In: Heß (Hrsg.): Kulturjournalismus, S. 124
70. Tibor Kneif: Ästhetische und nichtästhetische Wertungskriterien in der Rockmusik. In: Wolfgang Sandner (Hrsg.): Rockmusik. Aspekte zur Geschichte, Ästhetik, Produktion. Mit Beiträgen von Hans-Jürgen Fenrich u.a. Mainz: B. Schott's Söhne 1977, S. 109
71. a.a.O. S. 107
72. vgl. Theodor W. Adorno: Einleitung in die Musiksoziologie. Zwölf theoretische Vorlesungen. Reinbek: Rowohlt 1968
73. Tom R. Schulz et al.: Schiedsrichter. Wie und weshalb über Musik schreiben? Fünf Kritiker rangen nach Worten. In: Szene Hamburg, 15, 1987, Nr. 7, S. 32
74. Tibor Kneif: Rockmusik. Ein Handbuch zum kritischen Verständnis. Mit einem Beitrag von Carl-Ludwig Reichert. Reinbek: Rowohlt 1982, S. 377
75. Konrad Heidkamp: Gibt's was Neues in der Rockmusik? Das Massenphänomen hat sich zur Randerscheinung entwickelt. Wop-Bopa-Loo-Bop. In: Die Zeit, Nr. 43, 16.10.1992, S. 69
76. Schulz et al.: Schiedsrichter, S. 34
77. Manfred Sack: Auftritte. Valente, Belafonte & Co. Komplimente und Verrisse. Frankfurt a. M./New York: Campus 1991, S. 13
78. Bruce Cook: Dreamstyle, Bondstyle, Turnstile: Surface is All in the Genre Films. In: The National Observer, 21.12.1974, S. 18, zit. n. English: Criticizing the critics, S. 142 f.
79. Frank/Maletzke/Müller-Sachse: Kultur und Medien, S. 337
80. Das heißt nicht unbedingt, daß sie den Rat von Rezensenten befolgen (vgl. Kapitel 2 im ersten Teil dieses Buches).
81. Klaus Kreimeier: Narrenschiff im Bildersturm. In: Evangelische Akademie Arnoldshain/Arbeitsgemeinschaft der Filmjournalisten e. V.: Filmkritik und Öffentlichkeit. Schmitten: Evangelische Akademie Arnoldshain 1992, S. 10

82. vgl. die Einführung von Gernot Stegert: Filme rezensieren in Presse, Radio und Fernsehen. München: TR-Verlagsunion 1993
83. vgl. Anm. 20 und 21
84. vgl. Frank/Maletzke/Müller-Sachse: Kultur und Medien, S. 172 ff., und Kapitel 1 im ersten Teil dieses Buches
85. Zucker/Ehrlichmann [Renée Zucker/Lutz Ehrlich]: Worüber, für wen und wozu? Die deutsche Filmkritik im Spiegel ihrer Autoren. In: die tageszeitung, Nr. 2270, 30.07.1987, S. 12-13
86. Donner: Kritiker-Kritik, Kulturbetrieb, Kieslowski. In: Grob/Prümm (Hrsg.): Die Macht der Filmkritik, S. 112 ff.
87. vgl. die verschiedenen Referate und Positionen in Grob/Prümm (Hrsg.): Die Macht der Filmkritik; auch Andreas Kilb: Die junge Filmkritik? Ein Konzept. In: Evangelische Akademie Arnoldshain: Filmkritik und Öffentlichkeit, S. 35-39
88. vgl. Gertrud Koch: Kritik und Film: Gemeinsam sind wir unausstehlich. Mit einer Kritik von »Les favoris de la lune« von Otar Iosseliani (1984). In: Grob/Prümm (Hrsg.): Die Macht der Filmkrktik, S. 135-152 (Zitat S. 139), und Claudius Seidl: Müssen Kritiker kritisch sein? Mit Anmerkungen zu »Victor/Victoria« von Blake Edwards (1982). In: a.a.O. S. 169-182
89. Eva M. J. Schmid: Film-Kritik. In: Fischer (Hrsg.): Kritik in Massenmedien, S. 193
90. Andreas Kilb: Abschied vom Mythos. Über »Le Mépris« von Jean-Luc Godard (1963) und über den Wandel in der Filmkritik. In: Grob/Prümm (Hrsg.): Die Macht der Filmkritik, S. 194. – Klaus Eder schreibt: »Im Fernsehen, auch dem privaten, findet Filmkritik so gut wie nicht statt.« (Filmkritik. In: Heß [Hrsg.]: Kulturjournalismus, S. 101) – Zur besonderen Problematik der Filmkritik im Fernsehen vgl. ferner Peter W. Jansen: Exkurs: Filmkritik im Fernsehen. In: Heß (Hrsg.): Kulturjournalismus, S. 106-110; Dietrich Leder: Die Bilder sehen, wie sie sind. Zur Arbeit der WDR-Filmredaktion. In: Evangelische Akademie Arnoldshain: Filmkritik und Öffentlichkeit, S. 47-59; Helmut Merker: Filmkritik im Fernsehen. In: a.a.O. S. 61-70; Rainer Gansera: Filmkritik im Fernsehen – Erfahrungen. In: a.a.O. S. 71-75
91. vgl. Frank/Maletzke/Müller-Sachse: Kultur und Medien, S. 334 ff.
92. Miguel Sanches: Dienstleistungen für die Kinos. Wie die Regional- und Lokalpresse über Film berichtet. In: Medium, 17, 1987, Nr. 1, S. 12
93. Wolfram Schütte: Zum Strukturwandel der Film-Öffentlichkeit. In: Evangelische Akademie Arnoldshain: Filmkritik und Öffentlichkeit, S. 33
94. Kilb: Abschied vom Mythos, S. 196
95. Kreimeier: Narrenschiff im Bildersturm, S. 16 f.
96. Sanches: Dienstleistungen für die Kinos, S. 12
97. Jansen: Exkurs: Filmkritik im Fernsehen, S. 109
98. vgl. Klaus Berg/Marie-Luise Kiefer (Hrsg.): Massenkommunikation V. Eine Langzeitstudie zur Mediennutzung und Medienbewertung 1964-1995. Baden-Baden: Nomos 1996, S. 117, 121 und 128
99. vgl. Antje Dietrich: Die Kulturberichterstattung der Nachrichtenmagazine »Focus« und »Spiegel« im Vergleich. Diplomarbeit Hannover 1993, S. 11 ff. – In der »Spiegel«-

Anmerkungen

Rangfolge der Kulturthemen nahmen die Medien im Vergleichszeitraum nach der Literatur den zweiten Platz ein. Der Schwerpunkt lag auch hier eindeutig auf dem Fernsehen.

100. vgl. Medien über Medien. Fachinformationen in Hörfunk, Fernsehen und Presse. In: Journalist, 48, 1998, Nr. 10, S. 70

101. vgl. Martina Märki-Koepp/Projektgruppe: Zwischen Animation und Verriss. Medienkritik in der Deutschen Schweiz am Beispiel von Tageszeitungen und Programmzeitschriften sowie einem Exkurs über Medienkritik im Radio. Zürich: Seminar für Publizistikwissenschaft der Universität Zürich 1990, S. 48, 58, 63, 78 f. und 89

102. vgl. Norbert Waldmann: Der Fernsehkritiker: Arbeitsweise und Urteilsbildung. Ergebnisse einer Befragung bei Tageszeitungen. Mainz: ZDF 1983, S. 30. – Eine interessante Studie über die Diskrepanz von Kritikervotum und Fernseherfolg hat Helmut Volpers vorgelegt: Die »Lindenstraße« in der Presse. Inhaltsanalyse zur journalistischen Rezeption einer Fernsehserie. In: Media Perspektiven, 31, 1993, Nr. 1, S. 2-7

103. Michael Wolf Thomas: Effekt gleich Null. In: Journalist, 42, 1992, Nr. 12, S. 19

104. Lutz Hachmeister: Medienpublizistik in Zeiten der Multis. Immer in Bewegung. In: Journalist, 42, 1992, Nr. 12, S. 13

105. vgl. Cornelia Bolesch: Mit Rasseln gegen Multis. In: Journalist, 42, 1992, Nr. 12, S. 16-18; Cornelia Bolesch: Exkurs: Zur Wirkung von Medienkritik. In: Heß (Hrsg.): Kulturjournalismus, S. 156-161; Holger Kreitling: Blinde Flecken. In: Journalist, 48, 1998, Nr. 3, S. 31-33

106. Nach den Daten der Langzeituntersuchung »Massenkommunikation V« nutzten Deutsche 1995 an einem Durchschnittstag insgesamt (also innerhalb und außerhalb der Freizeit) in den alten Ländern das Radio 2:32 Stunden (in den neuen Ländern 3:20 Stunden). 2:30 (3:11) Stunden sahen sie fern, 0:29 (0:32) Stunden lasen sie Zeitung (vgl. Berg/Kiefer [Hrsg.]: Massenkommunikation V, S. 53).

107. Mechthild Zschau: Medienkritik. In: Heß (Hrsg.): Kulturjournalismus, S. 149

108. Wie geht's? Ein Anruf bei Ponkie, seit 1964 Fernsehkritikerin bei der Münchener »Abendzeitung«. In: Süddeutsche Zeitung Magazin, Nr. 35, 28.08.1992, S. 38

109. Hans-Werner Conrad: Einige Anmerkungen zum Zustand der Fernsehkritik. In: Karl-Otto Saur/Rüdiger Steinmetz (Hrsg.): Fernsehkritik. Kritiker und Kritisierte. München: Ölschläger 1988, S. 195

110. a.a.O. S. 194

111. Hachmeister: Medienpublizistik in Zeiten der Multis, S. 15

112. Es gibt Hinweise darauf, daß das Auswahlkriterium des »kulturell Hochwertigen« bei Fernsehkritikern an Bedeutung verliert. Bei einer Befragung von 39 Redaktionen in der Schweiz ermittelten die Züricher Forscher »mutmassliches Interesse des Zuschauers« (62 Prozent aller Nennungen) als wichtigsten Selektionsgrund, gefolgt von »Neuartigkeit der Sendung« (56 Prozent), »politische Aspekte« (54 Prozent) und »Interesse des Kritikers« (51 Prozent)(vgl. Märki-Koepp/Projektgruppe: Zwischen Animation und Verriss, S. 28).

113. Peter Christian Hall: Weiße Flecken der Fernsehkritik. In: Saur/Steinmetz (Hrsg.): Fernsehkritik, S. 162

2. **Andere Gebiete der Kulturkritik**

   2.1 **Kulturpolitik**
   2.2 **Wissenschaft**
   2.3 **Politische Kultur**
   2.4 **Reisen**
   2.5 **Gesellschaft**
   2.6 **Kleidung und Mode**
   2.7 **Essen und Trinken**

2.1 Kulturpolitik

> *»Ziel unserer Kulturpolitik ist eine möglichst
> große Vielfalt der Angebote
> an den Bürger, unter denen er frei
> auswählen kann. Kulturelle Vielfalt lebt von
> der individuellen Entfaltung gesellschaftlicher Kräfte.«*
> (Konrad-Adenauer-Stiftung)

> *»[...] dann frage ich mich, ob Künstler
> aus diesem Markt-Denken, das ihnen sowieso nicht
> gerecht wird, nicht mal aussteigen können. Wenn jemand
> ohnehin schon über 250.000 Mark verdient
> und immer noch mehr will, dann hat es etwas Degoutantes.
> In einer Situation, wo ich hier auf ein
> Projekt für alte Migranten wegen
> 30.000 Mark, die fehlen, verzichten muß.«*
> (Daniel Cohn-Bendit)

Betroffenheit (mit Inbrunst, ziemlich laut): Von einem »Verbrechen an der Kunst des Schauspiels« sprach Bernhard Minetti, von »Kahlschlag« Jürgen Flimm. Volker Canaris vom Düsseldorfer Schauspielhaus sah ein »mörderisches Beispiel« und einen »Akt bewußtloser, geschichtsloser Kulturbarbarei«, für Heiner Müller, Peter Zadek und ihre Kollegen vom Berliner Ensemble wurde »die Kultur erdrosselt.« »Berlin darf nicht Las Vegas werden!« rief – aus Wien – Claus Peymann, und als gelte es, betrügerische Hütchenspieler dingfest zu machen, schnarrte er, »Herrn Senator Roloff-Momin muß das Handwerk gelegt werden«.[1]

Was sie alle so empörte, war der Beschluß des Berliner Senats vom Juni 1993, das Schiller Theater aus Kostengründen zu schließen. Die Medien reagierten ausgiebig auf den Konflikt. Schlagartig wurde Kulturpolitik zum Skandalthema, und die Metaphern von Tod, Verlust und Untergang fielen wie überreifes Obst, auch wenn die Haltung der Kommentatoren nicht einheitlich war.

Einerseits ließ sich die Aufregung verstehen. Der Entzug öffentlicher Kultursubventionen weckt zwangsläufig den Verdacht, daß die Politik vor allem an dem sparen will, was wirtschaftlich am wenigsten »produktiv« arbeitet. Die Schließung der Berliner Staatlichen Bühnen konnte da wie ein Fanal wirken. Und wie überstürzt der Senat den Bühnenbetrieb stillegte, mußte vielen fragwürdig erscheinen.

Ebenso fragwürdig erscheint mitunter, nach welchen Prinzipien die öffentliche Hand den einen nimmt, um den anderen zu geben.[2] Die finanziellen Nöte vieler Großstädte sind oft ja das Resultat eigenen Größenwahns. Alexander Brill, der in Frankfurt mit Laien engagiertes Theater macht, beschreibt das so:

> »Die [Kulturdezernenten] haben sich doch nicht Leute geholt, weil die eine bestimmte Vorstellung von Theater repräsentieren, die zeitgemäß, die wichtig oder prägend für eine Stadt sein sollte, die haben sich Markenartikel geholt, möglichst die modischste, die teuerste Ware. [...] Es zählt also nur noch der große überregionale Wurf, was Aufsehen erregt, womit man in die Schlagzeilen kommt.«[3]

Damit aber hängt zusammen, was an den Reden zur Verteidigung des Schiller Theaters andererseits irritieren konnte. Es waren ja nicht gerade die Unterbezahlten des Kulturbetriebs, die sich in die Schlagzeilen protestierten. Es war nicht die Gefährdung einer freien Gruppe, eines Kulturprojektes von Ausländern oder einer Druckwerkstatt im Stadtteil, über die sie sich empörten. Es ging auch um Besitzstände, es ging um Prestige, als sie gegen das Ende einer Prestigebühne donnerten.

Und dieser Donner vor allem riß Kulturredakteure bundesweit mit, ließ sie (vorübergehend) aufmerksam werden auf ein Thema, um das sie sich sonst eher sporadisch bemühen: Kulturpolitik.

Trauma der Vergewaltigung?

Kulturpolitik, verstanden als das Bestreben, Kultur zu fördern und zu erhalten, betrieben Kirchen, Städte und fürstliche Mäzene schon vor Jahrhunderten. Der Begriff wird Wilmont Haacke zufolge im deutschen Sprachraum erst um 1900 gebräuchlich. Zunächst steht er für »die Absicht,

Kulturpolitik

mit Hilfe publizistischer Mittel wie Zeitung und Zeitschrift, Flugschrift und Plakat Güter der Bildung an die Massen heranzuführen«[4]. Damit verbanden sich schon bald politische Ziele; Kultur sollte in den Dienst staatlicher Macht treten. An dieses Verständnis konnte das nationalsozialistische Propagandaministerium auf seine Art anschließen, als es den Kulturteil der Presse systematisch zu lenken und jede Kritik zu zerschlagen begann. Die »Umstrukturierung des Ressorts Feuilleton in die Sparte Kulturpolitik«[5] führte am 18. Juli 1933 zur »Ersten Konferenz des deutschen Feuilletons«. Dort erfuhren die Pressevertreter, es sei fortan ihre Aufgabe, durch »mutige, opferbereite, tatkräftige Kulturpolitik« an der »Durchsetzung des deutschen Menschen und seiner kulturellen Schöpfungen«[6] zu arbeiten.

Vielleicht hat das Trauma dieser Vergewaltigung dazu beigetragen, daß kulturpolitische Themen im Feuilleton heute nur in Ausnahmefällen interessieren und ansonsten lieber an die politische und lokalpolitische Berichterstattung delegiert werden. Längst aber wäre es an der Zeit, im Bewußtsein eines demokratisch gewandelten Kulturbegriffs Selbständigkeit zu beweisen und sich kontinuierlich darüber auszusprechen, wie Staat, Parteien, Stiftungen und Gemeinden es mit der Kultur halten.

An Themen mangelt es nicht. Zu den Aufgaben kommunaler Kulturpolitik gehören zum Beispiel Stadterneuerung und Stadtentwicklung, Denkmalschutz und Kunst im öffentlichen Raum, Künstlerförderung, Subventionen künstlerischer Einrichtungen und Hilfe bei künstlerischen Projekten aller Art. Es gehören dazu die Kunst- und Musikschulen, Museen und Bibliotheken. Diese Initiativen und Einrichtungen zu beobachten obliegt im Einzelfall den traditionellen Disziplinen der Kulturkritik (vgl. das vorige Kapitel). Um Verflechtungen zu erkennen, ist aber stets ein Blick auf das Ganze notwendig.

Er ist es um so mehr, als die Städte und Gemeinden neben den künstlerischen noch eine Vielzahl anderer Aktivitäten betreuen und fördern. In Geschichtsvereinen und -werkstätten engagieren sich Bürger, die der Entwicklung des Alltagslebens, der politischen Verhältnisse oder dem Wirken von Persönlichkeiten nachspüren. Die Dokumente für geschichtliche Kulturarbeit lagern zum großen Teil in den Archiven einer Stadt. Volkshochschulen und private Einrichtungen gestalten mit ihren Weiterbildungsangeboten das kulturelle Leben. Kulturläden und -treffs, Freizeitzentren, Bürgerhäuser sind Stätten der Begegnung, der Kultur- und Sozialarbeit unterschiedlichster Art; sie haben häufig zum Ziel, eine eigenständige Stadtteilkultur zu beleben.[7]

Foren des Gesprächs

Gelingt die Balance? Finden die Politiker Wege, Kunst hier und »Soziokultur« dort so angemessen zu fördern, daß sie sich nicht im Wege stehen, sondern als Teile eines gemeinsamen Auftrages ergänzen? Stimmt die Mischung aus Wagnis und Bewährtem, aus Spitzenleistung und Breitenarbeit, aus »Groß« und »Klein«, aus den Angeboten, Kreativität anderer zu verfolgen und eigene Talente zu erproben? Ergänzen sich öffentliche und private Initiativen? Funktioniert das Neben- und Miteinander von Kultureinrichtungen des Landes und der Kommune? Kommen aus der Kulturpolitik genügend Impulse für Neuerungen? Wären Bürger bei Entscheidungen – zum Beispiel der Stadtplanung oder Künstlerförderung – angemessener zu beteiligen? Welche Kritik äußern sie an Konzepten und Initiativen?

Solchen Fragen müssen sich Kulturredaktionen stellen, und sie könnten mit ihren Antworten dem Kulturjournalismus eine Diesseitigkeit zurückgewinnen, die viele vermissen. Als Vermittler könnten sie sich zu Foren des kulturpolitischen Gesprächs machen, ihr Publikum einbeziehen, Diskussionsrunden einrichten, Gastbeiträge veröffentlichen, ohne auf eigene Reportagereihen, Interviews oder Kommentare zu verzichten.

Je knapper die öffentlichen Mittel in den kommenden Jahren ausfallen, desto dringender wird es in Städten, Ländern und auf Bundesebene, über Wege aus der Finanzmisere nachzudenken. Der frühere Nürnberger Kulturdezernent Hermann Glaser hat dazu im »Freitag« drei Vorschläge unterbreitet. Er regt zum einen an, längst vorhandene Modelle einer unbürokratischen Beschäftigungsinitiative, eines zweiten Arbeitsmarktes zu erproben: »Statt Arbeitslosigkeit zu finanzieren, sollte man die Betätigung im Bereich der Kultur- (auch Sozial-, Erziehungs-, Ökologie-, Stadterneuerungs-)Arbeit ermöglichen.« Zweitens schlägt Glaser vor, über »billigere und effizientere Organisationsmodelle« zum Beispiel in den Theatern nachzudenken, statt den »›Egozentrismus‹ von Generalintendanten und Generalmusikdirektoren« immer weiter zu bedienen:

»Beweglichkeit bei den Tarifen und der Arbeitszeit des ›Apparats‹ (im besonderen der Technik), ein Abspielen in En-suite-Blöcken, Privatisierung der Werbung und des Kartenverkaufs, Verhinderung von Bühnenbild- und Ausstattungsorgien zugunsten inszenatorischer Phantasie, Verstärkung der Corporate-identity bei Ensembles und Orchestern, Reduzierung des Gastierens von Musikern, Übernahme von Organisationsformen aus der Wirtschaft und so fort.«

Schließlich regt Glaser an, sich zu bescheiden und zum Beispiel von Stadtteilinitiativen, von Vereinen und Kooperativen, aber auch von Kommunen der neuen Länder zu lernen, »wieviel man mit relativ wenig Mitteln machen kann«: »Statt die Festivalisierung der Kultur weiter voranzutreiben – prestige-geile Großstädte fördern diese fatale Tendenz –, sollte das Augenmerk der Peripherie und dem Off wie Off-Off gelten.«[8]

Drei Vorschläge, geäußert im Kulturteil. Ein Beispiel für das, was jede Redaktion aufgreifen und auf ihre Art journalistisch weitertreiben kann.

Multikulturelle Angelegenheiten

Zur Kulturpolitik gehören die Medienpolitik und die Bildungspolitik. Nicht erst der Wandel in den neuen Bundesländern macht die Situation in Schulen und Hochschulen zu einem Thema der Kulturberichterstattung. Entsprechen Leistungsprizip, Lernsituation und Chancenverteilung wirklich dem Ideal demokratischer Bildungsstätten?[9] Welche Qualität haben der Geschichtsunterricht, die naturwissenschaftliche Ausbildung, der Umgang mit Sprache in den Schulen? Widmen die Bildungsplaner der Länder anderen Fremdsprachen als dem Englischen soviel Aufmerksamkeit, wie sie in einem vereinten Europa selbstverständlich sein müßte?

Zu diesen Themen und anderen ist in den Medien nie alles gesagt, und ihre Bedeutung wird ebenso zunehmen wie die Bedeutung der Kulturpolitik als über- und internationale Aufgabe. Einige Fragen der europäischen Kulturpolitik, die Journalisten interessieren müßten, hat der Pariser Germanist Joseph Rovan angesprochen. Er plädiert für die Förderung von Sprachkenntnissen und Übersetzungen und begrüßt die Arbeit an einem europäischen Gesamtgeschichtsbild im Auftrag der Brüsseler Kommission. Rovan erinnert an die Bemühungen um eine Fernsehordnung zum Schutz europäischer Produktionen, an die Rolle von Stipendien, Forschungsaufträgen der EU und internationalen Begegnungen. In einer ständigen europäischen Konferenz der Erziehungs- und Kulturminister nach deutschem Vorbild sieht er eine Möglichkeit, Vielfalt zu harmonisieren. Die kulturelle Selbstdarstellung im Ausland, wie sie für die Bundesrepublik die Goethe-Institute leisten, hält Rovan für bedeutsam. Er regt aber zugleich an, die Arbeit dieser nationalen Institutionen vor allem außerhalb Europas zu koordinieren oder sie zusammenzulegen.[10]

Feuilletonthemen von heute und morgen. Ohne Zweifel zählt dazu auch die Integration von Menschen aus fremden Kulturgebieten. Der Franzose Rovan spricht sich »mit großer Entschiedenheit gegen die Vorstellungen von multikulturellen Gesellschaften« aus:

> »Ich meine, daß sich auf die Dauer die Zuwanderer in die Kultur des Landes einzufügen haben, zu dem sie gehören wollen, dessen Staatsangehörigkeit sie erwerben wollen und auch erwerben können; dazu gehört, daß man ihnen dies erleichtert. Deshalb ist eine systematische Assimilierungspolitik zu betreiben für diejenigen, die mit ihrer Familie auf die Dauer bei uns bleiben wollen. Die Existenz großer Gruppen, die nicht auf die Dauer bei uns leben wollen, ist jedoch nicht tragbar. Daher ist es unsere wichtigste Aufgabe, mit Investitionen zu günstigen Konditionen dort aktiv zu werden, von wo aus die Immigration aus wirtschaftichen Gründen kommt, so in Nordafrika, in der Türkei, aber auch bei klarer Unterstützung der dortigen demokratischen Bewegungen. Denn das ist für mich auch ein Grundprinzip der Kulturpolitik: Wirtschaftshilfe soll nie politisch neutral sein.«[11]

Daniel Cohn-Bendit sah dies 1993 in einem Interview anders. Der ehemalige Stadtrat für multikulturelle Angelegenheiten in Frankfurt am Main hoffte auf Staatsbürgerrechte und *wechselseitige* Assimilation:

> »Ich halte alle Konzepte, die ein permanentes Nebeneinander oder auf der anderen Seite eine völlige Assimilation suggerieren, für falsch. Für lebensfremd. Denn was passiert, ist doch ein wechselseitiger Prozeß. Mit der Einwanderung verändert sich die Kultur der Einheimischen ebenso wie die der Einwanderer. Das ist ein Prozeß oft von Generationen, der sich inzwischen allerdings beschleunigt. Auch die Deutschen sind ja zumindest Teilzeit-, Freizeit-Migranten, und der Wechsel von massenhaftem Tourismus

und Einwanderung hat beispielsweise die Eßkultur in diesem Land in den letzten Jahrzehnten enorm verändert. Natürlich bedeutet Multikultur nicht einfach nur Ringelpiez mit Anfassen und Pizza und Kebab, klar! Trotzdem ist die Entwicklung des Geschmacks etwas, das nicht oberflächlich bleibt, das verändert auch die Identität der Menschen. [...] Das gleiche gilt für die Musik. Die Mehrheit der deutschen Kinder hört heute völlig selbstverständlich amerikanische, karibische und andere Rhythmen, die noch ihren Großeltern als unvorstellbar exotisch gegolten hätten.

Ist das nicht dennoch ein relativ dünner zivilisatorischer Firnis?

Weiß ich nicht, wie dünn der ist. Wir müssen der deutschen Gesellschaft jedenfalls mit solchen Beispielen klarmachen, daß sie sich selbst verändert –

– positiv verändert...

– sehr positiv verändern kann. Also müssen wir auch den Migranten die Chance geben, sich selbst darzustellen und die Aufnahme-Gesellschaft zu beeinflussen.

Diesem Programm der allmählichen wechselseitigen Assimilation werden wohl alle liberalen, kosmopolitischen Geister gerne zustimmen. Wie aber versuchen Sie die anderen zu überzeugen: jene Einwanderer, die nur notgedrungen hierher gekommen sind und ihre alte Identität bis hin zur Selbstghettoisierung verteidigen, und jene Deutschen, die Ausländer entweder nur zur Erledigung der ›Drecksarbeit‹ oder gar nicht im Lande sehen möchten?

Die Migranten der ersten Generation haben sicher zum größten Teil geglaubt, sie würden hier bloß eine Weile arbeiten und Geld verdienen und dann in ihre Herkunftsländer zurückkehren. Viele leben so seit 30 Jahren hier in einer Art Schizophrenie – Sie können auch sagen: mit einer Lebenslüge. Spätestens in der zweiten Generation ist der Fall anders, die Kinder der Migranten, die hier aufgewachsen sind, wissen, daß sie hierbleiben. Es gibt also eine Verhärtung in der ersten Generation, aber das ist eine Übergangsphase. Immer mehr dominiert die zweite und bald schon die dritte Generation. Die Verhärtung aber in der zweiten Generation, auch die Aggressionen der Jugendlichen in der dritten Generation, sind mit eine Folge der deutschen Politik, die einen Teil der Bevölkerung dieses Landes permanent im Status des Ausländers festhält. [...]

Die stärkste Waffe der Integration wäre also die staatsbürgerliche Emanzipation der Migranten, vergleichbar, wenn Sie so wollen, der Emanzipation der Juden im 19. Jahrhundert. Die Waffe gegen die Ghettoisierung, auch

gegen den wachsenden Fundamentalismus, ist die Demokratie und die Offenheit. [...]
Nochmal gefragt: Wie wollen Sie mit solchen Einsichten gegen die Vorurteile auf Seiten der Inländer, der schweigenden Mehrheit oder der pöbelnden Minderheit, angehen?
Ein Teil der Gesellschaft verteidigt hier tatsächlich noch krampfhaft so etwas wie eine ›deutsche Identität‹. Ich glaube, dahinter steckt gar keine wirkliche Identität. Wer sich unwohl fühlt in der eigenen Haut, der verkrampft und verhärtet sich. Das ist das sozialpsychologische Problem. Hinzukommt die Frage, wie und wann definiert eine Gesellschaft, was als selbstverständlich gilt und was nicht. Man muß in der Politik als selbstverständlichen Anspruch immer wieder behaupten, daß zu einer zivilen Gesellschaft auch gewisse zivilisatorische Errungenschaften gehören, zum Beispiel: der Schutz von Minderheiten, die Achtung des Fremden. [...] Gleichzeitig aber darf man auch das Unwohlsein und die Ängste, die es unter den Deutschen gibt, nicht einfach verdrängen. Die mangelnde Identifikation mit einer existierenden Gesellschaft – das heißt: mit der Bundesrepublik als Einwanderungsland, mit multikulturellen Stadtgesellschaften wie in Frankfurt am Main, Berlin, Köln usw. – muß man versuchen, aufzudecken und zu benennen. Bei dieser Selbsterforschung und Selbstdefinition einer Gesellschaft spielen die politischen und kulturellen Eliten eine entscheidende Rolle.«[12]

Rovan oder Cohn-Bendit – wer hat recht? Welche Kultur, welche Kulturpolitik wollen wir? Antworten darauf sind für Europa, die Nationen, die Regionen und Gemeinden gleichermaßen bedeutsam. Daß sie die Menschen nicht berühren, wird niemand ernsthaft behaupten. Die »kulturellen Eliten« der Redaktionen dürfen sich also öfter dazu äußern – zum Beispiel mit Interviews wie diesem.

2.2 Wissenschaft

> »*Ach! wär' ich nie in eure Schulen gegangen. Die Wissenschaft, der ich in den Schacht hinunter folgte, von der ich, jugendlich töricht, die Bestätigung meiner reinen Freude erwartete, die hat mir alles verdorben.*«
> (Friedrich Hölderlin: Hyperion)

> »*Die Welt dramaturgisch in den Griff zu bekommen, das geht heute ohne Beschäftigung mit der Wissenschaft überhaupt nicht. Was die Welt verändert, ist doch nicht die Politik oder Kunst, sondern eben die Wissenschaft. Die zweite, die naturwissenschaftliche Kultur ist heute das Entscheidende.*«
> (Friedrich Dürrenmatt)

Hyperion seufzt immer noch. Sein Seufzen wird sogar, so scheint es, wieder lauter. Zwar prägt der Geist des Forschens, Ergründens und Veränderns unser Leben wie nie zuvor, und mehr Menschen als je zuvor erhalten eine wissenschaftliche oder mit Wissenschaft unmittelbar zusammenhängende Ausbildung. Doch ist da zugleich die Skepsis. Geistes- und Sozialwissenschaften würden nicht mehr orientieren und werkelten an den Problemen der Menschen vorbei, heißt es. Die Naturwissenschaften aber verstören und wecken Mißtrauen.

»Auf der einen Seite ist die Erwartung geblieben, Forschung könne gesellschaftliche Probleme lösen«, sagte Hans Zacher, ehemaliger Präsident der Max-Planck-Gesellschaft. »Auf der anderen Seite wird Forschung immer mehr kritisiert und abgelehnt. Die Risiken werden schärfer gesehen als die Chancen.«[13]

Für Skepsis gibt es viele und viele gute Gründe. Keinen Grund aber gibt es dafür, von den Höhen der Operngalerien und lyrischen Ausflüge verächtlich auf die Wissenschaft, speziell die Naturwissenschaft, herabzublicken. Seit Mitte des 19. Jahrhunderts, schrieb der Journalist Thomas von Randow, sei sie »aus der Kultur« und damit »aus dem deutschen ›Bildungsgut‹«[14] verbannt, und im Zustand dieser Verbannung lebe sie immer noch.

Wer aber anerkennt, daß mit Kultur Gestaltung von Umwelt und Lebensformen gemeint ist, der muß die Wissenschaft schleunigst zurückrufen aus dem Werte-Exil. Dort bleibt sie nicht untätig, im Gegenteil. Vor allem im Umgang mit Natur verändert sie die Welt, und sie verlangt deshalb Interesse, wußte Dürrenmatt. Dieses Bewußtsein täte auch Journalisten gut.

»Populäre Wissenschaft«

Immer noch aber tun sich Medien und Wissenschaft schwer miteinander.[15] Schwächen auf beiden Seiten sind dafür verantwortlich. Wissenschaftler erweisen sich oft genug als unfähig, über den Nutzen ihrer Arbeit und über ihre eigene Ethik nachzudenken. Sie halten es, im Glauben an die Beweiskraft und Selbstverständlichkeit ihrer Methoden, vielfach noch nicht für notwendig, ihr Handeln der Öffentlichkeit zu erklären. Als unseriös empfinden sie es, wenn die Ergebnisse ihrer Forschung zu rasch in fachfremden Medien zirkulieren. »Popularisierer« in den Reihen der »Scientific community« galten lange nur als windig[16] – so windig wie Journalisten, die in wenigen Stunden beurteilen, in wenigen Zeilen zusammenfassen wollen, woran sie, die Experten, jahrelang gearbeitet haben.

Andererseits gibt es Windiges durchaus – in der Wissenschaft und in den Medien. Konkurrenzkämpfe, Zeitdruck, Platzmangel und Inkompetenz von Journalisten können zu Darstellungen führen, die unangemessen und verantwortungslos sind. Und das auf extrem gegensätzliche Art. Einer Berichterstattung, die auf die Sensation ausgerichtet ist und Vorstellungen von wissenschaftlichem Treiben entsprechend konstruiert, steht am anderen Ende Verlautbarungsjournalismus gegenüber. Hilflos und überfordert, halten sich Journalisten dann immer wieder an jene Experten, die Publizität nicht scheuen. Statt kritisch zu vermitteln, machen sie sich zum Spielball. Dort Berichte, die sich der gesellschaftlichen Grundstimmung des Mißtrauens, ja der Wissenschaftsfeindlichkeit, aber auch Heilserwartungen anpassen und sie spektakulär bedienen. Hier ein Journalismus, der nur selten in der Lage ist, selbständig zu fragen, zu erkennen und zu antworten.[17]

Denjenigen hochqualifizierten Journalisten, die ausschließlich auf dem Gebiet der Wissenschaftsberichterstattung arbeiten, läßt sich sicherlich am wenigsten vorwerfen. Aber ihre Zahl ist gering, und ihre Möglichkeiten, regelmäßig und umfassend zu berichten, sind begrenzt. Die redaktionellen Rahmenbedingungen vor allem verhindern Qualität.[18] Solange sich daran nichts ändert, solange die Medien insgesamt (also auch Verleger und Programmverantwortliche) wissenschaftliche Kultur nicht ernster nehmen, tragen sie institutionell Verantwortung mit für die Kluft zwischen Wissenschaft und Öffentlichkeit.

Die Vorstellung, ernsthaft vermittelte Themen aus Forschung und Wissenschaft stießen beim Publikum auf wenig Resonanz, könnte trügen. Spezialzeitschriften etwa haben Erfolg, wenn sie interessant und verständlich gestaltet sind. Mißtrauen und Skepsis sprechen im übrigen nicht von vornherein gegen Interesse. Medizin oder Energieversorgung betrifft jedermann. Worauf es ankommt, ist der Mut zu »populärer Wissenschaft« in den allgemein informierenden Medien.

Möglicherweise wird diese Aufgabe sogar zur wichtigsten kulturellen Herausforderung der Massenmedien in den nächsten Jahren. Wissenschaft durchschaubar zu machen, sie in die Gesellschaft zu integrieren und zugleich gegensätzliche Interessen innerhalb der Wissenschaft einem Gesamtinteresse unterzuordnen, Forschung faktentreu und quellenkritisch zu begleiten, durch öffentliche Darlegung zu kontrollieren, ohne sie in ihrer Freiheit zu gefährden – um nicht weniger geht es. Der englische Physiker John Ziman meinte dazu:

> »Das richtige Gegenmittel für das Gift der ›Technokratie‹ ist eine Art ›partizipierender Demokratie‹ ... Die Grundprobleme der ungleichen Verteilung von Erziehung, Erfahrung und Verantwortlichkeit bei den Wählern einer demokratischen Gesellschaft begleiten uns ständig. Ich glaube aber nicht, daß wir die eigentlichen Fragen der technologischen Entwicklung als für den Laien unzugänglich ansehen sollten, der bereit ist, die Mühe auf sich zu nehmen, sich über sie zu informieren.
> In diesem Prozeß der Erziehung und Selbstausbildung spielt der Journalist für gemeinverständliche Darstellung eine sehr wichtige Rolle. Seine Aufgabe ist es, die Erkenntnislücke auf Seiten des Laien zu überbrücken ... Die gemeinverständliche Darstellung von Wissenschaft in den Medien ist von ungeheurem Sozialwert.«[19]

Natur, Kultur, Erkenntnis

Die Last des Vorhabens wiegt gewaltig. Und es versteht sich von selbst, daß die Aufgabe, die Ziman beschreibt, nebenbei nicht zu bewältigen ist. Eigenständige Ressorts für Wissen und Wissenschaft werden sich in allen Massenmedien verankern müssen. Ihre Beiträge, verfaßt von sachkompetenten Journalisten, müssen regelmäßig und an festen Plätzen erscheinen. Bislang existieren dafür in Deutschland nicht sehr viele Vorbilder.

Entstünde daraus die Gefahr, daß Wissenschaft, nun gut gebündelt, eben gut zu überblättern ist, die Gefahr des Bildungsghettos also? Walter Hömberg schreibt:»Ein solches Vorgehen [Einrichtung eigener Wissenschaftsressorts] schließt nicht aus, daß man die Sensibilität für das Recherchefeld Wissenschaft in allen Ressorts erhöht und damit die Spartenghettos überwindet – ja, dadurch wird das vielfach erst möglich.«[20]

Damit wäre auch dem Feuilleton Verantwortung übertragen.[21] Worin könnte sie bestehen? Tägliche Berichterstattung über Wissenschaft kann dieses Ressort nicht allein leisten, wenngleich es sich für die Meldung aus Medizin oder Verhaltensforschung nicht zu schade sein darf. Aber es könnte, berichtend und bewertend, als seinen besonderen Auftrag begreifen, Vorstellungen von Kultur und Wert zu überprüfen. Es könnte klarzumachen versuchen, »daß Wissenschaft außer ihrer Nützlichkeit und neben den von ihr ausgehenden potentiellen Gefahren ein höchst beständiges Kulturgut schafft: Erkenntnis«[22]. Es könnte zugleich die Fragen nach dem Sinn von Erkenntnis, dem Ziel wissenschaftlichen Ergründens und Gestaltens vorrangig als seine Fragen begreifen.

So universell wie das Denken sind die thematischen Möglichkeiten allein auf dem Gebiet der Naturwissenschaften, der Medizin und der Technik. Kernchemie und Astronomie, Aids und Krebs, Gentechnik und Elektrotechnik, Stoffströme in Petrinetzen und die Erforschung von 14.000 Jahre altem Packrattenmist – nichts paßt grundsätzlich nicht zu einem Journalismus, der von Kultur berichten will.

Friedrich Dürrenmatt, der Autor der »Physiker«, hätte diesen Report über Atomtests im Computer mit Sicherheit nicht überlesen. Sein Verfasser beherrscht im Einstieg, was gerade beim Schreiben über Wissenschaft

Wissenschaft 173

beherrscht werden muß: Er weckt Aufmerksamkeit, baut Spannung auf, verdeutlicht Zusammenhänge, ohne sich in Details zu verlieren, aber auch ohne übermäßig zu simplifizieren:

»Winziger Moment vor dem Inferno, milliardstel Sekunden bevor die überkritische Masse explodiert: Im Kern der Atombombe beäugt ein Spion das dämonische Geschehen – die Röntgenkamera. Sie zeichnet die Phasen vor der atomaren Kettenreaktion auf, ehe sie von ihr zerfetzt wird. Wie zähe Flüssigkeit verformt sich der metallische Bombenstoff nach der Zündung, ähnlich einem schlappen Luftballon, den man mit der Hand zusammenpreßt. Lichtschnell frißt ein Computer die Informationen aus dem Bombeninneren in sich hinein. Dann Stopp. Der nukleare Knall bleibt aus. Der Atomtest im US-amerikanischen Los Alamos National Laboratory ist beendet. Er fand nur im Computer statt.

Milliardenbeträge pumpen die USA seit Jahren in die sogenannten hydronuklearen Tests ihres AGEX-Programms (Above Ground Experiments) – oberirdische ›Trockenexperimente‹ in der Wüste New Mexicos, mit denen sich Atomwaffen ohne den *Big Bang* perfektionieren lassen. Das bombenfähige Plutonium oder Uran 235 wird dabei zum Teil oder gänzlich durch harmloses Material ersetzt, das die gleichen mechanischen Eigenschaften wie der explosive Spaltstoff besitzt. Dreidimensionale Rafferaufnahmen der nachgemachten kritischen Masse verraten, wie der Sprengkopf geformt sein muß, damit kleine Bomben möglichst große Zerstörungskraft entfalten. Sandkastenspiele in High-Tech-Manier. Mit Hilfe von Simulationsrechnern wie der amerikanischen Connection Machine 5 kann in Los Alamos die Entstehung strahlender Isotope während einer Atomexplosion nachgeahmt werden. Radioaktiver *Fall-out* im Binärcode verschlüsselt, Atompilze, die sich in Mikrochips aufblähen.«

Kritisch, aber ohne fundamentalistische Aufgeregtheit und Richterpose geht der Verfasser nun auf Vor- und Nachteile ein, erklärt, was Physiker an dieser Computerarbeit fasziniert, blickt auf andere Länder, rechnet nach, zeigt politische Gefahren und die Verbindung von Forschung und Politik auf. Sein Text über die Vorstellungskraft von Elektronenhirnen thematisiert die Vorstellung von Leistung, Ziel und Sinn. Es ist ein Text über Kultur.

Für den Kommentar, eine Textform, die im Wissenschaftsjournalismus selten ist, hat sich ein anderer Kollege entschieden. Er wendet sich im Ressort

»Wissen« gegen Tierrechtler, die »Natur als eine Art Kurpark« begreifen, »in dem nur der schreckliche Mensch wütet«. Sie, »die Gutmenschen«, ausgenommen. Mit ihrem Ethik-Pathos aber, so der Autor, schadeten sie nur der eigenen Idee und trieben den Tierschutz in die »Spinnerecke« zurück. Naturschutz, Wissenschaft und Kulturkritik – darum geht es in seinem Text:

> »Die Verrechtlichung führt zu immer absurderen Vorschriften: Forscher, die eine Maus töten wollen, sollen zuvor einen Stapel Formulare ausfüllen. So verlangt es einer der Entwürfe zur Reform des Tierschutzgesetzes. Der gleiche Wissenschaftler darf allerdings nach Feierabend Mausefallen aufstellen – ohne Antrag, wie jeder andere auch. Dann fehlt nur noch ein Jurist, der die Privilegien der Labormäuse auch für die Hausmäuse erstreitet. Solcher Unfug ist nur möglich geworden, weil Tierrechtler großen Teilen der Bevölkerung suggeriert haben, medizinische Forschungsstätten seien Sadistentreffs, wo eiskalte Gefühlskrüppel sich daran ergötzen, Affen Sonden in die Schädel zu schrauben.
> Die Tiere haben bessere Vertreter verdient: Menschen, die Argumenten zugänglich, zur Selbstkritik fähig, wißbegierig sind – und Tierschutz nicht mit Menschenhaß verwechseln.«

Wissen – tot oder lebendig?

Seltener noch als Naturwissenschaften kommen Geistes- und Sozialwissenschaften in den Medien vor. Gestaltete sich die Begegnung von Forschern und Journalisten auch nur annähernd so normal wie die von Journalisten und Sportlern oder Politikern, dann müßte sich daraus aber eine Unzahl spannender Themen ergeben. Was geht vor sich, in der nahe gelegenen Universität und anderswo? Worüber streiten Philosophen und Theologen? Woran arbeiten Volkskundler, was bringen Ethnologen von Exkursionen mit? Was wissen Slawisten über den Umbruch in Osteuropa, der uns alle angeht, welche Erklärungen bieten sie an? Orientalisten kennen sich aus mit islamisch geprägten Kulturen – ihre Kenntnisse würden sich auf vielfältige Weise nutzen lassen für einen Kulturjournalismus, der in der Welt und in der Zeit lebt. Soziologen, Pädagogen, Ökonomen halten Forschungsergebnisse und Modelle zu Zeit- und Streitfragen, zu Kinderkriminalität, Wertewandel, neuer Armut bereit – oder auch nicht. Sie wären zu befragen.

Wissenschaft

Barrieren sind da, Stolpersteine, überall. Zeit und Energie sind nötig, um sich die Arbeitsergebnisse anderer anzueignen. Noch mehr Zeit und Energie sind nötig, das Kulturgut »Erkenntnis« danach so zu vermitteln, daß (im Prinzip) jedermann zugreifen kann. Es hat den Anschein, als müßten gerade Journalisten, die über Geisteswissenschaften schreiben, dies noch lernen:

> »Die französische ›Nouvelle Histoire‹ à la Fernand Braudel hat bewiesen, daß sich historisches Leben in der longue durée von Strukturen und Mentalitäten, in den Horizonten von Familie, Stadt und Region, Religion und Konfession, Nation und Europa ›bei gleichzeitiger erheblicher Divergenz von Zeiterfahrungen‹ entfaltet. Veränderungserfahrungen der frühmodernen Geschichte des Kontinents werden – so Garber – vom krisengetränkten heutigen Forscherblick mit größter Aufmerksamkeit wahrgenommen.
> Die ›Aufklärung‹ des 18. Jahrhunderts, diese Proto-Gegenwart des 20. Jahrhunderts, könne man nur vor dem Hintergrund der Frühe-Neuzeit-Forschung verstehen. Die Französische Revolution als ›Einklage dessen, was fünf Jahrhunderte vorher gedacht wurde‹, sowohl ideell als auch politisch: Das ist eines der Credos der Frühe-Neuzeit-Forscher. Schon im Anhub unserer Gegenwart, in der Renaissance, seien einmal die ›Makro-Ideologien zerbrochen‹: die imperialen Machtvisionen von Papst- und Kaisertum und des leblosen Reichsgedankens. Die sich anbahnende Trennung von kirchlicher und weltlicher Gewalt wird etwa von Dante mit einer augusteischen Weltkaisertumsidee überboten.
> Die una societas christiana fällt in sich zusammen: Erasmus von Rotterdam und seine Getreuen suchen daher in der christlichen Botschaft nach jenen Elementen, die konfessionsübergreifend in Geltung bleiben [...].«

Der Ausschnitt aus einem Bericht über die Arbeit historischer Forschungsinstitute mutet geradezu wie eine Parodie an. Wer sich, im Feuilleton einer Regionalzeitung, so zu Wort meldet, vermittelt vor allem eines: den Eindruck, daß er unfähig ist zu vermitteln.

In der Heimatbeilage einer anderen Regionalzeitung erschien ein Text, der so begann:

> »Am 23. Februar 1532, als die Wellen der reformatorischen Bewegung in Münster hochgingen, ereignete sich in der Lambertikirche etwas Merkwürdiges. Eine Gruppe lutherischer Neuerer öffnete gewaltsam das

Gotteshaus, ließ die randalierende Menge hinein und geleitete einen kleinen, gedrungenen, vierkantigen Geistlichen mit vollem braunen Haar zur Kanzel, wo dieser vor seinen lutherischen Gesinnungsfreunden eine begeisternde Predigt über die evangelische Freiheit und die Beseitigung der ›Abgötterei‹ hielt. Der Geistliche war der siebenunddreißigjährige Kaplan und Pfarrprediger von St. Mauritz-Münster, Bernhard Rothmann aus Stadtlohn, der etliche Wochen zuvor von dem Fürstbischof Friedrich v. Wied (1522 bis 1532) als Irrlehrer außer Landes gewiesen und von den münsterischen Gilden mit offenen Armen aufgenommen worden war. Pastor Kemener von St. Lamberti, ein früherer Lehrer Rothmanns, erhob Einspruch gegen die Gewalttat, stieg zur Kanzel hinauf [...].«

Geschichtsschreibung und Heimatforschung unmittelbar, kein Text über Geschichte als Wissenschaft. Doch ein Beleg dafür, wie lebendig »Wissen« in den Medien sein kann.

2.3 Politische Kultur

»Ob wir mitwirken oder nur zusehen oder wegsehen wollen, ob wir Rollen spielen, Statisten sind oder uns für Souffleure halten – die Politik ist unser Schicksal.«
(Marcel Reich-Ranicki)

Von einem »Anschlag auf den Widerstand«[23] schrieb Karl-Heinz Janßen in der »Zeit«. Er meinte damit den Versuch von Franz Ludwig Graf Stauffenberg, dem Sohn des Hitler-Attentäters, und anderen, die Berliner Gedenkstätte Deutscher Widerstand unter Druck zu setzen: Aus dem Museum im Bendlerblock sollten Bilder, Texte und Filme entfernt werden, die an Kommunisten und an das Nationalkomitee Freies Deutschland erinnerten. Janßen warnte vor Bilderstürmerei und Verleumdung. Wer die »Vielfalt des Widerstandes« nicht dokumentiert sehen wolle, verfälsche aus politischen Gründen die Wahrheit.

Janßens Text stand auf der ersten Seite des »Zeit«-Feuilletons. Aus gutem Grund. Es war ein Beitrag zur Geschichtsschreibung und zugleich ein Beitrag zur politischen Kultur.

Bewußtsein, Moral, Gestaltung

Martin und Sylvia Greiffenhagen definieren den relativ jungen Begriff in ihrem Standardwerk »Ein schwieriges Vaterland« als Sozialwissenschaftler: »Politische Kultur bezieht sich auf die subjektive Dimension der Politik und bezeichnet die Orientierungen einer Bevölkerung gegenüber dem politischen System mit allen seinen Institutionen.«[24] Einfacher gesagt: Politische Kultur bezeichnet den Zustand und »die Ausbildung des politischen Bewußtseins«[25].

Cora Stephan spricht von »Veränderungen und Unterströme[n] in den politischen und kulturellen Moden, in den *Befindlichkeiten*, womöglich gar der politischen Psyche eines Landes«[26].

Daneben existieren weitere Bedeutungen. Wer den Begriff in der politischen Debatte benutzt, bringt damit gerne die Moral ins Spiel. Er meint dann so etwas wie Stil und Niveau[27] der Auseinandersetzung, Verbindlichkeit, Glaubwürdigkeit oder Streitkultur.[28] Dabei sind dies nicht mehr nur Haltungen, die Politiker von ihren politischen Gegnern oder Journalisten von Politiken einfordern. Der Vorwurf, in der politischen Auseinandersetzung »verfalle« die politische Kultur, trifft längst die Journalisten selbst.[29]

Der frühere Bundesminister Klaus Töpfer erinnerte in einer Podiumsdiskussion daran, »daß in der politischen Kultur die Frage, wie setzen wir uns auseinander in einer Gesellschaft über das, was wir aus dieser Gesellschaft machen wollen, wie wir sie gestalten wollen, im Vordergrund steht«[30]. Diese Bemerkung verweist auf Wesentliches. Ob man sie als Ausdruck gesellschaftlichen Bewußtseins untersuchen will oder aber als moralischen Wert begreift und nach Anstand in der Auseinandersetzung fragt – politische Kultur hat mit »Gestaltung« zu tun. Sie beeinflußt Lebenszusammenhänge, Ziele, Visionen unmittelbar und damit alle Formen des Schaffens. Politik ist, sagt Reich-Ranicki, »unser Schicksal«.

Schicksal oder Chance? Kulturredaktionen reagieren zwar auf den Nachrichtenfaktor »Konflikt« (vgl. Kapitel 2 im ersten Teil). Wenn sich Schriftsteller, wie Botho Strauß im »Spiegel«[31], spektakulär über den Zeitgeist auslassen, erregt das ihre Aufmerksamkeit. Dabei wird, je nach Standpunkt, Künstlern politisches Engagement als Vorzug angerechnet oder gerade wieder als Schwäche ausgelegt. Aber daß Kulturredakteure ohne Anlässe dieser Art politisches Geschehen sichten und als Kulturphänomen einordnen, kommt alles in allem selten vor.

Sicher sind Feuilletonseiten und Kulturmagazine nicht dazu ausersehen, das Zentrum politischer Analysen zu bilden. Sicher besteht die Gefahr unverbindlichen Politisierens. Doch muß sie hier nicht größer sein als in anderen Ressorts. Und in einer Medienlandschaft, in der die Unterwürfigkeit von Korrespondenten ebenso gedeiht wie der Enthüllungstrieb, in der Politiker bedenkenlos Medien für ihre Zwecke nutzen, Journalisten wiederum gern auf die Jagd gehen, in der Politik und politischer Journalismus in Haßliebe verbunden sind und »am andern die eigenen Fehler«[32] geißeln – in dieser Medienlandschaft kann die Sonderrolle des Kulturressorts gerade seine Chance bedeuten.

Mag sein, daß das Publikum über seine Beiträge zur politischen Kultur der Zeit hinweggeht, sie als Intellektuellengerede abtut. Vielleicht entdeckt es aber auch in der Weltlichkeit den Reiz und wendet sich dem Ressort insgesamt wieder mit mehr Erwartungen zu.

Kleinbürger und Chaoten

Martin und Sylvia Greiffenhagen behandeln in ihrem Buch Aspekte politischer Kultur, die unsere Zukunft bestimmen werden. Es geht – neben vielem anderen – darum, wie wir »Staat« und »Obrigkeit« verstehen, und um die Möglichkeiten des Staates, noch zu steuern. Es geht darum, was es mit »Nationalstolz« und »deutscher Identität« auf sich hat. Es geht darum, wie wir zur eigenen Vergangenheit stehen und mit welchen Zukunftsgedanken die Jugend sich trägt. Es geht um Rechtsextremismus, die Rolle der Linken und die der Intellektuellen. Um Wertewandel, Toleranz, Angst, um »Bürgerkultur« und die Schwierigkeiten, in die sich Parteien zunehmend verstricken. Um Risse und Brüche im Sozialstaat und darum, ob wir erneut in Klassenkonflikte torkeln. Es geht um »patriotische Irritationen« und darum, wie West- und Ostdeutsche miteinander umgehen.[33]

Das sind die Motive. Motive für Gruppenbilder und Nahaufnahmen, um die sich Kulturjournalisten in jedem Medium bemühen können.

Das zuletzt genannte Motiv griff der Autor einer überregionalen Tageszeitung auf. Sein Feuilleton-Essay sucht politische Kultur im Bewußtsein der Bevölkerung. Das Lebensgefühl im Westen habe sich seit dem Fall der Mauer kaum verändert, stellt der Beobachter einleitend fest. Statt dessen sähen sich die Bürger der neuen Bundesländer »einem wachsenden Argwohn ausgesetzt«:

»Knapp fünf Jahre nach dem Mauerfall hat das Experiment des Zusammenwachsens von Ost und West auf deutschem Boden für die alte Bundesrepublik offenbar alle Spannung verloren. Am Anfang war da noch ein sensibles, zuweilen exotistisches Interesse an den Eigenheiten des anderen, an der Differenz. Erzählt uns doch eure Geschichten, hieß es. Heute ist da nur noch Mißmut: Warum können die sich nicht richtig artikulieren? Die Geschichten, die die anderen erzählten, erwiesen sich als rundum unbefriedigend: verdruckst, ideologisch, nicht so recht analytisch, immer nahe am Klischee und an der Selbstrechtfertigung. [...]
Überhaupt könne es eine ›ostdeutsche Mentalität‹, so hat der Westen dem Osten plausibel dargelegt, eigentlich gar nicht geben. Er hat ihm nachgewiesen, auf wie zweifelhaftem Fundament sein Ressentiment gegen die Kälte der modernen Gesellschaft gebaut ist, sein Beharren auf der dumpfen Gemütlichkeit der ›Gemeinschaft‹. [...] Alle Argumente für einen anderen Lebensstil, das Unbehagen an der Herrschaft des Geldes oder die Vorliebe für kleine, überschaubare Kreise lösten sich in ein Nichts aus Ideologie und Weltfremdheit auf, in pure ›Ostalgie‹. Bald verstummten jene, die noch an irgend etwas festhalten wollten.«

Und die Entfremdung wuchs weiter, fährt der Autor fort. »Fassungslos« stehe »der westdeutsche Kleinbürger vor dem Trotz des ostdeutschen Kleinbürgers«. Ein »groteskes Mißverhältnis« sei entstanden, das vor allem wirtschaftliche Gründe habe. In Wahrheit aber sei es mit der »Professionalität« der »West-Mentalität«, mit ihrer wirtschaftlichen Dynamik gar nicht so weit her. Eher herrsche »eine spezifische Mischung aus Wohlstand und Griesgrämigkeit, Sicherheitsdenken und Verfahrensobsession« vor. Das führt den Essayisten zur Schlußfolgerung:

»Wenn die Westdeutschen aus purer Gewohnheit noch nicht einmal in der Lage sind, sich auf ihre fremden Landsleute einzulassen, dann muß man, ganz abgesehen von dem menschlichen Erfahrungsverlust, auch für ihre wirtschaftliche Anpassungs- und Überlebensfähigkeit Schlimmes befürchten. Vielleicht liegen nicht zuletzt solche Ahnungen und Selbstzweifel der Abneigung zugrunde, die über die neuen Mitbürger ausgegossen wird: Die westdeutsche Mentalität spiegelt seitenverkehrt all das, was sie der ›ostdeutschen‹ zur Last legt. Die wahren Ossis sind wir.«

Eher an Glaubwürdigkeit und Verhalten von Politikern zeigt sich, schelmisch lächelnd, die Kollegin der überregionalen Konkurrenzzeitung interessiert. In ihrer Glosse über die Proteste in Gorleben vom Sommer 1994 sieht sie eine neue Chaotengeneration herangewachsen. Die werkele unberechenbar in den Ministerien, während der Widerstand deutsch und geordnet Widerstand leiste. Ein Ausschnitt:

»Die Bauern machen Treckerdemos, die Schulkinder marschieren in Reihen, die Pastoren stellen die fünfte Kolonne, Verkehrsschilder werden geschwärzt, Straßen werden unterbuddelt, Gleisanlagen zersägt, die Infrastruktur läuft wie geschmiert, und in der Zeitung steht: ›Am Dienstag abend hatten zwischen den 17 Holzhütten und mehr als 30 Zelten gut 500 Atomkraftgegner diskutiert und Gewaltfreiheit trainiert. Andreas Graf von Bernstorff, der Eigentümer des Waldgeländes, hatte mit Wohlgefallen das Treiben beobachtet.‹
Das kann man glauben. Dagegen ist der Bundestag ein Wuselhaufen. Die Polizei hat das Hüttendorf von Gorleben geräumt, und es kam dabei zu keinem chaotischen Vorfall. Aber der Vorlauf! Da Gorleben so wichtig ist, bilden das niedersächsische Umweltministerium und das Innenministerium eine innerministerielle Arbeitsgruppe, der Einsatzbefehl für die Hüttenräumung soll aber nicht aus dem Innenministerium gekommen sein, zumindest die Umweltministerin erfuhr erst nach deren Vollendung von den Tatsachen in einem ARD-Studio, also per Presse; der Innenminister hatte zwar mit der Kreisverwaltung eine Absprache über ein Versammlungsverbot getroffen, aber von dessen Auffrisierung zur Räumung direkt nichts gewußt, der Ministerpräsident gibt keine Stellungnahme... Wozu bilden die noch Arbeitsgruppen, was wollen die Chaoten überhaupt?
Die neue Chaotengeneration, die der neuen Widerstandgeneration hinterherschleicht, sitzt überraschenderweise in Anzug und Krawatte am Schreibtisch und begrübelt ihre Meinungs- und Rückgratlosigkeit, verläuft sich beim Kaffeeholen in Informationslabyrinthen, macht Politik zur Randerscheinung von ein paar Störern auf Ministerposten. [...]

Das Gorleben-Drehbuch hat die Chaotenrolle an die Landesregierung abgegeben, und die Intelligenz der Atomwirtschaft weiß das auch. Sie betrachtet, gelassen und bestimmt genervt, Politiker wie schwer erziehbare Jugendliche. Was Klarheit, Konsequenz, Strukturiertheit betrifft, sitzen ihre äquivalenten Partner im Wald von Gorleben.«

Zwei kluge Beiträge, die klugen Widerspruch erwarten dürfen. Zwei Beispiele für Politik im Feuilleton.

2.4 Reisen

> »*Nur Reisen ist Leben,*
> *wie umgekehrt das Leben Reisen ist.*«
> *(Jean Paul)*

Alles erschien anders in der Fremde. Dort, in Ägypten, kneteten die Menschen den Brotteig mit den Füßen, den Lehm aber walkten sie mit der Hand. Sie schrieben von rechts nach links statt umgekehrt, und in den Mist ihrer Tiere griffen sie ohne Scheu hinein.

> »Bei ihnen sind es die Frauen, die auf dem Markt kaufen und verkaufen und Handel treiben, während ihre Männer zuhause sitzen und weben. Alle Menschen auf der Welt weben, indem sie mit dem Einschlag nach oben arbeiten. Nur die Ägypter tun es nach unten. Dort tragen die Männer die Lasten auf dem Kopf, die Frauen aber auf den Schultern. Ihr Wasser lassen die Frauen stehend, die Männer sitzend. Und ihre Notdurft verrichten sie im Hause, aber essen tun sie auf der Straße, denn sie meinen, die häßlichen Notwendigkeiten tue man im Verborgenen, die übrigen aber vor aller Welt.«[34]

Solche Neuigkeiten, mit denen der Grieche Herodot in vorjournalistischer Zeit Hellas versorgte, begründen das Genre des Reiseberichts. Sie lassen zugleich schon erkennen, warum in späteren Jahrhunderten auch das Kulturressort Anspruch auf diese Gattung erheben kann. Herodot spricht von der Organisation des Alltags in Ägypten. Er spricht von Handwerk und Handel, Schrift und Ernährung, Hygiene und Geschlechterrollen, beschreibt also gesellschaftliche Ausdrucks- und Verhaltensformen. Auf diese Weise fragt er nach dem Besonderen einer Gemeinschaft, nach ihrem Charakter. Er fragt nach Kultur.

In seiner Skizze »der« Ägypter, die er einem ausführlichen Bericht voranstellt, nutzt Herodot den Effekt des Kontrastes. Er betont so das Eigenartige, ja Kuriose eines Volkes, das er ganz einheitlich zu sehen scheint. Dabei wird es nicht bleiben; das sehende Auge wird die Selbstverständlichkeit des Fremden und die Vielfalt der Kulturen im Innern eines Landes entdecken. Stets aber zeichnen sich anspruchsvolle Reiseschriftsteller durch den Blick für das Besondere im Alltag aus. Goethe beweist ihn, wenn er in seiner »Italienischen Reise« nicht nur von Bauwerken und Theateraufführungen berichtet, sondern zum Beispiel Kinder in den Straßen Neapels beobachtet, wenn er festhält, wie die Armen dort Eiswasserlimonade und Trödelware feilbieten oder wie Menschen mit Eseln den Kehricht der Gemüsemärkte auf die Felder vor der Stadt zurückbringen. Goethes Zeitgenosse Georg Forster, der mit James Cook segelte, beweist jenen Blick, wenn er in seiner »Reise um die Welt« über Sprache und Gebärden, Wohnungen und Kleider, Plantagen und Speisen der Bewohner Tahitis schreibt. Fontane bleibt in der Nähe und reist doch hinein in einen anderen Alltag, hält bei seinen »Wanderungen durch die Mark Brandenburg« Augen und Ohren offen für Geschichte und Geschichten der märkischen Ortschaften. Mit kritischer Neugierde streift Joseph Roth einige Jahre nach der Russischen Revolution durch das Wolgagebiet. Jahrzehnte später erzählt Wolfgang Koeppen den Nachkriegsdeutschen von »empfindsamen Reisen« unter dem Titel »Nach Rußland und anderswohin«. Viele Schriftsteller und Journalisten taten es ihnen gleich, an vielen Punkten der Erde.

Der gelenkte Weg

Zu keiner Zeit allerdings sind die Menschen einzig in der Absicht gereist, anderen Kulturen aufgeschlossen zu begegnen.[35] Über die Jahrhunderte hin diente Reisen immer auch der Existenzsicherung und dem Eigennutz. Menschen wanderten in die Fremde aus, um zu überleben. Sie zogen zu Pilgerstätten, des eigenen Seelenheils, nicht des anderen Landes wegen. Und im Auftrag der Mächtigen suchten sie nach dem Fremden, um es zu unterwerfen. Seit der frühen Neuzeit läßt sich nachweisen, wie abendländische Reiseberichte dieser Art von »Begegnung« ebenfalls den Boden bereiteten oder sie nachträglich rechtfertigten – mit Zerrbildern von Kannibalen und Affenmenschen, von minderwertigen Kulturen der Grausamkeit, der Geilheit, des Götzendienstes.[36]

Reisende, die sich zu Bildung und Humanismus verpflichtet hatten, fuhren auf andere Art befangen. Seit dem 16. Jahrhundert enthielten sogenannte Apodemiken Regeln, wie die Gelehrten sich richtig durch die Ferne bewegen sollten. Im 18. Jahrhundert, als das Bildungsreisen für Privilegierte zur Mode geworden war, normierten bereits Handbücher den Blick: Man sah und bewunderte das, was andere zuvor für sehens- und bewundernswert erklärt hatten.[37]

Die Reise als private Lustbarkeit entdeckte das Bürgertum mit der Romantik. Nun fuhr man auch in sein Vergnügen. Als bald darauf die Eisenbahn die Wege zu verkürzen begann, erwuchs aus dem außergewöhnlichen Verkehr mit der Fremde nach und nach der gewöhnliche Fremdenverkehr, wie wir ihn heute kennen.

Wohin gelangen Touristen der Moderne, wohin wollen sie gelangen? 1895 warb die Tiroler Gemeinde Schwaz auf einem Plakat mit Bildern von ihrer »Umgebung u. Hist. Bauten«. Im Kitschstil der Zeit bot der Ort noch Züge eines eigenen Gesichtes an. Ein Jahrhundert später sind die Reste des »anderen« aus der Werbung verschwunden: Das mehrfach preisgekrönte Plakat, mit dem Tirol 1993 Touristen lockt, zeigt nichts als einen halbnackten Männerkörper, braungebrannt und sichtlich durchtrainiert. Eine Schneebrille baumelt über der Brust, den Kopf aber, auf dem sie sitzen könnte, schneidet der obere Bildrand lässig ab. Von »Fremde« keine Spur mehr. Der hier verführen will, ist kein Tiroler. Er ist das Spiegelbild des Touristen als junger Narziß.[38]

Es stimmt wohl – Touristen der Moderne reisen zunächst zu sich statt zum anderen. Sie suchen, pauschal oder alternativ, ihr Wohlbefinden, suchen Erholung, Erlebnis, Kitzel, Ruhe, Bildung, Einkehr, Bewegung, Selbsterfahrung, Abenteuer. Und je kürzer die Distanzen werden, um so mehr können sie von sich selbst, von ihrer Lebensart, ihren Ansprüchen mitnehmen ins Hilton nach Kairo oder in die Rucksacktouristen-Pension von Bogotá. Das hat Folgen für fremde Kulturen und ihre innere Vielfalt, über die wir nachdenken müssen. Über das Motiv des Eigennutzes zu lamentieren ist dagegen müßig. Es hat das Reisen stets begleitet, und »sie«, die auf angenehmem Urlaub beharren, sind längst wir alle.

Raum und Erkenntnis

So legitim wie dieser Urlaubsanspruch, so legitim ist sein publizistischer Reflex – der Serviceteil für Touristen in Massenmedien. Reiseredaktionen haben sich aus guten Gründen seit den fünfziger Jahren bei uns etabliert. Die Kollegen vom Feuilleton müssen ihnen das Existenzrecht nicht streitig machen. Und getrost können sie ihnen die Hauptlast des Dilemmas überlassen, daß jeder Touristenservice zugleich die Interessen von Tourismusunternehmen bedient.[39]

Da aber, wo Reisejournalisten nicht in erster Linie (sagen wir) Deutsche nach Mexiko, wo sie vielmehr Menschen und Lebenszusammenhänge Mexikos in die Köpfe der Deutschen bringen wollen, wo es ihnen nicht vorrangig um Hotelpreise, Flugverbindungen und Shopping geht, sie aber die Kultur des Reisens und das Verhalten der Reisenden thematisieren – da können sie sich als Kulturjournalisten begreifen. Da stehen ihre Texte von Fall zu Fall dem Feuilleton ebensogut zu Gesicht.

Reisejournalismus ist nicht erst dann Kulturjournalismus, wenn die Kunstkritikerin auf Reisen geht, um über Tympanon und Türsturz in Santiago de Compostela zu referieren. Die Gesamtheit der Lebensformen ist sein Terrain. Vom Versuch, »die Welt [zu] erklären«, spricht Theodor Geus, Leiter des Reiseblattes der »Frankfurter Allgemeinen«. Der Reisende solle »den Raum, in dem er sich bewegt, auch erkennen«[40]. Will er das, der moderne Narziß? Ganz kann er nicht darauf verzichten. Touristen, die zunächst zu sich selbst reisen, verlangen ja Erlebnis, Kitzel oder Bildung. Dazu brauchen sie den fremden Raum. Selbst wenn sie nur Ruhe und Einkehr suchen, tun Urlauber gut daran, sich ihrer Umgebung einigermaßen zu vergewissern.

Im übrigen dürfte ein großer Teil der Reiseberichte ein Medienpublikum erreichen, das jene Länder, Städte und Gegenden gar nicht besuchen wird, von denen es erfährt. Es informiert sich aus allgemeinem Interesse und läßt sich (nicht anders als das Publikum Herodots) vom Reiz des Erzählten unterhalten. Das Bedürfnis danach ist beachtlich. Bei einer Repräsentativstudie in Österreich zeigten sich 43 Prozent der Bevölkerung »sehr interessiert« an Fernsehbeiträgen über »Fremde Länder/Kulturen«. Diese Programmkategorie stand (hinter Nachrichten und Naturfilmen und weit vor Sport-, Familien- oder volkstümlichen Unterhaltungssendungen) an dritter Stelle der Beliebtheitsskala.[41]

Töne, Gerüche, Erinnerungen

Beiträge dieser Art in Funk- oder Printmedien sind nicht an einzelne Darstellungsformen gebunden. Ein Essay kann sich mit der Geschichte des Reisens auseinandersetzen, ein Feature faktenreich die Schäden belegen, die die Mobilität der Massengesellschaft im kulturellen Gefüge anderer Länder anrichtet. Dankbares Thema von Glossen und Kommentaren ist der Tourismus allemal.

Die zur Reportage ausgestaltete Form des Reiseberichts aber wird wegen ihrer Sinnlichkeit immer besonders fesseln. Dabei spielt es keine Rolle, welchen Winkel der Erde sie ausleuchtet. Die Reportage kann die Distanz zum noch Fremden verringern, aber sie hält zugleich die Möglichkeit bereit, das längst Gesehene, das scheinbar Vertraute neu zu zeichnen. So kann sie ihm etwas von seiner Fremdheit zurückerstatten. Den Bingo-Abend irischer Frauen in einer Kirchengemeinde von Dublin vermag sie ebenso erzählerisch zu formen wie Freiheit und Enge in einem Dorf des Vogtlandes. Wolfsburg im Regen interessiert sie ebenso wie das Zusammenleben einer Maori-Großfamilie auf den Cook-Islands im Pazifik.

Immer wird die Reisereportage als Kulturreportage erzählen, wie Menschen vor dem Hintergrund spezieller Erfahrungen ihren »Raum« gestalten. Sie wird erzählen, wie Geschichte und Gegenwart ihr Handeln bestimmen, wie das Althergebrachte mit dem Wandel ringt, wie Regeln des Zusammenlebens Ausdrucksformen bedingen.

Im folgenden Beispiel ist St. Petersburg dieser besondere kulturelle Raum. Der Autor sammelt in einer längeren Reportage Töne, Gerüche, Erinnerungen der Stadt ein, spürt ihrem Leid und ihrer Zuversicht nach, spricht von Politik und Kälte, Straßen und Verkehr, von der Armut und von den Geschäften, vom Hunger und vom Tanz. So beginnt sein Text:

»Ihre Knie haben sie mit dicken grauen Bandagen umwickelt. Ihre Schuhe, braune Stiefel, sind an den Seiten etwas aufgeplatzt, so daß man durch die Naht die dicken Wollstrümpfe sehen kann. Den beiden alten Frauen, die unter den verschlissenen Mänteln gleich mehrere Pullover übereinander tragen, ist die Kinnpartie ins Gesicht hochgerutscht, weil sie ihre Kopftücher wegen der Kälte übertrieben festgezurrt haben. Gemeinsam beugen sie ihr Haupt vor dem Ständer mit den vielen Kerzen. Beim Beten bewegen sie einträchtig leise murmelnd die Lippen, und es bilden sich kleine Wolken vor ihren Mündern.

In der Kirche auf dem St. Petersburger Tichwinow-Friedhof, am Ufer der Newa, auf der schon die Eisschollen langsam hinunterschwimmen, riecht es lange nach der Feier, die prunkvoll von den Popen inszeniert und von einer gläubigen Menge verfolgt wird, immer noch ein wenig nach Weihrauch, ein wenig auch nach Kohl und nach ungelüfteten Kleidern. Die beiden alten Frauen knien nieder. Dann richten sie ihre mitgebrachten Kerzen auf, eine für jeden, an den sie denken und für den sie beten.

Hier, auf dem Tichwinow-Friedhof, gibt es keine Massengräber wie auf dem Piskarjow-Gedenkfriedhof, wo eine halbe Million Bewohner der Stadt verscharrt worden sind, Opfer der deutschen Belagerung, Opfer des Krieges. Hier erklingt keine getragene Musik wie in Piskarjow, schon gar nicht die von Tschaikowskij, obwohl der Komponist unweit der Kirche in einer stillen Ecke nobel zur letzten Ruhe gebettet worden ist. Und es gibt hier auch keine Erinnerungstafel, wie die der Dichterin Olga Bergholz, deren Worte auf dem Mahnmal der ›Mutter Erde‹ so lauten: ›Keiner ist vergessen, und nichts ist vergesen.‹

Hier, gegenüber dem scheußlichen Touristenhotel Moskwa, einem laut Spöttermund ›Grabmal des unbekannten Touristen‹, hier kann man der nicht wenigen großen Künstler unter den Toten eines großen Landes gedenken. Keiner ist vergessen, und nichts ist vergessen: nicht Dostojewskij, nicht Tschaikowskij, nicht Mussorgskij und auch nicht Bunin und Glinka, die hier alle auf Rufweite versammelt sind und in ein höchst lebendiges, vielleicht auch in ein geisterhaftes Gespräch miteinander treten könnten.

Der Schnee fällt leise durch die dürren, schwarzen Äste der hohen Bäume, rieselt stetig auf die kleinen Kränze und ein paar verhutzelte Nelken, und vom Hotel Moskwa her, das hinter der Mauer liegt, erklingt recht wehmütig und langsam eine kleine Melodie von Glenn Miller, gespielt von einer der zahlreichen Brass-Bands, deren pelzbemützte Mitglieder zwar oft genug ihre klammen, verfrorenen Finger schon nicht mehr richtig bewegen können, aber trotzdem unermüdlich dafür sorgen, daß weiter die Devisen-Münzen in ihre aufgestellten Schachteln fallen. ›Moonlight Serenade‹: Da lächeln auch die beiden Mütterchen, die gerade die Kirche verlassen haben, einander zu, und sie haken sich dann auf dem glatten Weg fest unter.«

2.5 Gesellschaft

»*Es ist die Fülle bunten Lebens, welche im allgemeinen die Historie für uns schön macht [...].*«
(Golo Mann)

»*Nicht ist verblüffender als die einfache Wahrheit, nichts ist exotischer als unsere Umwelt, nichts ist phantasievoller als die Sachlichkeit.*«
(Egon Erwin Kisch)

»*[...] il n'est qu'un luxe véritable, et c'est celui des relations humaines.*«
(Antoine de Saint-Exupéry)

Reisende sollen Raum und Alltag erkennen, in denen sie sich andernorts bewegen.

Und der Alltag, durch den wir täglich reisen? In dem fremde Reiseschriftsteller unsere Kultur suchen und erkennen könnten? Nichts ist exotischer als unsere Umelt. Nichts ist kostbarer als das, was die Menschen verbindet.

Unter »Gesellschaft« fassen wir all jene Kulturthemen zusammen, die sich auf einzelne Erscheinungsformen des Alltags und des Zusammenlebens beziehen. Bezüge zur politischen Kultur, zur Wissenschaft, zu Künsten oder Massenmedien sind jederzeit denkbar, doch treten sie weniger in den Vordergrund.

In Wochenzeitungen und Magazinen existieren Rubriken, die »Modernes Leben«, »Alltag« oder auch »Gesellschaft« heißen. Tageszeitungen verteilen Themen dieser Art auf verschiedene Ressorts und auf die Wochenendbeilage. Dagegen ist nichts zu sagen. Was aber macht Gernot Geißbock[42] unter der Woche? Warum greift er sich nicht öfter ein Stück heraus aus der Fülle bunten Lebens, um es, mit eigenen Augen besehen, an das Kulturpublikum weiterzugeben?

Verbundenheit und Zusammenleben

Der Nachmittag im Park, der Tanzwettbewerb, die Fratzen der Armut und der Einsamkeit, der Trinker im Café, der Bummel durch Stadtviertel und über Friedhöfe, der Kampf um die kleine Gerechtigkeit, der Kampf des Ehepaares um die obere oder untere Hälfte des Frühstücksbrötchens – immer haben sich die Verfasser von Feuilletons, also von literarisch-journalistischen Miniaturen und Prosaskizzen, mit dem Alltäglichen, dem scheinbar Banalen befaßt.[43] Es gibt solche Chronisten der »Unsterblichkeit des Tages« (Ludwig Speidel) noch. Aber in den tagesaktuellen Medien sind sie kaum zu finden.

Diese Variante, das Feuilleton im Feuilleton (blitzgescheit, oft kokett, bisweilen verspielt und launisch), bildet nur eine Möglichkeit, den Alltag einzufangen und zu spiegeln. Keiner Textform verschließt er sich und keiner journalistischen Stilübung.

Jeder Versuch, auch nur annähernd alles aufzuzählen, was sich thematisch anbietet, wird an der Fülle scheitern. Einige Hinweise müssen also genügen.

»Gesellschaft« bedeutet Verbundenheit und Zusammenleben, und sie wandelt sich oder verharrt am sichtbarsten dort, wo Menschen unmittelbar miteinander umgehen. Zu diesen Orten gehört die Familie. Wie hier miteinander gesprochen wird, welche Werte gelten, wie die Geschlechter ihre Rollen verteilen und umverteilen, wie die Generationen aufeinander zugehen oder sich voneinander entfernen, das alles trägt dazu bei, daß sich gesellschaftliche Kultur ausbilden kann.

Klagen über den »Machtverlust« von Vätern sind zu hören, Plädoyers für mehr »väterliche Autorität«[44]. Was hat es damit auf sich? Und was ist mit den Müttern? Implodiert die Familie unter dem Druck der Modernität? Kinder als Statussymbole der Eltern, in teure Kleidung gesteckt, vom Ballett zum

Klavierunterricht zum Reiten gehetzt, beim Leistungssport angefeuert, mit Taschengeld und Geschenken überhäuft – einerseits. Andererseits: Kinder gedemütigt, allein gelassen, ungeliebt, überfordert von überforderten Eltern. »Selbständigkeit« und »freier Wille« gelten heute als selbstverständliche Erziehungsziele. Aber die am weitesten verbreitete Form der Gewalt ist die Gewalt in der Familie, hat die Gewaltkommission der Bundesregierung festgestellt. Thema über Thema.

Umgangsformen und Eigenschaften im Alltag erwachsen aus der Erziehung. Höflichkeit, Sturheit, Stolz, Hilfsbereitschaft, Einfühlungsvermögen, Gleichgültigkeit, Erotik oder Humor prägen gesellschaftliche Kultur. Jeder Reisende spürt das. Stoff also für die Reise zu uns selbst. Stoff für die Glosse über die Unsitte, im Nahverkehrszug die Schuhe auszuziehen und mit ausgestreckten Beinen ein Reich deutscher Freiheit zu behaupten. Stoff für die Reportage vom Überlebenskampf auf den Straßen, für die Interviewreihe, das Streitgespräch.

Menschen rücken zusammen, um gemeinsame Ziele und Gedanken zu verfolgen, in Cliquen, in Vereinen, auf der Straße, am Stammtisch, in Kleingärtnerkolonien. Welche Ideale wachsen, welche Lebenszusammenhänge bilden sich da? Unter der Überschrift »4 x Kultur« haben Studenten aus Hannover für eine Zeitschrift versucht, diesen Fragen nachzugehen. Dabei entstand unter anderem das Porträt eines Laubenpieper-Paares, dem folgende Ausschnitte entnommen sind. Ohne Häme, ohne Hochmut, mit einem Blinzeln der Augen gleichwohl, fangen die Autorinnen ein Stück Deutschland ein. Niemand muß es ehrfurchtsvoll lieben. Aber es ist da. Hier ertönt keine Cello-Sonate und kein Bühnenmonolog. Aber hier sind Menschen, kein Zweifel, die auf ihre Art etwas kultivieren:

> »Tulpenweg 98: Eine postgelbe Gartenpforte lädt zum Eintreten ein. Über dem schmalen Plattenpfad, der zur Holzlaube führt, tanzen feine Wassertropfen in der Abendsonne. Alles ist ruhig, nur die Vögel zwitschern. Klaus Schelm besprengt seine prächtigen rosaroten Rosen links und rechts des Weges.
> Voller Stolz gleiten seine Augen über die Gemüse- und Blumenschätze in seinem grünen Reich. ›Ein Garten mit Tradition braucht über Jahrzehnte hinweg fleißige Hände, die ihn pflegen‹, sagt der 57jährige braungebrannte Hobbygärtner, ein Mann der Tat, und nimmt die Rosenschere zur Hand.

[...] Geburtstagsgeschenke von ihren Kindern schmücken den Garten der Schelms. Ein Prunkstück ist der riesengroße Gartenzwerg ›Jimmy‹. Er hat ein großes Loch im Stiefel, durch das sich der große Zeh bohrt. Seine rote Zipfelmütze lugt zur Freude der Kinder hinter jedem Strauch und Busch hervor. Inmitten von Ziersträuchern drehen sich die schwarz-weiß gestreiften Flügel einer meterhohen Windmühle. ›Die hat der Große aus Buxtehude mitgebracht‹, ruft Klaus Schelm aus der Laube heraus und müht sich mit einer großen Kiste ab. Die wird auf dem Rasen aufgemacht, und heraus purzeln siebzehn bunte Gartenzwerge. [...]
Die Schildkrötenattrappe, die in den 2500 Litern Wasser ihre Runden im kleinen quadratischen Becken dreht, ›war eine Überraschung für Vaddern‹. Der seinerseits überraschte seine Gattin Helga mit einer selbstgebauten Gartendusche zum Geburtstag.
›Die Wühlmaus im Garten ist mein Mann. Der macht die Arbeit hier, ich hab hier sowieso nicht viel zu sagen.‹ Freizeit ohne Boden umgraben, Salat stecken und Erdbeeren pflücken, das kann Klaus Schelm sich nicht vorstellen, und so etwas wie Urlaub interessiert ihn nicht die Bohne. ›Wenn man dreißig Jahre auf der Scholle ist, dann ist man verwachsen damit.‹ Tagetes und Männertreu rahmen die Gemüsebeete ein, Bohnen ranken an mannshohen Stangen hinauf und stehen aufrecht wie ein grünes Zelt neben Kohlrabi- und Radieschenreihen. ›Da hat's schon mal 'nen Mordsbrocken von Kohlrabi gegeben, das war'n Johnny! 25 Pfund schwer und fußballgroß.‹ [...]
Rechts neben der Laube drücken drei Sorten Kartoffeln ihre Knollen in den sandigen Boden, daneben steht der Komposthaufen. Jede verblühte Rose, jeden zerhäckselten Grashalm und jedes dürre Blatt sammelt Gartenfreund Schelm in die selbstgezimmerte Bretterkiste.
Helga Schelm ist besonders stolz auf ihren Apfelbaum: ›James-Grieve – das ist ein Apfel, kann ich Ihnen sagen‹, schwärmt die Hausfrau in ihrem Sonnenstuhl auf dem saftig grünen Rasen. Dessen Länge mißt Klaus Schelm mit dem Zollstock aus. ›Drei Zentimeter darf der Rasen sein. Und danach stell' ich dann die Maschine mit den Messern ein.‹
Im Familienalbum sind jede Menge Fotos von den Laubenfesten, die im Lauf der Jahre in der Kolonie am Berggarten gefeiert wurden. Diese Bilder bringen Helga Schelm heute noch zum Lachen: Ihre Kinder gingen als Pilzkind oder Samentütchen, Biene Maja war auch dabei.«

Homo ludens

Die einen züchten Kohlrabi. Die anderen tüfteln und bosseln, sammeln Kurioses und Unscheinbares, stopfen ihre Wohnungen voll und schmücken ihre Autos, pflegen Bräuche und Traditionen. Jeder, der sich in das Universum der Alltagskultur hineinbegibt und darin nicht nur die Biederkeit suchen will, wird rasch feststellen, wie verblüffend das Selbstverständliche sein kann. Er wird erkennen, wie aufregend es ist, Kultur und Kulturgeschichte in allen Spielarten nachzugehen.

Menschen spielen. Sie spielen mit Karten, Würfeln, und sie spielen Gesellschaftsspiele. »Fantasy«-Brettspiele haben bei Jugendlichen Hochkonjunktur. Spieleklubs entstehen überall. Nach einem Expertentreffen war zu lesen:

> »Hierzulande ist eine weltweit wohl einzigartige ›ludische Kultur‹ über das Kindesalter hinaus spielender Menschen entstanden. Dessen sind sich Experten wie Spieleprofessor Rainer Korte aus Dortmund sicher. Für seinen Salzburger Kollegen Günther Bauer ist es keine Frage, daß der ›homo ludens‹ (der spielende Mensch) das nächste Jahrtausend überlebt‹ [...].
> Gesellschaftsspiele sieht er auf einer kulturellen Stufe mit Büchern. In der Öffentlichkeit, etwa im Feuilleton von Zeitungen, müßten sie deshalb der Literatur gleichgestellt werden.«[45]

Zur Spielkultur der Gegenwart gehören die Video- und Computerspiele, gehört das Spiel mit virtueller Realität. Verfall der Kultur? Der Autor eines Berliner Blattes wagt sich in ein Cyberspace-Café:

> »Die ›neue Dimension‹ ist da. Fraglos. Falls Sie sich traun, Damen & Herren, falls eine Traute vorrätig, können Sie mich heut abend ins Cyberspace-Café begleiten, damit ich nicht so alleinig dasteh. Ja, stehn müssen wir. Weil im Cyberspace-Café gibt's koa Stockerl, koan Sessel, koan Fauteuil. Ist das nicht die schiere Musik: ›Koa Stockerl, koan Sessel, koan Fauteuil‹, sollten wir das nicht im Walzertakt leicht hämisch aus uns herausnäseln, dort, in der Hardenberger, linker Hand vom Mc.? [...]
> Wenn Sie einen Schluck vom Kaffee hinabgeschluckt haben, könnens den Rest in den Baumkübel schütten, der vor der Tür als grüne Grenze von der nächsten gastronomischen Herausforderung trennt. Sie können auch in den

> Kübel kübeln – ich bereite Sie realistisch vor, Damen & Herren. Als ich's ausprobiert hab', ist ein seriöser Herr vorzeitig aus dem Space zurückgekehrt, weil's ihn draht hat. Natürlich kurze Bedenken bei ihrem Führer: Wird es ihn in die virtuellen Welten hineinziehen, wird er die Sinne verlieren, wird ihn der grüne Drache am Arsch kriegen, oder wird er ihn mit seiner Cyberspacecafékanone pulverisieren? Vor allem: wird er wieder aus dem Space heräis finden? Damen & Herren, es ist der reinste Batz: Es ist, als würdens in ein Laufställchen hineingehoben, in dem Ihre vandalierenden Rotznasen die Legosteinerln haben herumliegenlassen. Sie kriegen einen Helm auf, ein Packerl umgeschnallt, einen Stick in die Hand, und dann tolpern Sie auf einem halben Bottich herum, als wolltens Sauerkraut stampfen, und sehen wie die pollenmäßig überladene Biene Maja aus. Mit einem Knopf bewegns das Legolandschaftsbild – Sie sich *in ihm*? Mache Sie sich nicht löcherlich! –, mit dem andern ballern Sie.«

Verfall der Kultur? Am Ende ist sich der Spötter nicht mehr so sicher. Er empfindet zwar nichts bei diesem einsamen Zeitvertreib, aber als er wieder auf die Straße tritt, weiß er, schon in der bürgerlichen Gaststätte zwei Häuser weiter kann es viel einsamer zugehen.

Ein Wiener in Berlin. Ein eigenwilliges Feuilleton, das durch seine Sprache lebt und wirkt. Wie die Sprache der Gesellschaft wirkt und wie sie sich wandelt, das wäre ein weiteres Pflichtthema der Kulturredaktionen. Kritik der Sprachkultur kann leicht aufdringlich und unangemessen geraten. Sie neigt dazu, jede Veränderung vor allem als Verlust zu begreifen. Daß jede Veränderung ein Gewinn ist, gilt allerdings ebensowenig. Kluge Sprachkritik im Feuilleton, die Marotten und Angeberei, Bürokratisches und Ideologisches im Alltag bloßlegt, ist immer ein Gewinn. Ein Autor wie Eike Christian Hirsch könnte, neben anderen, Vorbild sein.[46]

Macht der Gewißheit, Kraft des Zweifels

»Religion ist eine kulturelle Praxis«, schreibt Eckhard Bieger, katholischer Senderbeauftragter beim ZDF.

> »Das äußert sich in Gottesdienstfeiern, in der Ausgestaltung religiöser Räume und Zeiten, in der Pflege von Erzähltraditionen, in religiöser Unterweisung, in sozialen Aktivitäten und Bildungsangeboten. Diese kultu-

relle Praxis setzt den einzelnen und die menschliche Gemeinschaft in Beziehung zum Ursprung der Welt und seiner eigenen Existenz.«[47]

Für die Verbreitung des Glaubens, für die »spezifisch religiöse Erbauung«[48] ist die weltliche Kulturkritik freilich nicht zuständig. Kirche als Institution der Gesellschaft und Religion als ein Angebot, dem Leben Sinn zu geben – das aber muß sie genauso beschäftigen wie das Theater oder die Sinnsuche von Philosophen.

Setzen sich die Medien kritisch mit diesem Themenbereich auseinander? Vielleicht sogar zu kritisch? Kirchenvertreter sehen vor allem im Fernsehen »zunehmende Hetze« und einen »neuen Kulturkampf«[49]. Barbara Sichtermann dagegen meint, »Kritik an Christentum und Kirche« sei in den öffentlich-rechtlichen Medien »tabu«[50].

So oder so: Auf den Kulturseiten und in den Kulturmagazinen geraten Kirche und Religion jedenfalls kaum ins Blickfeld. Und hier wäre doch Gelegenheit, über Bestimmung und Ziel, über die Macht der Gewißheit und die Kraft des Zweifels, über Kirchengeschichte, Weltreligionen und Sekten zu sprechen. Schon die Glaubenskluft zwischen West- und Ostdeutschen kann zu vielen Themen anregen.[51]

Randzonen: Der Begriff »Kultur« erlaubt es Feuilletonisten durchaus, sich hin und wieder zur Rechtsprechung zu äußern. Sein lateinischer Ursprung[52] verweist auf die Wirtschaft. Und sind Kultur und Körper, Spiel und Sport nicht eng liiert, sind Theater und Fußball in ihrer Dramatik nicht Verwandte? Viele Verbindungen sind möglich, ohne die Zuständigkeit anderer Ressorts deshalb zu beeinträchtigen.

Zwei Ausdrucksformen der Alltagskultur haben die Menschen als Gesellschaftswesen immer besonders gereizt und beeinflußt. Sie wollen wir abschließend näher betrachten.

2.6 Kleidung und Mode

> »Die Mode ist das, wodurch das Phantastische
> für einen Augenblick allgemein wird.«
> (Oscar Wilde)

Unseriös sei sie, heißt es. Äußerlich und überflüssig. Dem Luxus hold, dem Geiste abgeneigt. Ein Flittchen. »Das ist halt ein zivilisatorisches Ereignis«, meinte der Feuilletonchef der Wiener »Arbeiterzeitung« im Gepräch mit Sieglinde Trunkenpolz, »hat aber auch mit Kultur nix zu tun; ist ja nix Schöpferisches – wer ein Geld hat, kauft sich's halt.«[53] Beifälliges Raunen in den Logen deutscher Geistesgeschichte. Es springt auf und ereifert sich schwäbisch der Schriftsteller und Philosoph Friedrich Theodor Vischer:

> »[...] wie ein unartiges Kind, das keine Ruhe gibt, das stupft, scharrt, gambelt, nottelt, buhrzt, trippelt, so treibt es die Mode, sie tut's nicht anders, sie muß zupfen, rücken, umschieben, strecken, kürzen, einstrupfen, nesteln, krabbeln, zausen, strudeln, blähen, quirlen, schwänzeln, wedeln, kräuseln, aufbauschen, kurz: sie ist ganz des Teufels, jeder Zoll ein Affe [...].«[54]

Gut gebrüllt. Kraftvolle Verben. Szenenapplaus. Unterdessen verläßt Zeitgenosse Gottfried Keller heimlich das Theater. Im Foyer diktiert er einer Kulturreporterin den Titel seiner neuesten Novelle in den Notizblock:

Kleider machen Leute

Kellers Satz ist längst zum Klischee erstarrt, zur Allerweltsklugheit. Doch wird er dem Wesen des Modischen[55] immer noch gerechter als Vischers Brandrede gegen den Modeaffen, die das Äffchen im Philosophen nicht eingestehen will. Denn jeder folgt, wenn er sich kleidet, frisiert, schminkt oder Schmuck anlegt, modischen Normen und Codes, die die Gesellschaft insgesamt kulturell fixiert hat. Keine Frau bei uns trägt einen Kimono, kein Mann trägt mehr eine weißgepuderte Perücke.

Diese Grundnormen differenzieren sich bei besonderen kulturellen Anlässen (für den Diskobesuch kleidet man sich anders als für den Empfang). Schichten, Gruppen oder Subgruppen, zu denen man gehört oder gehören will, variieren die Normen der Kleiderordnung ebenfalls. Innerhalb der

Gruppen und Schichten wiederum hat jedes Individuum gelegentlich das Bedürfnis, die Norm nur für sich abzuwandeln. Es will sich in der Anpassung wieder abgrenzen (die Krawatte in Popfarben, die eigenwillige Brille).[56]

All dies hat sehr wohl mit Kultur, es hat mit Inszenierung, mit Ausdruck, Identität und Zeichen zu tun. Wenngleich die Zeichen unserer Kleidung weniger detailliert sind als die Sprache, lesen wir sie doch genau. Und was wir registrieren (die »unmögliche« Farbe der Strumpfhose, das »abgerissene« Mäntelchen, die »gepflegte« Erscheinung), trägt dazu bei, wie wir andere spontan beurteilen.

Je mehr einzelne Menschen sich kulturellen Normen entziehen und sich mit Kleidung unterscheiden wollen, desto mehr »machen« Kleider die Persönlichkeit, desto »schöpferischer« handelt, wer sie trägt. Setzt sich von einem Punkt der Gesellschaft (etwa der Jugendszene) aus eine solche Abweichung in größeren Gruppen durch, so wird Kleidung zur Mode im eigentlichen Sinn. Professionelle, ästhetisch ambitionierte Modeschöpfer treiben diesen Prozeß in der Regel voran. Kreativität setzt er jedoch nicht nur bei ihnen voraus. Für einen Augenblick zumindest scheint das Phantastische allen zu gehören.

Daß sich mit der Mode die Moderne relativ unkompliziert aneignen läßt, verschafft zugleich ein Gefühl kultureller Sicherheit. Der Psychologe Carlo Michael Sommer schreibt:

> »Die Mode mit ihrer anschaulichen Betonung des Gegenwärtigen als des Neuesten gibt dem Menschen [...] eine Hilfestellung, indem sie Ordnung in eine undurchschaubare und in eine ungewisse Zukunft rasende Gegenwart bringt. Sie dient dazu, den Griff der Vergangenheit zu lockern, Bewußtsein und Handeln für Neues freizusetzen und den Menschen damit unmittelbar auf die Zukunft vorzubereiten. Sie reduziert die unzähligen Möglichkeiten der Veränderung auf einige wenige sinnfällige, die man anschaulich demonstriert bekommt und selbst in einer Art Probehandeln realisieren kann.«[57]

Safarilook und Nacktgolfen

Davon hören Feuilletonisten natürlich nicht zum ersten Mal. In den klassischen Massenmedien schweigen sie zum Thema Kleidung und Mode auch nicht grundsätzlich. Lädt ein Museum ein, den Wandel der Schuhmode im Laufe der Jahrhunderte nachzuvollziehen, zeigt ein anderes Theaterkostüme, ein drittes Amulette und Ketten, Fibeln und Schnallen aus dem Hochmittelalter, so fühlen sie sich durchaus zuständig. Da aber, wo Mode allzusehr in der Zeit lebt, wo sie eben »nur« Mode ist, da verstummt das Feuilleton betreten – und ist erleichtert, wenn das Lokale oder die Bunte Seite bereitsteht. Dabei hätte gerade die Kulturredaktion zum Stil der Moderne auszusagen. Gerade sie hätte zu erzählen vom Menschen und seinem Ringen um Identität, von seiner Kühnheit und seiner Eitelkeit, vom Eleganten und vom Geschmacklosen, vom Verblüffenden und vom Bluff.

Mit der Vielzahl von Modejournalen und -magazinen müssen Kulturredakteure in Zeitungen oder Rundfunkanstalten deshalb nicht konkurrieren. Ihre Aufgabe kann nicht darin bestehen, jedem Trend zu folgen, zu erklären, was sie und er wann und wie tragen müssen. Lebenshilfe mit In- und Out-Rubriken sind ihre Sache nicht.

Ebensogut wie das Jazzballett, der Popstar oder die Romanautorin können aber Vertreter der Modebranche erwarten, daß sich die Experten fürs Kulturelle gelegentlich zu ihren Entwürfen äußern. Wie weit sie dabei gehen will, muß jede Redaktion für sich klären. Leichter noch als andere Formen der Rezension kann der Bericht von der Modenschau, durchsetzt mit den parfümierten Formeln des Entzückens, zur Peinlichkeit geraten. Dieser Text gehörte nicht zu einer Anzeige, sondern wurde von einer Journalistin für den redaktionellen (Lokal-)Teil verfaßt:

> »Für Eleganz mit Pfiff hat das [...] Modehaus S. [...] stets einen Riecher. Das beweist erneut eine Frühjahr-Sommer-Modenschau. Jeansstoff, ladylike gestylt als Kombination oder Kleid in Verbindung mit feinem Baumwollmaterial, ist dabei ein tragendes Thema. Auch ›Safarilook mit Crash-Optik‹ und die ›Tailleur-Renaissance‹, zu der todschicke Blusen gehören, passen tadellos ins rassige Bild.
> [...] Proportion und Silhouette spielen wichtige Rollen, wenn lange, schwarze Lackchintz-Blousons mit bunten Lurexintarsien (Foto) zu schmalen Hosen

oder voluminöse italienische Grobstrick-Pullis mit buntschillernder Beschichtung zu knackigen Etuiröcken angezogen werden.
[...] Selbst der trübste Regentag ist kein Stimmungstöter, wenn man im flotten Regenschutz aus Baumwollchintz mit Crocoprägung steckt. [...]
Ein anderes Frühlings-Kapitel füllen edle Komplets aus feinem Synthetic-Nappa in den aktuellen Farben Mimose, Lagune, Dottergelb und Helltürkis. Weiß darf hier immer mitmischen. Edle Goldpfeil-Taschen vervollständigen das noble Modebild.«

Distanz in der Beschreibung – damit können gerade Modejournalisten ihren Sinn für Qualität beweisen. Und das Modische ist mehr als die Schau im Modehaus. Es besteht nicht nur aus Kalkulation und Kauflust, aus Haute Couture und Prêt-à-porter, aus Lagerfeld, Jil Sander oder den Kreationen der örtlichen Fachhochschule. Es kann sich auch namenlos und nackt geben. Darum ist die Rezension von Designerwerk nur ein Teil des Aufgabenfeldes. Kulturjournalisten sollten – analytisch, erzählerisch, humorvoll – ihr Augenmerk noch auf ganz anderes richten. Wie kleiden sich die Fans beim Punkkonzert? Läßt Mode die Zeichen des Alters verschwinden oder kehrt sie sie eher noch hervor? Wo verwischen sich im Modealltag gewohnte Grenzen? Wo dagegen lassen sich neue Formen von Unterscheidungslust durch Kleidung erkennen? Was blitzt in den Straßen auf an Inszenierung, an Genie? Was blendet nur? Die Duftwasser und After Shaves der neuen Sinnlichkeit, von denen man allerorten die Nase voll hat, im Fahrstuhl, im Büro, im Bus, im Kino – was verraten sie vom Menschen der neunziger Jahre?

Feuilletons und Betrachtungen, Reportagen und Interviews, Porträts und Essays, die solcherart Fragen des Stils aufwerfen, die Zeichen des Mediums Mode zu entschlüsseln versuchen, sie gehören in Kulturbeiträge der Zeit. Diese Glossenschreiberin etwa karikiert, wie die Moderne ihre Haut ungeniert durch die Fußgängerzone trägt:

»Da wären zum Beispiel all jene Männer, die ihre mindestens zwei Zentner Lebendgewicht in extrem schmalgeschnittene Polohemden zwängen, quergestreifte, versteht sich.
Oder auch, und um der Gerechtigkeit willen: Frauen, die sich, allen X- oder sonstigen Beinformen zum Trotz, in den sowieso unsäglichen Leggings

präsentieren. Das sind so diese kleinen Grenzüberschreitungen, bei denen unsere Nerven ganz leicht zu vibrieren beginnen.
Wegsehen, das wäre natürlich eine Möglichkeit. Besonders in der Stadt, wo ja vor allem im Sommer das Bedürfnis besteht, ständig mit verbundenen Augen herumzulaufen. Sonst könnte man der Flutwelle von Boxershorts und Muscle-Shirts gar nicht standhalten.«

Aber das ist ja noch gar nichts. Neu im Angebot: Nacktgolfen in Frankreich. Auf verschwiegenem Landgut im Médoc. Jetzt zugreifen. Die Autorin langt hin:

»An den Haken mit den teuren Golfklamotten, jenen Statussymbolen, die Mitglieder dieses elitären Sportlerkreises bisher unübersehbar von der grauen Masse der Seilspringer und Federballspieler trennten. Und das Ergebnis? Männer ohne Hosen, bewaffnet mit Eisen neun, beim Pitchen. Der Caddy, im Adamskostüm, mit dem Golfsack daneben. Nicht auszudenken, welch fatale Folgen ein Fehlschlag haben könnte.«

Mode und Fehlschlag – mit Alltagsspitzen dieser Art könnten Kulturjournalisten öfter pieken.

2.7 Essen und Trinken

»Sometimes, I come out of a restaurant feeling like I haven't eaten because I've been so busy tasting.«
(Gael Greene)

»Wissen Sie was, dieses Glas Médoc ist mir lieber als dreißig Seiten Beckers Weltgeschichte.«
(Bismarck)

Womit beginnt die Kultur? Mit dem Tanz ums Feuer, der den Rhythmus des Herzschlags nachstampft? Mit dem ersten Kürschner, der dem Büffelfell Nutzen und Form abgewinnt? Oder mit der Zubereitung der Speise? War

Essen und Trinken

Kochen »der Beginn des Denkens«[58], wie Peter Kubelka, Professor an der Frankfurter Städelschule, meinte?

Was immer die Menschheit über sich weiß, es hat seit dem Baum der Erkenntnis mit Essen und Trinken zu tun. Keine Liebe, die nicht durch den Magen geht, keine Diplomatie, die ohne Bankett auskommt. Das Salz in der Suppe machte Landesfürsten reich und galt in vielen Kulturen als heilig. Feiner Gewürze halber wurden Kolonien unterjocht. Abendmahl und Fastenzeit, Speiseopfer und Erntedank spiegeln rituell, was die Menschen von alters her bewegte.

Hunger beflügelte, Hunger knechtete den Homo Sapiens. Wie er ihn befriedigen konnte, das zeigte dem Menschen gleichzeitig an, wo er sich einzuordnen hatte. Stets haben Gemeinschaften bestimmte Speisen oder Getränke bevorzugt, andere dagegen tabuisiert und so ihr Selbstverständnis umrissen. Die Grenzen des Geschmacks trennen nicht nur Länder, sondern durchziehen das Innere jeder Gesellschaftsform. In früheren Zeiten führte das dazu, daß die Fürsten dem Pöbel bei Schau-Essen zeigten, wie sie am Hof zu speisen pflegten: Eßkultur wurde wie ein Theaterstück aufgeführt.

Braten, Weißbrot, Zuckerwerk waren lange ein Privileg der Herren. Dem Volk blieben Schwarzbrot, Getreidebrei und (wenn überhaupt) Kochfleisch. Heute ist bei uns im Prinzip jedermann jede Speise zugänglich. Doch Herkunft, Alter, Wohlstand, Prestige, Arbeitsbedingungen, Gruppenzugehörigkeit und viele andere Einflüsse entscheiden nach wie vor darüber, was wir essen und trinken. Sie bestimmen mit, ob wir den Hunger mit Dosenravioli oder mit pochiertem Lachs stillen, ob wir den Hamburger mit Cola als Genuß oder als Körperverletzung empfinden. Wie wir bei Tisch sitzen, sprechen, schweigen, wie wir unsere Hände bewegen, wie wir die Tafel decken – daran lassen sich gleichfalls die feinen Unterschiede einer Gesellschaft erkennen, die Kulturen im Innern der Kultur.

Essen und Trinken befriedigt die Sinne des Menschen elementar. Was Wunder, daß die Künste diese Form des irdischen Genusses immer wieder aufgegriffen, gelegentlich kritisiert, öfter verfeinert haben. Seit Menschen kochen, sind sie bestrebt, Teller, Gläser, Karaffen, Schalen ästhetisch zu formen. Tafelmusik begleitet ihre Festmahle, Trinklieder bestärken sie bei Zechgelagen. Grimmelshausens »Simplicissimus« erzählt von der schlichten »Essenspeis« beim Einsiedel im Wald, erzählt vom Kalbskopf, von »französischen Potagen und spanischen Olla Potriden« auf der barocken Tafel des Gouverneurs von Hanau. Heine schwärmt im Vormärz von den Feigen und Mandeln Italiens. Fontanes Romanfiguren dinieren und schmausen im Stil der Gründerzeit. Bei Grass flackert das Kartoffelfeuer, wackelt der Pudding, zappelt der Aal, und Ilsebill salzt die Hammelschulter zu Bohnen und Birnen nach. Ärmer wäre die Kunstgeschichte ohne die Spiegeleier von Velazquez' »Alter Köchin« oder Gabriel Metsus »Austernfrühstück«, ohne die Bilder von Prassern, von Trinkern, ohne all die Stilleben mit Früchten und ohne Andy Warhols Suppendosen.

Geschmacksfragen

Essen und Trinken: Ein Fall fürs Feuilleton. Doch wird er hier kaum verhandelt. In den Angeboten anderer Redaktionen tauchen Beiträge über Restaurants und Köche schon eher auf. Allerdings reizt vor allem die Prominenz. So wird, was hilfreich sein und orientieren kann, oft zum Ärgernis – wenn Gastronomiekritiker nur das Exklusive hofieren, wenn sie vor lauter Schmecken vergessen, was Essen heißt, wenn ihnen der Stern alles und die Vielfalt des Irdischen nichts mehr bedeutet.

Den Kult, der mit Köchen getrieben wird, beklagt Peter Ploog, Chefredakteur von »Essen & Trinken«:

> »Was mich am meisten nervt, ist die Unsitte, Köche wie Popstars zu behandeln, sie zu Idolen zu machen. Damit wird dem Essen, das ja ein eher bodenständiger Genuß ist, eine Bedeutung gegeben, die es gar nicht hat. So wird aus Essen und Trinken letztlich wieder eine Ideologie. Das ist sehr lästig.«[59]

Zu dieser Überhöhung von Eßkultur dürften aber gerade Restaurantkritiker wesentlich beitragen.[60]

Wo die Experten des Genusses ihr Medienpublikum zum Kochen anregen und mit Rezepten bedenken, wo sie Geschmack unmittelbar bilden und verfeinern wollen, gerät das Schreiben über Essen und Trinken ebenso leicht zur Pose, die nicht jedermann goutiert. Messer der Lebensart, wie sie

Wolfram Siebeck im »Zeitmagazin« seit Jahren zelebriert, sie können Gläubige erquicken, sie können zugleich abstoßen und den Unglauben nähren.

In jedem Falle werden Kulturjournalisten traditioneller Massenmedien als Koch- und Eßberater gegen das Angebot von Fach- und Publikumszeitschriften, von Gastro-Guides und Trendblättern kaum bestehen. Das müssen sie auch nicht. Sie sollen sich gelegentlich zu den Leistungen professioneller Kochkunst äußern. Sie brauchen praktisches Wissen nicht zurückzuhalten. Doch ist das Feld, das vor den Beobachtern und Interpreten der Kulturredaktionen liegt, viel weiter. Mit leichter Hand und in angemessenen Darstellungsformen könnten sie ihrem Publikum immer wieder erläutern, was »Geschmack« bedeutet und worauf er sich gründet. Sie könnten zum Beispiel erklären, warum Kinder selten das mögen, was Erwachsene köstlich finden. Sie könnten den Spuren dieser Diskrepanz im Alltag nachgehen. Sie könnten nach der Symbolik, dem Mythos und der Geschichte von Nahrungsmitteln fragen. Warum finden Deutsche Rindfleisch lecker, schütteln sich aber bei dem Gedanken an Pferdefleisch? Im kulturellen Wandel ändern sich Eßgewohnheiten ausgesprochen langsam, wissen Kulturforscher.[61] Andererseits ist unübersehbar, daß wir immer mehr industriell erzeugte, vorgekochte oder gar synthetisch zusammengesetzte Nahrung zu uns nehmen. Was geht da an Kultur verloren? Gewinnen wir, durch neue Angebote, vielleicht an Kultur dazu? Was verrät sogenanntes Food-Design über unsere Einstellung zum Leben?

Und was verraten die Kritiker unserer Eßkultur über sich? Wolfgang Pauser trägt in seinem Essay einige Positionen zusammen:

> »Umweltschützer wettern gegen die Boden- und Grundwasservergiftung durch Dünge- und Spritzmittel und gegen den Verpackungsmüll. Tierfreunde erregen sich über die Massentierhaltung. Nationalisten und Regionalisten sind um ihre Identität und gewachsene Kultur besorgt. Sie fürchten das Verschwinden des Bauernberufs als Verlust einer Bindung zum Boden und wollen mit dem Essen ihren eigenen Mutterboden aufessen, sich symbolisch in ihre Heimat hineinessen.
> Die ›Slow-food-Bewegung‹ wendet sich gegen die Hektik des städtischen Lebens, gegen die Delegation der Kochkunst an die Industrie und gegen die Auflösung der Tischgemeinschaft. Diesen Fast-food-Gegnern gilt der Ham-

burger als ›Brot des Siegers‹, sie geißeln eine Zivilisation der Vereinzelung, in der Menschen wieder wie die Tiere allein, hastig und im Stehen ihre bloße ›Nahrung‹ verzehren. Dagegen setzen sie die rückwärtsgewandte Utopie des ›ganzen Hauses‹ als Stätte des genüßlich-gemächlichen gemeinschaftlichen Produzierens, Kochens und Tafelns. Während Linke über Zusammenhänge von Fleischkonsum, Monokultur und Hunger in der Dritten Welt nachdenken und aus dem Mindergeschmack der Supermarktnahrung den Mehrprofit internationaler Konzerne herausschmecken, ärgern sich Rechte über die Ausbreitung einer ›geschmacklosen Massenkultur‹ im eigenen Land. Ärzte attackieren die *traditionelle* Ernährung, indem sie auf den intimen Zusammenhang von Schweinswurst und Herzverfettung hinweisen; ganz im Gegensatz dazu wenden sich Naturisten prinzipiell gegen die *Innovationen*, gegen die ›Künstlichkeit‹ und gegen das ›Technische‹ und ›Chemische‹ der Herstellung (als ob Kochen nicht der menschheitsgeschichtliche Inbegriff von Technik, Chemie und Künstlichkeit wäre). Gourmets dagegen schätzen höchste Künstlichkeit und High-Tech in der Küche, wenn nur elitäre Verfeinerung das Ziel ist, und nicht die demokratische Verteilung eines in der Folge notwendigerweise mittelmäßigen Genusses. Sie vergessen, daß die Modewelle der sogenannten ›Freßtempel‹ sich kompensatorisch dem Fast food verdankt. Daß der neue Regionalismus der Haubenköche bloß eine ästhetisch gebrochene Spiegelung der realen Einigung Europas ist.«[62]

Fast jeder dieser Sätze birgt wieder ein Thema in sich, dem in Betrachtungen, Glossen, Reportagen oder Essays nachzuspüren wäre.

... und vieles kann doch anders werden

Wolfgang Pausers Essay selbst ist ein Beispiel dafür, wie man klug über Alltagskultur schreiben kann. Nahrungsmittel verkünden von sich aus keine Botschaft, weiß der Autor. Erst die Vorstellungen, die wir damit verbinden, laden Essen und Trinken mit kultureller Bedeutung auf. Und da Kultur im »Engagement für Unterschiede jenseits des Notwendigen« besteht, plädiert Pauser für die Vielfalt der Leidenschaften: Jeder muß sich, was immer er ißt, der »poetischen Artikulation« von Nahrung »so exzessiv, asketisch, sinnlich, vernünftig, verfeinert, derb-brutal, wahnhaft oder wahllos hingeben«, wie er es für richtig hält.

Ein Lob der Vielfalt. Ein Kuturessay mit Pfiff und Verstand. Leider auch ein Essay mit zu vielen akademischen Geschmacksverstärkern. Sein Schreiben über Alltagskultur glaubt Pauser kräftig mit Seminarjargon würzen zu müssen, als ob ihm sein Thema sonst zu fad erschiene: »Signifikant« und »Signifikat« tut er da noch hinein in seinen Text, »Surrogate«, »semantische Einheit« und »kognitive ästhetische Zutaten«. Nicht jeder kann das genießen.

So blicken wir, am Ende angelangt, zum Ausgangspunkt zurück. Immer noch gebe sich der Journalismus in diesem Lande gerne schwierig, wenn es um Kultur geht, hieß es in der Einleitung dieses Buches. Immer noch mißtraue er der Leichtigkeit.

Und es hieß weiter: Es ist nicht alles schlecht, und vieles kann doch anders werden.

Anmerkungen

1. Alle Zitate nach: Dokumente zur Schließung des Berliner Schiller Theaters. In: Theater heute, 34, 1993, Nr. 8, S. 4 f.
2. vgl. Heinz Josef Herbort: Etatberatungen in Hamburg und Berlin. Donaueschingen in Gefahr: Die Kultur kann sich allenfalls selber retten. Bald nur noch Legende? In: Die Zeit, Nr. 30, 22.07.1994, S. 35
3. »Nicht nur das Bankkonto im Auge!« Ein Gespräch mit Alexander Brill, dem künstlerischen Kopf des Schülerclubs Frankfurt. In: Theater heute, 35, 1994, Nr. 7, S. 22
4. Wilmont Haacke: Das Feuilleton in Zeitung und Zeitschrift (Unterhaltung, Kultur und Kulturpolitik). In: Emil Dovifat (Hrsg.): Handbuch der Publizistik. Unter Mitarbeit führender Fachleute. Drei Bände. Berlin: de Gruyter 1968 f., Bd. 3, S. 227
5. a.a.O. S. 229
6. Wilfrid Bade: Kulturpolitische Aufgaben der deutschen Presse, zit. n. a.a.O. S. 230
7. Einen guten Überblick gibt Fritz Brüse: Kulturpolitik auf neuen Wegen. Tendenzen, Projekte, Zielgruppen. Köln: Deutscher Gemeindeverlag/Kohlhammer 1988.
8. Hermann Glaser: Auf dem Amtsschimmel querfeldein. Vorschläge für eine konstruktive Kulturpolitik. In: Freitag, Nr. 38, 17.09.1993, S. 9
9. vgl. dazu Martin und Sylvia Greiffenhagen: Ein schwieriges Vaterland. Zur politischen Kultur im vereinigten Deutschland. München/Leipzig: List 1993, S. 347 ff.

10. vgl. Joseph Rovan: Sinn und Unsinn europäischer Kulturpolitik. In: Michael Zöller (Hrsg.): Europäische Integration als Herausforderung der Kultur: Pluralismus der Kulturen oder Einheit der Bürokratien? 5. Kongreß. Junge Wissenschaft und Kultur. Erfurt, 22.-24. Mai 1991. Mitwirkende: Bernard Andreae u.a. Hanns Martin Schleyer-Stiftung. Essen: MA Akademie 1992, S. 28-39

11. a.a.O. S. 37

12. Plädoyer für ein neues, verwandeltes Deutschland. Ein »Theater heute«-Gespräch mit Daniel Cohn-Bendit. Von Peter von Becker. In: Theater heute, 34, 1993, Nr. 11, S. 5 f.

13. zit. n. Nina Grunenberg: Regierung und Industrie wollen eine anwendungsnahe Grundlagenforschung in Deutschland – zum Leidwesen der Betroffenen. Die Diktatur des Zwecks. In: Die Zeit, Nr. 24, 10.06.1994, S. 41

14. Thomas von Randow: Die Sicht des Journalisten: Wissenschaft verstehen. In: Stephan Ruß-Mohl (Hrsg.): Wissenschafts-Journalismus. Ein Handbuch für Ausbildung und Praxis. München: List 1986, S. 16

15. Zu ihrem schwierigen Verhältnis vgl. June Goodfield: Wissenschaft und Medien. Basel/Boston/Stuttgart: Birkhäuser 1983; Sharon M. Friedman/Sharon Dunwoody/Carol L. Rogers (Hrsg.): Scientists and Journalists. Reporting Science as News. New York: Free Press 1986; Heinz-Dietrich Fischer (Hrsg.): Medizinpublizistik. Prämissen – Praktiken – Probleme. Frankfurt a. M./Bern/New York/Paris: Lang 1990; Winfried Göpfert/Hans Peter Peters: Wissenschaftler und Journalisten – ein spannungsreiches Verhältnis. In: Winfried Göpfert/Stephan Ruß-Mohl (Hrsg.): Wissenschafts-Journalismus. Ein Handbuch für Ausbildung und Praxis. München/Leipzig: List ³1996, S. 21-27

16. Dieses Denken wandelt sich allmählich. Manfred Hellmann schreibt: »Bislang galt es als wissenschaftlich unseriös, außerhalb der wissenschaftlichen Presse zu publizieren. Doch bald gehört es zur Reputation, in der ›Zeit‹ zu schreiben oder vom ›Spiegel‹ aufgefordert zu werden. Auch die FAZ ist da eine gute Adresse.« (Ausprägungen medizinischer Berichterstattung in Tageszeitungen. In: Fischer [Hrsg.]: Medizinpublizistik, S. 129)

17. vgl. Wolfgang R. Langenbucher: Ethik und Wissenschaftsjournalismus. In: Ruß-Mohl (Hrsg.): Wissenschafts-Journalismus (1986), S. 174-185

18. vgl. Walter Hömberg: Das verspätete Ressort. Die Situation des Wissenschaftsjournalismus. Konstanz: Universitätsverlag 1990. – Nach dieser Untersuchung hatte 1984 nicht einmal jede dritte Tageszeitung einen oder mehrere Redakteure, die sich ausschließlich oder überwiegend mit Wissenschaftsthemen im engeren Sinne befaßten. Insgesamt waren es 48, zehn Jahre zuvor aber noch 58 Redakteure (vgl. a.a.O. S. 37).

19. John Ziman in einer Funksendung, abgedruckt in The Listener, 24.06.1976, S. 794, zit. n. Goodfield: Wissenschaft und Medien, S. 31

20. Hömberg: Das verspätete Ressort, S. 146. – Hömberg schlägt nicht nur »Institutionalisierungsmodelle«, sondern auch »flexible Organisationsmodelle« vor.

21. Von den 48 Wissenschaftsredakteuren in Tageszeitungen, die Hömberg 1984 ermittelte, arbeiteten 13 im Feuilleton (vgl. a.a.O. S. 36). Zeitungen, die keinen speziellen Teil für Wissenschaftsberichte hatten, berücksichtigten solche Themen vorwiegend im Feuilleton, und bei den Ressorts, für die Wissenschaftsredakteure zusätzlich arbeiteten, lag das Feuilleton ebenfalls an der Spitze (vgl. a.a.O. S. 33 f.). – Es existiert dort also eine gewisse Beziehung, doch darf dies nicht über Größenverhältnisse hinwegtäuschen. Die Zahl der Wissenschaftsberichte in den Medien insgesamt ist vergleichsweise gering, und nicht im

entferntesten reicht die Beschäftigung mit Wissenschaft im Feuilleton an die Beschäftigung mit den Künsten heran (vgl. Kapitel 1 im ersten Teil dieses Buches). Sie kann dem einseitigen Kulturbegriff nicht entgegenwirken. – Zu Wissenschaftsthemen im Feuilleton vgl. auch Hellmann: Ausprägungen medizinischer Berichterstattung, S. 144, und Gerd Depenbrock: Journalismus, Wissenschaft und Hochschule. Eine aussagenanalytische Studie über die Berichterstattung in Tageszeitungen. Bochum: Brockmeyer 1976, S. 183 und S. 275

22. von Randow: Die Sicht des Journalisten, S. 26
23. Karl-Heinz Janßen: Ein Anschlag auf den Widerstand. In: Die Zeit, Nr. 28, 08.07.1994, S. 35
24. Martin und Sylvia Greiffenhagen: Ein schwieriges Vaterland, S. 23
25. a.a.O. S. 33
26. Cora Stephan: Kritik der politischen Kultur. In: Dieter Heß (Hrsg.): Kulturjournalismus. Ein Handbuch für Ausbildung und Praxis. München: List ²1997, S. 167. – Der Begriff ist also zu unterscheiden von »Kulturpolitik«, obgleich sich Wechselwirkungen zwischen politischer Kultur und Kulturpolitik ergeben können (vgl. Anm. 9).
27. vgl. Martin und Sylvia Greiffenhagen: Ein schwieriges Vaterland, S. 26
28. vgl. Stephan: Kritik der politischen Kultur, S. 162 f.
29. Zur Glaubwürdigkeitskrise der Medien und ihrem Umgang mit Politik und Politikern vgl. den selbstkritischen Beitrag von Manfred Buchwald: Politik und Medien. Leichte Beute. In: Journalist, 43, 1993, Nr. 7, S. 10-14. – Vgl. auch den Abschnitt »Medien« im vorigen Kapitel dieses Buches
30. Stefan Aust et al.: Politische Kultur und Fernsehen. Diskussionsleitung: Amelie Fried. In: Reinhold Kopp (Hrsg.): Politische Kultur und Fernsehen. Beiträge zu den 1. Saarbrücker Medientagen. Berlin: Spiess 1991, S. 25
31. vgl. Botho Strauß: Anschwellender Bocksgesang. In: Der Spiegel, Nr. 6, 08.02.1993, S. 202-207. – Der Essay löste eine heftige Debatte aus.
32. Buchwald: Politik und Medien, S. 11
33. Martin und Sylvia Greiffenhagen: Ein schwieriges Vaterland, passim
34. Herodot: Historien. Reisen in Kleinasien und Ägypten, zit. n. Michael Haller: Die Reportage. Ein Handbuch für Journalisten. Konstanz: UVK Medien ⁴1997, S. 19
35. vgl. ausführlich Hermann Bausinger/Klaus Beyrer/Gottfried Korff (Hrsg.): Reisekultur. Von der Pilgerfahrt zum modernen Tourismus. Mit 103 Abbildungen im Text. München: Beck 1991
36. vgl. Michael Harbsmeier: Wilde Völkerkunde. Deutsche Entdeckungsreisende der frühen Neuzeit. In: Bausinger/Beyrer/Korff (Hrsg.): Reisekultur, S. 91-100. – Michael Haller erinnert an die Reiseberichte spanischer und portugiesischer Seefahrer, die das Genre »zur Bestätigung der europäischen Arroganz und zur Rechtfertigung der eigenen Hab- und Machtgier« einsetzten (Haller: Die Reportage, S. 21).
37. vgl. Uli Kutter: Der Reisende ist dem Philosophen, was der Arzt dem Apotheker. Über Apodemiken und Reisehandbücher. In: Bausinger/Beyrer/Korff (Hrsg.): Reisekultur, S. 38-47
38. vgl. Zeitsprung. In: Zeitmagazin, Nr. 40, 01.10.1993, S. 8-9

39. Zum Reisejournalismus allgemein vgl. Gottfried Aigner: Ressort: Reise. Neue Verantwortung im Reisejournalismus. München: Ölschläger 1992. – Zu dem angesprochenen Dilemma vgl. auch Volker Lilienthal: Rädchen im Getriebe. In: Journalist, 42, 1992, Nr. 4, S. 36-40; Achim Schmitz-Forte: Reisejournalimus – Unterhaltung, Leserservice oder verlängerter Arm der Touristikwerbung? In: Thomas-Morus-Akademie Bensberg (Hrsg.): 2. Lernbörse Reisen. Dokumentation. Bergisch-Gladbach: Thomas-Morus-Akademie Bensberg 1985, S. 11-20; Heidie Guilino: Reisejournalismus: Träume im Test. In: Journalist, 46, 1996, Nr. 6, S. 10-18

40. zit. n. Lilienthal: Rädchen im Getriebe, S. 37

41. vgl. Rudolf Bretschneider: Kultur im Leben der Österreicher. Entwicklungen und neue Befunde. In: Media Perspektiven, 30, 1992, Nr. 4, S. 271

42. vgl. die Einleitung dieses Buches

43. vgl. die zahlreichen Anthologien in den Literaturhinweisen am Ende dieses Buches

44. vgl. Abstieg zum Dummerchen. In: Der Spiegel, Nr. 33, 15.08.1994, S. 76-80

45. Thomas Magenheim-Hörmann: Nicht jeder Spieler ist ein Gameboy. Auf der Fraueninsel im Chiemsee trafen sich Spieleprofessoren und andere Experten. In: Hannoversche Allgemeine Zeitung, Nr. 180, 04.08.1994, S. 11

46. vgl. die Literaturhinweise am Ende dieses Buches

47. Eckhard Bieger: Das Religiöse – Funktionsbestimmung einer kulturellen Praxis. In: Eckhard Bieger/Wolfang Fischer/Reinhold Jacobi/Peter Kottlorz (Hrsg.): Zeitgeistlich. Religion und Fernsehen in den neunziger Jahren. Köln: Katholisches Institut für Medieninformation ²1994, S. 22

48. Barbara Sichtermann: Religion und Medien. In: Barbara Sichtermann: Fernsehen. Berlin: Wagenbach 1994, S. 119

49. So »heißt es aus kirchlichen Kreisen« bei Hermann Boventer: Sorge um die Seelen. Mission medial. In: Journalist, 44, 1994, Nr. 3, S. 11

50. Sichtermann: Religion und Medien, S. 114

51. So sagten nach einer Umfrage 1991 über 50 Prozent der Ostdeutschen, aber nur knapp 10 Prozent der Westdeutschen, sie glaubten nicht an Gott und hätten nie an ihn geglaubt (vgl. Martin und Sylvia Greiffenhagen: Ein schwieriges Vaterland, S. 430).

52. »cultura« steht im Lateinischen für Bearbeitung, Anbau. »cultura agri« = Ackerbau.

53. zit. n. Sieglinde Trunkenpolz: Kulturkritik und ihre Rezeption. Untersuchungen zur Theater-, Literatur- und Alltagskulturberichterstattung in österreichischen Tageszeitungen. Phil. Diss. Salzburg 1985, S. 342

54. Friedrich Theodor Vischer: Mode und Zynismus, zit. n. Dieter Baacke: Wechselnde Moden. Stichwörter zur Aneignung eines Mediums durch die Jugend. In: Dieter Baacke/Ingrid Volkmer/Rainer Dollase/Uschi Dresing: Jugend und Mode. Kleidung als Selbstinszenierung. Opladen: Leske + Budrich 1988, S. 41

55. Wir konzentrieren uns hier auf Kleidung und das, was unmittelbar damit zusammenhängt. Modisches Verhalten äußert sich allerdings nicht nur körperlich. Auch wenn wir sprechen, Musikstile, Filmregisseure oder Romanautoren bevorzugen, Idole verehren, Reiseziele ansteuern oder die Wohnung einrichten, beherrschen uns Moden.

Anmerkungen

56. Dazu und zum folgenden vgl. Carlo Michael Sommer: Medium Mode. Eine Sozialpsychologie der Kleidermode. In: Medienpsychologie, 4, 1992, Nr. 3, S. 205-233; Baacke: Wechselnde Moden. In: Baacke/Volkmer/Dollase/Dresing: Jugend und Mode, S. 11-65; Rainer Dollase: »Von ganz natürlich bis schön verrückt« – Zur Psychologie der Jugendmode. In: a.a.O. S. 93-140
57. Sommer: Medium Mode, S. 223
58. zit. n. Wolfgang Pauser: Weißwurst, Hostie, Fruchtzwerg: Das Nahrungsmittel als Medium und Botschaft. In: Die Zeit, Nr. 41, 08.10.1993, S. 54
59. Für mehr Spaß am Leben. In: Presse & Buch News im Bahnhof, 1993, Nr. 4, S. 47
60. vgl. auch Wolfram Siebeck: Der gekrönte Koch. Wie Journalisten kübelweise Ruhm über Monsieur Robuchon ausschütten. In: Zeitmagazin, Nr.7, 11.02.1994, S.56
61. vgl. Annelies Furtmayr-Schuh: Nichts ändert sich schwerer als Eßgewohnheiten. Besonders, wenn sie schlecht sind. Freudloser Fraß. In: Die Zeit, Nr. 20, 14.05.1993, S. 34
62. Pauser: Weißwurst, Hostie, Fruchtzwerg, S. 54

3. Zusammenfassung

Kulturjournalisten stehen wie die Kollegen anderer Ressorts vor der Aufgabe, aus einer Fülle von Themen und Ereignissen auszuwählen. Sie müssen »Bedeutendes« von »Unbedeutendem« trennen. Bildungsnormen, eigene Interessen, Qualitätsansprüche und beispielsweise der Nachrichtenfaktor »Prominenz« führen dazu, daß sie Bedeutendes gern an den Stätten repräsentativer Kunstkultur suchen.

Wenig spricht jedoch dafür, Mitteilenswertes *ausschließlich* dort zu vermuten. Nachrichtenfaktoren wie »Prominenz« oder »Nähe« und die Vielfalt kultureller Wirklichkeit gebieten auch Aufmerksamkeit für Vorgänge abseits der Stadt- und Staatstheater, der großen belletristischen Verlage, Museen oder Konzerthäuser.

Beispiele und Anregungen in diesem Teil des Buches sollten verdeutlichen, was wünschenswert und möglich wäre.

Fast auf allen »alten Feldern« des Kulturjournalismus, so zeigte sich, besteht die Gelegenheit, Ausdrucksformen des Leichten, des Populären oder des Alltäglichen stärker zu berücksichtigen. Wo das Populäre schon relativ viel Aufmerksamkeit findet (wie in Film- und Popkritik), ist mehr journalistische Qualität möglich. Wie sehr der Alltag zu entdecken bleibt, läßt sich vor allem auf dem Feld der Medienkritik erkennen.

Nahe steht dem Kulturpublikum einer Stadt oder einer Region auch das »Kleine«, also Ausdrucksformen weniger renommierter Künstler, freier Gruppen oder engagierter Laien. Sie verdienen mehr Interesse. Das gilt ebenso für Formen des Erlesenen, Experimentellen oder Avantgardistischen, die um die Nähe ihres Publikums ringen müssen. Durchweg überall kann das Feuilleton Kinder und Jugendliche stärker respektieren.

Je weniger sich Redaktionen dem Diktat des Terminjournalismus unterwerfen, desto mehr können sie neben der Rezension andere Darstellungsformen und ihre Möglichkeiten nutzen. Gewonnen wäre damit nicht nur mehr Sinnlichkeit. Wie wir zu zeigen versuchten, verbinden sich mit formaler Vielfalt immer zugleich neue Perspektiven der Kulturkritik.

Zusammenfassung

Die Rezension selbst – traditionelle, notwendige Form der Kritik – kann durch den Gestus des Beschreibens, Schilderns und Erzählens anschaulicher werden. Er muß den Standpunkt begründen.

Besonderer Nachholbedarf wird schließlich überall dort sichtbar, wo es um die Bedingungen und Ausprägungen von Kultur in der Gesellschaft geht. Gedanken und Recherchen zur Kulturpolitik, zur politischen Kultur wie zur Alltagskultur jeder Art sind im Feuilleton rar. Doch gerade Stoffe aus diesen Gebieten könnten das Ressort für viele Menschen attraktiver machen, es »weltlicher« erscheinen lassen. Die Aufgabe, Wissenschaft zu vermitteln, war ihm nie völlig fremd. Je mehr Wissenschaftsthemen in die Medien vordringen, desto wichtiger wird aber, was auch Kulturjournalisten über wissenschaftliche Erkenntnis zu sagen haben.

Überschneidungen mit der Arbeit anderer Ressorts oder den Angeboten spezieller Medien brauchen die Kulturredaktion nicht zu schrecken. Ihr Auftrag müßte darin bestehen, sich besonders zur kulturellen Bedeutung des Wandels und Gestaltens im Alltag zu äußern. So würde sie sich anderen Redaktionen annähern und zugleich ihr eigenes Profil wahren. Vielleicht verbesserte sie es sogar.

Dritter Teil:
Ansichten, Einsichten, Konzepte

Horst Köpke:
Kultur in der überregionalen Tagespresse

Die Berichterstattung über kulturelle Ereignisse unterscheidet sich nicht prinzipiell von der anderer Sparten in einer Tageszeitung. Die »News«, die Neuigkeit, steht hier wie dort im Vordergrund. Personalien werden immer gern gelesen, Vorankündigungen kultureller Veranstaltungen, auch Meinungsäußerungen von Kulturschaffenden und von Politikern über Kultur sind in Meldungsform zu veröffentlichen. Wenn sich Künstler zur Politik äußern, gehört das, wenn von Belang, eher in den politischen Nachrichtenteil. Falls ein Künstler seine Schwiegermutter ermordet, scheint mir das eine Angelegenheit für die Vermischte Seite zu sein. In einer überregional verbreiteten Zeitung ist das Angebot sehr umfangreich, so daß eine Auswahl getroffen werden muß.

Gewicht erhält der Kulturteil allerdings vor allem von den Namensartikeln seiner Autoren, also von Rezensionen, Kommentaren, Glossen und den sehr schwer zu erlangenden Reportagen. Dies mag in einer überregionalen Zeitung bedeutsamer sein als in einem Lokalblatt.

Keine Tageszeitung ist rein überregional orientiert

Was aber ist überhaupt eine überregionale Zeitung? Es gibt sie kaum. Sieht man einmal von »Bild« ab, das nicht gerade für seine Kulturberichterstattung bekannt ist, sieht man von Wochenzeitungen wie »Die Zeit«, »Rheinischer Merkur« oder dem Hamburger »Sonntagsblatt« ab, die in einigen Fällen Tieferschürfendes über den Tag hinaus veröffentlichen, aber der Fülle der Ereignisse noch weniger Herr werden können als die täglichen Blätter, so gibt es keine Tageszeitung, die rein überregional orientiert ist. Selbst die »Frankfurter Allgemeine«, auf die die Bezeichnung noch am ehesten zutrifft, bietet für ihre Leser im Rhein-Main-Raum zusätzlich einen umfangreichen Regionalteil an. Er enthält zahlreiche Kulturberichte von den als minder wichtig eingestuften Premieren der Frankfurter Theater bis zum detailliert beschriebenen Klavierabend in Bad Homburg.

Die »Frankfurter Rundschau«, deren Schwerpunkt nun einmal das Rhein-Main-Gebiet ist, hat lange Zeit gebraucht, ihrem Feuilleton einen angemessenen Platz zur Verfügung zu stellen. Die »Süddeutsche Zeitung« bleibt (trotz neuerlicher Anstrengungen in Richtung auf Überregionalität) vorerst ein Blatt für Leser, die südlich der Donau leben. »Die Welt« hat es bisher kaum geschafft, nach ihrem Umzug nach Berlin an überregionaler Bedeutung zurückzugewinnen, zu oft wurden die Konzeptionen geändert. Sie gehört nun – neben dem »Tagesspiegel« und der »Berliner Zeitung« – zu den Blättern, die auf eine Rolle als Hauptstadtzeitung hoffen.

Was ein Kulturredakteur können sollte

Der ideale Kulturredakteur ist einer, der über Architektur, bildende Kunst, Film, Musik und Theater gleichermaßen sachkundig zu schreiben versteht, der dies relativ schnell tun kann, sich kurz faßt und doch alle Aspekte eines Vorgangs berücksichtigt, der so schwierig wie nötig und doch so einfach wie möglich formuliert, aus miserablen Texten durch behutsames Redigieren ein Schmuckstück der Kulturseite macht, ferner die neue Computertechnik beherrscht, ein zeilengenaues Lay-out für den Ganzseitenumbruch zu erstellen vermag und ganz nebenbei auch noch sämtliche Setzfehler entdeckt und korrigiert. Er sollte neugierig sein und seine Leser an den Ergebnissen seiner Neugierde teilhaben lassen. Sein einziger Nachteil ist, daß es ihn nicht gibt.

Realistisch ist es dagegen zu verlangen, daß ein Kulturredakteur von mindestens zwei der genannten Bereiche sehr viel versteht, von den anderen Gegenständen der Kulturberichterstattung wenigstens Grundkenntnisse hat und gegebenenfalls ein Lexikon zu befragen weiß. Ohne die (erlernbare) Fähigkeit, ein Textverarbeitungssystem zu bedienen, kann in dieser Zeit kein Kulturredakteur mehr sinnvoll tätig werden.

Die Einsicht, daß eine Tageszeitung nicht für die nächste Woche, sondern für den Tag gemacht wird, darf nicht fehlen. Gleichwohl sollte er auch wissen, daß nicht alle Probleme des Feuilletons in höchster Eile abgehandelt werden können, gegebenenfalls sollte er sich (einen Tag?) Zeit zum Nachdenken erkämpfen. Vor »Nur-Blattmachern«, die selbst keine Zeile mehr schreiben, sei gewarnt, weil diese ein zynisches Verhältnis zu den Texten gewinnen. Bei ihnen zählen nur noch Pünktlichkeit und das Einhalten der vereinbarten Länge, Qualität spielt keine Rolle.

Schreiben für »den« Leser?

»Haben wir Leser? Wie schrecklich.« Ein hin und wieder zu hörender Stoßseufzer nicht nur eines Kulturredakteurs. Dies läßt erkennen, daß Redakteure nicht in erster Linie im Auge haben, was die Leser – möglicherweise – lesen möchten, sondern was sie nach Ansicht der Redakteure lesen sollten. Das ist nicht einmal ganz falsch, denn der Leser ist ein unbekanntes Wesen. Zumindest ist bei allen überregional verbreiteten Tageszeitungen die Spannweite der Leserschaft sehr breit.

Diejenigen Leser, die sich aufraffen, der Redaktion ihre Meinung zukommen zu lassen, sind blitzwenig. In vielen Fällen läßt sich zudem leicht feststellen, daß es sich bei dem Briefschreiber um einen – bleiben wir beim Kulturteil – beteiligten Künstler handelt oder um dessen empörte Schwiegermutter. Oder weniger polemisch ausgedrückt: Daß der einfache »Kulturverbraucher« sich äußert, ist höchst selten. Außerdem widersprechen solche Meinungsäußerungen durchweg einander: Der eine wünscht mehr Berichte aus fernen Ländern, der andere beklagt, daß die örtlichen Veranstaltungen zu kurz kämen. Gelegentlich stellt man fest, daß die Interessengebiete sehr schmal sind: Wer sich für Oper interessiert, paßt oft schon bei Konzertberichten.

Von den üblichen Meinungsumfragen halte ich wenig – selbst angesichts der Tatsache, daß das Feuilleton dabei häufig gar nicht so schlecht abschneidet. Die Antwort, er habe den Leitartikel gelesen, schmückt offensichtlich den Befragten. Würde nachgefragt, was denn an dem Tag der Befragung das Thema des Leitartikels gewesen sei, käme man zu ganz anderen Auskünften. Da der Kulturteil oft hinten im Blatt steht, kann der Befragte leichteren Herzens zugeben, ihn nicht gelesen zu haben. Ein weites Feld voller Unsicherheiten also.

Allerdings: Wer eine überregionale Tageszeitung abonniert oder regelmäßig am Kiosk kauft, wird – so läßt sich vermuten – höhere Ansprüche stellen als der durchschnittliche Leser einer Lokalpostille. Man wird also einiges voraussetzen können, wird nicht erklären müssen, worum es im »Hamlet« geht und wer die »Mona Lisa« gemalt hat.

Vielfalt ist notwendig, Auswahl auch

Den Bedürfnissen des Publikums kann der Redakteur zumindest dadurch Rechnung tragen, daß er die Themen in der jeweiligen Ausgabe mischt. Das gelingt nicht immer, weil an dem einen Tag zwölf neue Filme anlaufen und (nicht alle in einer Ausgabe) vorgestellt werden müssen, weil zu Beginn der Saison sich die Theaterpremieren häufen, weil während eines Musikfestes möglichst jeden Tag drei Konzerte beurteilt werden sollten.

Dabei geht es nicht ohne Auswahl ab. Es gibt Pflichtstoff und andererseits auch Termine am Rande. Die lassen sich nur besetzen, wenn es dafür einen besonders interessierten Mitarbeiter gibt. Keine Zeitung hat jedoch bundesweit flächendeckend einen Mitarbeiterstab, der mit einiger Sachkompetenz über alles und jedes zu schreiben versteht. Lücken werden also immer bleiben. Und sehr oft setzt auch ein (zu) niedriger Redaktionsetat manchen wünschenswerten Aktivitäten Grenzen.

Versucht werden sollte, einen annehmbaren Querschnitt durch das kulturelle Geschehen Deutschlands und ein paar anderer Länder zu geben, dabei aber auch mit einigem Gespür das Nicht-Etablierte, also das Etablierte von morgen, zu berücksichtigen.

Was hätte anders gemacht werden sollen? Das hängt vom Geld ab und von den vorhandenen Mitarbeitern. Der Kreis von kulturjournalistischen Begabungen ist nicht unerschöpflich. Zeitungsmachen bedeutet, täglich manchen Kompromiß einzugehen. Man schreibt ja auch nicht für die Ewigkeit.

Gert Gliewe:
Kultur in der lokalen Tagespresse

Kulturberichterstattung in der lokalen Tageszeitung – eine allgemeine Definition dieses journalistischen Auftrags kann man nicht geben. Ein entscheidender Faktor ist der Standort der Zeitung. Ist das Medium in einer kleineren oder mittleren Stadt angesiedelt, bleibt die Aufgabe relativ überschaubar. Ein Stadttheater, eine Handvoll kleiner Bühnen vielleicht, Uraufführungs- und ein bis zwei Programmkinos, eine abzählbare Galerie-Szene etc.

Der Leser eines solchen Organs (das bestätigen eigentlich alle Copytests) erwartet in erster Linie aktuellen Service, also die kritische Begleitung des kommunalen Kulturlebens, die ihn auf dem laufenden hält, um sein Interesse zu wecken.

Schattendasein

Beim Studium solcher rein lokal angelegten Zeitungen stellt man fest, daß mehr Kultur und anderes offenbar gar nicht versucht wird. Selbst kulturpolitisch brisante Debatten, wenn sie denn stattfinden, werden gerne in den Lokalteil abgeschoben. In der sogenannten Provinz wird besonders evident, welch Schattendasein die Kultur in den Medien heute führt – was dem Interesse des Bürgers an Kultur keineswegs entspricht, auch wenn das Fernsehen vieles von seiner Freizeitkapazität absorbiert.

Wegen dieser oft mangelhaften und lieblosen Behandlung von Kulturthemen greift der interessierte Leser häufig gleich auf das simple Informationsangebot der Anzeigen zurück. Was gibt's im Kino? Was gibt's im Theater? Was wird speziell für die Jugend geboten? Gerade der jungen Szene geben auch die sogenannten Stadtmagazine oft mehr, wenn auch unreflektierte, Auskunft über das, was am Ort los ist. Zudem präsentierten die traditionellen Zeitungen gerade in der Kulturberichterstattung häufig eine nicht mehr zeitgerechte Aufmachung. Das Feuilleton einer Zeitung darf nicht langweilig aussehen – tut es aber allzuoft.

Über Kultur in einer Großstadtzeitung zu berichten, ist weitaus komplexer und schwieriger. Das hat in erster Linie rein quantitative Gründe. Eine Stadt wie München beispielsweise, in der die „Abendzeitung" unter anderem mit der „Süddeutschen Zeitung", der „tz" und dem „Münchner Merkur" konkurriert, hat einen konservativen Hautgout in Sachen Kultur, ist aber dennoch so ereignisreich, daß die Zeitung dem täglichen Angebot in keiner Weise gerecht werden kann.

Der Journalist wartet nicht, wie in einer kleinen Stadt, darauf, daß endlich etwas passiert. Im Gegenteil, er muß selektieren und übernimmt damit eine ziemlich gewagte Verantwortung. Das Spektrum ist zu breit, um auch nur im Ansatz alles abdecken zu können. Diesen Reichtum kann man zwar zu den positiven Aspekten des Großstadtlebens zählen, aber dem Journalisten bereitet er Probleme.

Nicht Richter, sondern Anwalt der Kunst

Seine bescheidene Aufgabe als Kulturberichterstatter sollte darin bestehen, auf die wichtigen Ereignisse in seiner Stadt so rechtzeitig und informativ aufmerksam zu machen wie möglich. Die Kulturredakteure einer lokalen Großstadtzeitung wie der „Abendzeitung" – sie ist allerdings ein Ausnahmefall unter den deutschsprachigen Boulevard-Zeitungen – sollten sich nicht zu besserwisserischen Kunstrichtern aufschwingen. Der Journalist sollte in erster Linie Anwalt der Kunst sein, sich verstehen als Vermittler zwischen Kreativität und Rezeption. Dabei haben es oft die weniger traditionellen Erscheinungsformen von Kultur schwerer als die geläufigen.

Der Journalist sollte nicht nur sein Handwerk gelernt haben, sondern auch das Fach, über das er veröffentlicht. Er muß ständig auf der Fährte sein, versuchen Neues zu entdecken und sich als Geburtshelfer für die Kunst betätigen.

Wie schwer das ist, kann man am besten in der neueren Kunstgeschichte nachlesen. Lenbach, Kaulbach und Stuck wurden, um ein Münchner Beispiel zu wählen, von Presse, Gesellschaft, Galeristen und Museumsdirektoren weitaus höher gehandelt als etwa der fast gleichzeitig auftretende „Blaue Reiter", in dem sich die wirklichen künstlerischen Revolutionäre der Zeit zusammenfanden. Der Journalist in einer Stadt, in der viele Kulturströmungen zusammenfließen, sollte versuchen, gegen gängige Moden das Innovative zu entdecken und zu publizieren. Er wird und darf dabei natürlich auch irren.

Ohne Künstler und Publikum bevormunden zu wollen: Kunst braucht Hilfestellung, vor allem wenn sie unkonventionell ist. Das bereitet gerade in Münchens langfristig vererbter Betulichkeit Probleme. Die Stadt lebt kulturell vor allem mit historisch fixierter Perspektive. Neues hat es meist schwer, was heute viele junge Künstler dazu treibt, in aufgeschlossenere Regionen abzuwandern: nach Köln, Düsseldorf oder Berlin.

Im Zentrum der kulturellen Berichterstattung der „Abendzeitung" müssen zweifellos die lokalen Ereignisse stehen – Theater, Kino, Museen, Galerien, Kabaretts, Musikbühnen. Aber das Feuilleton mit einem gewissen Anspruch darf auch das überregionale Geschehen nicht ganz aus den Augen lassen. Mit der Literatur, also der Vorstellung von Autoren und „wichtigen" neuen Büchern aus der ziemlich unübersehbaren Flut der Verlage, und mit dem Film ist schon ein kleiner Anfang gemacht.

Literatur und Kino kommen quasi ins Haus, wie auch das Fernsehen, das in der kritischen Betrachtung einer Lokalzeitung nicht fehlen darf (meist wird dieses Medium eher unterbewertet oder rein affirmativ bedient). Theater und bildende Kunst aber muß man auch jenseits lokaler Grenzen suchen. Wichtig ist es für den Journalisten, im Vorfeld gut informiert zu sein, wo was passiert. Der kulturinteressierte Leser ist heute durchaus auch reiselustig, er will von seiner Lokalzeitung in gewissem Maße auch darüber informiert sein, was außerhalb der eigenen Stadt an Wichtigem passiert.

Praktische Probleme

Das kann Tübingen sein, Paris, Kassel, Venedig, Mailand, London, Köln, Berlin oder Hamburg, um nur ein paar Zentralen des europäischen Kulturlebens aufzuzählen. Hier fangen allerdings praktische Probleme an. Privatwirtschaftliche Lokalzeitungen wie die „Abendzeitung" leisten sich zwar ein relativ ausführliches Feuilleton, aber es mangelt dennoch an den finanziellen Ressourcen für große Reisen. Auch fehlt es im Blatt am Platz, um die wichtigsten Ereignisse zu reflektieren. Die Auswahl dessen, was schließlich präsentiert wird, muß in einer Zeitung dieses Zuschnitts notgedrungen unvollständig bleiben. Das Bemühen, zumindest die ganz großen kulturellen Ereignisse in Europa zu dokumentieren, darf man sich trotz der engen Situation nicht abkaufen lassen.

Auf der Hand bei einer populär gemachten Zeitung liegt ein weiteres Problem: Man schreibt seinem selbst gestellten Auftrag gemäß weniger für den Künstler als für den Leser. Die Berichterstattung soll, wie gesagt, Kunst befördern, auf den Weg bringen zum Publikum – auf die detaillierte kritische Analyse, die dem Künstler in seiner Arbeit helfen könnte, muß man dabei leider oft verzichten.

Unbequem sein

In einer eher konservativ strukturierten Stadt wie München ist auch das politische Engagement im kulturellen Bereich wichtig. Damit sollte niemals Parteipolitik gemeint sein. Aber vor wichtigen kulturpolitischen Entscheidungen kann eine Lokalzeitung entscheidend an der Meinungsbildung mitarbeiten. Mir scheint das eine der verantwortungsvollsten Aufgaben zu sein, die wir haben. Man darf sich zwar nicht als Meinungsmacher überschätzen, aber man kann und sollte für die Stadt prägende Prozesse mit gut begründeten Empfehlungen öffentlich machen. Das bedeutet aber auch, daß es gelegentlich etwas zu verhindern gilt. Auf diesem Feld hat der gut informierte Journalist eine große Verantwortung, der er sich nicht entziehen darf.

Kulturjournalismus in der Tageszeitung einer Großstadt sollte sich nicht dem oberflächlichen Skandal anbiedern, aber er muß unbequem sein: Eine Stimme in der Stadt, die etwas zu sagen hat und etwas bewirken kann. Ein vornehmes Ziel, das man leider nicht täglich trifft.

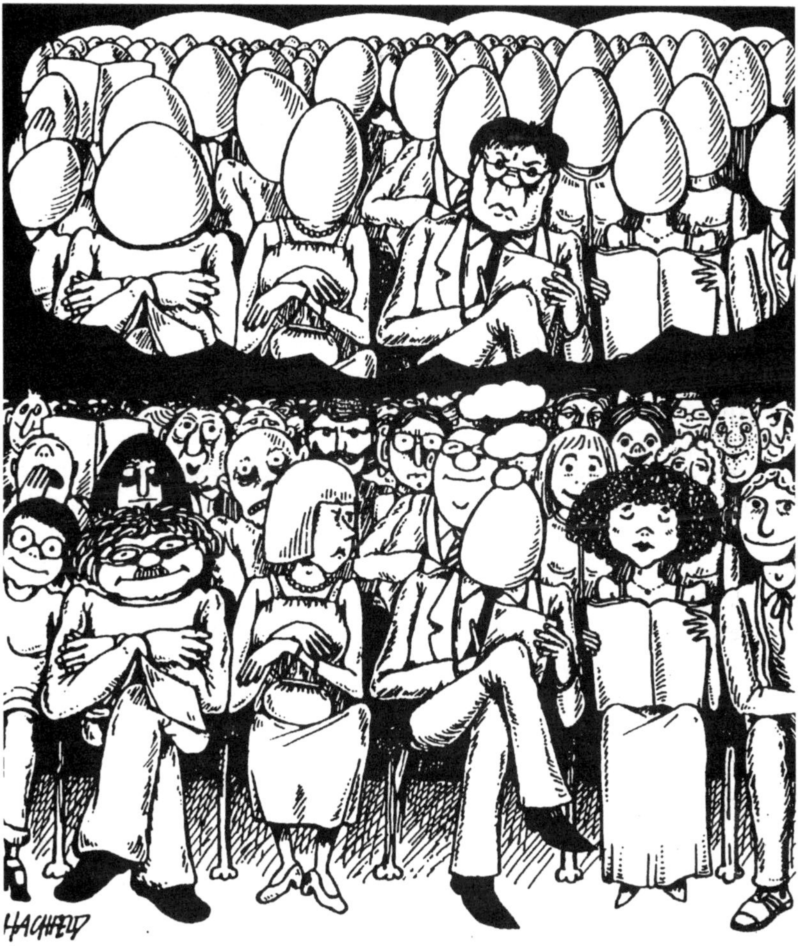
HACHFELD

Hans Sarkowicz:
Kultur im öffentlich-rechtlichen Hörfunk

Kulturkritik ist Unterhaltung pur – das jedenfalls beweisen uns PR-Agenturen jeden Tag neu. Frei Redaktion liefern sie Interviews, O-Töne, Mini-Features und sogar fertige Rezensionen in hörergerechten Längen von 1'30 bis 3 Minuten. Beworben werden auf diese Weise Ausstellungen, Bücher und vor allem Filme, natürlich so verpackt, daß das akustische Gebräu von einer wirklichen (positiven) Rezension kaum zu unterscheiden ist. Vor allem kleinere private Hörfunkstationen sind gerne bereit, diese kostenlosen, in der Regel flott produzierten Beiträge auszustrahlen, zumal sie sonst nie die Chance hätten, an ein Interview mit einem bekannten Filmregisseur oder Schauspieler heranzukommen.

»Du sollst nicht irritieren«

Berichte über populäre Kulturereignisse, wie zum Beispiel Spielfilmpremieren, finden heute auf allen Wellen ihre Plätze, denn, so behaupten die Medienforscher, zumindest jeder achte Bundesbürger interessiert sich für Kultur. Sie muß nur entsprechend »aufbereitet« sein. Wie, das demonstrierte Neil Postman am Beispiel des in den USA sehr beliebten Bildungsfernsehens. In seinem Buch »Wir amüsieren uns zu Tode« nennt er drei Gebote, nach denen diese Sendungen funktionieren:

1. Du sollst nichts voraussetzen.
2. Du sollst nicht irritieren.
3. Du sollst die Erörterung meiden wie die Zehn Plagen, die Ägypten heimsuchten.

Beiträge, die nach diesen Geboten gefertigt werden, können auch in Deutschland mit guten Einschaltquoten rechnen und trotzdem als Kulturleistung verstanden werden. Denn Kultur ist kein geschütztes Warenzeichen. Jeder Männergesangverein versteht sich genauso als Kulturträger wie die Hamburgische Staatsoper. Die Aufgabe eines kulturkritischen Magazins, das bewußt abseits der populären Wellen angesiedelt ist, muß es deshalb zunächst sein, die Spreu vom Weizen, sprich: marginale Ereignisse von bedeutenden zu trennen. Insoweit unterscheidet sich unser Kulturmagazin (»5 nach 12: Kultur«, montags bis freitags 12.05 - 13.00 Uhr, hr2, und das »Kulturjournal«, sonntags 9.05 - 9.30 Uhr, hr1) thematisch kaum von dem Feuilleton einer überregionalen Tageszeitung. Wir berichten auch über national und international wichtige Premieren, Ausstellungseröffnungen, Kongresse, Gastspiele und Bücher, wobei allerdings Ereignisse in Hessen einen besonderen Stellenwert einnehmen – schließlich sind wir der Hessische Rundfunk.

Thematisch hat sich unser Spektrum in den vergangenen Jahren erheblich erweitert. Sendungsbestimmend ist nicht mehr nur der klassische Kulturbegriff, wir interessieren uns auch für das, was uns täglich begegnet und unsere Lebenswelt bestimmt, sei es Mode, Popmusik, ein spezielles Kochbuch oder ein von der Abrißbirne bedrohter Altstadtkern. Breiten Raum nehmen gesellschaftspolitische Themen ein, die die Realitäten auf der Bühne oder in den Ateliers mehr bestimmen, als es manchem Kunst-Connaisseur lieb ist. Wenn wir uns in »5 nach 12: Kultur« mit der Entstehung der Skinhead-Bewegung in Großbritannien, dem Literaturbetrieb in Israel oder einer Frankfurter Eschberg-Premiere beschäftigen, dann steht allerdings nicht der Bericht, sondern die intellektuelle Analyse und die kritische Bewertung im Vordergrund, im »Kulturjournal« auch das Gespräch mit Künstlern, Politikern oder Publizisten.

Freie Mitarbeiter als Mittler

Welche Themen in den Sendungen plaziert werden, entscheidet die Redaktion, die dafür mit Post und Zeitungen überschüttet wird. Um die Berge sichten und die Bedeutung einzelner Ereignisse schon im voraus bewerten zu können, ist auch die Erfahrung der freien Mitarbeiter nötig, die entweder als Korrespondenten oder als Kritiker am Ort arbeiten. Sie genießen das Vertrauen der Redaktionen, weil sie sich als Mittler zwischen den Machern und der Öffentlichkeit verstehen. Das heißt, sie sind auf der einen Seite hochqualifizierte Experten (mit entsprechender Ausbildung), die sich einen Kriterienkatalog erarbeitet haben, und auf der anderen Seite Journalisten, die es verstehen, komplizierte Sachverhalte ebenso richtig wie verständlich darzustellen.

Die Sendungen werden morgens auf der täglichen Redaktionskonferenz im Gespräch zwischen den Redakteuren, die wichtige Termine vorgeben, und den anwesenden freien Mitarbeitern zusammengestellt. Aktualität bestimmt zwar das Programm, aber die Sendung darf deshalb nicht zu einem Gemischtwarenladen werden. Die Redaktion will nicht nur reagieren, sondern auch agieren. Die Stichworte dafür lauten Innovation und Kontinuität.

Der Kulturbetrieb lebt vom Neuen, von neuen Deutungen, von Entdeckungen, von Talenten und der Initiative einzelner. Um über diese Aktivitäten abseits eingefahrener Bahnen berichten zu können, müssen auch in der Sendung Freiräume bleiben: für eine neueröffnete Galerie, für Tanztheaterexperimente, aber auch für das ungewöhnliche Engagement des Leiters eines Heimatmuseums.

Andererseits achtet die Redaktion darauf, daß wichtige Entwicklungen kontinuierlich beobachtet werden, zum Beispiel die Inszenierungen von George Tabori oder die dramatischen Vorgänge um die »Satanischen Verse«.

Der Unterschied zum Tageszeitungsfeuilleton wird vor allem bei der Präsentationsform deutlich. Der Hörfunk ist, wie es der Name schon sagt, ein Medium zum Zuhören, das heißt, es wird in der Regel gesprochen. Das hat Vorteile und einen schwerwiegenden Nachteil. Der Nachteil zuerst: Radio ist ein flüchtiges Medium, es verlangt, zumindest beim Wort, die volle Konzentration. »Nach«-Hören ist nicht möglich. Wer sich mitten in einem Beitrag einschaltet, versteht oft den Zusammenhang nicht. Das heißt, der bewußte Radiohörer ist mehr gefordert als der bewußte Zeitungsleser. Das trägt nicht unbedingt zu hoher Akzeptanz von Kulturprogrammen bei.

Direkte Wege zum Empfänger

Nun die Vorteile: Die Wege zum Empfänger (dem Hörer) sind direkter als bei einer Zeitung. Von der »documenta« in Kassel zum Beispiel können wir nach einem ersten Rundgang und einer intellektuellen Verschnaufpause live berichten. Zeitraubende Produktionsprozesse ohne inhaltliche Relevanz, wie Schreiben, Setzen, Drucken und schließlich das Verteilen der fertigen Zeitung, fallen (zumindest bei Live-Beiträgen) weg. Ein weiterer Vorzug des Hörfunks ist die größere Nähe zu denen, über die berichtet wird. Wir können die Macher, also die Schriftsteller, Maler, Museumsdirektoren etc., selber zu Wort kommen lassen, wieder entweder live oder mit Hilfe unseres akustischen Gedächtnisses, nämlich der in ihrer Art einmaligen ARD-

Archive. Die Stimme ist nämlich ein wesentliches Stück der Persönlichkeit und verrät mehr als das geschriebene Wort. Aber den Zwang, 45 Sekunden Bühnengeschehen als O-Ton verrauscht aus der 18. Reihe zu präsentieren, weil's doch Hörfunk ist, kennen wir nicht. Vorhandene aktuelle oder bereits archivierte Original-Töne versuchen wir gezielt einzusetzen, entweder im Beitrag selbst, als »Tonscherbe« oder in unserem täglichen Nachrichten-Block (18.05 - 18.15 Uhr in hr2), der je nach Temperament des Kompositeurs sachlich oder verspielt, ernst oder witzig ausfällt.

Unser Magazin wird live moderiert, und wir legen Wert darauf, daß der Moderator nicht nur klug und pointiert in die Themen einführt und Fragen stellt, die gestellt werden müssen, sondern daß er auch etwas von seiner Persönlichkeit zu erkennen gibt, daß er sich als Mensch mit Geschichte ausweist. Feste Längenvorgaben kennen wir nicht. Ein Gespräch ist dann zu Ende, wenn das Wichtigste gesagt worden ist. Das kann nach vier, aber auch nach neun oder zehn Minuten sein (Glossen und Kommentare sollten allerdings kurz sein). Wir nehmen uns die Sendezeit für differenziertere Betrachtungen oder für einen deutlichen Verriß.

Es gibt Hörer, die das honorieren, und ihre Zahl nimmt in den letzten Jahren, seit kommerzielle Sender die Kanäle überschwemmen, wieder zu. Aber sie sind weiter eine Minderheit, die nicht das bestätigt haben möchte, was sie schon lange denkt, oder der die Verpackung wichtiger ist als der Inhalt. Wir erwarten aber nicht, daß unsere Hörer die Sendungen vom Anfang bis zum Ende verfolgen. Wir machen ein Angebot, und jeder kann sich (wie beim Tageszeitungsfeuilleton) das heraussuchen, was ihn interessiert. Wir haben deshalb auch kein genau definiertes Zielpublikum. Wir wollen alle ansprechen, die Kultur ernst nehmen und sie nicht nur als Accessoire des gehobenen Lebensstils betrachten. Daß uns das gelingt, beweisen die zum Teil sehr engagierten Rückmeldungen von Hörern, die weder bestimmen Berufsgruppen noch ausschließlich Akademikerkreisen zuzurechnen sind.

Gefahren

Wir wissen, daß solche Sendungen, wie wir sie machen, von vielen (bisweilen sogar von Kollegen) als der pure Luxus angesehen werden, geschützt von den Rundfunkgesetzen und finanziert durch die Gebühren. Wenn die Einnahmen der öffentlich-rechtlichen Rundfunkanstalten nicht steigen, sondern sinken, wie es immer wieder der Fall ist, dann sind kulturelle Sendungen, seien es nun Lesungen oder kritische Magazine, besonders bedroht, denn sie zählen, auf die Sendeminuten umgerechnet, zu den teuersten. Da gesetzlich nur die Existenz von Kulturprogrammen, aber nicht ihre Länge vorgeschrieben ist, bieten sich in diesem Bereich geradezu verlockende Einsparungsmöglichkeiten – eine Entwicklung, deren genauer Verlauf zum jetzigen Zeitpunkt zwar noch nicht abzuschätzen ist, die sich aber mit Sicherheit negativ auf das bestehende Kulturangebot der öffentlich-rechtlichen Anstalten auswirken wird. Neben dieser Gefahr der Reduzierung von Programmplätzen und Sendezeiten gibt es eine weitere, inhaltliche, nämlich die Versuche, Kultursendungen durch eine andere Themenauswahl und eine einfachere Darstellung zu popularisieren, sie akzeptabel für ein größeres Publikum zu machen. Dafür gibt es Beispiele – doch um welchen Preis! Ein Kulturprogramm, das sich selbst ernst nimmt, muß gerade die ernst nehmen, die sich der bequemen Vereinnahmung entziehen, für die Radio nicht nur eine Sache des Gehörs, sondern des ganzen Kopfes ist. Das heißt in Umkehrung von Postmans Analyse: Ein Kulturprogramm muß voraussetzungsvoll sein, es muß irritieren, es muß die Erörterung suchen und damit Öffentlichkeit stiften.

Ina Rumpf:
Kultur im privaten Hörfunk

Einmal im Jahr passiert auf der Frequenz 107,1 in Köln etwas, was nach den Regeln für ein kommerzielles Radioprogramm nicht passieren darf: Das Musikformat wird nicht eingehalten. Statt des erforschten und abgesicherten Musiklaufplanes, der sonst Grundlage für das Tagesbegleitprogramm ist, werden Titel gespielt, die die musikalische Spannbreite von Rock bis Volksmusik abdecken.

Eine Katastrophe? Ein Bruch in einer Radiokultur, die viele sowieso für Unkultur halten? Geistige Verwirrung der Macher? Ein Selbstmordversuch im Äther?

Nein: Karneval.

Kultur oder Volkstümelei?

Wenn der 11.11. kommt und es 11.11 Uhr wird, dann beginnt die fünfte Jahreszeit. Am 11.11. ist die ganze Stadt erstmals in der Session im Ausstand. Verkleidet kommt man auf dem Altermarkt zusammen, es wird geschunkelt und gesungen, und das wilde Treiben ist für das laufende Jahr eröffnet. Von diesem Tag an bis zum Rosenmontag wird bei jeder Gelegenheit gefeiert. Hunderte von Veranstaltungen halten Tausende von Möglichkeiten für Auftritte vor Kölnern und Besuchern der Stadt bereit.

Die Musiker und Redner, die auf die Bühnen treten, haben alle eines gemeinsam. Sie sprechen eine Sprache: Kölsch. Keinen Dialekt, sondern eine Sprache, zu der es Forschung, Wörterbücher, Grammatik und Regeln gibt. Menschen, die eben noch mit dem Format von Radio Köln auf der Frequenz 107,1 zufrieden waren, wollen jetzt, ihrem Lebensgefühl entsprechend, Karnevalsmusik hören. Ob die Bläck Fööss, die Höhner oder eine der vielen Gruppen, die man außerhalb des Sendegebietes nicht mehr kennt: Sie alle sind vorbereitet. Sie alle haben mindestens einen neuen Titel im Repertoire, von dem sie hoffen, daß er der Hit der Saison wird. Nur selten schafft es einer dieser Sessionshits in die nationalen Charts.

Die Radiomacher in dem begrenzten, lokalen Markt können auf diese Bedürfnisse eingehen und wagen seit Jahren den Formatbruch. Die Hitparade des Senders, die »Top Jeck«, wird zum Austragungsort für die Bemühungen um die Gunst des Publikums. Das Publikum entscheidet. Der Rücklauf bestätigt die Macher. Zu einer Veranstaltung in der Kölner Südstadt, in der 20 der Bands am Tag der Weiberfastnacht auftreten, kommen bis zu 40.000 Menschen. Auch die Quote scheint die Macher zu bestätigen. Laut EMA, der Erhebung, die neben der MA (landesweite Quoten) lokale Märkte ausweist, ist Radio Köln Marktführer. Radio Köln ist vor den WDR-Stationen der meistgehörte Sender in Köln. (EMA 98 / Hörer gestern / Mo-Fr)

Fragt man Außenstehende, werden sie sagen: Das ist Volkstümelei. Fragt man Kölner, sagen sie: Das ist Kultur. Das Radioprogramm gibt in diesem Falle nicht nur wieder, was in der Stadt passiert, es ist längst ein Teil des Geschehens, der Session geworden. Nun ist der Kölner laut Umfragen stärker an die Stadt und ihre Stimmung gebunden als manch anderer in einer anderen Großstadt. Vielleicht erklärt dies auch einiges.

Berichterstattung: formgerecht und abwechslungsreich

Kommen wir zur eigentlichen Berichterstattung. Die Hörer des Programms auf der Frequenz 107,1 betonen in eigenen Umfragen, daß Radio Köln schnell und aktuell informiert. Der WDR sei dagegen der Sender, der längere Beiträge sendet. Die Macher von Radio Köln werden als jung und flexibel, die Macher der öffentlich-rechtlichen Konkurrenz WDR 2 als älter und behäbiger eingeschätzt.

Es ist der Auftrag der öffentlich-rechtlichen Sender, diese Rolle wahrzunehmen. Aus dem Bereich Kultur zieht sich Radio Köln trotzdem nicht zurück. Liegt der Vorteil des Senders doch auch in diesem Teil der Berichterstattung darin, daß Kölner ganz gezielt informiert werden können. Jedes landesweite Programm muß auf den Hörer in Dortmund oder Bielefeld Rücksicht nehmen, den Details nicht mehr interessieren, die dem Kölner wichtig wären.

Kulturthemen behandelt Radio Köln wie alle anderen Themen. Sie werden in der Redaktionskonferenz diskutiert und geplant. Die Beiträge müssen zur

Zielgruppe passen, möglichst viele Hörer interessieren und so gut präsentiert werden, daß auch der Hörer oder die Hörerin zuhören möchte, der oder die vielleicht nur mühsam dazu zu überreden wäre, sich mit einem Theaterstück, dem Buch, dem Konzert, einer Oper, einem Musical in kölscher Sprache oder einer kulturpolitischen Entscheidung zu beschäftigen.

Hat man die Möglichkeit, wird vorab berichtet: aus der Generalprobe, vor dem Erscheinen oder der Lesung eines Buches, vor Konzerten. Kulturbeiträge bereitet die Redaktion auf wie alle anderen Beiträge, sie sollen den Rahmen, der für das Programm entwickelt wurde, nicht sprengen, möglichst abwechslungsreich und authentisch sein, also viele Original-Töne enthalten. Der trockene Aufsager würde in der Gesamtdynamik eines insgesamt dynamischen Programmes deplaziert wirken und aus der als anregend geplanten Information einen langweiligen Bruch im Programm machen.

Allein die Tatsache, daß über ein Ereignis berichtet wird, spricht für das Ereignis. Kritik im klassischen Sinne erübrigt sich und kann im Zweifelsfall über satirische Elemente geleistet werden.

Die Mitarbeiter von Radio Köln sind davon überzeugt, daß ein vielfältiges Programm mit vielen Informationen zu allen Themenbereichen, also auch zu Kulturthemen, der richtige Weg zum Hörer ist.

Anmerkung

In Nordrhein-Westfalen gibt es 46 Lokalstationen, die mit den fünf WDR-Programmen und den aus den Nachbarländern einstrahlenden Programmen konkurrieren. Diese Lokalstationen senden eigenständig bis zu acht Programmstunden am Tag in einem Mantelprogramm, das von radio NRW in Oberhausen ausgestrahlt wird. Zu radio NRW wird zu jeder vollen Stunde umgeschaltet. In dieser Strecke werden landesweite Werbung und landesweite Nachrichten plaziert.

Die Lokalsender in Nordrhein-Westfalen arbeiten in einem gesetzlichen Rahmen, der salopp »Zwei-Säulen-Modell« genannt wird. Das Programm verantworten paritätisch besetzte Veranstaltergemeinschaften, die auch Arbeitgeber für die Redakteure sind. Die Veranstaltergemeinschaft wählt einen Chefredakteur. Das Kapital stellen Betriebsgesellschaften, die die

Sender auch vermarkten. Gesellschafter der Betriebsgesellschaften sind derzeit Verlage und Kommunen. Die Lokalsender finanzieren sich aus dem Werbeaufkommen.

Die Zulassung weiterer privater Anbieter und die weitere Entwicklung des Lokalfunkmodells sind in der Diskussion.

Benedikt Gondolf:
Kultur im öffentlich-rechtlichen Fernsehen

Kulturredakteure sind oft larmoyant. Das hat seinen Grund. Ihr Arbeitsgebiet verliert für die Gesellschaft an Bedeutung, und auch sie, die eigentlich zur Beschäftigung mit Kultur animieren wollen, können es nicht ändern: Unser Zusammenleben wird nicht mehr von Reflexionen oder Empfindungen bestimmt, sondern von Marktgesetzen. Über die kann man räsonieren, man kann sich ihnen aber nicht entziehen. Es bleiben nur Anpassung oder Zynismus.

Damoklesschwert Quote

»aspekte« gibt es seit 1966. Es ist das älteste Kulturmagazin des deutschen Fernsehens. Früher wurde die Sendung »Flaggschiff« der ZDF-Kultur genannt, heute ist das Schiff in Gefahr, außer Dienst gestellt zu werden. Die Mannschaft, die auf dem Schiff arbeitet, ist unsicher, welchen Kurs sie steuern könnte, um diesem Schicksal zu entgehen: Ballast abwerfen, leichtgängig werden – so empfiehlt es die Reederei – oder die Netze tiefer hängen, gründlicher werden – so wünschen es sich die meisten Reisenden.

Im Laufe der achtziger Jahre, parallel zum Erstarken der kommerziellen Kanäle, ist die Einschaltquote langsam aber kontinuierlich zurückgegangen, von zehn Prozent 1981 auf fünf Prozent 1991. Dieser Rückgang bewog das ZDF dazu, die Sendung von ihrem angestammten Platz zu nehmen und nur noch 14täglich auszustrahlen. Da sie nun nicht mehr regelmäßig erschien, nahm die Bindung des interessierten Publikums an die Sendung Schaden. Die Folge: Die Quote sank auf zwei bis drei Prozent. Das ZDF nahm daraufhin und auch, um deutlicher zu dem im Staatsvertrag festgeschriebenen Kulturauftrag zu stehen, die Halbierung wieder zurück. Es gibt »aspekte« seit Oktober 1993 wieder wöchentlich, aber ein Damoklesschwert hängt weiter über der Sendung: Wenn sie nicht mehr Quote bringt als im Moment (drei Prozent), wird sie bald wieder zur Disposition stehen, dann wird der Kulturauftrag halt nach Mitternacht erfüllt oder in 3sat.

Abschied von der Aufklärung

Wir können berichten, was und wie wir wollen. Politische Keckheit, wenn sie nur Aufsehen erregt, ist sogar erwünscht, nur eins dürfen wir nicht: Anlaß geben zum Ab- oder, noch schlimmer, Umschalten. Das oberste Gebot lautet: Du sollst den Marktanteil mehren. Dieses Gebot geht denen, die unter ihm arbeiten, in Fleisch und Blut über, es richtet sie ab, ohne daß sie es merken. Dieses Gebot kann verheerendere Folgen haben als politische Zensur. Denn wenn unsere Sinne nur noch durch reduzierte Reize stimuliert werden, verödet das geistige Vermögen, dann sind auch Gedanken nicht mehr frei.

Der Anspruch, den man früher mit einem Wort, für das man sich heute entschuldigen zu müssen glaubt, »aufklärerisch« genannt hätte, ist vollkommen dahin. Unterschiede von wahr und falsch, wichtig und unwichtig, ernst und unernst, schwierig und leicht gibt es nicht mehr.

Breiter Kulturbegriff

Einem engen, selbstgefälligen Kulturbegriff mag eine solche Relativierung des Wahren, Schönen, Guten ganz gut tun, aber dieser Kulturbegriff ist bei den »aspekten« nie gepflegt worden, jede bewußte Gestaltung von menschlichen Lebenszusammenhängen galt uns als Kultur. Schon in den ersten Sendungen stand das Karajan-Interview neben dem Bericht über Summerhill, die Besprechung eines neuen Films von Fellini neben einer kritisch-ironischen Würdigung der neuesten Duden-Ausgabe. Über Hochkultur wurde zwar berichtet, aber immer unter einem starken Beliebigkeitsvorbehalt. Es dominierte das Interesse an Kunst, die sich politisch befragen ließ. Das »nur« Virtuose oder »nur« Unterhaltsame hatte es schwer, wahrgenommen zu werden. Alles politisch zu relativieren war Anfang der siebziger Jahre eine analytische Errungenschaft, es kommt aber auch der journalistischen Ausrichtung des Mediums Fernsehen entgegen, in dem das schnell Einzuordnende es immer leichter hat als das Abgelegene, Komplizierte.

Unter diesen gleichbleibenden Vorzeichen und Rahmenbedingungen sind zu bestimmten Zeiten neue Themenbereiche hinzugewonnen worden, etwa Denkmalschutz und Städtebau in den siebziger, Design und Architektur in den achtziger, Virtual Reality, Gentechnologie in den neunziger Jahren.

Herausgehoben unter den Gattungen ist bis heute der Film als die »demokratischste« Kunstform, zu der unsere Urteile am ehesten vom Publikum als eine Art Service benutzt, aber auch überprüft werden können. In großer Kontinuität wurde über die Kunstszene berichtet, über alle großen Ausstellungen, die »documenta«, die »Biennale«, »Westkunst«, »Von hier aus« usw. Der erste »aspekte«-Chef Walther Schmieding hatte ein besonderes Interesse am Theater, das in späteren Jahren nicht in gleicher Intensität weiterverfolgt wurde.

Mit der Halbierung der Sendezeit 1992 mußte sich das Magazin von der selbstgestellten Aufgabe verabschieden, einigermaßen lückenlos über die wichtigsten Trends des kulturellen Lebens zu berichten. Die Redaktion versuchte aus der neuen Situation das Beste zu machen, indem sie nun ihre Kräfte und damit die Aufmerksamkeit des Publikums auf jeweils ein Thema pro Sendung konzentrierte, das Schwinden der Utopien, die Stimmung in den europäischen Hauptstädten, auf die Entwicklungen in Rußland und Jugoslawien, auf die Mediensituation in den USA und bei uns, damit auf die Bedingungen der eigenen Arbeit.

Form wichtiger als Inhalt

Der Erfolgs- und Konkurrenzdruck, dem das Magazin jetzt (Mitte 1998) unterworfen ist, hat die scheinbar paradoxe Konsequenz, daß es auf die Themen, die aufgegriffen werden, nur noch in zweiter Linie ankommt. Von Tag zu Tag werden in unserer redaktionsinternen Auseinandersetzung die Formen wichtiger als die Inhalte. Egal worum es geht, ein Film muß peppig sein, vor allem einen möglichst unwiderstehlichen Einstieg haben, damit kein Zuschauer auf die Idee kommt, ab- oder umzuschalten. Welchen Inhalten wir unsere stets um Tempo und Effekte bemühte formale Gestaltung angedeihen lassen wollen, darin werden wir immer unsicherer.

Es gab zwar und gibt auch weiterhin eine gewisse Übereinstimmung der Experten, welches Ereignis vielversprechend ist, wo ein Künstler vielleicht Neuland betreten könnte, wo ein neues strukturelles Problem sich abzeichnet, ein Trend sich zu erkennen gibt, der noch keinen Namen hat. Aber was zählen Experten, wenn es auf die quantifizierbare Zustimmung möglichst vieler Nichtexperten ankommt?

In früheren Jahren haben wir in Entscheidungsnot unserer Subjektivität vertraut und dachten in diesem Vertrauen dem Magazin eine gewisse Unverwechselbarkeit geben zu können. Aber auch das funktioniert heute nicht mehr. Die Sicht eines einzelnen, wenn sie sich nicht entindividualisiert, indem sie den Standards des Medienzirkus entspricht, wird nicht mehr wahrgenommen. Im Medium Fernsehen unter den gegenwärtigen Marktbedingungen gibt es kein Dagegenhalten mehr gegen den herrschenden Mainstream.

Der distanzierte, nüchterne oder auch der zornige, polemisch zuspitzende Blick, der das falsch Harmonisierte in seiner Disparatheit kenntlich machen, damit Möglichkeiten zur Selbstbehauptung aufscheinen lassen könnte, hat kaum noch eine Chance.

Keine Chance für Integration

Damit stellt sich die Frage, wie sinnvoll es ist, sich unter dem Quotendruck, dem wir uns zur Zeit aussetzen, überhaupt noch mit Kultur zu beschäftigen.

Eine Hoffnung wäre, daß sich im Laufe der Zeit ein Überdruß am nur noch leicht Verdaulichen einstellt und damit wieder die Bereitschaft steigt, sich auf etwas Anspruchsvolleres einzulassen. Eine andere denkbare und die wahrscheinlichere Entwicklungsmöglichkeit ist die, daß es mit der Vervielfältigung der Kanäle auch die Chance gibt, für den ein oder anderen Kulturkanal ein zahlungswilliges oder als Werbeadressat interessantes Publikum zu finden, das dann ein reines Minderheitenprogramm finanzierbar machte.

Der Traum vom Rundfunk als Integrationsmedium, in dem ein vielseitig interessierter Mensch unterschiedlichste Anregungen gewinnen könnte, der Traum vom Fernsehen als Medium der Selbstverständigung der pluralistischen Gesellschaft, der ist ausgeträumt. Aber lieber eine Differenzierung mit der schlechten Folge wachsender Entfremdung zwischen den gesellschaftlichen Gruppen als die zwangsweise Verblödung aller.

Dieter Hergt:
Kultur im privaten Fernsehen

»Kultur im Privatfernsehen« – das wird mangels Quantität ein kurzer Aufsatz, es sei denn, man wirft den Begriffsmantel auch noch über Bauernbühnen und Volksleidiges mit heimatverbandelter Sangesinbrunst. Aber selbst die Programmgestalter hängen Dirndl und Gamsbarthut lieber in den Schrank mit der Aufschrift »Unterhaltung« als in den schmalen Spind »Kultur«. Wir sehen bildlich: Die Kultur ist keine Ramschkammer. Es gibt klare Zulassungsbeschränkungen, die von Sender zu Sender, von Redakteur zu Redakteur variieren. Eine zentrale Kriterienvergabestelle gibt es nicht. Kultur existiert zwar per se, durchläuft dann jedoch vor ihrer Medienpräsenz den haarigen Filter der Interna.

Ab wann lohnt sich Kultur?

Nun gibt es bei SAT.1 und RTL etwas, regelmäßig und zu vorgerückter Stunde, das sehr nach Anspruch, nach Experiment riecht. Sollte es sich hierbei etwa um den Beitrag der Privaten zur kulturellen Aufrüstung und Erbauung der Zuschauer handeln? Gemeint sind die von der DCTP (Alexander Kluge) verantworteten Sendungen »News & Stories« oder »10 vor 11«. Leider eignen sich diese Sendungen jedoch kaum dazu, Auskunft zu geben über die Behandlung von Kultur bei den oben genannten Sendern. Sie führen ihr Dasein aufgrund von medienpolitischen Bedingungen, über deren Zustandekommen der nicht unmittelbar Betroffene sich nur wundern kann. Überdies lassen die Marktanteile der Produktionen einen Privatfernsehboß nicht gerade vor Freude seinen Bildschirm vergolden: »News & Stories« erreichte in den ersten drei Monaten 1993 im Schnitt 410.000 Zuschauer, das ist ein Marktanteil von 4,2 Prozent; »10 vor 11« sahen durchschnittlich 790.000 Zuschauer, ein Marktanteil von 7,9 Prozent.

Woran liegt's? Vielleicht daran, daß der Zuschauer (das unbekannte Wesen – langersehnt, heiß erfleht) kompetente Kultursendungen bei den Privaten nicht sucht, weil er sie dort gar nicht erst vermutet? Ein Blick hinüber zu den öffentlich-rechtlichen Sendern: »Kulturweltspiegel« – 2,8 Millionen Zuschauer, Marktanteil 11,3 Prozent; »aspekte« – 1,1 Millionen, Marktanteil 6,1 Prozent.

Ab wann »lohnt« sich Kultur?

Für die Privaten lohnt sie sich offensichtlich nicht. Kultur nur dann, wenn sie Nachrichtenwert hat. (Zigmillionen für einen van Gogh: Die müssen bekloppt sein!) Ansonsten regiert die Quotenkultur.

Aufsatzende und ein Tip an den beflissenen Nachwuchs: Finger weg von den Privaten. Lern einen anständigen Beruf.

»Ach, wie putzig«

Für die beharrlichen Optimisten ein Trostpflaster: Ganz so einfach ist die Sache nicht und so hoffnungslos auch nicht. Es gibt noch ein paar Nischen, in denen es sich arbeiten läßt. Nur eines ist dabei zu beachten: Begeisterung für die Sache der Kultur und des Geschmacks ist kein Selbstauslöser. Da helfen auch keine Seelenkreuzzüge für das Schöne und Wahre.

Kultur? Kein Definitionsversuch an dieser Stelle, statt dessen nur eine Eingrenzung auf die Praxisperspektive. Meistens gilt die Gleichung Kultur = Kunst oder Kunstverwandtes, also: Theater, Ballett, Oper, Konzert, Festival oder Instrumentenwettbewerb, Ausstellung, Künstlerporträt und dergleichen mehr, das in Berichten von anderthalb bis viereinhalb Minuten Länge darzustellen ist.

Was nun, wenn so ein Thema in die Redaktionsrealität einbricht? Szene: Eine morgendliche Redaktionskonferenz, auf der die Drehs des Tages, die Inhalte der abendlichen Magazinsendung möglichst festgezurrt werden. Redakteur/in X schlägt ein Thema vor. Seine/ihre Vorliebe für obengenannten Themenkreis ist bekannt. Mithin ist seitens der Redaktionsleitung Vorsicht geboten. Obwohl X strategisch sehr geschickt zu Werke geht und nicht einmal das Wort »Kultur« fallenläßt, ist man X auf die Schliche gekommen, spätestens als der Drehort – ein Theater vielleicht oder ein anstrengendes Museum – geoutet wurde.

Jetzt gibt es mehrere Reaktionsvarianten:

1. »Nicht schon wieder Kultur!« (zielgerichteter Überdruß)
2. »Das interessiert keinen, das ist Kultur.« (Nachrichtenfetischisten)
3. »Ach, wie putzig.« (Gutwillige Stimmungslage) »Mach einen bunten Abhänger draus. So um 1.30 bis 2 Minuten.« X fragt, ob er vielleicht fünf Minuten... »Fünf Minuten? In 1.30 könntest du nicht einmal den Inhalt von ›The Tempest‹ erzählen?« (Immer noch: gutwillige Stimmungslage.) »Na gut, 1.45. Aber quatsch es nicht zu, und lustig muß es sein.«

Bei Antwort 2 kann X auftrumpfen: Es gehen weitaus mehr Menschen in Ausstellungen, Museen und Theater als zu Bundesligaspielen. Beweis: Die Zahl der verkauften Eintrittskarten. Interesse sei also vorhanden. Man bedenke vor diesem Hintergrund das Mißverhältnis zwischen Sportberichterstattung und Kulturberichten im Fernsehen allgemein, bei unserem Sender im besonderen. Man könne doch nicht immer auf die Rolling Stones warten, um mal einen Konzertbericht zu machen.

Das Gegenargument ist entwaffnend einfach: Was interessiert den Oldenburger die Inszenierung in Osnabrück?

X spürt die Machtlosigkeit der Rhetorik. Ende der Diskussion. Vielleicht noch die flache Gegenwehr, daß man von dem Dreh viele hübsche bunte Bilder mitzubringen erhoffe. Gerade die seien ja unterrepräsentiert bei der Wort- und Kopflastigkeit des Programms. Meist wird dieser Einwand jedoch mit der Notwendigkeit des dritten Nachklapps zum Flugzeugabsturz der vergangenen Woche abgebügelt.

Das Maß an Glück ist voll

Beim Antworttypus 3 kommt Freude auf. X darf ein weiteres kostbares Mal die Neigung in den Berufsalltag integrieren. Ein Hoffnungsfunken also – es gibt immer ein nächstes Mal. Zum einen vielleicht wegen der nervenden Beharrlichkeit von X, zum anderen wird man in einem Magazin wie zum Beispiel »Wir in Niedersachsen« (SAT.1) nicht an der Kultur vorbeikommen. Schließlich gilt es, Abend für Abend Sendezeit zu füllen mit bewegten Bildern. Und so fürchterlich prall gefüllt ist der Themensack in Niedersachsen nun auch wieder nicht.

Zurück zur eigentlichen Arbeit, der praktischen Umsetzung. Das Maß an Glück für X ist voll, wenn jetzt auch noch ein motivierter Kameramann gefunden wird. Auf geht's, sagen wir nach Braunschweig zum »blind date« mit dem dortigen Staatstheater. »Blind date«, denn der Luxus einer Vorabbesichtigung der Inszenierung ist bei dem Etat und der Personaldecke nicht drin.

Von den technischen Schwierigkeiten, die aus mangelhafter Vorplanung erwachsen... lieber nicht. Eher die mentalen.

Im Regelfall sind die Kunstschaffenden nicht besonders erbaut vom Besuch mit der Kamera. Irgendwie ist man überall immer lästig.

Originalfrage eines Regisseurs, stellvertretend für viele: »Sie kommen doch von diesem Tittensender?« »Die Titten sind die anderen. Außerdem: Titten immer erst nach 23 Uhr. Wir senden ab 17 Uhr 45.« »Waaas? So früh? Wer soll sich das denn anschauen? Waaas? Nur 2.30? Was wollen Sie denn da zeigen?«

Diese Frageklippen hoffte X gerade auf der Redaktionskonferenz umschifft zu haben. Die Wiederholung nervt. Ist das nun ein Symptom für Lagermentalität in öffentlich subventionierten Kulturanstalten? Oder ist es Vorsicht derjenigen, die befürchten, ihre Produkte im sex- und flachsinnverseuchten Privatsenderumfeld nicht seriös genug gewürdigt zu sehen? Wittert da jemand die solipsistische Arroganz des Privatmassenmediums, das sich auf den Standpunkt stellt: WIR sind Kultur und uns selbst genug, IHR seid lediglich fossile Kartenverkäufer einer abgewirtschafteten Hochkultur, IHR mögt sehen, wo ihr bleibt und mit wem?

Dem Morgenrot entgegen?

Vorläufiges Fazit für X: Mißtrauen und Vorbehalte regieren. Die Fernsehprogrammschaffenden mögen dem »Homo Fernbedienung« Ausflüge ins Reich der Kultur nicht zumuten oder leugnen schlicht deren Relevanz. Die Kulturschaffenden haben ein überlegenes oder besorgtes Lächeln für die »Bleiben Sie dran«-Rituale der Privatsender und rümpfen die Nase ob des »trashkulturellen« Niveaus. Die haben gut spotten: Überwindet das interessierte Publikum einmal Bequemlichkeit und Hemmschwelle und begibt sich tatsächlich in ein Kulturgehäuse, wird es dort auch verweilen. Wieviel peinlicher ist es, sich im zweiten Akt von »Wallenstein« Entschuldigungen murmelnd aus dem Parkett zu drängeln, als den Knopf der Fernbedienung zu betätigen. Obwohl man sich hier wie dort vielleicht genauso langweilt.

Erkenntnis bei X: SAT.1 ist ein kulturelles Jammertal. Doch es zog Morgenröte auf. Ein neuer Privatsender trat an, der das Erfolgsbrevier des »Dümmer gehts ümmer« nicht nachbeten wollte. VOX stellte sich dar als Heimat des Anspruchs, der Kultiviertheit und der allumfassenden Information. Dort – so konnte man meinen – sei auch X gut und produktiv aufgehoben. In den Monaten vor dem Sendestart schälte sich langsam das Programmschema heraus. Doch auch hier kein Special Interest-Sendeplatz für Kulturelles, kein Mut, dem Publikum Programme anzubieten von Architektur bis zu Zupfgeigenvirtuosen. Lediglich unter Überschriften wie »Lifestyle« versteckt, fanden sich versprengte Buch- oder Filmtips nach dem Motto: Hier amüsiert sich der wohl unterrichtete Jugendliche. Kultur funktionierte als Beiboot. Auch hier drohte das Verdikt, sie sei nicht quotentauglich. Nach den ersten Sendemonaten war allerdings festzustellen, daß der Umkehrschluß auch nicht besonders gut funktionierte. Die Quoten waren selbst bei Abwesenheit von Kultur äußerst mau.

Die erste Bastion – so war es gedacht – privater Sendekultur wurde inzwischen geschliffen.

Beschränkungen und Möglichkeiten

Vorläufige Enttäuschung bei X? Nein, eher Einsichten und Fragen.

Wie kann das Fernsehen Brücken schlagen von Kunst und Kultur zum Zuseher? Ganz platt gesagt: Das Medium hat seine eigenen Beschränkungen und Möglichkeiten. Es wäre unsinnig, so zu tun, als ob die Fernsehkamera zum Beispiel eine Theaterinszenierung auch nur annähernd erfassen könnte. Bei der Übersetzung in das andere Medium knirschen und rütteln die Transmissionsriemen. Es müssen andere, fernsehgerechtere und auf das jeweilige Profil des Senders zugeschnittene Zugänge geschaffen werden. Das kann der eine Aspekt sein, um den herum eine Geschichte gebaut wird. Sie kann auch personalisieren: Was etwa macht Bühnenarbeiter K.

beim Umbau vom dritten zum vierten Akt? Ein Bericht muß eine eigene (Fernseh-)Geschichte erzählen. Man wird sich nicht auf die vororganisierten (Bühnen-)Bilder verlassen dürfen. So wäre zum Thema zu verführen oder wenigstens das Interesse daran wachzuhalten.

Das führt zur großen Frage, vor die sich X zwischen Hoffnung und Resignation fortwährend gestellt sieht: Ist Fernsehen allgemein und Privatfernsehen im besonderen überhaupt ein Medium, das Reflexion, Information und Aufklärung zuläßt? Ist oder wird es nicht zunehmend ein Medium der bloßen Sinnenstimulanz? Falls es so ist, wie soll X dann den Qualitätssprung von der Oberfläche zur Sinn- und Gedankenwelt der Kultur gelingen? Ist die Freude am Gedanken quotentauglich? Haben die Macher überhaupt noch die Möglichkeit, dem allgemein obsiegenden Prinzip »Brot und Spiele« die Kultur hinzuzufügen?

Eine Antwort fällt schwer, und sie hat eine ähnliche Qualität wie die Aussage, daß ein Glas Wasser bereits halb leer oder eben noch halb voll sei. Oder ist der Betrachtungswinkel falsch gewählt? Geht es nicht weniger um »Kultur im Privatfernsehen« als um die »Kultur des Privatfernsehens«, des Fernsehens überhaupt?

Dieter Baukloh:
Kultur im Angebot der Nachrichtenagenturen

Kulturberichterstattung umfaßt bei dpa die »klassischen« Bereiche des Feuilletons wie Theater, Oper, Literatur, bildende Kunst, Musik, Film und Kulturpolitik, aber auch Architektur und Design, Archäologie, Sprache, Geistes- und Sozialwissenschaften wie Soziologie oder Geschichte, Kirchen und Religionen, Mode und – im weitesten Sinne – Unterhaltung (zum Beispiel Fernsehen: Personalien, Vorberichte, Nachbetrachtungen, Reaktionen).

Was die Kunden erwarten

Das dpa-Angebot richtet sich in Auswahl, Schnelligkeit und Länge vor allem auch danach, was die Kunden (in erster Linie Zeitungen, Hörfunk- und Fernsehstationen) vom Service einer Nachrichtenagentur erwarten. Das sind jeweils die wichtigen Nachrichten des Tages (zum Beispiel: Intendant zurückgetreten), die ergänzenden Recherchen für Zusammenfassungen größerer Komplexe, der vertiefende Hintergrundbericht (warum der Intendant gescheitert ist), die Chronik in Stichworten (der achte Intendant seit Gustaf Gründgens) oder das Porträt einer bedeutenden Persönlichkeit (in diesem Falle des Intendanten).

Das sind aber auch die nicht unmittelbar an ein aktuelles Ereignis gebundenen Beiträge, die auf redaktionelle Initiativen zurückgehen und Trends oder besondere Aspekte in Form von Korrespondentenberichten oder dpa-Umfragen beleuchten – mit Hilfe des gesamten In- oder Auslandsnetzes der Agentur. Thema für eine Umfrage wäre zum Beispiel die Rolle der Theater in den neuen Bundesländern nach der deutschen Vereinigung, also die Frage nach Spielplänen, finanzieller und personeller Situation, Besucherentwicklung, Aussichten oder dem Vergleich mit DDR-Zeiten – veranschaulicht durch Zitate kompetenter Gesprächspartner.

Für das Konzept sind zwei Punkte besonders wichtig: Zum einen die aktuellen Interessen der überwiegenden Mehrheit der Kunden, die sich durch beinahe tägliche Kontakte herauskristallisieren. Diese Interessen können sich im Laufe der Jahre erheblich verändern, was in der deutlichen Zunahme der Nachfrage nach »Unterhaltung« auch im Kulturbereich sichtbar wird.

Dazu zählen in erster Linie die beliebten Lesestoffe über Personen im Rampenlicht und alles, was im weitesten Sinne in der Rubrik »Ratgeber/Verbraucherinformation« Platz finden könnte.

Zum anderen müssen konzeptionelle Überlegungen den Medienmarkt insgesamt berücksichtigen. Wie also kann schon von der Planung her vermieden werden, daß Konkurrenzagenturen bei wichtigen Themen die Nase vorn haben (Abdruck in Zeitungen, Verbreitung in Hörfunk und Fernsehen)? Zuverlässigkeit, Schnelligkeit sowie eine klare und lebendige Sprache sind entscheidende Kriterien für den Erfolg. Auch wenn die Planung stimmen mag, es bleiben noch Risiken vor allem im personellen und im technischen Bereich – Stichwörter: Pleiten, Pech oder Pannen, aber auch Fehler, Fehleinschätzungen, Nachlässigkeit.

Fachleute für Fachgebiete

Gerade im Feuilleton muß darauf geachtet werden, daß Fachgebiete möglichst von Fachleuten betreut werden. In der Kulturredaktion der dpa-Zentrale sind die Aufgaben, abgesehen von der tagesaktuellen »Schicht«-Arbeit mit der Bearbeitung aller anfallenden Nachrichten und Berichte, nach verschiedenen Schwerpunkten aufgeteilt. So kümmert sich der ausgebildete Theologe federführend um Kirchen und Religionen. Wo eine direkte Zuordnung – etwa nach Studium und Ausbildung des Redakteurs – nicht möglich ist, wird die Aufgabenverteilung möglichst nach den entsprechenden Begabungen, Neigungen oder Vorlieben vorgenommen. Dennoch bleibt viel Raum für Improvisation.

Die Bandbreite der Thematik, mit der sich der jeweils verantwortliche Kulturredakteur in seiner »Schicht« auseinandersetzen muß, setzt ein umfassendes Allgemeinwissen voraus. Er sollte aufgeschlossen sein für neue Strömungen, empfindsam für Forderungen und Anregungen seiner Kollegen in den Kundenredaktionen, tolerant auch gegenüber Stilrichtungen, Aktionen oder Inszenierungen, die seinen eigenen Vorstellungen nicht entsprechen. Er sollte sich als Vermittler von Kultur in einer breiten Öffentlichkeit verstehen, schwierige Sachverhalte verständlich darstellen können. Der abgehobene Feuilletonist, der sein Fachwissen nur einem Fachpublikum vermitteln kann (will?), ist bei der Agentur weniger gut aufgehoben.

Ein direkter Kontakt mit Lesern, Hörern und Zuschauern ergibt sich für den Agenturjournalisten (abgesehen von seinem privaten Umfeld) vergleichsweise selten. Die Wünsche des »Verbrauchers« werden ihm indirekt vom Kunden vermittelt – durch Gespräche mit Zeitungskollegen etwa oder wenn er sieht, wie Redaktionen das Agenturangebot verarbeiten. Dies belegt aber sicher nicht zwingend, daß immer die wirklichen Wünsche des Publikums erfüllt werden.

Dessen angebliches Bedürfnis nach immer mehr Unterhaltung im Zeitalter der sogenannten Freizeitgesellschaft wird zunehmend ins Feld geführt gegen eine ausufernde Politik. In der Tat scheint das Interesse an allem »Vermischten«* stetig zu wachsen – zuerst in den Redaktionen und dann beim Publikum, oder umgekehrt? Wie auch immer: Der Agenturkunde, also zum Beispiel der Zeitungsredakteur, fragt heute eher nach der Besprechung der nächsten Fernsehsendung mit Thomas Gottschalk als nach der Uraufführung eines Theaterstücks von Walter Jens. Sicher, die »FAZ« oder die »Süddeutsche« fragt in keinem Falle. Sie machen den Jens ohnehin selbst und interessieren sich in der Regel nicht oder nicht so sehr für Gottschalk. Die Uraufführung eines Theaterstücks im Range eines Jens-Werkes war und ist ein »Muß« für die Agentur. Der (vielleicht spektakuläre) Auftritt eines TV-Lieblings war vor einigen Jahren noch kein Berichterstattungs-«Muß«, heute ist er es sehr wohl – »Futter« fürs Vermischte oder die Fernsehseite.

Zurückhaltung in Rezensionen

Was die Kritik an einem Theaterstück, einem Film, einer Oper oder einem Buch betrifft, nimmt die dpa eine Sonderstellung ein. Sie ist bemüht, den »Totalverriß« ebenso zu vermeiden wie die »Jubelarie«, sieht sich auch hier als möglichst neutraler Beobachter, der Fakten und Inhalte schildert und Zusammenhänge erklärt. Diese Haltung geht auf das Selbstverständnis der Agentur im demokratischen Staat zurück, die keiner Regierung oder Partei verpflichtet ist, die sich – im politischen Bereich allemal – eines jeden Kommentars enthalten muß.

Sicher wird ein Theaterrezensent der dpa feststellen, daß ein Stück »durchgefallen« ist, was sich allein schon mit entsprechenden Reaktionen des Publikums belegen läßt. Aber er wird nicht schlankweg behaupten, der

Regisseur sei eine »Niete«. Er deutet vielmehr an, wirft Fragen auf oder bezweifelt den Sinn von Interpretationen. Diese Zurückhaltung hat einen ganz einfachen Grund: Die dpa beliefert bis auf wenige Ausnahmen alle deutschen Zeitungen mit ihren Diensten. Theoretisch könnte der Verriß eines Theaterstücks also am nächsten Tag in fast allen Blättern stehen, die nicht mit einem eigenen Rezensenten vertreten waren, und wäre doch nur die subjektive Betrachtung eines einzelnen. Andere Kritiker wären möglicherweise zu ganz anderen Urteilen gekommen.

Mit der Kulturberichterstattung sind in der dpa-Zentrale vier Redakteure und zwei Pauschalisten (Mode und Kirchen) befaßt. Sie steuern den aktuellen Dienst, redigieren Beiträge aus den Landesdiensten und von den Auslandskorrespondenten, recherchieren und schreiben selbst Artikel zu Themen ihres jeweiligen Fachbereichs. Neben dem tagesaktuellen Agenturgeschäft wird der monatlich erscheinende »Literatur-Dienst« herausgegeben und wöchentlich ein »Kulturpolitischer Dienst« mit Schwerpunkt Hochschulpolitik, den federführend das Bonner dpa-Büro bearbeitet. In großen Auslandsbüros wie London, Paris, Wien und New York kümmert sich jeweils ein Korrespondent um alles Kulturelle.

Grausame Elle

Alles Wünschenswerte ist allein schon deshalb nicht machbar, weil es den Planstellen- und Finanzrahmen sprengen würde. Zwar verändert sich dieser Rahmen ständig, und unter dem Einfluß des Marktes und der Kundenwünsche entstehen neue Schwerpunkte, neue Agenturdienste. Aber im Kulturbereich ist es schwer, die Berichterstattungsanteile am Gesamtpaket der Nachrichtenagentur zu halten oder gar auszubauen. Eine Erweiterung scheint nur dort möglich, wo zugleich (siehe oben) das Verlangen nach »vermischtem« Lesestoff gestillt wird. Etablierte und neue Kulturangebote müssen sich mit der Elle messen lassen, die auch für alle anderen Beiträge im dpa-Paket gilt. Diese Elle erscheint dem Feuilletonisten bisweilen grausam: Sie kappt, sie kippt, sie hetzt, sie »denkt« vor allem in politischen und wirtschaftlichen Kategorien.

Dennoch: Das »Pflänzchen Kultur« in seiner Nische kann leben, sogar immer mal blühen, wenn der Dünger stimmt. Und das sind journalistische

Initiativen, Ideen, Kreativität – alles, was über die Alltagsroutine im Nachrichtengeschäft hinausgeht.

---

* Im Endstadium befinden sich inzwischen (März 1998) Planungen für ein Großressort »Vermischtes«, in das auch die bisherige Kulturredaktion eingegliedert werden soll.

Vierter Teil:
Giftzwerge gegen Angsthasen?
Streitfall Feuilleton

Lothar Baier:
Kulturlandschaft mit Giftzwergen

Das Feuilleton der »Frankfurter Allgemeinen« – Geschichte und Gegenwart eines Mythos

Kommt im Gespräch unter Westdeutschen, die nicht unbedingt dem Banken- und Börsenwesen innig verbunden sind, die Rede auf die »Frankfurter Allgemeine – Zeitung für Deutschland«, kurz F.A.Z., fällt mit Sicherheit früher oder später etwa dieser Satz: Politisch ist diese Zeitung selbstverständlich ungenießbar, denken Sie nur an den Leitartikel von letzter Woche über die Sozialministerin von Brandenburg, eine glatte Denunziation, und überhaupt dieses unerträgliche deutschnationale Getue, vor allem seit der Vereinigung, nein, das Blatt läse auch kein vernünftiger Mensch, wenn es – ja richtig, der Sportteil ist nicht so schlecht, aber den meine ich nicht –, wenn es dieses Feuilleton nicht gäbe, das nicht nur umfangreichste, sondern einfach beste Feuilleton in Deutschland, erstaunlich unabhängig von der politischen Linie im vorderen Teil, liberal, wirklich liberal im besten Sinn des Worts, erfrischend im Ton und sehr, sehr informativ.

Das Bemerkenswerte an dieser Auskunft ist nicht nur, daß man sie überall im deutschen Westen hören kann (im Gegensatz zum Osten, wo diese allgemeine Zeitung für Deutschland bislang noch keinen nachhaltigen Eindruck hinterlassen hat), sondern auch, daß sie keiner erkennbaren Wirklichkeit entspricht. Der Satz vom autonomen Feuilleton der F.A.Z. hat sich gegenüber den Verhältnissen, auf die er sich bezieht, selbständig gemacht. Er gehört zu jenen Sätzen, die einmal etwas Reales beschrieben, dem Untergang dieses Realen aber nicht in den eigenen Tod folgten, sondern, wie Ortega y Gasset es einmal anschaulich ausdrückte, von den Wellen an »die Küste der Rhetorik« gespült werden, »wo sie als Leichnam« noch lange weiterexistieren. Der Satz liefert dem Feuilleton der F.A.Z. das Lebenselixier, ohne das es sich augenblicklich als das zu erkennen geben müßte, was es ist, nämlich als der bunt angestrichene Schwanz, mit dem der Frankfurter Allgemeine Wachhund für Deutschland kulturell gelegentlich etwas wedelt.

Doch wie alle Mythen hat auch der Mythos vom unabhängigen, liberalen, vom politischen Teil durch einen dicken Strich getrennten Feuilleton seinen Ursprung in realen Begebenheiten. Ende der sechziger und Anfang der siebziger Jahre ist der Kulturanteil dieser mit der Frankfurter Bankenwelt eng verbundenen, politisch äußerst konservativen Zeitung durch seinen scharfen Kontrast zur Linie der Herausgeber der F.A.Z. aufgefallen. Während in den Leitartikeln die damalige Ostpolitik der SPD erbittert bekämpft wurde, erhielt sie hinten im Kulturteil kaum versteckten Beifall. Verfolgten die aus alten Wehrmachtszeiten übernommenen Kriegsberichterstatter der F.A.Z. die amerikanische Kriegsführung in Vietnam mit inniger Anteilnahme, kamen auf den Literaturseiten intellektuelle Gegner des Vietnamkrieges zu Wort. Wurde vorne vom Staat hartes Vorgehen gegen demonstrierende StudentInnen verlangt, schrieben unterm Strich des Literaturteils, manchmal hinter Pseudonymen versteckt, theoretische Köpfe der Protestbewegung von 1967/68 über Hegel, Nietzsche und Marx. Beteiligte sich die politische Redaktion der Zeitung an der Hexenjagd auf die 1970 im Untergrund verschwundenen GründerInnen der Roten Armee Fraktion, wurde auf den Literaturseiten verklausuliert über die Faszination der Tat nachgedacht.

Den Herausgebern der F.A.Z. paßte das Treiben auf den hinteren Seiten ihrer Zeitung selbstverständlich nicht in den Kram. Doch ihre gelegentlichen Anstrengungen, die Literaturredaktion auf Linie zu bringen, scheiterten an dem hartnäckigen Widerstand des damaligen Redaktionsleiters Karl Heinz Bohrer. Bohrer ließ sich, auf seine Weise von der antiautoritären Revolte angesteckt, nicht davon abbringen, die Redaktionsgeschäfte nach seinen eigenen Vorstellungen zu führen und Namen ins Blatt zu bringen, von Enzensberger bis Habermas, bei deren bloßer Erwähnung es die Herren aus der Chefetage schüttelte. Daß sie Bohrer und seine Mitstreiter innerhalb und außerhalb der Zeitung gewähren ließen, lag nicht an ihrer Liberalität; sie scheuten ganz einfach die aufreibenden Auseinandersetzungen mit dem temperamentvollen Bohrer und nahmen im übrigen nicht besonders ernst, was da auf der feuilletonistischen »Spielwiese« veranstaltet wurde.

Das änderte sich mit einem Herausgeberwechsel im Jahr 1973, der den aus Springers »Welt« stammenden Joachim C. Fest in das leitende Gremium der F.A.Z. brachte. Fest, nach dem internen Organigramm der Zeitung für das Feuilleton zuständig, setzte dem Laisser-faire seiner Vorgänger ein Ende. Als erstes warf er Bohrer aus der Literaturredaktion und ersetzte ihn durch den von der »Zeit« abgeworbenen Marcel Reich-Ranicki. Der wiederum sorgte dafür, daß der von Bohrer herangezogene Stamm freier Mitarbeiter gründlich ausgelichtet wurde und daß politischen Themen und theoretischen Debatten der Zutritt zum Literaturblatt versperrt blieb. Behäbige Professoren der Germanistik ersetzten nun als Rezensenten die von der Protestbewegung und der Kritischen Theorie auf Trab gebrachten Intellektuellen. Was der kühl planende Zeitungsstratege Fest erreichen wollte, das setzte Reich-Ranicki aus eigener Neigung und dank eigener Idiosynkrasien in die Tat um: daß alles als literaturfremd Betrachtete, worunter in erster Linie die von der Revolte ausgegangenen soziologischen und gesellschaftskritischen Anstöße zu verstehen waren, von den »belles lettres« ferngehalten werden.

Reich-Ranicki, ehemaliger Kulturfunktionär im kommunistischen Polen, war politisch zwar strikter Antikommunist geworden, hielt der sehr bürgerlichen Ästhetik des Sozialistischen Realismus aber weiterhin die Treue. Auf der einen Seite hatte er von ihm die engstirnige Abwehr aller literarischen Experimente und Mischformen übernommen, auf der anderen ließ er sich, das Beispiel des Marxschen Lobs der Romane des politisch als Reaktionär abgelehnten Balzac vor Augen, vom Antikommunismus der F.A.Z. nicht davon abhalten, die literarischen Qualitäten Hermann Kants und Anna Seghers' hervorzuheben. Gelegentlich waren sogar Autoren wie Peter Weiss und der damals noch in der DDR lebende Günter Kunert mit Beiträgen im Literaturblatt vertreten. Der in der Redaktion autokratisch herrschende Reich-Ranicki verteidigte auf seine Weise mit Nachdruck die Unabhängigkeit des Literaturteils vom Geist der F.A.Z.-Politik.

Während seiner Amtszeit als Literaturchef der Zeitung für Deutschland von 1973 bis 1989 gewann Marcel Reich-Ranicki als Hans Dampf in allen Gassen des bundesdeutschen Literaturbetriebs zwar beträchtlichen Einfluß auf die öffentliche Darstellung der Literatur, seine Macht innerhalb der Zeitung jedoch blieb begrenzt. Ohnmächtig mußte der dem nationalsozialistischen Massenmord in Warschau knapp entkommene Reich-Ranicki mitansehen, wie im Juni 1986 Ernst Nolte im Feuilleton der F.A.Z. die an neonazistischem Irrsinn nur haarscharf vorbeizielende These verbreiten durfte, Hitler habe mit der Ermordung der Juden lediglich auf Stalins Verbrechen geantwortet und sogar deren Ausbreitung eindämmen wollen. Der Literaturchef der F.A.Z. protestierte vehement gegen Noltes Geschichtsverdrehung, aber nicht in der eigenen Zeitung, sondern im Konkurrenzblatt

»Süddeutsche Zeitung«. Der revisionistische Historiker Nolte, Auslöser des inzwischen schon wieder halbvergessenen »Historikerstreits«, durfte unterdessen in der F.A.Z. weiter an der Umschreibung der Geschichte arbeiten, sekundiert von Gesinnungsgenossen wie dem Berater Helmut Kohls in nationalen Geschichtsangelegenheiten, Michael Stürmer.

Ende 1988 ging die Ära Reich-Ranicki mit der Pensionierung des Literaturchefs zu Ende. Der Stratege Fest hatte eine Wachablösung eingefädelt, die ihm die totale ideologische Beherrschung des Literaturteils garantierte. Frisch promovierte, kaum der universitären Pepiniere entwachsene, professionell unerfahrene, aber mit hochfliegenden Ambitionen ausgestattete Endzwanziger nahmen die Redakteursplätze in der Frankfurter Hellerhofstraße ein. Nicht die besondere Schwäche der altväterlich mahnenden F.A.Z. für die Jugend gab bei dieser Wahl den Ausschlag, sondern eine Taktik der Vermeidung: Es sollte unter allen Umständen verhindert werden, daß Angehörige der mittleren Generation, Zeitgenossen der Revolte von 1967/68, die zumindest die Erinnerung an die Ereignisse der vergangenen Jahrzehnte nicht verloren hatten, sich in der Zeitung installierten und dort mit ihrem besseren Wissen den von den Herausgebern in Gang gesetzten Umdeutungsprozeß der deutschen Geschichte störten.

Die Rechnung der F.A.Z.-Herausgeber ist bisher auch voll aufgegangen. Unter tatkräftiger Mitwirkung der neuen Redakteure wurde der von Reich-Ranicki noch eifersüchtig bewachte Zaun zwischen politischem Teil und Literaturblatt niedergerissen. Obwohl von halben Kindern bevölkert, ist der Kulturteil seither keine »Spielwiese« mehr, sondern das Manövergelände, auf dem die in den vorderen Leitartikeln veranstalteten ideologischen Übungen in kultureller Einkleidung fortgesetzt werden.

Der seit Anfang 1989 amtierende Literaturchef Frank Schirrmacher hat zusammen mit seinen gleichaltrigen Redaktionskollegen den ihm zugedachten Job offenbar so sehr zur Zufriedenheit der F.A.Z.-Herausgeber erledigt, daß ihm die verschiedenen professionellen Fehlleistungen, die er sich als schreibender Redakteur seit seinem Amtsantritt geleistet hat, allesamt nachgesehen wurden. Hatte der altgediente »Zeit«-Feuilletonchef Fritz J. Raddatz seinerzeit seinen Hut nehmen müssen, weil er einen nicht als Parodie erkannten fremden Text abgekupfert hatte, hat Schirrmacher einen Unsinn nach dem anderen verbreiten dürfen, ohne daß ihm von der F.A.Z.

ein Haar gekrümmt worden wäre. Das Highlight unter seinen Entgleisungen ist zweifellos der Kommentar gewesen, den Schirrmacher zur Wahl des Nobelpreisträgers Nagib Mahfus verfaßt hat: Ohne sich die kleine Mühe zu machen, in einem guten Lexikon nachzuschlagen oder gar einen Sachkenner um Auskunft zu bitten, wo das eigene Wissen nicht ausreichte, behauptete der Literaturchef kühn, der in Wirklichkeit von vielen arabischen Gegenwartsautoren als geistiger Vater verehrte Mahfus sei nichts als ein in der zivilisierten Welt völlig unbekannter ägyptischer Hintertreppenautor, mit dessen aus lauter Drittweltmitleid getroffener Wahl sich das Stockholmer Nobelpreiskomitee unsterblich blamiert habe. Soviel zum frischen Ton in dieser Zeitung, die ja auch nicht Zeitung für Weltliteratur, sondern Zeitung für Deutschland heißt.

Derartige Formschwächen werden in der F.A.Z. offenbar gern in Kauf genommen, weil sie für die Zeitung weit weniger ins Gewicht fallen als das Kapital, das die neue Redaktion in Gestalt des Lebensalters ihrer Mitarbeiter einbringt. Was Benedikt Erenz in der »Zeit« einmal »Joachim C. Fests feuriges Jungvolk« genannt hat, besitzt neben gewissen altersbedingten Wissenslücken den ungeheuren Vorzug, die von oben erwünschte Kurzschließung des Kulturteils mit dem in der Zeitung herrschenden Politikverständnis verschleiern zu helfen. Es sieht dann wie ein normaler Generationenkonflikt aus, wenn Schirrmacher und die Seinen (zu deren kampfeslustigem Jungherrenclub bezeichnenderweise keine einzige Frau gehört) gegen die Älteren losschlagen, nicht die Älteren der Zeitung selbstverständlich, die den ganzen Laden bezahlen, sondern gegen Angehörige der mittleren Generation, die einmal mit der Revolte von 1967/68 in Berührung gekommen waren. Indem diese um 1960 herum Geborenen, subjektiv vielleicht nicht einmal immer unaufrichtig, die zwanzig Jahre Älteren, die ihnen den Weg zu versperren scheinen, beiseite zu boxen versuchen, ihre Bücher niedermachen und sie mit Hilfe der Frankfurter Allgemeinen Moraltrompete vom Gelände scheuchen, erfüllen sie genau die Funktion, derentwegen sie eingestellt wurden: Die Erinnerung an eine andere Geschichte der Bundesrepublik soll mundtot gemacht werden, damit sich Fests und Stürmers revisionistisch umgebautes Geschichtsbild besser durchsetzen kann.

Wie gut sie funktionieren, haben Schirrmacher und Kollegen zum Zeitpunkt der »Wende« in der DDR unter Beweis gestellt. Die gewaltfreie Erhebung gegen das SED-Regime geriet ihnen sogleich zur deutschen Revolution. Aus dem »Volk« der Leipziger Transparente fabrizierten sie den großen Knüppel, mit dem sie auf alle KritikerInnen einer schnellen Vereinigung einschlugen, einschließlich der ostdeutschen Intellektuellen, die den BürgerInnenprotest mit auf die Straße getragen hatten. Selbst mit der Gnade glückseliger Unschuld gesegnet, entdeckten die Feuilletonisten der F.A.Z. außerhalb der Zeitung überall Schuldige, denunzierten Christa Wolf als »Staatsdichterin« mit larmoyantem Gemüt und andere SchriftstellerInnen der DDR als HandlangerInnen der Zensur und Knechte der Partei. Den westlichen kritischen Intellektuellen wurde geraten, sich lieber, statt in alten Nazigeschichten herumzuwühlen, mit ihrem eigenen schuldhaften Beitrag zur Aufrechterhaltung der Diktatur in der DDR und in Osteuropa auseinanderzusetzen. Denn soviel begriff der geneigte Leser des F.A.Z.-Feuilletons: Wären diese tapferen jungen Männer eine Generation früher am Drücker gewesen, wäre die Berliner Mauer schon zwanzig Jahre früher gefallen, ja wahrscheinlich niemals gebaut worden, und die Teilung Europas hätte sich seit Menschengedenken in allgemeinem demokratischem Wohlgefallen aufgelöst.

Nachdem Schirrmacher als Hauptwortführer der Kampagne gegen die einstmals oppositionellen DDR-SchriftstellerInnen seinen Teil dazu beigetragen hatte, daß sich die deutsche Teilung in Form aggressionsgeladener intellektueller Abgrenzung auf beiden Seiten noch ein bißchen länger aufrechterhielt, produzierte er sein nächstes publizistisches Meisterstück. Auch die Westdeutschen hätten unter einer Art Terror gelitten, lautete die sensationelle Entdeckung des Literaturchefs, und zwar unter dem Terror einer »Gesinnungsästhetik«, ausgeübt von den SchriftstellerInnen aus dem Umkreis der Gruppe 47 und ihrer gesinnungsmäßigen Epigonen. Jahrzehntelang habe die richtige politische Einstellung alles gegolten und die Kunst nichts. Damit aber, so darf das Publikum nun erleichtert aufatmen, ist es dank der kühnen Revolte des F.A.Z.-Jungvolkes ein für allemal vorbei. Nach der Demokratie im Osten hat nun endlich auch die Kunst im Westen freie Bahn.

Bisher ist es dem F.A.Z.-Feuilleton allerdings noch nicht recht gelungen, Meldung zu erstatten über das ungeheure Aufblühen der reinen Kunst im ideologisch befreiten Deutschland. Statt dessen, muß der wohlwollende Leser der Zeitung betrübt feststellen, hat das alte Übel auch die junge Mannschaft der F.A.Z. ergriffen. Denn seit der berühmte »Strich« zwischen

Politik und Kultur beseitigt wurde, ist die Ästhetik fast vollständig verschwunden, von der unumschränkten Herrschaft der Gesinnung an die Wand gedrückt. Noch nie hat sich im Feuilleton der Zeitung für Deutschland Ideologie so ungestört breitmachen können wie seit Einzug des »feurigen Jungvolks« in die Redaktion, noch nie stand es so eindeutig in politischen Diensten, noch nie hat das nackte Ressentiment so sehr den Stil seiner Kritik bestimmt, noch nie war ihm die Kunst so gleichgültig.

Alles, was mit der Verstrickung der DDR-Literatur in den Spitzel- und Zensurbetrieb des SED-Staats zu tun hat, ist für Schirrmacher und seine Mitarbeiter ein gefundenes Fressen, weil es ihnen erlaubt, die schwierige Literaturkritik zu vermeiden und gleich zur moralischen Strafprozeßordnung überzugehen. Von dem vergifteten Klima der wechselseitigen Denunziation fühlen sie sich deshalb angezogen, weil es ihre eigenen aggressiven Instinkte weckt. Erst wird dieser als Stasispitzel denunziert, dann jene, dann wird ein Denunziant des Denunziantentums beschuldigt, um tags darauf auf Kosten anderer in Schutz genommen zu werden, scheinheilig beklagt man die Atmosphäre des totalen Verdachts, in der die eigenen Geschäfte prächtig gedeihen. Mit dem Untergang des alten »Neuen Deutschland« der SED, einem Tummelplatz für Denunzianten und Freunde der publizistischen Gesinnungsjustiz, ist dessen Geist offenbar auf das Feuilleton der Zeitung für Deutschland übergegangen. Doch wehe, wenn jemand es wagt, deren Angestellte nur ein wenig an den Haaren zu zausen: Empfindlich wie Mimosen, deren zarte Triebe aber gefährlich geladen sind, stechen die uraltjungen Giftzwerge aus Joachim C. Fests kulturellem Vorgarten gnadenlos zu.

Soviel zur politischen Unabhängigkeit und erfrischenden Liberalität des gelobten F.A.Z.-Feuilletons. Niemand hat übrigens seinen Geist unfreiwillig so unmißverständlich offenbart wie der Literaturchef selbst. Vor Jahren brach an einigen amerikanischen Universitäten eine gewisse Unruhe aus, als man nämlich entdeckte, daß der als Vordenker der »dekonstruktivistischen« Schule verehrte Literaturwissenschaftler Paul de Man unter der deutschen Besetzung seines Heimatlandes Belgien emsig für die Kollaborationspresse geschrieben und sich dabei auch der antijüdischen Propaganda der Nazibesatzer nicht verschlossen hatte. Frank Schirrmacher nahm die weder besonders sensationelle noch innerhalb der verworrenen Kulturgeschichte Europas unter Nazibesatzung besonders einmalige Affäre zum Anlaß, einen rasenden nachgetragenen Antifaschismus zu vertreten und, die Artikel des jungen Paul de Man vor Augen, eine ungeheure »Katastrophe des Geistes« zu melden. Hat Schirrmacher deshalb so wild um sich geschlagen, weil er in dem damals in der Brüsseler Zeitung »Ce soir« debütierenden ganz jungen Paul de Man sein Alter ego erkannte und sich an dem Spiegelbild rächen mußte? Ein wichtigtuerischer Feuilletonist, der sich verbal ständig auf die Zehenspitzen stellt, damit man nicht merkt, wie mickrig er ist, und der seinem maßlosen Ehrgeiz und dem Wohlwollen seiner Auftraggeber manches Opfer bringt – einschließlich der Opfer, die der Geist der politischen Kollaboration unter anderem fordert. Ganz wie beim Feuilleton der F.A.Z.

(Lothar Baier lebt als freier Autor in Frankfurt am Main. Wir entnehmen seinen Text mit freundlicher Genehmigung dem »Freitag«, Nr. 16, vom 10.04.1992.)

Ulrich Greiner:
Wer hat Angst vorm Feuilleton?
Anmerkungen zu einem diffusen Mißmut

Das Feuilleton ist in Verruf geraten. Nicht ein bestimmtes Feuilleton einer bestimmten Zeitung, sondern »das« Feuilleton schlechthin. Dieser Tage schrieb Heiner Müller, der Präsident der Ostberliner Akademie der Künste, für die *FAZ* einen Beitrag, in dem er die Akademiepolitik seines Westberliner Kollegen Walter Jens verteidigte. Er schrieb, die Noblesse von Walter Jens qualifiziere ihn zum Prügelknaben »des deutschen Feuilletons«. Welches er meinte, sagte Müller nicht. Kurz zuvor hatte Christoph Hein, anläßlich einer Rede in Dresden, »das deutsche Feuilleton« in kritischer Absicht erwähnt. Auch Hein ersparte sich einen genaueren Hinweis. Wolf Wondratschek gab kürzlich die Einschätzung zum besten, die bürgerliche Welt »des Feuilletons« sei feige und abgesichert, hier werde niemand zur Verantwortung gezogen. Das erinnert an die Bemerkung, die Reinald Goetz vor einiger Zeit im *Spiegel* machte, als er von der »Arschlochwelt« des Feuilletons sprach und damit einer offenbar verbreiteten Stimmung den bislang abfälligsten Ausdruck verlieh.

Stimmt was nicht? Wer ist »das Feuilleton«, was hat »das Feuilleton« verbrochen, und welche Mafia steckt dahinter? Handelt es sich vielleicht, analog der Stasi, um eine Kusi? Wir wissen es nicht, aber es interessiert uns. Bislang war »Feuilleton« bloß der Titel jener Zeitungsressorts, die kulturelle Dinge zum Gegenstand haben. Er war den Titeln anderer klassischer Ressorts wie »Politik« und »Wirtschaft« gleichgeordnet. Neuerdings jedoch macht sich ein Sprachgebrauch breit, der den Begriff in verächtlicher Absicht verwendet. »Das Feuilleton« ist demnach eine festgefügte Institution, die den wahren Künstlern und Intellektuellen als kulturelle Gegenmacht feindlich ins Gesichtsfeld tritt. Aber wer, aber wo?

Die Christa-Wolf-Debatte machte die neue Denkfigur zum erstenmal sichtbar. Günter Grass sagte damals, »die Feuilletons« seien zu »Hinrichtungsstätten« verkommen. Er bezog sich darauf, daß in der *ZEIT* und in der *FAZ* Verrisse von Christa Wolfs Erzählung »Was bleibt« erschienen waren. In dem folgenden Literaturstreit tauchte der pauschalisierende Singular »das Feuilleton« immer häufiger auf. Ivan Nagel ergoß seinen Hohn über

»das feinere Feuilleton«. Ganz ähnlich, mal zornig, mal ironisch, äußerten sich Adolf Muschg, Jürgen Habermas, Wolf Biermann und kürzlich wieder Günter Gaus. Diese Autoren waren im Literaturstreit keineswegs derselben Meinung. Aber alle empfinden sie offenbar »das Feuilleton« als eine höchst verdächtige Institution.

Die Kritik am Feuilleton ist mindestens so alt wie das Feuilleton. Aber die Redeweise ist neu. Sie erinnert an jene der sechziger Jahre, als das linke Einverständnis vom »Establishment« und von »den Herrschenden« sprach. Es handelte sich um politisch-polemische Begriffe zur Vermeidung von Genauigkeit. Damals immerhin war die Kritik am Feuilleton etwas präziser. Die Zeitschrift *Kursbuch* ritt Attacken gegen die »bürgerliche Literatur« und gegen die »bürgerliche Kritik«. 1968 gab Peter Hamm in der »Reihe Hanser« ein oft zitiertes und folgenreiches Bändchen heraus: »Kritik/von wem/für wen/wie«. Der Hauptfeind, der darin ausfindig gemacht wurde, war der »Großkritiker«. Heute wird man sagen müssen, daß dieser Streit nur ein Nebenschauplatz jenes Generationskonfliktes war, der die Studentenbewegung antrieb. Es waren vor allem die jüngeren Autoren und die jüngeren Kritiker, die in diesem Gesamtmanifest ihren Anteil an der institutionalisierten intellektuellen Macht einforderten. Den sie dann ja auch, naturgemäß, gekriegt haben.

Es ging also damals um eine Kritik der Kritik (und also des Feuilletons), die nicht die Beseitigung der Kritik wollte, sondern die richtige Kritik. Die zu leisten, machten sich die Kritiker der Kritik anheischig. In diesem Konflikt waren Kritik und Kunst nicht voneinander getrennt. Die Trennungslinie verlief zwischen »progressiven« Kritikern und Künstlern und solchen, die zum Establishment gerechnet wurden. In dieser Phase intellektueller Politisierung entstand der sogenannte Springer-Boykott. Er richtete sich in der Hauptsache gegen ein ganz bestimmtes Feuilleton, gegen den Kulturteil der *Welt*. Die wichtigsten Schriftsteller und Intellektuellen befolgten den Boykott-Aufruf. Die Maßnahme war insofern wirkungsvoll, als sich das Blatt bis heute nicht wirklich davon erholt hat.

Von einem Boykott ist gegenwärtig natürlich nicht die Rede. Bei der Anti-Feuilleton-Stimmung handelt es sich um einen diffusen Mißmut, nicht um ein politisches Kalkül. Auffällig ist ja, daß alle die genannten Autoren bei Gelegenheit gerne ihren Auftritt in einem der Feuilletons haben. Aber irgend etwas paßt ihnen nicht. Sammelt man die verstreuten Beschwerden, so stellt sich heraus, daß »das Feuilleton« einerseits eine onkelhafte Harmlosigkeit zeigt, andererseits als kulturelle Großmacht Hexenjagden nach Art des McCarthy veranstaltet; daß es einerseits eine postmodern zynische Beliebigkeit pflegt, andererseits die Ideologie der neuen Sieger vorformuliert; daß es einerseits einer leserabgewandten Esoterik huldigt, andererseits seine Fahne populistisch nach dem politischen Wind hängt.

Alles klar? Es scheint, wir müssen einen kleinen Vokabeltausch vornehmen, um der Sache auf den Grund zu kommen. Es geht nicht um das Feuilleton. Es geht um die Kritik. Die neuen Kritiker des Feuilletons haben nämlich nichts gegen ein interessantes Interview, ein Portrait oder eine Reportage. Den Aufsatz über die neue Kafka-Ausgabe begrüßen sie ebenso wie den Essay zu Shelleys 200. Geburtstag. Was sie nicht so sehr mögen, ist die Rezension. Was ihnen ständigen Verdruß bereitet, ist das Urteil des Kritikers – das Urteil über ein Werk, das Urteil über literarische Entwicklungen, ästhetische Prinzipien. Die Kritiker des Feuilletons mögen das nicht, weil sich das Urteil von Fall zu Fall gegen sie selber und ihre Professionalität richtet. Da sie sich als kritische Geister verstehen, dürfen sie gegen Kritik nichts haben. So tadeln sie »das Feuilleton«. Sie meinen aber die Kritik.

Die Abschaffung der Kritik ist eine paradiesische Vorstellung. Ja, wenn alle miteinander einverstanden wären, müßte Kritik nicht sein! Aber es gibt sie, und es muß sie geben. Ohne sie wäre das literarische Leben tot. Dann soll es halt tot sein? Sei's drum. Aber das literarische Kunstwerk entsteht aus der Erfahrung eines Mangels, eines Zwiespalts zwischen dem Autor und der Welt, es ist Ausdruck eines Nicht-Einverständnisses, es ist Kritik. Und dadurch setzt es unweigerlich einen kritischen Disput in Gang. Der beschränkt sich natürlich nicht auf formale Dinge. Das literarische Werk ist ein Ensemble ästhetischer und gesellschaftlicher Verhältnisse. Es wirkt in seine Zeit hinein, manchmal gegen sie. So ist die Kritik immer auch eine Diskussion moralischer Fragen. Die kann »das Feuilleton« gar nicht aufhalten. Die könnten nur die Schriftsteller aufhalten, indem sie darauf verzichteten, Kunstwerke hervorzubringen.

Einige bemühen sich darum, nicht ohne Erfolg. Sie schreiben Bücher, bei denen die Frage, ob es sich um Literatur als Kunst handelt, gegenstandslos geworden ist. Damit ist auch Kritik gegenstandslos. An ihre Stelle tritt die

Verteilung von Marktchancen. Dieser Aufgabe widmen sich neuartige Agenturen, nämlich parasitäre Medien wie etwa die privaten Fernsehanstalten, die *lifestyle*-Magazine oder die Szene-Blätter, die alle vom Boom der Kultur und der Ausdehnung des Kulturbetriebs profitieren. Sie haben kein klassisches Feuilleton und auch keine Kritik. Aber sie steuern die Marktfähigkeit eines Autors durch den Auftritt in einer Talk-Show, das Kurz-Interview in einer Illustrierten oder den Buchtip in einer Modezeitschrift, und sie tun das ungleich effizienter als »das Feuilleton«.

Diese Beobachtung weckt in den Autoren den verführerischen Wunsch, es möge »das Feuilleton« endlich Ruhe geben, es möge endlich der Kritiker aufhören mit seiner lästigen, manchmal schmerzlichen Kritik. Als Reinhard Baumgart damals in Hamms Sammelband pauschal befand, Rezensionen seien im Grunde nichts anderes als unbezahlte Buchanzeigen, ahnte er nicht, daß unbezahlte Buchanzeigen bei den gewaltigen neuen Service-Apparaten in der Tat die Regel sind. Das bloße Erwähntwerden im *Literarischen Quartett* bringt mehr Auflage als eine bezahlte Buchanzeige in der *ZEIT*. Von diesen Anzeigen lebt die Kritik, aber es gäbe sie nicht, wäre sie bloß eine unbezahlte Buchanzeige. Die Verlage, die manchmal bei Verrissen hörbar mit den Zähnen knirschen, scheinen zu wissen, daß Kritik entweder kritisch ist oder nichts ist.

Wissen das die Autoren nicht mehr? Ach, auf dem Markt der tausend Möglichkeiten sind sie ratlos, was sie wollen sollen. Ihr Selbstbild ist zur Unkenntlichkeit verschwommen, und ihr Selbstbewußtsein ist hinüber. So sind sie kränkbarer denn je, und für den Erfolg, den sie brauchen, ist ihnen fast alles recht. Die gute alte Zeit, als der politische Feind noch klar erkennbar war und Autoren wie Kritiker gemeinsam gegen ihn kämpfen konnten, ist vorbei. So suchen die Autoren den Feind im kritischen Feuilleton. Da steht aber nur, was sie im Grunde selber denken und selber sagen müßten.

Die Autoren wollen geliebt werden (wie wir alle). Sie halten den Boom des Betriebs für Zuwendung. Dem Betrieb aber ist die Kunst Wurscht. Er hat den Typus des kulturell marodierenden Flaneurs hervorgebracht, der nach der Devise lebt: Jeder kann, jeder darf. Dieser Typus besteht auf seinem Konsumverhältnis zur Kunst, und er verargt der Kritik jene Schwierigkeit, die das Merkmal von Kunst ist. Denn die Wahrheit bleibt, daß Kunst etwas Unvergleichliches und Besonderes ist und daß die Begegnung mit ihr eine quälende und schöne Erfahrung ist, für die nicht jeder Augenblick taugt, der sich nicht jedermann jederzeit öffnen kann.

Der Betrieb jedoch lebt nach der Parole »Kultur für alle«, und er verspricht: »Eintritt frei«. Der Eintritt in die Kunst ist aber nicht frei, und der in die Kritik auch nicht. Er kostet ein kleines Stück Leben. Wenn die Schriftsteller das nicht mehr wissen, können sie einem leid tun. Aber es gibt noch einige, ausreichend viele, die das wissen. Sie sind allerdings in der Öffentlichkeit nicht präsent. Sie reden nicht, sie schreiben.

(Ulrich Greiner ist verantwortlich für den Literaturteil der „Zeit". Bis 1995 war er Feuilleton-Chef und danach Kulturkorrespondent des Blattes. Wir entnehmen seinen Text mit freundlicher Genehmigung der „Zeit", Nr. 10, vom 28.02.1992.)

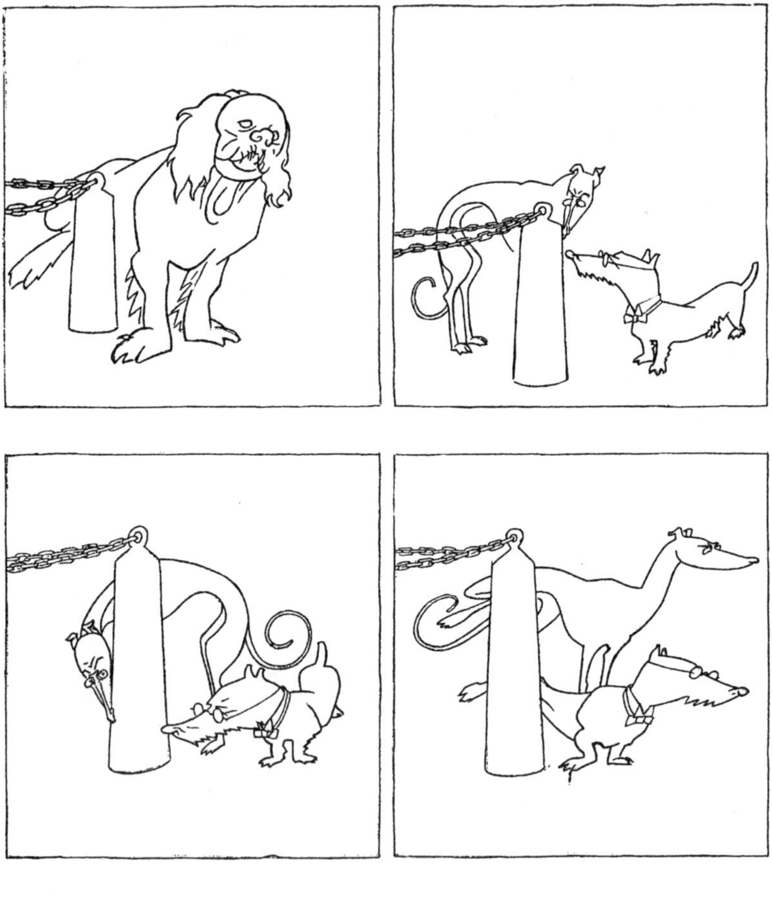

Literaturhinweise

Bücher und Aufsätze, die im Textteil erwähnt worden sind, erscheinen hier in der Regel nur dann noch einmal, wenn sie sich wesentlich mit Kulturkritik und Kulturjournalismus befassen. Für alle anderen zuvor verwandten Quellen sei auf die Anmerkungen verwiesen.

Dafür stehen in dieser Bibliographie weiterführende Beiträge zum Thema Kulturjournalismus sowie Textsammlungen und journalistische Handbücher. Der Schwerpunkt liegt auf neueren Veröffentlichungen; die Anthologien enthalten in der Regel nur Texte des 20. Jahrhunderts.

Abhandlungen über einzelne Kritikerpersönlichkeiten wurden nicht aufgenommen.

Äußern sich in einem Werk verschiedene Autoren zu verschiedenen Gegenständen des Kulturjournalismus, so erscheinen ihre Beiträge nach Möglichkeit getrennt bibliographiert. Geht es in einem Werk mehrerer Autoren oder in einem Zeitschriftenband um nur einen Gegenstand (zum Beispiel Literaturkritik), so taucht dieses Werk nur einmal auf.

Trotz der Fülle der Titel enthält die folgende Liste bei weitem nicht alles, was – hier essayistisch, da wissenschaftlich – zu Aspekten des Kulturjournalismus veröffentlicht worden ist; eine Auswahl war notwendig.

Kultur, Medien und Kritik allgemein

Adorno, Theodor W.: Gesellschaftstheorie und Kulturkritik. Frankfurt a. M.: Suhrkamp 1975

Adorno, Theodor W.: Prismen. Kulturkritik und Gesellschaft. Frankfurt a. M.: Suhrkamp 1976

Bormann, Claus von: Der praktische Ursprung der Kritik. Die Metamorphosen der Kritik in Theorie, Praxis und wissenschaftlicher Technik von der antiken praktischen Philosophie bis zur neuzeitlichen Wissenschaft der Praxis. Stuttgart: Metzler 1974

Bourdieu, Pierre: Die feinen Unterschiede. Kritik der gesellschaftlichen Urteilskraft. Übersetzt von Bernd Schwibs und Achim Russer. Frankfurt a. M.: Suhrkamp 1982

Faulstich, Werner (Hrsg.): Medien und Kultur. Beiträge zu einem interdisziplinären Symposium der Universität Lüneburg. Göttingen: Vandenhoeck & Ruprecht 1991

Glaser, Hermann/Stahl, Karl Heinz: Bürgerrecht Kultur. Frankfurt a. M./Berlin/Wien: Ullstein 1983

Guggenberger, Bernd: Vom drohenden Verfall der Urteilskraft. Kulturgesellschaft und Medienkultur. In: Publizistik, 38, 1993, Nr. 3, S. 280-291

Habermas, Jürgen: Kultur und Kritik. Verstreute Aufsätze. Frankfurt a. M.: Suhrkamp 1973

Habermas, Jürgen: Strukturwandel der Öffentlichkeit. Untersuchungen zu einer Kategorie der bürgerlichen Gesellschaft. Darmstadt/Neuwied: Luchterhand 1962

Heinze, Thomas: Medienanalyse. Ansätze zur Kultur- und Gesellschaftskritik. Opladen: Westdeutscher Verlag 1990

Hickethier, Knut/Zielinski, Siegfried (Hrsg.): Medien/Kultur. Schnittstellen zwischen Medienwissenschaft, Medienpraxis und gesellschaftlicher Kommunikation. Knilli zum Sechzigsten. Unter Mitarbeit von Gabriele Bock, Gabriele Fuhrich, Reiner Matzker und Peter Vorderer. Berlin: Spiess 1991

Hoffmann, Hilmar: Kultur für alle. Perspektiven und Modelle. Erweiterte und aktualisierte Ausgabe. Frankfurt a. M.: Fischer 1981

Kortzfleisch, Siegfried von/Cornehl, Peter (Hrsg.): Medienkult – Medienkultur. Berlin: Reimer 1993

Marcuse, Herbert: Kultur und Gesellschaft. Zwei Bände. Frankfurt a. M.: Suhrkamp 1965

Pichler, Cathrin: Fernsehkultur – Kultur im Fernsehen. Wien: Österreichischer Rundfunk ORF 1980

Schweppenhäuser, Hermann: Aspekte der Kulturkritik. In: Dieter Sturma (Hrsg.): Kultur und Kulturwissenschaft. Lüneburg: Universität Lüneburg 1991, S. 41-57

Geschichte der Kulturkritik und des Feuilletons

Becker, Hans: Das Feuilleton der Berliner Tagespresse von 1848-1852. Ein Beitrag zur Geschichte des Feuilletons. Würzburg: Triltsch 1938

Becker, Heinz (Hrsg.): Beiträge zur Geschichte der Musikkritik. Regensburg: Bosse 1965

Bienert, Michael: Die eingebildete Metropole. Berlin im Feuilleton der Weimarer Republik. Mit 36 Abbildungen. Stuttgart: Metzler 1992

Blaum, Verena: Kunst und Politik im »Sonntag« 1946-1958. Eine historische Inhaltsanalyse zum deutschen Journalismus der Nachkriegsjahre. Köln: Wissenschaft und Politik 1992

Bruckner-Bigenwald, Martha: Die Anfänge der Leipziger Allgemeinen Musikalischen Zeitung. Hilversum: Knuf 1965

Burger, Hella: Konzepte zur Filmkritik aus den Jahren 1927-1933. Eine empirische Untersuchung. In: Gerhard Charles Rump (Hrsg.): Medium und Kunst. Hildesheim/New York: Olms 1978, S. 120-165

Carlsson, Anni: Die deutsche Buchkritik von der Reformation bis zur Gegenwart. Bern/München: Francke 1969

Descotes, Maurice: Histoire de la critique dramatique en France. Tübingen/ Paris: Narr/Place 1980

Diederichs, Helmut H.: Anfänge deutscher Filmkritik. Stuttgart: Fischer und Wiedleroither 1986

Dolinski, Kurt: Die Anfänge der musikalischen Fachpresse in Deutschland. Geschichtliche Grundlagen. Berlin: Schmidt 1940

Dovifat, Emil: »Kritik der Kritik«. In: Publizistik, 8, 1963, Nr. 5, S. 431-435

Dresdner, Albert: Die Entstehung der Kunstkritik im Zusammenhang der Geschichte des europäischen Kunstlebens. Mit einem Vorwort von Peter M. Bode. München: Bruckmann 1968

Ebel, Walter: Das Feuilleton einer Tageszeitung als Spiegel der kulturellen und politischen Verhältnisse einer Zeit. Dargestellt am Feuilleton der »Kölnischen Volkszeitung« während des Krieges 1914-1918. Phil. Diss. München 1953

Eckstein, Ernst: Beiträge zur Geschichte des Feuilletons. Zwei Bände. Leipzig: Hartkoch 1876

Emmer, Erich: Zeitung und bildende Kunst. Vergleichende Untersuchung der Münchner und Wiener Nachkriegspresse in den Jahren 1945-1948. Phil. Diss. Wien 1962

Fayolle, Roger: La critique littéraire en France du XVIe siècle à nos jours. Paris 1964

Hauschild, Franz: Anfänge und Entwicklung des Feuilletons in der Münchener Nachrichten-Presse (1628-1848). Ein Beitrag zur Entwicklungsgeschichte des deutschen Feuilletons. Phil. Diss. München 1934

Heckmann-French, Hannelore: Der Stand der deutschen Theaterkritik 1700-1750 unter besonderer Berücksichtigung der deutschsprachigen Zeitschriftenliteratur. Phil. Diss. Urbana/Illinois 1981

Hickethier, Knut: Geschichte der Fernsehkritik in Deutschland. Berlin: Sigma 1994

Hohendahl, Peter Uwe (Hrsg.): Geschichte der deutschen Literaturkritik (1730-1980). Mit Beiträgen von Klaus L. Berghahn u.a. Stuttgart: Metzler 1985

Jakoby, Ruth: Das Feuilleton des »Journal des Débats« von 1814 bis 1830. Ein Beitrag zur Literaturdiskussion der Restauration. Tübingen: Narr 1988

Jánosi, Andrea-Maria: Theaterkritiker als Theaterschriftsteller. Journalismus und Theater in Wien von der Jahrhundertwende bis 1933. Phil. Diss. Wien 1987

Kellen, Tony: Aus der Geschichte des Feuilletons. Essen: Fredebeul & Koenen 1909

Kirchmeyer, Helmut: Situationsgeschichte der Musikkritik und des musikalischen Pressewesens in Deutschland, dargestellt vom Ausgange des 18. bis zum Beginn des 20. Jahrhunderts. Sechs Bände. Regensburg: Bosse 1967

Klein, Iris: Vom kosmogonischen zum völkischen Eros. Eine sozialgeschichtliche Analyse bürgerlich-liberaler Kunstkritik in der Zeit von 1917 bis 1936. München: tuduv 1991

Kliesch, Hans-Joachim: Die Film- und Theaterkritik im NS-Staat. Phil. Diss. Berlin 1957

Köhn, Eckhardt: Straßenrausch. Flanerie und kleine Form. Versuch zur Literaturgeschichte des Flaneurs bis 1933. Berlin: Das Arsenal 1989

Merkelbach, Heinz: Das Feuilleton der Münchener Tagespresse 1815-1848 in seinen Darstellungsformen. Würzburg-Anmühle: Triltsch 1941

Merschmeier, Michael: Aufklärung – Theaterkritik – Öffentlichkeit, mit einem zeitgenössischen Exkurs. Phil. Diss. Berlin 1985

Meunier, Friedrich Ernst: Die Entwicklung des Feuilletons der großen Presse. Nürnberg: Hilz 1914

Michael, Friedrich: Die Anfänge der Theaterkritik in Deutschland. Leipzig: Haessel 1918

Nöhbauer, Hans F.: Literaturkritik und Zeitschriftenwesen 1885-1914. Phil. Diss. München 1956

Petruck, Peninah R. Y.: American Art Criticism 1910-1939. New York: Garland 1981

Possin, Thomas: Filmkritik im Dritten Reich 1933-1939. Diplomarbeit Dortmund 1990

Quast, Rudolf: Studien zur Geschichte der deutschen Kunstkritik in der 2. Hälfte des 19. Jahrhunderts. Phil. Diss. Münster 1932

Radziewsky, Elke von: Kunstkritik im Vormärz. Dargestellt am Beispiel der Düsseldorfer Malerschule. Bochum: Brockmeyer 1983

Reich-Ranicki, Marcel: Die Anwälte der Literatur. Stuttgart: Deutsche Verlags-Anstalt 1994

Reitberger, Hans: Das Journal des Débats der Brüder Bertin (1789-1811). Phil. Diss. München 1954

Rhades, Jürgen: Von der nationalsozialistischen »Filmkunst-Betrachtung« zur Filmkritik der Gegenwart. Dargestellt an Beispielen aus der Bayerischen Presse. Phil. Diss. München 1955

Rollka, Bodo: Die Belletristik in der Berliner Presse des 19. Jahrhunderts. Untersuchungen zur Sozialisationsfunktion unterhaltender Beiträge in der Nachrichtenpresse. Berlin: Colloquium 1985

Schenk-Güllich, Dagmar: Anfänge der Musikkritik in frühen Periodica. Ein Beitrag zur Frage nach den formalen und inhaltlichen Kriterien von Musikkritiken der Tages- und Fachpresse im Zeitraum von 1700 bis 1770. Phil. Diss. Erlangen-Nürnberg 1972

Schmidt-Thomas, Reinhold: Die Entwicklung der deutschen Konzertkritik im Spiegel der Leipziger Allgemeinen Musikalischen Zeitung (1798-1848). Frankfurt a. M.: Kettenhof 1969

Schultz-Sasse, Linda: Film Criticism in the Weimar Press. In: Thomas G. Plummer et al. (Hrsg.): Film and Politics in the Weimar Republic. New York: Holmes & Meier 1982, S. 47-60

Schwarzlose, Walter: Methoden der deutschen Theaterkritik von Lessing bis Kerr. Phil. Diss. Münster 1951

Splittgerber, Horst: Feuilleton-Formen und Feuilleton-Inhalte. An den Beispielen von Auburtin und Polgar. Phil. Diss. Berlin 1956

Tadday, Ulrich: Die Anfänge des Musikfeuilletons. Der kommunikative Gebrauchswert musikalischer Bildung in Deutschland um 1800. Stuttgart/Weimar: Metzler 1993

Täubert, Klaus: Emil Faktor. Ein Mann und (s)eine Zeitung. Berlin: Hentrich 1994

Todorow, Almut: Das Feuilleton der »Frankfurter Zeitung« in der Weimarer Republik. Zur Grundlegung einer rhetorischen Medienforschung. Tübingen: Niemeyer 1996

Venturi, Lionello: Geschichte der Kunstkritik. München: Piper 1972

Wagner, Manfred: Geschichte der österreichischen Musikkritik in Beispielen. Mit einem einleitenden Essay von Norbert Tschulik. Tutzing: Schneider 1979

Wies, Ruth: Das Journal des Luxus und der Moden (1786-1827). Ein Spiegel kultureller Strömungen der Goethezeit. Phil. Diss. München 1953

Kulturjournalismus und Feuilleton heute

Aregger, J./Aeschbacher, C./Steinmann, M.: Das Kulturpublikum von Radio und Fernsehen. Bern: SRG Forschungsdienst 1993

Baier, Lothar: Kulturlandschaft mit Giftzwergen. Das Feuilleton der »Frankfurter Allgemeinen« – Geschichte und Gegenwart eines Mythos. In: Freitag, Nr. 16, 10.04.1992, S. 9-10

Blöcker, Günter/Luft, Friedrich/Grohmann, Will/Stuckenschmidt, H. H.: Kritik in unserer Zeit. Literatur, Theater, Musik, Bildende Kunst. Mit einem Vorwort von Karl Otto. Göttingen: Vandenhoeck & Ruprecht ²1962

Braun, Hanns: Die Zeitungsfunktionen des Feuilletons. In: Publizistik, 10, 1965, Nr. 3, S. 292-301

Bretschneider, Rudolf: Kultur im Leben der Österreicher. Entwicklungen und neue Befunde. In: Media Perspektiven, 30, 1992, Nr. 4, S. 268-278

Brown, Trevor: Reviewers on Reviewing. In: Journalism Quarterly, 55, 1978, Nr. 1, S. 32-38

Bruck, Peter A. (Hrsg.): Die Mozart Krone. Zur Empörung eines Boulevardblattes und der medialen Konstruktion eines Kulturkampfes. Wien/ St. Johann im Pongau: Österreichischer Kunst- und Kulturverlag 1991

Dietrich, Antje: Die Kulturberichterstattung der Nachrichtenmagazine »Focus« und »Spiegel« im Vergleich. Diplomarbeit Hannover 1993

Eckardt, Fritz: Das Besprechungswesen. Eine Einführung in die Praxis. Leipzig 1927

Eckhardt, Josef/Horn, Imme: Kultur und Medien. Ausgewählte Ergebnisse einer Studie der ARD/ZDF-Medienkommission. In: Media Perspektiven, 29, 1991, Nr. 6, S. 349-367

English, John W.: Criticizing the critics. New York: Hastings House 1979

Fayolle, Roger: La critique. Paris: Colin 1978

Fischer, Heinz-Dietrich (Hrsg.): Kritik in Massenmedien. Objektive Kriterien oder subjektive Wertung? Köln: Deutscher Ärzte-Verlag 1983

Forschungsinstitut für Soziologie der Universität zu Köln/Abeilung Massenkommunikation: Die Bedeutung der Kritik im sozio-kulturellen Wandlungsprozeß. Unveröffentlichter Forschungsbericht. Köln 1976

Frank, Bernward/Maletzke, Gerhard/Müller-Sachse, Karl H.: Kultur und Medien. Angebote – Interessen – Verhalten. Eine Studie der ARD/ZDF-Medienkommission. Baden-Baden: Nomos 1991

Frolik, Erika: Die Methoden der Kulturberichterstattung und Kulturkritik in der Wiener Tagespresse, untersucht am Beispiel Herbert von Karajan. Phil. Diss. Wien 1967

Glaser, Hermann: Ist das Äffchen Feuilleton verunglückt? Beobachtungen zum Kulturteil der Tageszeitungen. In: Tribüne, 14, 1975, Nr. 56, S. 6588-6596

Grassinger, Angelika: Empirische Untersuchung: Theaterkritiker, Literaturkritiker, Filmkritiker und Fernsehkritiker. Ein Vergleich von Tätigkeiten und Einstellungen. Magisterarbeit Mainz 1981

Greiner, Ulrich: Wer hat Angst vorm Feuilleton? Anmerkungen zu einem diffusen Mißmut. In: Die Zeit, Nr. 10, 28.02.1992, S. 59

Groth, Otto: Allgemeine Betrachtungen zur Kunstkritik. In: Publizistik, 8, 1963, Nr. 5, S. 478-488

Gstettner, Astrid: Aktuelle Kulturberichterstattung in österreichischen Tageszeitungen. Eine inhaltsanalytische Untersuchung. Phil. Diss. Wien 1979

Haacke, Wilmont: Das Feuilleton des 20. Jahrhunderts. In: Publizistik, 21, 1976, Nr. 3, S. 285-312

Haacke, Wilmont: Das Feuilleton in Zeitung und Zeitschrift (Unterhaltung, Kultur und Kulturpolitik). In: Emil Dovifat (Hrsg.): Handbuch der Publizistik. Unter Mitarbeit führender Fachleute. Drei Bände. Berlin: de Gruyter 1968 f., Bd. 3, S. 218-236

Haacke, Wilmont: Die Kritik in Zeitung und Zeitschrift. In: Emil Dovifat (Hrsg.): Handbuch der Publizistik. Unter Mitarbeit führender Fachleute. Drei Bände. Berlin: de Gruyter 1968 f., Bd. 3, S. 237-251

Haacke, Wilmont: Fragen des Feuilletons. In: Publizistik, 8, 1963, Nr. 2, S. 75-78

Haacke, Wilmont: Handbuch des Feuilletons. Drei Bände. Emsdetten: Lechte 1951 ff.

Haas, Sabine: Kulturangebote im Fernsehen. Sendungskonzepte, Nutzungsmuster, Publikumserwartungen. In: Media Perspektiven, 32, 1994, Nr. 9, S. 439-449

d'Haenens, Leen: Arts Programming on Public Television. An Analysis of Cognitive and Emotional Viewer Reactions. In: European Journal of Communication, 11, 1996, Nr. 2, S. 147-172

Haller, Rudolf: Das Problem der Objektivität ästhetischer Wertungen. In: Otto Kolleritsch (Hrsg.): Kulturteilgestaltung acht renommierter europäischer Tageszeitungen. Sonstige Beiträge. Graz: Institut für Wertungsforschung 1975, S. 69-82

Hamm, Peter (Hrsg.): Kritik – von wem/für wen/wie. Eine Selbstdarstellung deutscher Kritiker. München: Hanser 1968

Hanemann, Peter: Kultur in die Öffentlichkeit! Ein Handbuch zur kulturellen Presse- und Öffentlichkeitsarbeit. Hrsg. v. Sekretariat für gemeinsame Kulturarbeit in Nordrhein-Westfalen. Essen: Klartext 1991

Hartel, Gaby: Kamin im Winter. DLR Berlin, Radio 3 (SFB/NDR/ORB) und radio kultur (SFB/ORB). In: epd Medien, Nr. 2, 14.01.1998, S.3-8

Hartel, Gaby: Unerschütterliches. Bayern2Kultur und MDR Kultur: wie Worte gemacht werden. In: epd Medien, Nr. 13, 21.02.1998, S. 4-9

Henrichs, Benjamin: Der neue Journalismus: Aus Kritikern werden Komplizen. Falsche Nähe. In: Die Zeit, Nr. 37, 09.09.1988, S. 45

Heß, Dieter (Hrsg.): Kulturjournalismus. Ein Handbuch für Ausbildung und Praxis. München: List ²1997

Hönes, Winfried (Hrsg.): Lob der Kritik. Aphorismen für Journalisten und Kritiker. Wiesbaden: Drei Lilien 1989

Hohenester, A./Kolleritsch, O./Schulter, G.: Kulturteilgestaltung acht renommierter europäischer Tageszeitungen. In: Otto Kolleritsch (Hrsg.): Kulturteilgestaltung acht renommierter europäischer Tageszeitungen. Sonstige Beiträge. Graz: Institut für Wertungsforschung 1975, S. 7-68

Holstein, Helmuth von: Kunstkritik und Schadensersatz. In: Publizistik, 8, 1963, Nr. 5, S. 492-501

Iden, Peter: Von welchem Kulturbegriff lassen wir uns leiten? – Beispiel: Feuilleton. In: Forum Loccum, 17, 1998, Nr. 2, S. 8-10

Jentsch, August: Der Kulturteil der Parteienpresse. Untersuchungen anhand der kulturellen Rubriken. Phil. Diss. Wien 1952

[Jörder, Gerhard] Vor der Zerreißprobe? Gerhard Jörder, Kultur-Chef der »Badischen Zeitung«, im Gespräch über Chancen und Gefährdungen des regionalen Feuilletons. In: Theater heute, 38, 1997, Nr. 6, S. 22-24

[**Karasek, Hellmuth**] »Ich bin kein Missionar«. Hellmuth Karasek über Feuilleton, Kritik und die Rückkehr zum Tagesjournalismus. In: Theater heute, 38, 1997, Nr. 3, S. 1-2

Kepplinger, Hans Mathias: Realkultur und Medienkultur. Literarische Karrieren in der Bundesrepublik. Freiburg/München: Alber 1975

Köpke, Horst et al.: »journalist«-Forum: Perspektiven des Feuilletons. In: Journalist, 40, 1989, Nr. 7, S. 16-17

Konrad, Walter: Was sich nicht rechnet. Kultur in den Medien – auf dem Weg in die Nische? In: epd Medien, Nr. 71, 12.09.1998, S. 6-12

Koszyk, Kurt: Feuilleton im Wandel. Abschied von den Edel-Federn. In: Journalist, 40, 1989, Nr. 7, S. 8-11

Kotze, Hildegard von: Feuilleton und Feuilletonismus als Stilmerkmal expressionistischer Kulturepochen. Phil. Diss. Berlin 1955

Kreutz, Anja: Kultur im Magazinformat. Zur Geschichte, Form und Funktion von »Aspekte« und »Titel, Thesen, Temperamente« im deutschen Fernsehen. Leverkusen: Deutscher Universitätsverlag 1995

Kreuzer, Helmut/Schumacher, Heidemarie (Hrsg.): Magazine audiovisuell. Politische und Kulturmagazine im Fernsehen der Bundesrepublik Deutschland. Berlin: Spiess 1988

Kunze, Birgit: Lesernähe lokaler Kulturteile. Diplomarbeit Dortmund 1992

Leder, Dietrich: Je später der Abend. In: Journalist, 48, 1998, Nr. 8, S. 18-21

Lilienthal, Volker: Debatten der Zeit. In: Journalist, 40, 1989, Nr. 7, S. 12-14

[**Löffler, Sigrid**] Der neue »Zeit«-Tango. Ein Gespräch mit Sigrid Löffler über Veränderungen in der Medien-Welt, über Feuilleton heute, über die Zeit und »Die Zeit«. In: Theater heute, 39, 1998, Nr. 1, S. 32-36

Löffler, Sigrid: Die Furien des Verschwindens. Der Kritiker als aussterbende Spezies: Wie läßt sich sein Prestigeverfall aufhalten? In: Die Zeit, Nr. 1, 30.12.1998, S. 37

Meunier, Ernst/Jessen, Hans: Das deutsche Feuilleton. Ein Beitrag zur Zeitungskunde. Berlin: Duncker 1931

Meyer, Manfred (Hrsg.): Kultur- und Bildungsprogramme im Fernsehen – Defizite und Chancen im Medienwettbewerb. Beiträge zu einem internationalen Symposium. München/London/New York/Paris: Saur 1994

Möllmann, Bernhard: Kultur ist alles. In: Journalist, 45, 1995, Nr. 5, S. 43-44

Moser, Gerhard: »Das Verschwinden der Glühwürmchen« oder: Die Problemfelder und Perspektiven öffentlich-rechtlicher (Radio-) Kunst- und Kulturberichterstattung in Sport-, Spaß- und Spektakelgesellschaften. In: Wolfgang Duchkowitsch/Fritz Hausjell/Walter Hömberg/Arnulf Kutsch / Irene Neverla (Hrsg.): Journalismus als Kultur. Analysen und Essays. Opladen/Wiesbaden: Westdeutscher Verlag 1998, S. 153-161

Müller-Sachse, Karl H.: Trist, trocken, traurig – kulturbezogene Angebote in Zeitungen. Ausgewählte Ergebnisse einer inhaltsanalytischen Untersuchung. In: Media Perspektiven, 26, 1988, Nr. 9, S. 576-589

Müller-Sachse, Karl H.: Von Adamo bis Zadek – Kulturangebote in Fernsehprogrammen. Ausgewählte Ergebnisse einer Inhaltsanalyse. In: Media Perspektiven, 29, 1991, Nr. 6, S. 368-385

Olbert, Frank: Als sei man ins Kloster geraten. Die Kulturprogramme WDR 3, S 2 Kultur und HR 2. In: epd Medien, Nr. 99, 17.12.1997, S. 4-9

Prédal, René: La critique des spectacles. Paris: Centre de formation et de perfectionnement des journalistes 1988

Rauter, E. A.: Kalkgrüne Grillen schnauben Pferdestärken. In: Ambiente, 1993, Nr. 5, S. 94-96

Reus, Gunter: Kunst-Gewerbe. Der Wandel des Feuilletons. In: Journalist, 48, 1998, Nr. 8, S. 12-17

Reus, Gunter/Schneider, Beate/Schönbach, Klaus: Paradiesvögel in der Medienlandschaft? Kulturjournalisten – wer sie sind, was sie tun und wie sie denken. In: Peter Becker/Arnfried Edler/Beate Schneider (Hrsg.): Zwischen Wissenschaft und Kunst. Festgabe für Richard Jakoby. Mainz/London/Madrid/New York/Paris/Tokyo/Toronto: Schott 1995, S. 307-327

Rivers, William L.: Writing Opinion: Reviews. Ames: Iowa State University Press 1988

Saxer, Ulrich: Kunstberichterstattung. Analyse einer publizistischen Struktur. Zürich: Seminar für Publizistikwissenschaft der Universität Zürich 1995

Schäble, Gunter: Unsere Geduld versiegt nie. Lebendiges Feuilleton, Teil I: Die Hingebung des Rezensenten. In: Die Zeit, Nr. 41, 02.10.1987, S. 63

Scheer, Gertrud/Stiftel, Ralf: Der Gebrauchswert der Kulturberichterstattung, dargestellt an drei Fallbeispielen: Frankfurter Rundschau, Kölnische Rundschau, Kölner Stadtanzeiger. Diplomarbeit Dortmund 1983

[Schmid, Thomas] Lustvolle Aufklärung. Ein Gespräch mit Thomas Schmid, dem stellvertretenden Chefredakteur der »Hamburger Morgenpost«, über Boulevard-Journalismus, Großstadt-Feuilleton und Politik. In: Theater heute, 38, 1997, Nr. 8, S. 30-31

Schmidt, Anja: Die Pressearbeit im Kulturbereich und ihre Verwertung durch lokale Tageszeitungen. Diplomarbeit Dortmund 1992

Schmidt, Heike: Kulturmagazine. Ihre Gestaltung im Hessischen Fernsehen 1964-1974. Frankfurt a. M./Berlin/Bern/New York/Paris/Wien: Lang 1995

Schmidt, Thomas E.: Interesseloses Wohlgefallen. Aufstieg und Fall des Kulturjournalismus im Fernsehen. In: Frankfurter Rundschau, Nr. 213/37, 12.09.1992, Wochenendbeilage, S. ZB3

Schneyder, Werner: Die Kultur der Kritik der Kultur oder: Zehn Wesensmerkmale des Feuilletons. In: Wolfgang Duchkowitsch/Fritz Hausjell/Walter Hömberg/Arnulf Kutsch/Irene Neverla (Hrsg.): Journalismus als Kultur. Analysen und Essays. Opladen/Wiesbaden: Westdeutscher Verlag 1998, S. 143-151

Schulze-Reimpell, Werner: Vom Elend des Kritikers. In: Journalist, 43, 1993, Nr. 9, S. 34-38

Seibert, Peter: Die Musen, das Medium und die Massen. Zu den Kulturmagazinen im Fernsehen der Bundesrepublik. In: Helmut Kreuzer/Karl Prümm (Hrsg.): Fernsehsendungen und ihre Formen. Typologie, Geschichte und Kritik des Programms in der Bundesrepublik Deutschland. Stuttgart: Reclam 1979, S. 377-390

Stegert, Gernot: Feuilleton für alle. Strategien im Kulturjournalismus der Presse. Tübingen: Niemeyer 1998

Stimmler, Birgitta: Sprache und Stil des Feuilletons – illustriert am Beispiel der »Zeit« Nr. 21 vom 18.5.1979. Wissenschaftliche Arbeit Tübingen 1980

Tok, Hans-Dieter: Hermetisches System. Die Kulturmagazine der Dritten TV-Programme. In: epd Kirche und Rundfunk, Nr. 32, 27.04.1996, S. 6-9

Trunkenpolz, Sieglinde: Kulturkritik und ihre Rezeption. Untersuchungen zur Theater-, Literatur- und Alltagskulturberichterstattung in österreichischen Tageszeitungen. Phil. Diss. Salzburg 1985

Volpers, Helmut/Weiß, Hans-Jürgen unter Mitarbeit von Wolfgang Büning und Joachim Trebbe: Kultur- und Bildungsprogramme im bundesdeutschen Fernsehen. Begriffsdiskussion und Programmanalyse. Eine Studie im Auftrag der Bayerischen Landeszentrale für neue Medien. München: Fischer 1992

Weiß, Hans-Jürgen: Kultur und Bildung. Programmkategorien an der Peripherie des deutschen Fernsehmarktes. In: Media Perspektiven, 30, 1992, Nr. 11, S. 733-749

Zabka, Gisela: Stürmerisch. Was gewisse TV-Kulturjournale unter Journalismus verstehen. In: epd Kirche und Rundfunk, Nr. 54, 13.07.1994, S. 4-6

Zimmer, Dieter E.: Redens Arten. Über Trends und Tollheiten im neudeutschen Sprachgebrauch. Zürich: Haffmans 1988

Theater

Brües, Otto: Gut gebrüllt, Löwe. Eine Fibel der Theaterkritik. Emsdetten: Lechte 1967

Dresen, Adolf: Ist alles gut, bloß weil es neu ist? Eine Polemik: Die Mühle der Moden oder Wenn Kritiker ohne Normen auskommen. In: Frankfurter Allgemeine, Nr. 118, 22.05.1990, S. 36

Engel, Lehman: The critics. New York: Macmillan 1976

Esslin, Martin: Der Kritiker zwischen Theater und Publikum. In: Die Deutsche Bühne, 42, 1971, Nr. 6, S. 9-11; Nr. 7, S. 13-16

[Henrichs, Benjamin] »Auch wir sind Mitspieler im Theater«. Über Helden und Dramen, über Kritik, Triumphe, Katastrophen und Pointen. Ein Gespräch mit Benjamin Henrichs. Von Peter von Becker und Michael Merschmeier. In: Theater 1992. Jahrbuch der Zeitschrift »Theater heute«. Seelze: Friedrich 1992, S. 66-76

Henrichs, Benjamin: Erbarmen mit Clavigo! Kritik, ein ernstes Spiel – Rede zum Johann Heinrich Merck-Preis. In: Theater heute, 33, 1992, Nr. 11, S. 23-24

Hensel, Georg: Anmaßungen der Theaterkritik. In: Theater heute, 9, 1968, Nr. 11, S. 1-3

Hensel, Georg: Der Hordenkomiker, Alfred Kerr, Karl Valentin und Kollegen. Der Maßstab des Theaterkritikers oder Die Elle des tapferen Schneiderleins. In: Frankfurter Allgemeine, Nr. 110, 12.05.1990, Wochenendbeilage [o. S.]

Hensel, Georg: Für wen schreibt der Theaterkritiker? In: Süddeutsche Zeitung, Nr. 248, 26.10.1974, Wochenendbeilage, S. 1-2

Hensel, Georg: Kritiker sind besser, als es gut ist. In: Theater heute, 12, 1971, Nr. 9, S. 60

Hickethier, Knut (Hrsg.): Dokumentation. Über Theater schreiben. Theaterkritik und Theaterzeitschriften. Veranstaltet vom Zentrum der Bundesrepublik Deutschland des Internationalen Theaterinstituts und der Dramaturgischen Gesellschaft in Stuttgart 1987. Berlin 1988

Hildebrandt, Dieter: Der Kritiker als Hanswurst. In: Theater heute, 9, 1968, Nr. 8, S. 1-2

Höbel, Wolfgang: Jeden Abend Kindergeburtstag? Theater und Theaterkritik heute. In: Theater 1992. Jahrbuch der Zeitschrift »Theater heute«. Seelze: Friedrich 1992, S. 116

Jüngermann, Ralf: Wenn eine affige Emanze einen dämlichen Schlappschwanz über die Bühne scheucht. Kabarettberichterstattung in deutschen Tageszeitungen. Diplomarbeit Dortmund 1996

Kaiser, Joachim: Kritik als spontaner Impuls. In: Peter Hamm (Hrsg.): Kritik – von wem/für wen/wie. Eine Selbstdarstellung deutscher Kritiker. München: Hanser 1968, S. 15-19

Karasek, Hellmuth: Fünf Antworten auf fünf Fragen zur Theaterkritik. In: Peter Hamm (Hrsg.): Kritik – von wem/für wen/wie. Eine Selbstdarstellung deutscher Kritiker. München: Hanser 1968, S. 49-56

[Karasek, Hellmuth] »Theater heute«-Gespräch mit dem Kritiker und Autor Hellmuth Karasek. »Bridge nach dem Beischlaf«. Von Peter von Becker und Michael Merschmeier. In: Theater heute, 31, 1990, Nr. 6, S. 26-35

Klett, Renate: Kritikerbeschimpfung. In: Theater heute, 29, 1988, Nr. 4, S. 71

Klier, Helmar: Theaterkritik als Beruf? Zu Selbstverständnis, Berufsbild und Ausbildungsaspekten einer umstrittenen Profession. Magisterarbeit München 1975

Knudsen, Hans: Wesen und Grundlagen der Theaterkritik. Berlin 1935

Kostanczak, Bettina: Das Berufsbild des Theaterkritikers. Berufsspezifische Voraussetzungen, Intentionen und Probleme seit Theodor Fontane. Magisterarbeit München 1989

Krättli, Anton: Theaterkritik. In: Martin Hürlimann (Hrsg.): Das Atlantisbuch des Theaters. Zürich/Freiburg: Atlantis 1966, S. 371-386

[Linzer, Martin] Theaterkritik in der DDR – Erfahrungen eines Insiders: 40 Jahre Kompromißwirtschaft. »Theater heute«-Gespräch mit Martin Linzer, Chefredakteur von »Theater der Zeit«. In: Theater heute, 32, 1991, Nr. 10, S. 15-20

Luft, Friedrich: Das Wesen der Kritik. In: Günter Blöcker/Friedrich Luft/ Will Grohmann/H. H. Stuckenschmidt: Kritik in unserer Zeit. Literatur, Theater, Musik, Bildende Kunst. Mit einem Vorwort von Karl Otto. Göttingen: Vandenhoeck & Ruprecht ²1962, S. 28-45

Marcuse, Ludwig: Ketzereien über Kritik und Kritiker. In: Theater heute, 6, 1965, Nr. 7, S. 1-3

May, Rolf: Exkurs: Theaterkritik in der Boulevardzeitung. In: Dieter Heß (Hrsg.): Kulturjournalismus. Ein Handbuch für Ausbildung und Praxis. München: List ²1997, S. 89-94

Meier, Peter: »Schlagt ihn tot, den Hund! Es ist ein Rezensent.« Theater- und Literaturkritik. Bern/Bonn: Zytglogge 1987

Melchinger, Siegfried: Keine Maßstäbe? Versuch einer Selbstkritik der Kritik. Zürich/Stuttgart: Artemis 1959

Melchinger, Siegfried: Trennung von Analyse und Urteil. In: Peter Hamm (Hrsg.): Kritik – von wem/für wen/wie. Eine Selbstdarstellung deutscher Kritiker. München: Hanser 1968, S. 62-64

Meysing, Birgit: Theaterkritik in der Tagespresse, untersucht am Beispiel des Stadttheaters Ingolstadt. Diplomarbeit Eichstätt 1991

Mierendorff, Marta: Lebt das Theater? Der Wicclair-Test. Bad Ems: Sommer 1960

Münder, Peter: Alles nur Theater? In: Medium Magazin, 12, 1997, Nr. 12, 68-70

Müry, Andres: Komödie der Kritiker. Reise zu einer aussterbenden Spezies. In: Theater heute, 28, 1987, Nr. 3, S. 10-24

Pierwoß, Klaus: Theater und Kritik: Geschichten von Haß und Leidenschaft. In: Theater heute, 21, 1980, Nr. 8, S. 1-2

Prager, J.: Überlegungen zur Theaterkritik am Beispiel der Wiener Kritiken der siebziger Jahre. Phil. Diss. Wien 1983

Pütz, Susanne: Das Theaterfeature. Aspekte einer kritisch-informativen Sendeform. Siegen: Universität-GH Siegen 1994

Reisberg, Cornelia: Freies Theater und Regionale Presse. Diplomarbeit Dortmund 1992

Richard, Christine: Aus dem Leben von Zwerg Riese. In: Theater heute, 35, 1994, Nr. 11, S. 56

Ricklefs, Sven: Theaterkritik. In: Dieter Heß (Hrsg.): Kulturjournalismus. Ein Handbuch für Ausbildung und Praxis. München: List [2]1997, S. 78-89

Rischbieter, Henning: Beschreiben, was war. In: Peter Hamm (Hrsg.): Kritik – von wem/für wen/wie. Eine Selbstdarstellung deutscher Kritiker. München: Hanser 1968, S. 57-61

Rühle, Günther: Ein bißchen wesenloser Radau? Was soll, kann und darf die Theaterkritik? In: Theater heute, 18, 1977, Nr. 11, S. 31-36

Scheuffler, Gottlieb: Probleme der Theaterkritik. Phil. Diss. Jena 1932

Schlaffer, Hannelore: Wider die Konventionen der Kritik. Was Theaterkritiker nur sehen und was sie auch sehen sollten. In: Theater heute, 21, 1980, Nr. 10, S. 1-4

Schmidt, Dietmar N.: Nehmen Sie uns nicht für voll. Theater, Publikum und die Kritik. In: Die Deutsche Bühne, 44, 1973, Nr. 3, S. 10-11

Schulze-Reimpell, Werner: Kritiker – kritisch verteidigt. In: Die Deutsche Bühne, 44, 1973, Nr. 3, S. 8-10

Seidl, W.: Die geistige Haltung der neueren deutschen Theaterkritik. Phil. Diss. München 1951

Skasa, Michael: Her mit den kleinen Exoten! In: Theater heute, 36, 1995, Nr. 12, S. 72

Stadelmaier, Gerhard: Kritiker, zum Service! In: Theater heute, 32, 1991, Nr. 8, S. 55

Stadelmaier, Gerhard: Letzte Vorstellung. Eine Führung durchs deutsche Theater. Mit Photographien von Hermann und Clärchen Baus. Frankfurt a. M.: Eichborn 1993

Stadelmaier, Gerhard: Pawlowsche Krokodile. In: Theater heute, 32, 1991, Nr. 12, S. 63

Stauch-v. Quitzow, Wolfgang: Theater-Kritik. In: Heinz-Dietrich Fischer (Hrsg.): Kritik in Massenmedien. Objektive Kriterien oder subjektive Wertung? Köln: Deutscher Ärzte-Verlag 1983, S. 135-148

Stuke, Franz R. (Hrsg.): Alles Theater? Bühne, Öffentlichkeit und die Kritik. Münster: Daedalus 1997

Sucher, C. Bernd: Kritiker – Welttheater. In: Theater heute, 34, 1993, Nr. 8, S. 56

Sucher, C. Bernd: Pervertierte Kritik. In: Süddeutsche Zeitung, Nr. 273, 27.11.1991, S. 18

Völker, Klaus: Theaterkritik ohne Adressat. In: Theater heute, 21, 1980, Nr. 4, S. 64

Westphalen, Joseph von: Theaterkrise gibt es nicht. In: Theater heute, 30, 1989, Nr. 10, S. 55

Wille, Franz: Prediger und/oder Scharlatan? Ein Beitrag zum Sommerloch. Wenn ihm gar nichts anderes mehr einfällt, schreibt der Kritiker über sich selbst... In: Theater heute, 34, 1993, Nr. 9, S. 1-2

Zadek, Peter: Oberflächlich. Bissig. Eitel. Unbeweglich. Ein Regisseur macht sich Gedanken über die Theaterkritik – mißvergnügte Gedanken, naturgemäß. In: Die Zeit, Nr. 41, 01.10.1998, S. 67

Buch

Altmann, Petra: Der Buchkritiker in deutschen Massenmedien. Selbstverständnis und Selektionskriterien bei Buchbesprechungen. Phil. Diss. München 1983

Anz, Thomas: Literaturkritik. In: Dieter Heß (Hrsg.): Kulturjournalismus. Ein Handbuch für Ausbildung und Praxis. München: List ²1997, S. 59-58

Arnold, Heinz Ludwig (Hrsg.): Über Literaturkritik. Text + Kritik, 1988, Nr. 100

Barner, Wilfried (Hrsg.): Literaturkritik – Anspruch und Wirklichkeit. DFG-Symposion 1989. Stuttgart: Metzler 1990

Baumgart, Reinhard: Der Kritiker bekniet die Literatur. Literaturkritik – eine verlorene Sache? Dankrede für den Merck-Preis. In: Die Zeit, Nr. 44, 23.10.1987, S. 67

Baumgart, Reinhard: Vorschläge. In: Peter Hamm (Hrsg.): Kritik – von wem/für wen/wie. Eine Selbstdarstellung deutscher Kritiker. München: Hanser 1968, S. 40-44

Bielefeld, Claus-Ulrich: Literaturkritik im Radio. In: Sprache im technischen Zeitalter, 26, 1988, Nr. 105, S. 25-28

Blöcker, Günter: Literaturkritik. In: Günter Blöcker/Friedrich Luft/Will Grohmann/H. H. Stuckenschmidt: Kritik in unserer Zeit. Literatur, Theater, Musik, Bildende Kunst. Mit einem Vorwort von Karl Otto. Göttigen: Vandenhoeck & Ruprecht ²1962, S. 5-27

Buchholz, Torsten: Das Streitgespräch als Instrument der Literaturkritik. Literaturtheoretische Aspekte der ZDF-Sendung »Das Literarische Quartett«. Diplomarbeit Hannover 1995

Daemmrich, Horst S.: Literaturkritik in Theorie und Praxis. München: Francke 1974

Drews, Jörg (Hrsg.): Literaturkritik – Medienkritik. Mit Beiträgen von Wolfgang Gast u.a. Heidelberg: Quelle & Meyer 1977

Gebhardt, Eike: Literaturkritiker – das olympische Gewissen. In: Bertelsmann Briefe, 36, 1996, Nr. 136, S. 50-51

Gebhardt, Peter (Hrsg.): Literaturkritik und literarische Wertung. Darmstadt: Wissenschaftliche Buchgesellschaft 1980

Glotz, Peter: Buchkritik in deutschen Zeitungen. Hamburg: Verlag für Buchmarkt-Forschung 1968

Görtz, Franz Josef/Ueding, Gert (Hrsg.): Gründlich verstehen. Literaturkritik heute. Frankfurt a. M.: Suhrkamp 1985

Görtz, Franz Josef: Wovon man nicht reden kann. In: Sprache im technischen Zeitalter, 26, 1988, Nr. 105, S. 3-6

Greiner, Ulrich: Der vergessene Ludwig Börne und der Niedergang der Kritik. Toter Hund. In: Die Zeit, Nr. 44, 29.10.1993, S. 65

Greiner, Ulrich: Tanz der Vampire. Was man aus dem Erfolg von Robert Schneiders »Luftgängerin« lernen kann – Ein paar Beobachtungen zum veränderten Verhältnis von Literatur und Öffentlichkeit. In: Die Zeit, Nr. 18, 23.04.1998, S. 41-42

Hahn, Ulla: Zwischen Zeitzeugenschaft und Rückzug aus der Zeit. Welche Bedeutung hat das Feuilleton für die Arbeit des Schriftstellers? In: Die Zeitung, 23, 1995, Nr. 6, S. 10-11

Hamm, Peter: Der Großkritiker. Literaturkritik als Anachronismus. In: Peter Hamm (Hrsg.): Kritik – von wem/für wen/wie. Eine Selbstdarstellung deutscher Kritiker. München: Hanser 1968, S. 20-39

Helbling, Hanno: Literaturkritik in der Tageszeitung. In: Sprache im technischen Zeitalter, 26, 1988, Nr. 105, S. 29-33

Heß, Dieter: Exkurs: Literaturkritik im Hörfunk. In: Dieter Heß (Hrsg.): Kulturjournalismus. Ein Handbuch für Ausbildung und Praxis. München: List ²1997, S. 68-78

Hinderer, Walter: Zur Situation der westdeutschen Literaturkritik. In: Manfred Durzak (Hrsg.): Die deutsche Literatur der Gegenwart. Aspekte und Tendenzen. Stuttgart: Reclam 1973, S. 300-321

Höllerer, Walter (Hrsg.): Maßstäbe und Möglichkeiten der Kritik zur Beurteilung der zeitgenössischen Literatur (Berliner Kritiker-Colloquium 1963). Sprache im technischen Zeitalter, 4, 1964, Sonderheft, Nr. 9/10

Hohendahl, Peter Uwe: Literaturkritik und Öffentlichkeit. München: Piper 1974

Holbein, Ulrich: Zwischen Hymne und Standpauke. In: Die Zeit, Nr. 37, 06.09.1996, S. 53

Irro, Werner: Kritik und Literatur. Zur Praxis gegenwärtiger Literaturkritik. Würzburg: Königshausen + Neumann 1986

Jens, Walter (Hrsg.): Literatur und Kritik. Aus Anlaß des 60. Geburtstages von Marcel Reich-Ranicki. Stuttgart: Deutsche Verlags-Anstalt 1980

Kaiser, Joachim: Für wen schreiben Sie eigentlich, Herr Kritiker? In: Süddeutsche Zeitung, Nr. 282, 06.12.1973, Literaturbeilage, S. 1-2

Kant, Hermann et al.: Kritikerbeschimpfung. In: Die Zeit, Nr. 41, 02.10.1992, Literaturbeilage, S. 2-22

Karsunke, Yaak: Uralte Binsenwahrheiten. In: Peter Hamm (Hrsg.): Kritik – von wem/für wen/wie. Eine Selbstdarstellung deutscher Kritiker. München: Hanser 1968, S. 45-48

Kesting, Marianne: Buch-Kritik. In: Heinz-Dietrich Fischer (Hrsg.): Kritik in Massenmedien. Objektive Kriterien oder subjektive Wertung? Köln: Deutscher Ärzte-Verlag 1983, S. 217-235

Kirchner, Petra: Literatur-Shows. Die Präsentation von Literatur im Fernsehen. Leverkusen: Deutscher Universitäts-Verlag 1994

Knilli, Friedrich/Hickethier, Knut/Lützen, Wolf Dieter (Hrsg.): Literatur in den Massenmedien – Demontage von Dichtung? München: Hanser 1976

Koch, Roland/Pütz, Susanne: »Das Literarische Quartett«. Aspekte einer literaturkritischen Sendung des ZDF. Siegen: Universität-GH Siegen 1990

Korn, Karl: Buchkritik in der Tageszeitung. In: Akzente, 2, 1955, Nr. 1, S. 15-22

Krämer, Reinhold: Macht und Ohnmacht der Literaturkritik. In: Bertelsmann Briefe, 22, 1982, Nr. 109, S. 27-38

Ladenthin, Volker: Literaturbetrieb ohne Literatur: Harald Wieser und der »stern«. In: Publizistik, 36, 1991, Nr. 4, S. 494-504

Lilienthal, Volker: Literaturkritik als politische Lektüre. Am Beispiel der Rezeption der »Ästhetik des Widerstands« von Peter Weiss. Berlin: Spiess 1988

Menck, Claire: Urteilsmacher. Die Literatur in der Kritik. In: Kursbuch, 32, 1996, Nr. 125, S. 51-67

Moser, Tilmann: Literaturkritik als Hexenjagd. Ulla Berkéwicz und ihr Roman »Engel sind schwarz und weiß«. Eine Streitschrift. München/Zürich: Piper 1994

Naumann, Michael: Neue Literatur und alte Kritik. In: Sprache im technischen Zeitalter, 26, 1988, Nr. 105, S. 11-15

Nöhbauer, Hans F.: Die Situation der Buchkritik. In: Thomas Koebner (Hrsg.): Tendenzen der deutschen Literatur seit 1945. Stuttgart: Kröner 1971, S. 502-519

Oehrens, Eva-Maria: Das ästhetische Selbstverständnis des zeitgenössischen Literaturkritikers im sozialen und ideologischen Kontext der publizistischen Praxis. Phil. Diss. Hamburg 1973

Pivot, Bernard: Les critiques littéraires. Paris: Flammarion 1968

Prümm, Karl: Tendenz: allgemein lustlos... Zur gegenwärtigen Situation der Literaturkritik. In: Bertelsmann Briefe, 19, 1979, Nr. 99, S. 10-16

Quack, Josef: Lesen um zu leben. Ein Exkurs über Literatur und Kritik. In: Frankfurter Hefte, 38, 1983, Nr. 7, S. 55-64

Reich-Ranicki, Marcel: Die doppelte Optik der Kritik. Dankrede zur Verleihung des Ludwig-Börne-Preises für Essay, Kritik und Reportage. In: Frankfurter Allgemeine, Nr. 263, 11.11.1995, Wochenendbeilage [o. S.]

[Reich-Ranicki, Marcel] »Ich habe manipuliert, selbstverständlich!« Kritiker Marcel Reich-Ranicki über seine Rolle im Literaturbetrieb und seinen Abgang von der »FAZ«. In: Der Spiegel, Nr. 1, 02.01.1989, S. 140-146

[Reich-Ranicki, Marcel] »Kritiker sind einsam«. Marcel Reich-Ranicki über sich selbst und die deutsche Literatur. In: Der Spiegel, Nr. 40, 04.10.1993, S. 279-287

Rollka, Bodo: Vom Elend der Literaturkritik. Buchwerbung und Buchbesprechungen in der »Welt am Sonntag«. Berlin: Spiess 1975

Rothschild, Thomas: Zirkulationsagenten. Literaturkritik als PR oder als Literatur? In: Medium, 22, 1992, Nr. 3, S. 61-63

Scharioth, Barbara/Schmidt, Joachim (Hrsg.): Zwischen allen Stühlen. Zur Situation der Kinder- und Jugendliteratur-Kritik. Fachtagung 18.-20. November 1988. Tutzing: Evangelische Akademie 1990

Schloz, Günther: Literaturbetrieb im Feuilleton. In: Heinz Ludwig Arnold (Hrsg.): Literaturbetrieb in Deutschland. Stuttgart/München/Hannover: Boorberg 1971, S. 200-205

Schmitz, Heinz-Gerd/Egyptien, Jürgen/Neukirchen, Monika: Hat Literatur die Kritik nötig? (Antworten auf die Preisfrage der Deutschen Akademie für Sprache und Dichtung vom Jahr 1987.) Frankfurt a. M.: Luchterhand 1989

Schmuck, Lieselotte: Literaturkritik und literarische Wertung. In: Helmut Kreuzer/Reinhold Viehoff (Hrsg.): Literaturwissenschaft und empirische Methoden. Eine Einführung in aktuelle Projekte. Göttingen: Vandenhoeck & Ruprecht 1981, S. 96-115

Schnettler, Silke: Das Schmuddelkind der Literaturkritik. Zur Rezension von Kinder- und Jugendliteratur in überregionalen deutschen Zeitungen. Diplomarbeit Dortmund 1996

Schoeller, Wilfried F.: Literaturkritik im Fernsehen. In: Sprache im technischen Zeitalter, 26, 1988, Nr. 105, S. 20-24

Schonauer, Franz: Literaturkritik in der Bundesrepublik Deutschland. In: Manfred Durzak (Hrsg.): Deutsche Gegenwartsliteratur. Ausgangspositionen und aktuelle Entwicklungen. Stuttgart: Reclam 1981, S. 404-423

Schwencke, Olaf (Hrsg.): Kritik der Literaturkritik. Stuttgart: Kohlhammer 1973

Seiler, Manfred: O-Feuille-Ton. Auskünfte eines Kritikers übers eigene Metier. In: Frankfurter Rundschau, 31.05.1986, Zeit und Bild, S. 3

Seiler, Manfred: Wie man als Meister vom Himmel fällt. Vom Rezensenten zum eigentlichen Künstler. In: Die Zeit, Nr. 42, 11.10.1991, S. 68

Stiftel, Ralf: Die Rezensenten und Arno Schmidt. Phil. Diss. Dortmund 1996

Teetzmann, Karin: Patrick White und die journalistische Literaturkritik in der Bundesrepublik Deutschland im Vergleich mit Großbritannien. Duisburg: Gilles & Franke 1993

Terhorst, Christel: Peter Handke: Die Entstehung literarischen Ruhms. Die Bedeutung der literarischen Tageskritik für die Rezeption des frühen Peter Handke. Frankfurt a. M./Bern/New York/Paris: Lang 1990

Viehoff, Reinhold: Literaturkritik im Rundfunk. Eine empirische Untersuchung von Sendereihen des Westdeutschen Rundfunks/Köln 1971-1973. Tübingen: Niemeyer 1981

Vieten, Nicole: Literaturkritik in der deutschen Presse mit einem Fallbeispiel zu den Romanen Peter Hoegs. Diplomarbeit Dortmund 1996

Vogt, Ludgera: Vom »Trivialautor« zum »Literaten«: Das Beispiel Simmel. In: Bertelsmann Briefe, 32, 1992, Nr. 128, S. 13-17

Vormweg, Heinrich: Geschichte und Aufgaben der Literaturkritik. In: Helmut Brackert/Eberhard Lämmert (Hrsg.): Funk-Kolleg Literatur. Zwei Bände. Frankfurt a. M.: Fischer 1978, Bd. 2, S. 250-270

Vormweg, Heinrich: Wonach ich immer noch auf der Suche bin. In: Sprache im technischen Zeitalter, 26, 1988, Nr. 105, S. 7-10

Wallmann, Jürgen P.: Ein bißchen Kaninchen, ein bißchen Schlange? Zum Selbstverständnis und zur Praxis eines Literaturkritikers. In: Die Horen, 22, 1977, Nr. 107, S. 101-107

Walser, Martin: Tagtraum, daß der Kritiker ein Schriftsteller sei. In: Peter Hamm (Hrsg.): Kritik – von wem/für wen/wie. Eine Selbstdarstellung deutscher Kritiker. München: Hanser 1968, S. 11-14

Welzig, Elisabeth: Literatur und journalistische Literaturkritik. Untersucht an den steirischen Tageszeitungen 1945-1955. Stuttgart: Heinz 1979

Winkler, Willi: Das Muster im Teppich. Ist Literaturkritik lehrbar? Ein Schnellkursus. In: Die Zeit, Nr. 30, 22.07.1988, S. 34

Winkler, Willi: Warum der Leser den Kritiker nicht mehr braucht. In: Sprache im technischen Zeitalter, 26, 1988, Nr. 105, S. 16-19

Kunst

Architektenkammer Hessen (Hrsg.): Architekturjournalismus – Funktion und Kritik. Frankfurt a. M. 1974

Bauer, Helmut: Die Bildkunstkritik in der Wiener Tagespresse der Gegenwart. Phil. Diss. Wien 1959

Blase, Christoph: Journalistische Kunstvermittlung. Die Berichterstattung über moderne bildende Kunst in Kunstzeitschriften. Magisterarbeit München 1981

Brock, Bazon: Zum Verbrecher geboren – zum Richter bestellt. In: Peter Hamm (Hrsg.): Kritik – von wem/für wen/wie. Eine Selbstdarstellung deutscher Kritiker. München: Hanser 1968, S. 122-133

Dieterle, Bernard: Erzählte Bilder. Zum narrativen Umgang mit Gemälden. Marburg: Hitzeroth 1988

Direktion des Schweizerischen Landesmuseums in Zürich (Hrsg.): Kunstkritik, Architekturkritik und Kunstwissenschaft in der Schweiz. Referate, gehalten an der 5. Tagung der Vereinigung der Kunsthistoriker in der Schweiz, zusammen mit der »Association Internationale des Critiques d'Art«, Sektion Schweiz, Zürich. 27./28. Juni 1981. Zeitschrift für Schweizerische Archäologie und Kunstgeschichte, 39, 1982, Nr. 2

Filz, Walter: Exkurs: Kunstkritik im Hörfunk. In: Dieter Heß (Hrsg.): Kulturjournalismus. Ein Handbuch für Ausbildung und Praxis. München: List ²1997, S. 138-147

Fohrbeck, Karla/Wiesand, Andreas/Niester, Sybille: Bildende Künstler im Feuilleton. Ein Untersuchungsbericht. In: Kongreßbericht »Kunst und Öffentlichkeit«. 9. Kongreß der AIAA/AJAP. Stuttgart 1978

Fricke, Ines: Kunstvermittlung in der regionalen Tagespresse. Eine Untersuchung zur Wirkung der Ausstellungsbesprechung in regionalen Tageszeitungen am Beispiel zeitgenössischer Malerei. Diplomarbeit Dortmund 1996

Grasskamp, Walter: Man sieht nur, was man liest. Ehrenrettung für den Kunstkommentar. In: Die Zeit, Nr. 48, 22.11.1996, S. 45-46

Grohmann, Will: Kunstkritik. In: Günter Blöcker/Friedrich Luft/Will Grohmann/H. H. Stuckenschmidt: Kritik in unserer Zeit. Literatur, Theater, Musik, Bildende Kunst. Mit einem Vorwort von Karl Otto. Göttingen: Vandenhoeck & Ruprecht ²1962, S. 64-79

Horn, Luise-Christine: Begriffe der neuesten Kunstkritik. Zur Funktion und Kritik ihrer ästhetischen Kategorie. Phil. Diss. München 1976

Iden, Peter Klaus: Wie lange noch? In: Peter Hamm (Hrsg.): Kritik – von wem/für wen/wie. Eine Selbstdarstellung deutscher Kritiker. München: Hanser 1968, S. 119-121

Imdahl, Max: Kunst-Kritik. In: Heinz-Dietrich Fischer (Hrsg.): Kritik in Massenmedien. Objektive Kriterien oder subjektive Wertung? Köln: Deutscher Ärzte-Verlag 1983, S. 101-109

Karcher, Eva: Kunstkritik. In: Dieter Heß (Hrsg.): Kulturjournalismus. Ein Handbuch für Ausbildung und Praxis. München: List ²1997, S. 131-138

Lemke, Inga: Documenta-Dokumentationen. Die Problematik der Präsentation zeitgenössischer Kunst im Fernsehen – aufgezeigt am Beispiel der documenta-Berichterstattung der öffentlich-rechtlichen Fernsehanstalten in der Bundesrepublik Deutschland 1955-1987. Marburg: Jonas 1995

Lützeler, Heinrich: Die Kunstkritik. In: Jahrbuch für Ästhetik und allgemeine Kunstwissenschaft. Köln: Kölner Universitäts-Verlag 1963, S. 7-157

Ohff, Heinz: Drei Aufgaben der Kunstkritik. In: Peter Hamm (Hrsg.): Kritik – von wem/für wen/wie. Eine Selbstdarstellung deutscher Kritiker. München: Hanser 1968, S. 115-118

Panofsky, Erwin: Zum Problem der Beschreibung und Inhaltsdeutung von Werken der bildenden Kunst. In: Erwin Panofsky: Aufsätze zu Grundfragen der Kunstwissenschaft. Hrsg. v. Hariolf Oberer und Egon Verheyen. Berlin: Spiess ³1980, S. 85-98

Read, Herbert: Die Kunst der Kunstkritik und andere Essays zur Philosophie, Literatur und Kunst. Gütersloh: Mohn 1957

Rensch, Bernhard: Psychologische Grundlagen der Wertung bildender Kunst. Essen: Die blaue Eule 1984

Rex, Herbert: Architekturkritik in Zeitungen und Zeitschriften der Bundesrepublik. In Fallstudien untersucht an Düsseldorfer Bauprojekten der 60er und 70er Jahre. Hannover: Institut für Architektur- und Stadtforschung 1981

Schlitt, Gerhard: Die Betrachtung und Würdigung einzelner Bauwerke in deutschen Zeitungen und Zeitschriften (Untersuchungen zur Frage der Architekturkritik). Phil. Diss. Hannover 1965

Spielmann, Heinz: Das pervertierte Kunsturteil oder Ein Fall Beuys. Goslar: Bund Bildender Künstler für Niedersachsen 1980

Wedewer, Rolf: Wie soll man über Bilder reden? Anmerkungen zur Sprache der Kunstkritik. In: Das Kunstwerk, 18, 1964/65, Nr. 9, S. 22-26

Musik

Adorno, Theodor W.: Einleitung in die Musiksoziologie. Zwölf theoretische Vorlesungen. Reinbek: Rowohlt 1968

Becker, Heinz: Musik-Kritik. In: Heinz-Dietrich Fischer (Hrsg.): Kritik in Massenmedien. Objektive Kriterien oder subjektive Wertung? Eingeleitet und hrsg. v. Heinz-Dietrich Fischer. Köln: Deutscher Ärzte-Verlag 1983, S. 111-133

Berg, Michael: Zur Gegenwartssituation der Musikkritik. Eine Untersuchung der musikkritischen Publikationen in der Tagespresse der Bezirke Erfurt und Suhl des Erscheinungsjahres 1978. Phil. Diss. Halle 1984

Bialas, Günter: Kritisches zur Kritik. In: Musica, 32, 1978, Nr. 6, S. 536

Böheim, Gabriele: Zur Sprache der Musikkritiken. Ausdrucksmöglichkeiten der Bewertung und/oder der Beschreibung. Innsbruck: Universität Innsbruck 1987

Boehmer, Konrad: Das Elend deutscher Musikkritik. In: Peter Hamm (Hrsg.): Kritik – von wem/für wen/wie. Eine Selbstdarstellung deutscher Kritiker. München: Hanser 1968, S. 87-94

Bonfadelli, Heinz/Müller, Stephan/Odermatt, Jean: Die Berufssituation der Musikberichterstatter in der deutschsprachigen Schweiz. Eine Diskussionsgrundlage. Unveröffentlichter Forschungsbericht. Zürich: Seminar für Publizistikwissenschaft der Universität Zürich 1978

Brandstätter, Ursula: Musik im Spiegel der Sprache. Theorie und Analyse des Sprechens über Musik. Stuttgart: Metzler 1990

Braun, Werner: Musikkritik. Versuch einer historisch-kritischen Standortbestimmung. Köln: Gerig 1972

Briner, Andres: Anfang und Ende der Aufführungskritik. Beobachtungen und Bedenken eines Musikredakteurs. In: Musica, 32, 1978, Nr. 6, S. 544-546

Bruckmaier, Karl: Exkurs: Popkritik im Feuilleton. In: Dieter Heß (Hrsg.): Kulturjournalismus. Ein Handbuch für Ausbildung und Praxis. München: List ²1997, S. 118-130

Bruhn, Herbert: Musikkritik und Leserpsychologie. Schreiben Musikkritiker zu kompliziert? In: Das Orchester, 32, 1984, Nr. 9, S. 727-733; Nr. 10, S. 850-855

Burde, Wolfgang: Musikkritik. In: Neue Zeitschrift für Musik, 142, 1981, Nr. 6, S. 558-563

Dahlhaus, Carl: Analyse und Werturteil. Mainz: Schott 1970

Dahlhaus, Carl: Kann Musikkritik objektiv sein? In: Neue Zeitschrift für Musik, 130, 1969, Nr. 7/8, S. 356-359

Dahlhaus, Carl: Vom Elend der Musikkritik. In: Melos, 24, 1957, Nr. 5, S. 132-136

Dibelius, Ulrich: Kritik als Reklame. In: Ulrich Dibelius (Hrsg.): Verwaltete Musik. Analyse und Kritik eines Zustands. München: Hanser 1971, S. 118-132

Döpfner, Mathias O. C.: Musikkritik in Deutschland nach 1945. Inhaltliche und formale Tendenzen. Eine kritische Analyse. Frankfurt a. M./Bern/New York/Paris: Lang 1991

Dreher, Syrthos: Musikjournalisten. Diplomarbeit München 1983

Eberle, Gottfried: Von Grenzen und Möglichkeiten der Kompositionskritik. In: Musica, 32, 1978, Nr. 6, S. 541-543

Fritsch, Johannes: Kompositionskritik. In: Musica, 32, 1978, Nr. 6, S. 533-535

Hänecke, Frank/Projektgruppe: Musikberichterstattung in der Schweizer Presse. Ergebnisse aus Inhaltsanalysen, Redaktions- und Journalistenbefragungen. Zürich: Seminar für Publizistikwissenschaft der Universität Zürich 1992

Hänecke, Frank: Rockjournalismus. Die Rockmusik, ihre Kritiker und die Musikpresse im kultur-ökonomischen Kontext. Lizentiatsarbeit Zürich 1983

Heidkamp, Konrad: Gibt's was Neues in der Rockmusik? Das Massenphänomen hat sich zur Randerscheinung entwickelt. Wop-Bopa-Loo-Bop. In: Die Zeit, Nr. 43, 16.10.1992, S. 69-70

Henkel, Friedrich (Hrsg.): Aufgaben und Wesenszüge der Musikkritik. Lippstadt: Kistner & Siegel 1962

Herbort, Heinz Josef: Musikkritik – von wem/für wen/wie. In: Peter Hamm (Hrsg.): Kritik – von wem/für wen/wie. Eine Selbstdarstellung deutscher Kritiker. München: Hanser 1968, S. 95-99

Herbort, Heinz Josef: Wie buchstabiert man eine Cello-Sonate? Über die Schwierigkeit, musikalische Ereignisse zu beschreiben. In: Neue Musikzeitung, 28, 1978, Nr. 3, S.1/5

Honegger, Arthur: Über die Musik-Kritiker. In: Melos, 15, 1948, Nr. 4, S. 97-99

Kaiser, Joachim: Muß Musikkritik ein »Notfall« sein? In: Musica, 36, 1982, Nr. 5, S. 434-439

Kaufmann, Harald (Hrsg.): Symposion für Musikkritik. Graz: Institut für Wertungsforschung 1968

Kneif, Tibor: Ästhetische und nichtästhetische Wertungskriterien der Rockmusik. In: Wolfgang Sandner (Hrsg.): Rockmusik. Aspekte zur Geschichte, Ästhetik, Produktion. Mit Beiträgen von Hans-Jürgen Fenrich u.a. Mainz: B. Schott's Söhne 1977, S. 101-112

Kneif, Tibor: Rockmusik. Ein Handbuch zum kritischen Verständnis. Mit einem Beitrag von Carl-Ludwig Reichert. Reinbek: Rowohlt 1982

Kriegel, Volker: Unser Jazz und unsre Kritiker. In: Der Rabe, 1986, Nr. 14, S. 37-56

Kusterer, Ralf: Bedeutung und Funktion der Musikkritik in der Rockmusik. Diplomarbeit Dortmund 1990

Lachner, Corbinian: Die Musikkritik. Versuch einer Grundlegung. Phil. Diss. München 1954

Lesle, Lutz: Der Musikkritiker – Gutachter oder Animateur? Aspekte einer publikumspädagogischen Handlungstheorie der Musikpublizisitik. Hamburg: Wagner 1984

Lesle, Lutz: Musikkritik. In: Herbert Bruhn/Rolf Oerter/Helmut Rösing (Hrsg.): Musikpsychologie. Ein Handbuch in Schlüsselbegriffen. München/Wien/Baltimore: Urban & Schwarzenberg 1985, S. 413-417

Lesle, Lutz: Muß Musikkritik ein »Notfall« sein? In: Das Orchester, 32, 1984, Nr. 1, S. 9-11

Lesle, Lutz: Notfall Musikkritik. Wiesbaden: Breitkopf & Härtel 1981

Linke, Norbert: Zum Wertproblem in der Musikkritik. In: Werner Krützfeld (Hrsg.): Die Wertproblematik in der Musikdidaktik. Vorträge und Referate im Zusammenhang mit der 18. und der 19. Bundestagung des Arbeitskreises für Schulmusik und allgemeine Musikpädagogik. Ratingen: Henn 1973, S. 19-34

Mahling, Friedrich: Musikkritik. Eine Studie. Münster: Helios 1929

Meissner, Roland: Zur Variabilität musikalischer Urteile. Eine experimentalpsychologische Untersuchung zum Einfluß der Faktoren Vorbildung, Information und Persönlichkeit. Zwei Bände. Hamburg: Wagner 1979

Mies, Paul: Von Sinn und Praxis der musikalischen Kritik. Kevelaer: Butzon & Bercker 1949

Motte-Haber, Helga de la: Musikkritik und Reklame. In: Neue Zeitschrift für Musik, 133, 1972, Nr. 5, S. 242-243

Motte-Haber, Helga de la: Über die ästhetische und psychologische Fundierung musikalischer Urteile. In: Musica, 36, 1982, Nr. 3, S. 224-228

Ortmann, Peter: Jugendzeitschriften und Pop-Musik. Aussagenanalyse des Musikteils von Jugendzeitschriften. Berlin: Spiess 1982

Ortner, Lorelies: Wortschatz der Pop-/Rockmusik. Das Vokabular der Beiträge über Pop-/Rockmusik in deutschen Musikzeitschriften. Düsseldorf: Schwann 1982

Ostleitner, Elena (Hrsg.): Massenmedien, Musikpolitik und Musikerziehung. Eine Publikation der Abteilung Musikpädagogik der Hochschule für Musik und darstellende Kunst in Wien. Wien: Verband der wissenschaftlichen Gesellschaften Österreichs 1987

Renger, Rudolf: Musikkritik in der österreichischen Tagespresse. Eine Zustandsanalyse der musikalischen Tagesberichterstattung unter Berücksichtigung der österreichischen Musik- und Medienindustrie. Phil. Diss. Salzburg 1984

Reus, Gunter: »Ziemlich grauenvoller Sound«. Zum Wortschatz der Popkritik in Tageszeitungen. In: Musik und Unterricht, 3, 1992, Nr. 15, S. 44-49

Ringger, Rolf Urs: Musikkritik – heute. Fakten und Funktionen der Musikkritik. In: Neue Zeitschrift für Musik, 132, 1971, Nr. 6, S. 292-297

Rosenberg, Wolf: Die unkritische Musikkritik. In: Peter Hamm (Hrsg.): Kritik – von wem/für wen/wie. Eine Selbstdarstellung deutscher Kritiker. München: Hanser 1968, S. 72-78

Rothschild, Thomas: Die Rock-Musiker und ihre Kritiker. In: Merkur, 30, 1976, Nr. 5, S. 488-491

Rothschild, Thomas: Zettelkasten-Journalismus und die Backstage-Szene. Zum Zustand der deutschen Rock-Kritik. In: Frankfurter Rundschau, Nr. 170, 26.07.1977, S. 12

Schaal, Hans-Jürgen: Die Ideologie des Jazz. Eine kritische Untersuchung anhand von Schallplattenbesprechungen im Jazz Podium. In: Jazz-Podium, 33, 1984, Nr. 12, S. 4-10

Schaefer, Hansjürgen: Aufgaben und Probleme der Musikkritik. In: Musik und Gesellschaft, 25, 1975, Nr. 10, S. 585-593

Schneider, Norbert Jürgen: Popmusik. Eine Bestimmung anhand bundesdeutscher Presseberichte von 1960 bis 1968. München/Salzburg: Katzbichler 1978

Schreiber, Ulrich: Von der Verarbeitung des Tatsachenmaterials. Berufsspezifische Anmerkungen zur Schallplattenkritik. In: Musica, 32, 1978, Nr. 6, S. 547-548

Schulz, Tom R. et al.: Schiedsrichter. Wie und weshalb über Musik schreiben? Fünf Kritiker rangen nach Worten. In: Szene Hamburg, 15, 1987, Nr. 7, S. 32-34

Spahn, Claus: Musikkritik. In: Dieter Heß (Hrsg.): Kulturjournalismus. Ein Handbuch für Ausbildung und Praxis. München: List ²1997, S. 110-118

Stegemann, Michael: »Milch gegen Gift« oder: Von der Schwierigkeit, Töne in Worte zu fassen. In: Neue Zeitschrift für Musik, 143, 1982, Nr. 12, S. 4-8

Stephan, Rudolf (Hrsg.): Über Musik und Kritik. Vier Beiträge. Mainz: B. Schott's Söhne 1971

Stephan, Rudolf: Über Schwierigkeiten der Bewertung und der Analyse neuester Musik. In: Musica, 26, 1972, Nr. 3, S. 225-232

Stuckenschmidt, Hans Heinz: Glanz und Elend der Musikkritik. Der Verfall des musikalischen Geschmacks. Berlin: Hesse 1957

Stuckenschmidt, H. H.: Kritik und Irrtum. In: Musica, 32, 1978, Nr. 6, S. 530-532

Stuckenschmidt, H. H.: Musikkritik. In: Günter Blöcker/Friedrich Luft/Will Grohmann/H. H. Stuckenschmidt: Kritik in unserer Zeit. Literatur, Theater, Musik, Bildende Kunst. Mit einem Vorwort von Karl Otto. Göttingen: Vandenhoeck & Ruprecht ²1962, S. 46-63

Stuckenschmidt, Hans Heinz: Was ist Musikkritik? In: Peter Hamm (Hrsg.): Kritik – von wem/für wen/wie. Eine Selbstdarstellung deutscher Kritiker. München: Hanser 1968, S. 79-86

Wallnöfer, Pierre Arno: Die Schallplatte. Ein Medium der Massenkommunikation und seine Darstellung in der österreichischen Publizistik unter besonderer Berücksichtigung der Tagespresse. Phil. Diss. Salzburg 1982

Westphal, Kurt: Welchen Einfluß hat Musikkritik? In: Musica, 26, 1972, Nr. 5, S. 443-445

Film

Bajons, Ena: Film und Tagespresse. Phil. Diss. Wien 1951

Bendlin, Rüdiger/Schneider, Tassilo: Filmberichterstattung in der Tagespresse. Erstellt für die Bundeszentrale für politische Bildung. Bonn 1987

Blumenberg, Hans-Christoph/Steinborn, Bion: »Gestern Hollywood-Film, heute ... kehrt – schwenk – marsch!!!« Ein Gespräch. In: Filmfaust, 7, 1982, Nr. 28/29, S. 29-39

Boschitz, Claudia: Filmkritiker: Arbeitsweise und Berufsbild. Befragung von Filmrezensenten deutscher Tageszeitungen. Diplomarbeit Hohenheim 1997

Bubenik, Anton: Und versteht Bergmann mich? Warum (Film-)Kritiker immer zu spät kommen. In: Medium, 9, 1979, Nr. 9, S. 14-17

Burg, Vinzenz B.: Vom Autor zum Text. Versuch, eine neue Entwicklung in der Filmkritik darzustellen. In: Film-Korrespondenz, Nr. 3, 24.03.1976, S. 6-9

Eder, Klaus: Die Filmkritik-Mafia – Gibt es sie? In: epd Kirche und Film, 29, 1976, Nr. 10, S. 1-3

Eder, Klaus: Filmkritik. In: Dieter Heß (Hrsg.): Kulturjournalismus. Ein Handbuch für Ausbildung und Praxis. München: List ²1997, S. 94-105

Eder, Klaus: Plädoyer für das Unnütze. In: Hans Günther Pflaum (Hrsg.): Jahrbuch Film 1981/82. München: Hanser 1981, S. 150-156

Ernst, Gustav/Haberl, Georg/Schlemmer, Gottfried (Hrsg.): Film Kritik Schreiben. Wien/Zürich: Europaverlag 1993

Eue, Ralph: Kapital Kredibilität. Fragmentarisches zum Verhältnis von Filmkritik und Film-PR. In: Medium, 22, 1992, Nr. 3, S. 55-59

Evangelische Akademie Arnoldshain/Arbeitsgemeinschaft der Filmjournalisten e. V.: Filmkritik und Öffentlichkeit. Schmitten: Evangelische Akademie Arnoldshain 1992

Fischli, Bruno: Filmkritik und Filmwissenschaft. In: Hans Günther Pflaum (Hrsg.): Jahrbuch Film 1981/82. München: Hanser 1981, S. 140-149

Fischli, Bruno: Kritik der Filmkritik. In: Filmbulletin, 1987, Nr. 1, S. 50-55

Fürstenau, Theo: Die deutsche Filmkritik heute. Ein Referat. In: Filmpress, Nr. 47, 17.11.1959, S. 1-7

Grob, Norbert/Prümm, Karl (Hrsg.): Die Macht der Filmkritik. Positionen und Kontroversen. München: edition text + kritik 1990

Haacke, Wilmont: Aspekte und Probleme der Filmkritik. Gütersloh: Bertelsmann 1962

Hebecker, Klaus: Macht und Grenzen der Filmkritik. In: Film-Telegramm, Nr. 45, 08.11.1960, S. 6-14

Holicki, Sabine/Krcho, Michaela: Filmkritik, Filmbeurteilung und der Wunsch, den Film zu sehen. Zum Einfluß von Struktur und Inhalt einer Filmrezension. In: Publizistik, 37, 1992, Nr. 3, S. 361-372

Honickel, Thomas: Filmpresse in der Bundesrepublik Deutschland oder warum alles beim Alten bleibt. In: epd Kirche und Film, 36, 1983, Nr. 3, S. 36-39

Jansen, Peter W.: Exkurs: Filmkritik im Fernsehen. In: Dieter Heß (Hrsg.): Kulturjournalismus. Ein Handbuch für Ausbildung und Praxis. München: List ²1992, S. 106-110

Jansen, Peter W.: Krise der Kritik – Kritik der Krise. In: Filmkritik, 13, 1969, Nr. 3, S. 185-190

Jubin, Olaf: Die unterschätzte Filmgattung. Aufbereitung und Rezeption des Hollywood-Musicals in Deutschland. Bochum: Brockmeyer 1995

Keller, Harald: Große Worte, kurzer Atem. Die Kinosendungen im deutschen Fernsehen. In: epd Medien, Nr. 55, 18.07.1998, S. 6-9

Klär, Karl (Hrsg.): Der Stech-Kontakt. Ein Almanach der Spannungen zwischen Presse und Film. Hamburg: Deutsche London Film 1954

Knietzsch, Horst: Filmkritik in der Entwicklung. In: Film – Wissenschaftliche Mitteilungen, 1962, Nr. 1, S. 17-35

Koch, Gertrud/Witte, Karsten (Hrsg.): Seminar: Filmkritik. Protokoll einer Veranstaltung der Arbeitsgemeinschaft der Filmjournalisten in Frankfurt a. M. 1978. Frankfurt a. M.: AG der Filmjournalisten 1978

Kreimeier, Klaus: Subjektivität und gesellschaftliches Engagement in der Filmkritik. In: Filmbulletin, 1987, Nr. 2, S. 56-63

Kroner, Marion/Syberberg, Elisabeth: Wörterbuch des deutschen Filmkritikers. In: Syberbergs Filmbuch. Filmästhetik – 10 Jahre Filmalltag. Meine Trauerarbeit für Bayreuth. Wörterbuch des deutschen Filmkritikers. Frankfurt a. M.: Fischer 1979, S. 143-180

Lenssen, Claudia/Brunow, Jochen/Jochum, Norbert: Vom Schreiben über Film. Bemerkungen zur Filmkritik. In: Medium, 9, 1979, Nr. 12, S. 32-34

Mayer, Alf: Land des Schweigens und der Dunkelheit. Über Filmkritik in regionalen und lokalen Tageszeitungen. In: Medium, 8, 1978, Nr. 9, S. 3-10

Mengershausen, Joachim von: Wer schreibt den schönsten Superlativ? Anmerkungen zur deutschen Filmkritik. In: Filmkritik, 19, 1975, Nr. 11, S. 482-483

Mogge, Wilhelm: Kärglichen Weizen von üppiger Spreu sondern. Aufgabe und Standort der Filmkritik in Deutschland. In: Film-Korrespondenz, Nr. 2, 15.02.1957, S. 1-3

Moninger, Markus: Filmkritik in der Krise. Die »politique des auteurs« – Überlegungen zur filmischen Rezeptions- und Wirkungsästhetik. Tübingen: Narr 1992

Neudeck, Rupert: Anbetungsessays und Fernsehfeindschaft. Anmerkungen zur Filmkritik in der Bundesrepublik. In: Hans Günther Pflaum (Hrsg.): Jahrbuch Film 1978/79. München: Hanser 1978, S. 150-160

Patalas, Enno/Berghahn, Wilfried: Gibt es eine linke Kritik? In: Filmkritik, 5, 1961, Nr. 3, S. 131-135

Patalas, Enno: Ist Filmkritik nur Propaganda? In: Filmkritik, 12, 1968, Nr. 4, S. 240-242

Patalas, Enno: Profil und Profit. In: Filmkritik, 13, 1969, Nr. 6, S. 353-355

Pauli, Harald: Filmkritik – Theorie und Berufsfeld eines journalistischen Genres. Diplomarbeit München 1984

Pfeiffer, Beate: Kinosendungen im Fernsehen. Magisterarbeit Berlin 1988

Prokop, Dieter: Plädoyer für eine soziologische Filmkritik. In: Film, 1969, Nr. 9, S. 38-39

Prokop, Dieter: Schmecker oder Bedürfnisforscher? Thesen über Filmjournalismus. In: Medium, 2, 1972, Nr. 8, S. 8-9

Rössler, Patrick: Die Filmberichterstattung in der deutschen Tagespresse. FiT 94 – eine Inhaltsanalyse der Beiträge zum Thema Kino in den Printmedien. In: Publizistik, 42, 1997, Nr. 2, S. 181-204

Rössler, Patrick: Erfolgsaussichten von Alltags-PR. Beispiel Filmverleih: Wie Pressematerial in die Berichterstattung einfließt. In: Public Relations Forum, 2, 1996, Nr. 1, S. 32-36

Rössler, Patrick: Filmkritiker und Publikum: Diskrepanzen und Übereinstimmungen. Ergebnisse einer Befragung von Filmrezensenten und Kinogängern. In: Media Perspektiven, 35, 1997, Nr. 3, S. 133-140

Rohde, Manfred: Die Filmbetrachtungen in der deutschen Tagespresse. In: Publizistik, 1, 1956, Nr. 2, S. 92-105

Roos, Hans-Dieter: Methoden der Filmkritik. In: Jugend, Film, Fernsehen, 11, 1967, Nr. 2, S. 6-9

Rosenbaum, Jonathan: Placing Movies. The Practice of Film Criticism. Berkeley/Los Angeles/London: University of California Press 1995

Rothschild, Thomas: Ceterum censeo. Vom Niedergang der Filmkritik. In: Medium, 19, 1989, Nr. 2, S. 63-64

Sanches, Miguel: Dienstleistungen für die Kinos. Wie die Regional- und Lokalpresse über Film berichtet. In: Medium, 17, 1987, Nr. 1, S. 9-13

Schenk, Irmbert (Hrsg.): Filmkritik. Bestandsaufnahmen und Perspektiven. Bremer Symposien zum Film. Marburg: Schüren 1998

Schlappner, Martin: Filmkritik als Aufgabe. In: Jugend, Film, Fernsehen, 13, 1969, Nr. 3, S. 128-133

Schlappner, Martin: Filmkritik – die andere Seite. In: epd Kirche und Film, 22, 1969, Nr. 6, S. 9-11

Schmid, Eva M. J.: Film-Kritik. In: Heinz-Dietrich Fischer (Hrsg.): Kritik in Massenmedien. Objektive Kriterien oder subjektive Wertung? Köln: Deutscher Ärzte-Verlag 1983, S. 175-215

Schober, Siegfried: Kino statt Kritik? In: Filmkritik, 14, 1970, Nr. 1, S. 2-4

Schröder, Peter H.: Zur Position der konventionellen Filmkritik. In: Filmstudio, 1963, Nr. 38, S. 13-19

Schütte, Wolfram: Maßstäbe der Filmkritik. In: Peter Hamm (Hrsg.): Kritik – von wem/für wen/wie. Eine Selbstdarstellung deutscher Kritiker. München: Hanser 1968, S. 65-71

Schwab, Sepp: Für eine prinzipielle und strenge Filmkritik! In: Deutsche Filmkunst, 1, 1953, Nr. 1, S. 110-119

Seeßlen, Georg: Was soll Filmkritik? In: epd Film, 5, 1988, Nr. 2, S. 2-3

Seidl, Claudius: No interpretation! In: epd Film, 5, 1988, Nr. 2, S. 7-8

Steffen, Hans Joachim: Der Filmjournalismus. Versuch einer Bestandsaufnahme. In: Die Feder, 18, 1970, Nr. 4, S. 14-16

Stegert, Gernot: Filme rezensieren in Presse, Radio und Fernsehen. München: TR-Verlagsunion 1993

Stegert, Gernot: Filmriß im Feuilleton. In: Journalist, 44, 1994, Nr. 10, S. 49-52

Steinborn, Bion: »Zuschauerfilmkritik und Filmfeuilletonkritik«. In: Filmfaust, 5, 1980, Nr. 19, S. 3-7

Ungureit, Heinz: Kann die Filmkritik noch parieren? In: epd Kirche und Film, 22, 1969, Nr. 5, S. 2-4

Ungureit, Heinz: Probleme heutiger Filmkritik. In: epd Kirche und Film, 26, 1973, Nr. 1, S. 2-4

Vogel, Wolfgang: Marginalien zur linken Filmkritik. In: Filmstudio, 1963, Nr. 38, S. 28-31

Walther, Monika: Die Vernichtung von Träumen. Filmkritik in der Provinz... und in den Metropolen. In: Frauen und Film, 1976, Nr. 7, S. 11-22

Wendt, Ernst: Eine Kritik ist eine Kritik ist eine Kritik. In: Film, 1967, Nr. 1, S. 1/4

Wortig, Kurt: Der Film in der deutschen Tageszeitung. Frankfurt a. M.: Diesterweg 1940

Wyatt, Robert O./Badger, David P.: Effects of Information and Evaluation in Film Criticism. In: Journalism Quarterly, 67, 1990, Nr. 2, S. 359-368

Wyatt, Robert O./Badger, David P.: What Newspaper Film Critics Value in Film and Film Criticism: A National Survey. In: Bruce A. Austin (Hrsg.): Current Research in Film: Audiences, Economics, and Law. Vier Bände. Norwood/N. J.: Ablex 1988, Bd. 4, S. 54-71

Zucker/Ehrlichmann [Zucker, Renée/Ehrlich, Lutz]: Worüber, für wen und wozu? Die deutsche Filmkritik im Spiegel ihrer Autoren. In: die tageszeitung, Nr. 2270, 30.07.1987, S. 12-13

Medien

Bolesch, Cornelia: Exkurs: Zur Wirkung von Medienkritik. In: Dieter Heß (Hrsg.): Kulturjournalismus. Ein Handbuch für Ausbildung und Praxis. München: List ²1992, S. 156-161

Bolesch, Cornelia: Mit Rasseln gegen Multis. In: Journalist, 42, 1992, Nr. 12, S. 16-18

Bundeszentrale für politische Bildung (Hrsg.): Medienkritik im Blickpunkt. Plädoyer für eine engagierte Programmkritik. Bonn: Bundeszentrale für politische Bildung 1988

Delling, Manfred: Die überflüssigen Kritiker. Eine nachgetragene Polemik. In: epd Medien, Nr. 66, 27.08.1997, S. 7-10

Eichinger, Margarethe/Fabris, Hans Heinz/Signitzer, Benno: Medieninformation und Medienkritik in Österreich. Inter- und intramediäre Medienberichterstattung und -kritik in Tages- und Wochenzeitungen, Hörfunk und Fernsehen. Wien: Österreichische Gesellschaft für Kommunikationsfragen 1978

Facius, Gernot: Der permanente Spagat. Medienberichterstattung: Was soll sie? Wie soll sie sein? In: Die Zeitung, 23, 1995, Nr. 6, S. 3-4

Frank, Bernward/Hillrichs, Hans Helmut (Hrsg.): Fernseh-Kritik. Das unsichtbare Programm. Macher – Mittler – Merker. Mainz: v. Hase & Koehler 1986

Giott, Walter: Medien im Wettstreit. Tageszeitung und Fernsehen. Münster: Regensberg 1979

Glück, Luis: Fernsehkritik. Intention, Manifestation und Rezeption einer Zeitungs-Rubrik als Modell massenkommunikativer Prozesse in Österreich. Phil. Diss. Wien 1974

Hachmeister, Lutz: Medienpublizistik in Zeiten der Multis. Immer in Bewegung. In: Journalist, 42, 1992, Nr. 12, S. 10-15

Hagemann, Otmar/Renckstorf, Karsten/Schröder, Hermann-Dieter: Das Fernsehprogramm in Programmzeitschriften und Tageszeitungen. Ergebnisse einer inhaltsanalytischen Untersuchung. Mainz: ZDF 1986

Hall, Peter Christian/Haubrich, Joachim (Hrsg.): Fernseh-Kritik. Kritik am Markt. Was kosten Qualität und Quote? Mainz: v. Hase & Koehler 1993

Hasebrink, Uwe/Schröder, Hermann-Dieter unter Mitarbeit von Detlev Krause: Formen der Berichterstattung über öffentlich-rechtliche und private Rundfunkveranstalter in der Tagespresse. Eine explorative Studie. Im Auftrag der Pressestellen der ARD-Landesrundfunkanstalten. Hamburg: Hans-Bredow-Institut 1988

Heygster, Anna-Luise/Schmieding, Walther (Hrsg.): Fernseh-Kritik. Publikum und Publizisten. Mainz: v. Hase & Koehler 1979

Janke, Hans: Die kriselnde Spezies. Zu einer Fernseh-Kritik, die ihren Namen verdiente. In: Medium, 15, 1985, Nr. 11/12, S. 10-11

Jenke, Manfred: Kritik am Rundfunk – Motive und Tendenzen. In: Werner Brüssau/Dieter Stolte/Richard Wisser (Hrsg.): Fernsehen. Ein Medium sieht sich selbst. Mainz: v. Hase & Koehler 1976, S. 79-91

Jenke, Manfred: Kritik – oder Warentest? Zur gängigen – und möglichen – Hörfunkkritik. In: Medium, 15, 1985, Nr. 11/12, S. 8-9

Jens, Walter: »Nicht eben wenig, denke ich...«. Eine Rede auf die Fernseh-Kritiker. In: Medium, 15, 1985, Nr. 11/12, S. 11-12

Knoll, Joachim H.: Fernseh-Kritik. In: Heinz-Dietrich Fischer (Hrsg.): Kritik in Massenmedien. Objektive Kriterien oder subjektive Wertung? Köln: Deutscher Ärzte-Verlag 1983, S. 151-174

Kraft, Jörn: Einladung zur Resignation? Bemerkungen zur Situation der Medienkritik. In: Medium, 15, 1985, Nr. 11/12, S. 4-5

Kreitling, Holger: Blinde Flecken. In: Journalist, 48, 1998, Nr. 3, S. 31-33

Krieg, Barbara: Die Fernsehkritik in der deutschen Tagespresse. In: Publizistik, 4, 1959, Nr. 1, S. 221-237

Langenbucher, Wolfgang R.: Fernsehen in der Presse. Ein Beitrag zur Frage der journalistischen Konkurrenz oder Ergänzung. In: Rundfunk und Fernsehen, 16, 1968, Nr. 1, S. 1-18

Lota, Ulrich: Medienberichterstattung in regionalen und lokalen Tageszeitungen in Nordrhein-Westfalen. Diplomarbeit Dortmund 1991

Märki-Koepp, Martina/Projektgruppe: Zwischen Animation und Verriss. Medienkritik in der Deutschen Schweiz am Beispiel von Tageszeitungen und Programmzeitschriften sowie einem Exkurs über Medienkritik im Radio. Zürich: Seminar für Publizistikwissenschaft der Universität Zürich 1990

Netenjakob, Egon: Fernsehkritik als Fertigware. Report über die Abhängigkeit der Fernseh-Seiten von den Fachagenturen. In: Medium, 5, 1975, Nr. 9, S. 5-7

[Ponkie] Wie geht's? Ein Anruf bei Ponkie, seit 1964 Fernsehkritikerin bei der Münchener »Abendzeitung«. In: Süddeutsche Zeitung Magazin, Nr. 35, 28.08.1992, S. 38

Roloff, Eckart Klaus: Demontage eines Mediums. Die Presse schweigt den Hörfunk tot. In: Medium, 6, 1976, Nr. 5, S. 18-23

Roloff, Eckart Klaus: Totschweigen in Neuauflage. Reprise der Medium-Studie von 1976 über die Programmseiten der Tageszeitungen. In: Medium, 11, 1981, Nr. 5, S. 6-11

Roloff, Eckart Klaus: Des Totschweigens dritter Teil. Vorläufig letzter Akt der Medium-Studien von 1976 und 1981 über die Programmseiten in 27 Tageszeitungen. In: Medium, 15, 1985, Nr. 11/12, S. 61-67

Rust, Holger (Hrsg.): Programmzeitschriften, Fernsehseiten, Vorkritik – Orientierungspfade oder Holzwege? Medien, 3, 1981, Nr. 1

Saur, Karl-Otto/Steinmetz, Rüdiger (Hrsg.): Fernsehkritik. Kritiker und Kritisierte. München: Ölschläger 1988

Saur, Karl-Otto: Funktion und Wirkung der Fernsehkritik. In: Bundeszentrale für politische Bildung (Hrsg.): Medien und Kommunikation als Lernfeld. Bonn: Bundeszentrale für politische Bildung 1986, S. 199-204

Schmidt, Hendrik/Kamman, Uwe: Brauchen wir eine neue TV-Kritik? In: Das Erste, 3, 1992, Nr. 10, S. 52-53

Schneider, Norbert: Reflex und Reflexionen. Über die Aufnahme von Fernsehkritik in einer Rundfunkanstalt. In: Medium, 15, 1985, Nr. 11/12, S. 5-6

Schulz, Winfried: Fernsehkritik und Fernsehkritiker. Empirische Daten und ein methodisches Modell. In: Rundfunk und Fernsehen, 16, 1968, Nr. 3, S. 274-293

Schulz, Winfried: Fernsehkritik – Urteil in wessen Sache? Kommentierter Bericht über eine Untersuchung von Fernsehkritik und Fernsehkritikern. In: Publizistik, 18, 1973, Nr. 4, S. 379-392

Simon-Zülch, Sybille: »... die ich ja Teil der Masse bin«. Über Fernsehkritiker und die Fernsehkritik. In: epd Kirche und Rundfunk, Nr. 80, 11.10.1995, S. 9-11

Stolte, Dieter (Hrsg.): Fernseh-Kritik. Im Streit der Meinungen von Produzenten, Konsumenten und Rezensenten. Mainz: v. Hase & Koehler 1969

Thomas, Michael Wolf: Bequem zwischen allen Stühlen? Kritische Medieninformation im Hörfunk am Beispiel der Reihe »Von Bildschirm und Leinwand«. In: Medium, 5, 1975, Nr. 5, S. 7-9

Thomas, Michael Wolf: Effekt gleich Null. In: Journalist, 42, 1992, Nr. 12, S. 19-20

Thomas, Michael Wolf: Medienkritik am Ende? Anmerkungen zur Arbeit. In: Medium, 15, 1985, Nr. 11/12, S. 13-14

Volpers, Helmut: Die »Lindenstraße« in der Presse. Inhaltsanalyse zur journalistischen Rezeption einer Fernsehserie. In: Media Perspektiven, 31, 1993, Nr. 1, S. 2-7

Waldmann, Norbert: Der Fernsehkritiker: Arbeitsweise und Urteilsbildung. Ergebnisse einer Befragung bei Tageszeitungen. Mainz: ZDF 1983

Weiß, Hans-Jürgen/Gramatins, Andrejs: Die Berichterstattung und Kommentierung der Tagespresse zu SAT 1 (Oktober 1984 bis Januar 1985). Vorbericht zu einer qualitativen Inhaltsanalyse. In: Media Perspektiven, 23, 1985, Nr. 8, S. 581-594

Weiß, Hans-Jürgen: Die Tendenz der Berichterstattung und Kommentierung der Tagespresse zur Neuordnung des Rundfunkwesens in der Bundesrepublik Deutschland (Oktober 1984 bis Januar 1985). Ergebnisse einer quantitativen Inhaltsanalyse. In: Media Perspektiven, 23, 1985, Nr. 12, S. 845-863

Weiß, Hans-Jürgen: Rundfunkinteresse und Pressejournalismus. Abschließende Analysen und Anmerkungen zu zwei inhaltsanalytischen Zeitungsstudien. In: Media Perspektiven, 24, 1986, Nr. 2, S. 53-73

Wessler, Hartmut/Matzen, Christiane/Jarren, Otfried/Hasebrink, Uwe (Hrsg.): Perspektiven der Medienkritik. Die gesellschaftliche Auseinandersetzung mit öffentlicher Kommunikation in der Mediengesellschaft. Dieter Roß zum 60. Geburtstag. Opladen/Wiesbaden: Westdeutscher Verlag 1997

Wilkens, Claus: Presse und Fernsehen. Die Funktion der Presse bei der gesellschaftlichen Rezeption des Fernsehens. Düsseldorf: Bertelsmann 1972

Zschau, Mechthild: Medienkritik. In: Dieter Heß (Hrsg.): Kulturjournalismus. Ein Handbuch für Ausbildung und Praxis. München: List ²1997, S. 147-156

Andere Gebiete der Kulturkritik

Aigner, Gottfried: Ressort: Reise. Neue Verantwortung im Reisejournalismus. München: Ölschläger 1992

Avenarius, Horst: Das Auto im Feuilleton. In: Hans Wagner (Hrsg.): Idee und Wirklichkeit des Journalismus. Festschrift für Heinz Starkulla. München: Olzog 1988, S. 143-150

Baacke, Dieter/Volkmer, Ingrid/Dollase, Rainer/Dresing, Uschi: Jugend und Mode. Kleidung als Selbstinszenierung. Opladen: Leske + Budrich 1988

Bausinger, Hermann/Beyrer, Klaus/Korff, Gottfried (Hrsg.): Reisekultur. Von der Pilgerfahrt zum modernen Tourismus. Mit 103 Abbildungen im Text. München: Beck 1991

Bayer, Otto: Kulinarische Fachjournalisten. Berufsbild, Adressaten, Meinungen. Theoretische Überlegungen und empirische Ergebnisse. Unveröffentlichter Forschungsbericht. Stuttgart-Hohenheim 1990

Bieger, Eckhard/Fischer, Wolfgang/Jacobi, Reinhold/Kottlorz, Peter (Hrsg.): Zeitgeistlich. Religion und Fernsehen in den neunziger Jahren. Köln: Katholisches Institut für Medieninformation ²1994

Blau, Günter: Justiz-Kritik. In: Heinz-Dietrich Fischer (Hrsg.): Kritik in Massenmedien. Objektive Kriterien oder subjektive Wertung? Köln: Deutscher Ärzte-Verlag 1983, S. 83-98

Böhme-Dürr, Karin/Grube, Anette: Wissenschaftsberichterstattung in der Presse. In: Publizistik, 34, 1989, Nr. 4, S. 448-466

Boventer, Hermann: Sorge um die Seelen. Mission medial. [Kirche und Medien.] In: Journalist, 44, 1994, Nr. 3, S. 10-14

Brenner, Peter J. (Hrsg.): Der Reisebericht. Die Entwicklung einer Gattung in der deutschen Literatur. Frankfurt a. M.: Suhrkamp 1989

Brenner, Peter J.: Der Reisebericht in der deutschen Literatur. Ein Forschungsüberblick als Vorstudie zu einer Gattungsgeschichte. Tübingen: Niemeyer 1990

Buchwald, Manfred: Politik und Medien. Leichte Beute. In: Journalist, 43, 1993, Nr. 7, S. 10-14

Deneke, J. F. Volrad: Aspekte und Probleme der Medizinpublizistik. Bestandsaufnahmen und Analysen zur historischen und aktuellen Präsentation von Medizin in Massenmedien. Bochum: Brockmeyer 1985

Depenbrock, Gerd: Journalismus, Wissenschaft und Hochschule. Eine aussagenanalytische Studie über die Berichterstattung in Tageszeitungen. Bochum: Brockmeyer 1976

Dörger, Hans Joachim: Religion als Thema in Spiegel, Zeit und Stern. Hamburg: Furche 1973

Düsentrieb, Pia-Maria: Reisejournalisten – die freien beißen die Hunde. In: Bernd-Jürgen Martini (Hrsg.): Journalisten Jahrbuch '89. Kalender, Themen, Service. München: Ölschläger 1988, S. 35-38

E. B.: Überall und nirgends. [Bildungsprogramme im Fernsehen.] In: Journalist, 42, 1992, Nr. 10, S. 41-43

Eissing, Johannes: Kirche im »Spiegel« der Zeit. Ergebnisse einer Inhaltsanalyse zur Kirchenberichterstattung im Nachrichtenmagazin »Der Spiegel«. In: Publizstik, 40, 1995, Nr. 4, S. 465-482

Feil, Georg: Zeitgeschichte im deutschen Fernsehen. Analyse von Fernsehsendungen mit historischen Themen (1957 - 1967). Osnabrück: Fromm 1974

Fischer, Heinz-Dietrich (Hrsg.): Handbuch der Medizinkommunikation. Informationstransfer und Publizistik im Gesundheitswesen. Köln: Deutscher Ärzte-Verlag 1988

Fischer, Heinz-Dietrich (Hrsg.): Medizinjournalismus in Massenmedien. Ausbildung – Aufgaben – Ansätze. Mit Beiträgen von Hademar Bankhofer u.a. Konstanz: Universitätsverlag 1992

Fischer, Heinz-Dietrich (Hrsg.): Medizinpublizistik. Prämissen – Praktiken – Probleme. Frankfurt a. M./Bern/New York/Paris: Lang 1990

Friedman, Sharon M./Dunwoody, Sharon/Rogers, Carol L. (Hrsg.): Scientists and Journalists. Reporting Science as News. New York: Free Press 1986

Gerasch, Sabine: Journalistische Geschichtsherstellung im Hörfunk – am Beispiel der Sendereihe »Zeitzeichen«. Phil. Diss. Dortmund 1996

Gerwin, Robert (Hrsg.): Die Medien zwischen Wissenschaft und Öffentlichkeit. Ein Symposium der Karl Heinz Beckurts-Stiftung. Mit Beiträgen von Hans-Peter Dürr u.a. Stuttgart: Hirzel 1992

Gies, Heinz: Fernsehen und Erwachsenenbildung. Aussagenanalyse des Bildungsangebots im Zweiten Deutschen Fernsehen. Berlin: Spiess ²1975

Glässgen, Heinz/Tompert, Hella (Hrsg.): Zeitgespräch. Kirche und Medien. Freiburg/Basel/Wien: Herder 1988

Glatz, Harald/Kronberger, Hans (Hrsg.): Umweltjournalismus. Zwischen Resignation und Aufbruch. Wien: Uranus 1991

Göpfert, Winfried: Klinische Fälle. Arbeit der Medizinjournalisten. In: Journalist, 47, 1997, Nr. 2, S.12-17

Göpfert, Winfried/Ruß-Mohl, Stephan (Hrsg.): Wissenschafts-Journalismus. Ein Handbuch für Ausbildung und Praxis. München/Leipzig: List ³1996

Goodfield, June: Wissenschaft und Medien. Basel/Boston/Stuttgart: Birkhäuser 1983

Grabowski, Klaus H.: Strukturelle Probleme des Wissenschaftsjournalismus in aktuellen Massenmedien. Eine soziologisch-kommunikationswissenschaftliche Untersuchung. Bochum: Brockmeyer 1982

Guilino, Heidie: Reisejournalismus: Träume im Test. In: Journalist, 46, 1996, Nr. 6, S. 10-18

Guilino, Heidie (Hrsg.): Reisejournalismus als Berufsfeld. Kulturvermittlung, Service, Tourismuskritik. Eichstätt: Katholische Universität 1995

Gülden, Dagmar: Bedeutung und Bedingung der Reiseberichterstattung über Länder der 3. Welt in bundesdeutschen Zeitungen – Eine explorative Studie. Diplomarbeit Dortmund 1988

Hackforth, Josef/Fischer, Christoph (Hrsg.): ABC des Sportjournalismus. München: Ölschläger 1994

Hackforth, Josef (Hrsg.): Sportmedien und Mediensport. Wirkungen – Nutzung – Inhalte. Mit einem Vorwort von Rudi Michel und Beiträgen von Artur vom Stein u.a. Berlin: Vistas 1988

Haller, Michael: Wie wissenschaftlich ist Wissenschaftsjournalismus? Zum Problem wissenschaftsbezogener Arbeitsmethoden im tagesaktuellen Journalismus. In: Publizistik, 32, 1987, Nr. 3, S. 305-319

Höfer, Klaus Martin: Unis zum Anzapfen. In: Journalist, 44, 1994, Nr. 9, S. 18-22

Hömberg, Walter: Das verspätete Ressort. Die Situation des Wissenschaftsjournalismus. Konstanz: Universitätsverlag 1990

Hömberg, Walter: Düsteres Kapitel: Öko-Logik in den Medien. In: Journalist, 41, 1991, Nr. 2, S. 10-13

Hörl, Reinfried: Geschichte im Hörfunk. In: Siegfried Quandt (Hrsg.): Fachjournalismus im Gespräch. Texte des Zentrums für fachjournalistische Studien an der Justus-Liebig-Universität Gießen, 1985, S. 39-44

Hoffmann-Riem, Wolfgang (Hrsg.): Neue Medienstrukturen – neue Sportberichterstattung? Mit Beiträgen von H. Binnewies u.a. Baden-Baden/Hamburg: Nomos 1988

Honauer, Urs (Hrsg.): Sport & Wort. Sportberichterstattung zwischen Strohfeuerjournalismus und kritischer Reportage. Zürich: Werd 1990

Ipsen, Knut: Hochschul-Kritik. In: Heinz-Dietrich Fischer (Hrsg.): Kritik in Massenmedien. Objektive Kriterien oder subjektive Wertung? Köln: Deutscher Ärzte-Verlag 1983, S. 43-53

Janowski, Hans Norbert (Hrsg.): Die kanalisierte Botschaft. Religion in den Medien – Medienreligion. Mit Beiträgen von Hans-Eckehard Bahr u.a. Gütersloh: Gütersloher Verlagshaus Gerd Mohn 1987

Jarren, Otfried/Storll, Dieter/Bendlin, Rüdiger unter Mitarbeit von Cecilia von Studnitz: Lokale Medien und politische Kultur in Dortmund. Düsseldorf: Presse- und Informationsamt der Landesregierung 1989

Kalt, Gero (Hrsg.): Wirtschaft in den Medien. Defizite, Chancen und Grenzen. Eine kritische Bestandsaufnahme. Frankfurt a. M.: Institut für Medienentwicklung und Kommunikation 1990

Kepplinger, Hans Mathias/Ehmig, Simone Christine/Ahlheim, Christine: Gentechnik im Widerstreit. Zum Verhältnis von Wissenschaft und Journalismus. Frankfurt a. M./New York: Campus 1991

Kepplinger, Hans Mathias: Künstliche Horizonte. Folgen, Darstellung und Akzeptanz von Technik in der Bundesrepublik. Frankfurt a. M./New York: Campus 1989

Kleinsteuber, Hans J.: Reisejournalismus. Eine Einführung. Opladen: Westdeutscher Verlag 1997

Klemmer, Paul: Wirtschafts-Kritik. In: Heinz-Dietrich Fischer (Hrsg.): Kritik in Massenmedien. Objektive Kriterien oder subjektive Wertung? Köln: Deutscher Ärzte-Verlag 1983, S. 75-82

Kohring, Matthias: Die Funktion des Wissenschaftsjournalismus. Bestandsaufnahme und Theorieentwurf. Wiesbaden: Westdeutscher Verlag 1997

Kopp, Reinhold (Hrsg.): Politische Kultur und Fernsehen. Beiträge zu den 1. Saarbrücker Medientagen. Berlin: Spiess 1991

Kröll, Ulrich (Hrsg.): Massenmedien und Geschichte. Presse, Rundfunk und Fernsehen als Geschichtsvermittler. Münster: Regensberg 1989

Krüger, Jens/Ruß-Mohl, Stephan (Hrsg.): Risikokommunikation. Technikakzeptanz, Medien und Kommunikationsrisiken. Berlin: Stigma 1991

Küter, Bettina: Wie Rousseau sichtbar wird. Eine Untersuchung über Philosophie-Sendungen im öffentlich-rechtlichen Fernsehen. Diplomarbeit Hannover 1989

Lilienthal, Volker: Rädchen im Getriebe. [Reisejournalismus.] In: Journalist, 42, 1992, Nr. 4, S. 36-40

Maczak, Antoni/Teuteberg, Hans Jürgen (Hrsg.): Reiseberichte als Quellen europäischer Kulturgeschichte. Aufgaben und Möglichkeiten der historischen Reiseforschung. Wolfenbüttel: Herzog-August-Bibliothek 1982

Matthiesen, Sigrun: Journalistischer Umgang mit Populärkultur am Beispiel Mode: Kriterienbestimmung für einen öffentlichkeitsrelevanten Modejournalismus. Diplomarbeit Dortmund 1996

Meutsch, Dietrich/Freund, Bärbel (Hrsg.): Fernsehjournalismus und die Wissenschaften. Opladen: Westdeutscher Verlag 1990

Muhrer, Siegfried: Fernsehen und Religion. Wien: Österreichischer Rundfunk ORF 1980

Paulick, Jutta: Reisejournalismus als Beruf. Eine explorative Untersuchung zur beruflichen Situation der Reisejournalisten. Magisterarbeit München 1984

Pauser, Wolfgang: Weißwurst, Hostie, Fruchtzwerg: Das Nahrungsmittel als Medium und Botschaft. In: Die Zeit, Nr. 41, 08.10.1993, S. 54

[Ploog, Peter] Für mehr Spaß am Leben. [Essen und Trinken.] In: Presse & Buch News im Bahnhof, 1993, Nr. 4, S. 46-48

Plum, Martina: Über den Umgang der Journalisten mit Geschichte. Bestandsaufnahme und Defizite ausgewählter Beispiele. Diplomarbeit Dortmund 1991

Ranft, Ferdinand: Reise-Journalisten – ein Berufsstand im Gerede. In: Bernd-Jürgen Martini (Hrsg.): Journalisten Jahrbuch '89. Kalender, Themen, Service. München: Ölschläger 1988, S. 33-35

Rice, William: What's a Reviewer to Write? Restaurant Criticism's Coming of Age. In: Media & Consumer, 1973, Nr. 9, S. 8-9

Ruß-Mohl, Stephan/Stuckmann, Heinz D. (Hrsg.): Wirtschaftsjournalismus. Ein Handbuch für Ausbildung und Praxis. München/Leipzig: List 1991

Schatz, Heribert: Politik-Kritik. In: Heinz-Dietrich Fischer (Hrsg.): Kritik in Massenmedien. Objektive Kriterien oder subjektive Wertung? Köln: Deutscher Ärzte-Verlag 1983, S. 57-74

Schimmel, Georg M.: Geschichte in der Tageszeitung. Diplomarbeit Dortmund 1986

Schmidt, Leo: Symbiotischer Wissenschaftsjournalismus. Universität und öffentlich-rechtlicher Rundfunk in Kooperation. Bochum: Brockmeyer 1989

Schmitz-Forte, Achim: Reisejournalismus – Unterhaltung, Leserservice oder verlängerter Arm der Touristikwerbung? In: Thomas-Morus-Akademie Bensberg (Hrsg.): 2. Lernbörse Reisen. Dokumentation. Bergisch-Gladbach: Thomas-Morus-Akademie Bensberg 1985, S. 11-20

Schmitz-Forte, Achim: Die journalistische Reisebeschreibung nach 1945 am Beispiel des Kölner Stadt-Anzeigers und der Süddeutschen Zeitung. Frankfurt a. M./Berlin/Bern/New York/Paris/Wien: Lang 1995

Schneiderbauer, Christian: Bildung im Hörfunk. Eine Expertenbefragung zur Einschätzung der Zukunftschancen. Mit ausführlichen Hinweisen auf das Prognoseverfahren der Delphi-Methode. München: Fischer 1989

Schörken, Rolf: Begegnungen mit Geschichte. Vom außerwissenschaftlichen Umgang mit der Historie in Literatur und Medien. Stuttgart: Klett-Cotta 1995

Schulz, Werner: Gesamtschule und Tagespresse. Analysen von Berichten und Meinungen zu einer kontroversen erziehungspolitischen Thematik. Bochum: Brockmeyer 1983

Schuppe, Matthias: Im Spiegel der Medien: Wertewandel in der Bundesrepublik Deutschland. Eine empirische Analyse anhand von »stern«, »ZDF Magazin« und »Monitor« im Zeitraum 1965 bis 1983. Frankfurt a. M./Bern/New York/Paris: Lang 1988

Schut, Katrin: Kochen als Kulturgut. In: Journalist, 43, 1993, Nr. 1, S. 44-47

Siebeck, Wolfram: Der gekrönte Koch. Wie Journalisten kübelweise Ruhm über Monsieur Robuchon ausschütten. In: Zeitmagazin, Nr. 7, 11.02.1994, S. 56

Sommer, Carlo Michael: Medium Mode. Eine Sozialpsychologie der Kleidermode. In: Medienpsychologie, 4, 1992, Nr. 3, S. 205-233

Stephan, Cora: Kritik der politischen Kultur. In: Dieter Heß (Hrsg.): Kulturjournalismus. Ein Handbuch für Ausbildung und Praxis. München: List ²1997, S. 161-168

Thull, Martin: Schwarzes in Serie. [Kirchenthemen im Rundfunk.] In: Journalist, 44, 1994, Nr. 3, S. 17-18

Wagner, Friedrich A.: Der Reisejournalismus muß anders werden. Immer größere Fachkenntnisse erforderlich – Sorgen um Ausbildung und Nachwuchs. In: ZV + ZV, 66, 1969, Nr. 8/9, S. 228-231

Wagner, Friedrich A.: Die Wandlungen des kritischen Reisejournalismus. Entwicklungen, Erfahrungen, Aussichten. In: ZV + ZV, 65, 1968, Nr. 9/10, S. 327-331

Wagner, Friedrich A.: Fremdenverkehr und Reisejournalismus. Eine publizistische Aufgabe in der Industriegesellschaft. In: ZV + ZV, 63, 1966, Nr. 14, S. 466-468

Wahjudi, Claudia: Exkurs: Das alternative Konzept »tageszeitung«. In: Dieter Heß (Hrsg.): Kulturjournalismus. Ein Handbuch für Ausbildung und Praxis. München: List ²1997, S. 168-177

Weingart, Peter/Pansegrau, Petra: Reputation in der Wissenschaft und Prominenz in den Medien. Die Goldhagen-Debatte. In: Rundfunk und Fernsehen, 46, 1998, Nr. 2/3, S. 193-208

Wittkämper, Gerhard W. (Hrsg.): Medien und Politik. Darmstadt: Wissenschaftliche Buchgesellschaft 1992

Anthologien und gesammelte Werke

Almqvist, Paula: Du hast's gut. Beobachtungen von der Sofakante. Bergisch Gladbach: Lübbe 1995

Altenberg, Peter: Ausgewählte Werke in zwei Bänden. Aphorismen, Skizzen und Geschichten. Hrsg. und mit einer Nachbemerkung versehen von Dietrich Simon. München: Hanser 1979

Altenberg, Peter: Die Lebensmaschinerie. Feuilletons. Leipzig: Reclam 1980

Améry, Jean: Cinéma. Arbeiten zum Film. Hrsg. und mit einem Nachwort von Joachim Kalka. Stuttgart: Klett-Cotta 1994

Arbeitsgemeinschaft der Filmjournalisten (Hrsg.): Jahrbuch der Filmkritik. Emsdetten: Lechte 1959 ff.

Arnheim, Rudolf: Kritiken und Aufsätze zum Film. Hrsg. v. Helmut H. Diederichs. Frankfurt a. M.: Fischer 1979

Auburtin, Victor: Sündenfälle. Feuilletons. Hrsg. und mit einem Nachwort von Heinz Knobloch. München/Wien: Langen Müller 1970

Auburtin, Victor: Von der Seite gesehen. Eine Auswahl für alte und neue Auburtinisten. Hrsg. v. Walther Kiaulehn. Reinbek: Rowohlt 1957

Barnes, Djuna: Die Frau, die auf Reisen geht, um zu vergessen. Reisebilder. Aus dem Amerikanischen und mit einem Nachwort von Inge von Weidenbaum. Berlin: Wagenbach 1992

Barnes, Djuna: New York. Geschichten und Reportagen aus einer Metropole. Aus dem Amerikanischen von Karin Kersten. Berlin: Wagenbach 1987

Barnes, Djuna: Paris, Joyce, Paris. Aus dem Amerikanischen von Karin Kersten und mit einem Nachwort von Kyra Stromberg. Berlin: Wagenbach 1988

Barnes, Djuna: Portraits. Aus dem Amerikanischen von Karin Kersten. Berlin: Wagenbach 1985

Basil, Otto: Lob und Tadel. Theaterkritiken 1947 bis 1966. Hrsg.: Kollegium Wiener Dramaturgie. Auswahl: Dr. Paul Wimmer. Wien/München: Amalthea 1981

Baumgart, Reinhardt: Deutsche Literatur der Gegenwart. Kritiken – Essays – Kommentare. München/Wien: Hanser 1994

Bazin, André: Filmkritiken als Filmgeschichte. Aus dem Französischen von Andrea Spingler. Zusammengestellt von Helmut Färber. München/Wien: Hanser 1981

Beckmann, Heinz: Nach dem Spiele. Theaterkritiken 1950-1962. München/Wien: Langen Müller 1963

Bender, Hans (Hrsg.): Klassiker des Feuilletons. Auswahl und Nachwort von Hans Bender. Stuttgart: Reclam 1965

Benjamin, Walter: Gesammelte Schriften. Unter Mitwirkung von Theodor W. Adorno und Gershom Scholem hrsg. v. Rolf Tiedemann und Hermann Schweppenhäuser. Zwölf Bände. Frankfurt a. M.: Suhrkamp 1980

Blumenberg, Hans C.: Gegenschuß. Texte über Filmemacher und Filme 1980-1983. Frankfurt a. M.: Fischer 1984

Blumenberg, Hans C.: Kinozeit. Aufsätze und Kritiken zum modernen Film 1976-1980. Frankfurt a. M.: Fischer 1980

Brahm, Otto: Kritiken und Essays. Ausgewählt, eingeleitet und erläutert von Fritz Martini. Zürich/Stuttgart: Artemis 1964

Brentano, Bernard von: Wo in Europa ist Berlin? Bilder aus den zwanziger Jahren. Frankfurt a. M.: Suhrkamp 1987

[Brigl, Kathrin/Schmidt-Joos, Siegfried] Selbstredend... Ina Deter, André Heller, Jürgen von der Lippe, Manfred Maurenbrecher, Ulla Meinecke, Herman van Veen, Stefan Waggershausen, Konstantin Wecker. Neue Interview-Porträts von Kathrin Brigl (Interviews) und Siegfried Schmidt-Joos (Edition). Reinbek: Rowohlt 1986

Brod, Max: Sternenhimmel. Musik- und Theatererlebnisse. München/Prag: Wolff/Orbis 1923

Burchill, Julie: Über Prince/Pop/Elvis/Kommunismus/Madonna/Hausfrauen/ Annie Lennox/Feminismus/Michael Jackson/USA/Sade/DiePille/Lennon/ Fußball/Heuschrecken/Dallas und Denver/Bonnie und Clyde/Live Aid/u.a. Hrsg. v.»Spex«. Köln: Kiepenheuer & Witsch 1987

-ck. [Geck, Rudolf]: Die schönsten Geschichten von Rudolf Geck. Ein Zeitungsmann erzählt. Frankfurt a. M.: Societäts-Verlag 1962

Dahl, Günter: Heute schon gelebt? Geschichten eines schüchternen Reporters. Mit einem Vorwort von Henri Nannen. Hamburg: Gruner + Jahr ^{2}1984

Dahl, Günter: Was wären wir ohne uns. Geschichten am Rande. Mit einem Vorwort von Friedrich Luft. Hamburg: Gruner + Jahr 1984

Delling, Manfred: Engagement für ein neues Medium. Ausgewählte Fernsehkritiken von 1964 bis 1993. Frankfurt a. M./Berlin/Bern/New York/Paris/Wien: Lang 1995

Dieckmann, Christoph: Die Zeit stand still, die Lebensuhren liefen. Geschichten aus der deutschen Murkelei. Berlin: Links 1993

Dieckmann, Christoph: My Generation. Cocker, Dylan, Lindenberg und die verlorene Zeit. Mit Fotos von Harald Hauswald und anderen. Berlin: Links 1991

Diederichsen, Diedrich: 1500 Schallplatten 1979-1989. Köln: Kiepenheuer & Witsch 1989

Dilloo, Rüdiger: Hausmanns Dilemma. Geschichten aus einer untypischen Familie. Illustrationen von Jean-Christian Knaff. Hamburg: Hoffmann und Campe 1993

Ditfurth, Hoimar v./Arzt, Volker: Dimensionen des Lebens. Reportagen aus der Naturwissenschaft. Mit 128 Abbildungen. München: Deutscher Taschenbuch Verlag 1977

Ditfurth, Hoimar v./Arzt, Volker: Querschnitte. Reportagen aus der Naturwissenschaft. Mit 71 Abbildungen. München: Deutscher Taschenbuch Verlag 1982

Ditfurth, Hoimar v.: Unbegreifliche Realität. Reportagen, Aufsätze, Essays eines Menschen, der das Staunen nicht verlernt hat. Hamburg/Zürich: Rasch und Röhring 1987

Döblin, Alfred: Ein Kerl muß eine Meinung haben. Berichte und Kritiken 1921-1924. Mit einem Vorwort von Manfred Beyer. München: Deutscher Taschenbuch Verlag 1981

Döblin, Alfred: Die Zeitlupe. Kleine Prosa. Aus dem Nachlaß zusammengestellt von Walter Muschg. Olten/Freiburg: Walter 1962

Fischer, Heinz-Dietrich (Hrsg.): Aus Deutschland berichtet – Presse-Inlandsreportagen 1961-1986 ausgezeichnet mit dem Theodor-Wolff-Preis. Mit einem Geleitwort von Dietrich Oppenberg. Düsseldorf/Wien/New York: Econ 1988

Fischer, Heinz-Dietrich (Hrsg.): Exquisiter Sportjournalismus. Artikel und Analysen aus drei Jahrzehnten – ausgezeichnet mit dem Theodor-Wolff-Preis. Mit Beiträgen von Kurt Frank u.a. Berlin: Vistas 1993

Frankfurter Allgemeine Zeitung (Hrsg.): Ein Büchertagebuch. Buchbesprechungen aus der Frankfurter Allgemeinen Zeitung. Frankfurt a. M.: FAZ (erscheint jährlich)

[Friedell, Egon] Das Friedell-Lesebuch. Hrsg. v. Heribert Illig. Mit 8 Abbildungen. München: Beck 1988

Friedell, Egon: Ist die Erde bewohnt? Theater, Feuilleton, Essay, Aphorismus, Erzählung. Hrsg. v. Reinhard Lehmann. Mit einem Nachwort und einer Zeittafel des Herausgebers. Berlin: Volk und Welt 1990

[Gaus, Günter] Porträts 5. Günter Gaus im Gespräch mit Christa Wolf, Rolf Hochhuth, Kurt Maetzig, Wolfang Mattheuer, Jens Reich. Berlin: Volk und Welt 1993

Giordano, Ralph: Die Spur. Reportagen aus einer gefährdeten Welt. Frankfurt a. M.: Fischer 1984

Goettle, Gabriele: Deutsche Bräuche. Ermittlungen in Ost und West. Mit Photographien von Elisabeth Kmölniger. Frankfurt a. M.: Eichborn 1994

Goettle, Gabriele: Deutsche Sitten. Erkundungen in Ost und West. Mit Photographien von Elisabeth Kmölniger. Frankfurt a. M.: Eichborn 1991

Goetz, Wolfgang: Das Glück sitzt an der nächsten Ecke. Zusammengestellt und hrsg. v. Tilla Goetz. Mit einem Vorwort von Ludwig Berger. Berlin: Herbig 1958

Goldt, Max: Schließ einfach die Augen und stell dir vor, ich wäre Heinz Kluncker. Ausgewählte Texte 1991-1994. München: Heyne 1997

Grafe, Frieda/Patalas, Enno: Im Off. Filmartikel. München: Hanser 1974

Groll, Gunter: Licht und Schatten. Film in dieser Zeit. München: Süddeutscher Verlag 1956

Groll, Gunter: Magie des Films. Kritische Notizen über Film, Zeit und Welt. 77 Filmkritiken. München: Süddeutscher Verlag 1953

Hacke, Axel: Nächte mit Bosch. 18 unwahrscheinlich wahre Geschichten. München: Kunstmann 1991

Hammerl, Elfriede: Von Kindern, Eltern und anderen Kuriositäten. Düsseldorf/Wien: Econ 1994

Harden, Maximilian: Kaiserpanorama. Literarische und politische Publizistik. Hrsg. und mit einem Nachwort von Ruth Grenner. Berlin: Buchverlag Der Morgen 1983

Heidenreich, Elke: Also ... Kolumnen aus »Brigitte« 3. Reinbek: Rowohlt 1996

Hemingway, Ernest: Reportagen 1920-1924. Hrsg. v. William White. Deutsch von Werner Schmitz. Reinbek: Rowohlt 1990

Henrichs, Benjamin: Beruf: Kritiker. Rezensionen, Polemiken, Liebeserklärungen. München/Wien: Hanser 1978

Hensel, Georg: Das Theater der siebziger Jahre. Kommentar, Kritik, Polemik. München: Deutscher Taschenbuch Verlag 1983

Hensel, Georg: Glücks-Pfennige. Lustvolles Nachdenken über Theater, Literatur und Leben. Frankfurt a. M./Leipzig: Insel 1995

Hensel, Georg: Kritiken. Ein Jahrzehnt Sellner-Theater in Darmstadt. Darmstadt: Reba 1962

Hensel, Georg: Spiel's noch einmal. Das Theater der achtziger Jahre. Frankfurt a. M.: Suhrkamp ²1991

Hering, Gerhard F. (Hrsg.): Meisterwerke der deutschen Kritik. Zwei Bände. München: Deutscher Taschenbuch-Verlag 1961 ff.

Herzl, Theodor: Ein echter Wiener. Feuilletons. Kommentiert von André Heller. Wien: Edition Wien 1986

Hessel, Franz: Ermunterungen zum Genuß. Berlin: Das Arsenal 1987

Hirsch, Eike Christian: Den Leuten aufs Maul. Ein- und Ausfälle vom Besserwisser. München: Deutscher Taschenbuch Verlag 1987

Hirsch, Eike Christian: Deutsch für Besserwisser. Mit zehn Illustrationen von Dietrich Lange. Hamburg: Hoffmann und Campe ^{5}1984

Hirsch, Eike Christian: Kopfsalat. Spott-Reportagen für Besserwisser. Hamburg: Hoffmann und Campe 1988

Hoghe, Raimund: Zeitporträts. Weinheim/Berlin: Quadriga 1993

Hughes, Robert: Denn ich bin nichts, wenn ich nicht lästern darf. Kritische Anmerkungen zu Kunst, Künstlern und Kunstmarkt. Aus dem Amerikanischen von Renate Gotthardt und Sabine Roth. München: Kindler 1993

Ihering, Herbert: Theater in Aktion. Kritiken aus drei Jahrzehnten 1913-1933. Hrsg. v. Edith Krull und Hugo Fetting. Berlin: Henschel 1986

Ihering, Herbert: Von Reinhardt bis Brecht. Vier Jahrzehnte Theater und Film. Drei Bände. Berlin: Aufbau 1958 ff.

Jacobsohn, Siegfried: Jahre der Bühne. Theaterkritische Schriften. Hrsg. v. Walther Karsch unter Mitarbeit von Gerhart Göhler. Reinbek: Rowohlt 1965

Jameson, Egon: Augen auf! Streifzüge durch das Berlin der zwanziger Jahre. Hrsg. v. Walther von La Roche. Frankfurt a. M.: Ullstein 1982

Jens, Walter: Fernsehen - Themen und Tabus. Momos 1963-1973. München: Piper 1973

Jens, Walter: Momos am Bildschirm. 1973-1983. München/Zürich: Piper 1984

Jesenská, Milena: Alles ist Leben. Feuilletons und Reportagen 1919-1939. Hrsg. und mit einer biographischen Skizze versehen von Dorothea Rein. Frankfurt a. M.: Verlag Neue Kritik ⁴1996

Kästner, Erich: Gemischte Gefühle. Literarische Publizistik aus der »Neuen Leipziger Zeitung« 1923-1933. Hrsg. v. Alfred Klein. Zwei Bände. Zürich: Atrium 1989

Kaindl-Hönig, Max (Hrsg.): Resonanz. 50 Jahre Kritik der Salzburger Festspiele. Salzburg: SN Verlag 1971

Kaiser, Joachim: Den Musen auf der Spur. Reiseberichte aus drei Jahrzehnten. München/Zürich: Piper 1986

Kaiser, Joachim: Erlebte Musik von Bach bis Strawinsky. Hamburg: Hoffmann und Campe 1977

Karasek, Hellmuth: Karaseks Kulturkritik. Literatur, Film, Theater. Hamburg: Rasch und Röhring 1988

Kardorff, Ursula von: Schön wie eine Seifenblase. Basel/Frankfurt a.M.: Helbing & Lichtenhahn 1987

Kerr, Alfred: Das neue Drama. Berlin: S. Fischer 1905

Kerr, Alfred: Lesebuch zu Leben und Werk. Hrsg. v. Hermann Haarmann, Klaus Siebenhaar, Thomas Wölk. Berlin: Argon 1987

Kerr, Alfred: Mit Schleuder und Harfe. Theaterkritiken aus drei Jahrzehnten. Hrsg. v. Hugo Fetting. Berlin: Severin und Siedler 1982

[Kersten, Heinz] So viele Träume. DEFA-Film-Kritiken aus drei Jahrzehnten von Heinz Kersten. Hrsg. v. Christel Drawer. Berlin: Vistas 1996

Kilb, Andreas: Was von den Bildern blieb. Ausgewählte Filmkritiken und Aufsätze 1987-1996. Potsdam: Verlag für Berlin-Brandenburg 1997

Kisch, Egon Erwin: Gesammelte Werke in Einzelausgaben. Hrsg. v. Bodo Uhse und Gisela Kisch, fortgeführt von Fritz Hofmann und Josef Polacek. Zehn Bände. Berlin/Weimar: Aufbau 1968 ff.

Kisch, Egon Erwin (Hrsg.): Klassischer Journalismus. Die Meisterwerke der Zeitung. Nachwort Christian Siegel. München: Rogner & Bernhard 1979

Knobloch, Heinz (Hrsg.): Allerlei Spielraum. Feuilletons aus 225 Jahren. Mit Vignetten von Klaus Ensikat. Berlin: Der Morgen 1973

Knobloch, Heinz: Angehaltener Bahnhof. Fantasiestücke, Spaziergänge in Berlin. Berlin: Das Arsenal ²1985

Knobloch, Heinz (Hrsg.): Kreise ziehen. Feuilletons aus unseren Tagen, vorgestellt von Heinz Knobloch. Mit Vignetten von Klaus Ensikat. Berlin: Der Morgen 1974

Knobloch, Heinz/Kunze, Reiner (Hrsg.): Mir gegenüber. Vierzig Feuilletons. Illustriert von Hans Mau. Halle: Mitteldeutscher Verlag 1960

Knobloch, Heinz: Mißtraut den Grünanlagen! Extrablätter. Berlin: Transit 1996

Knobloch, Heinz (Hrsg.): Schattensprünge. Feuilletons von Jürgen Borchert, Horst Büngener, Daniela Dahn, Karl Sewart, Werner Standfuß, Ursula Ullrich. Illustriert von Horst Wendt. Halle: Mitteldeutscher Verlag 1975

Knobloch, Heinz: Zur Feier des Alltags. Feuilletons. Ausgewählt und hrsg. v. Jürgen Borchert. Halle/Leipzig: Mitteldeutscher Verlag ²1986

Koeppen, Wolfgang: Die elenden Skribenten. Aufsätze. Hrsg. v. Marcel Reich-Ranicki. Frankfurt a. M.: Suhrkamp 1981

Koeppen, Wolfgang: Nach Russland und anderswohin. Empfindsame Reisen. Frankfurt a. M.: Suhrkamp 1973

Korrodi, Eduard: Ausgewählte Feuilletons. Hrsg. v. Helen Münch-Küng. Bern/Stuttgart/Wien: Haupt 1995

Kossak, Ernst: Aus dem Papierkorbe eines Journalisten. Feuilletons. Ausgewählt und hrsg. v. Heinz Knobloch. Illustriert von Paul Rosié. Berlin: Eulenspiegel 1976

Kracauer, Siegfried: Berliner Nebeneinander. Ausgewählte Feuilletons 1930-1933. Hrsg. v. Andreas Volk. Zürich: Epoca 1996

Kracauer, Siegfried: Kino. Essays, Studien, Glossen zum Film. Hrsg. v. Karsten Witte. Frankfurt a. M.: Suhrkamp 1974

Krättli, Anton: Zeit-Schrift. Zürcher Theaterbriefe. Kommentar, Kritik, Polemik. Drei Bände. Aarau/Frankfurt a. M.: Sauerländer 1982

Kraus, Karl: Schriften. Hrsg. v. Christian Wagenknecht. Zwölf Bände. Frankfurt a. M.: Suhrkamp 1986 ff.

Krüger, Horst: Deutsche Augenblicke. Bilder aus meinem Vaterland. München: Piper 1969

Krüger, Horst: Zeit ohne Wiederkehr. Gesammelte Feuilletons. München: Deutscher Taschenbuch Verlag 1989

Kuh, Anton: Hans Nebbich im Glück. Feuilletons, Essays und Publizistik. Neue Sammlung. Hrsg. und mit einem Nachwort von Ulrike Lehner. Zürich: Diogenes 1987

Kuh, Anton: Metaphysik und Würstel. Feuilletons, Essays, Publizistik. Hrsg. und mit einem Nachwort von Ruth Greuner. Zürich: Diogenes 1987

Lahann, Birgit: Hausbesuche. Zu Gast bei Künstlern, Stars und Literaten. Reinbek: Rowohlt 1989

Langenbucher, Wolfrang R. (Hrsg.): Sensationen des Alltags. Meisterwerke des modernen Journalismus. Hrsg. v. Wolfgang R. Langenbucher unter Mitarbeit von Hannes Haas, Fritz Hausjell, Gianluca Wallisch. München: Ölschläger 1992

Leiser, Erwin: Die Kunst ist das Leben. Begegnungen. Köln: Kiepenheuer & Witsch 1995

Leonhardt, Rudolf Walter: Auf gut deutsch gesagt. Ein Sprachbrevier für Fortgeschrittene. Berlin: Severin und Siedler 1983

Liefland, Wilhelm E.: Musik-Kritiken. Kriftel: Dillmann 1992

Löffler, Sigrid: Kritiken, Portraits, Glossen. Wien: Deuticke 1995

Lüdke, Martin: Für den »Spiegel« geschrieben. Eine kleine Literaturgeschichte. Reinbek: Rowohlt 1991

Luft, Friedrich: Luftsprünge. Heitere Glossen. Mit Zeichnungen von Werner Labbé. Köln/Berlin: Kiepenheuer & Witsch 1962

Luft, Friedrich: Stimme der Kritik. Zwei Bände. Frankfurt a. M./Berlin/Wien: Ullstein 1982

Marcuse, Ludwig: Wie alt kann Aktuelles sein? Literarische Porträts und Kritiken. Hrsg., mit einem Nachwort und einer Auswahlbibliographie von Dieter Lamping. Zürich: Diogenes 1989

Mayer, Hans (Hrsg.): Deutsche Literaturkritik. Vier Bände. Frankfurt a. M.: Fischer 1978

Mayer, Hans (Hrsg.): Kritiker unserer Zeit. Texte und Dokumente. Zwei Bände. Pfullingen: Neske 1967

Mayer, Hans: Vereinzelt Niederschläge. Kritik – Polemik. Pfullingen: Neske 1973

Mehring, Walter: Das Mitternachtstagebuch. Texte des Exils 1933-1939. Hrsg. und mit einem Nachwort von Georg Schirmers. Mannheim: persona 1996

Meier-Graefe, Julius: Kunst-Schreiberei. Essays und Kunstkritik. Hrsg. mit einem Nachwort von Henry Schumann. Leipzig/Weimar: Kiepenheuer 1987

Mühsam, Erich: Berliner Feuilleton. Ein poetischer Kommentar auf die mißratene Zähmung des Adolf Hitler. Hrsg. und erläutert von Heinz Hug. München: Boer 1992

Müller, André: Ich riskiere den Wahnsinn. Gespräche mit Christo u. a. Köln: Kiepenheuer & Witsch 1997

Müller, André: Im Gespräch mit Rosa von Praunheim u.a. Reinbek: Rowohlt 1989

Müry, Andres: Minetti ißt Eisbein. Lob der Hinterbühne. Frankfurt a. M.: Fischer 1992

Musil, Robert: Prosa und Stücke, Kleine Prosa, Aphorismen, Autobiographisches, Essays und Reden, Kritik. Hrsg. v. Adolf Frisé. Reinbek: Rowohlt 1978

Nagel, Ivan: Kortner – Zadek – Stein. München/Wien: Hanser 1989

Niehoff, Karena: Stimmt es – Stimmt es nicht? Porträts, Kritiken, Essais 1946-1962. Herrenalb: Erdmann 1962

Osang, Alexander: Aufsteiger – Absteiger. Karrieren in Deutschland. Mit Fotos von Wulf Olm. Berlin: Links ²1993

Otten, Karl: Das tägliche Gesicht der Zeit. Eine Flaschenpost aus den Zwanzigern. Hrsg. und mit einem Nachwort versehen von Gregor Ackermann und Werner Jung. Aachen: Alano 1989

Pehnt, Wolfgang: Der Anfang der Bescheidenheit. Kritische Aufsätze zur Architektur des 20. Jahrhunderts. München: Prestel 1983

Pehnt, Wolfgang: Die Erfindung der Geschichte. Aufsätze und Gespräche zur Architektur unseres Jahrhunderts. München: Prestel 1989

Penzoldt, Ernst: Die Kunst, das Leben zu lieben und andere Betrachtungen, ausgewählt von Volker Michels, mit einem Nachwort von Peter Suhrkamp. Frankfurt a. M.: Suhrkamp 1975

Polgar, Alfred: Handbuch des Kritikers. Wien/Hamburg: Zsolnay 1980

Polgar, Alfred: Kleine Schriften. Hrsg. v. Marcel Reich-Ranicki in Zusammenarbeit mit Ulrich Weinzierl. Sechs Bände. Reinbek: Rowohlt 1982 ff.

Raddatz, Fritz J.: ZEIT–Dialoge mit Jorge Amado u. a. Reinbek: Rowohlt 1996

Reich-Ranicki, Marcel: Lauter Lobreden. Suttgart: Deutsche Verlags-Anstalt 1985

Reich-Ranicki, Marcel: Lauter Verrisse. Mit einem einleitenden Essay. Erweiterte Neuausgabe. Stuttgart: Deutsche Verlags-Anstalt [4]1990

Reich-Ranicki, Marcel: Wer schreibt, provoziert. Pamphlete und Kommentare. Frankfurt a. M.: Fischer 1993

Riedl, Joachim: Leere Räume, laute Stimmen. Reportagen und Bilder aus den USA. München: Kindler 1994

Riehl-Heyse, Herbert: Am Rande des Kraters. Reportagen und Essays aus drei bewegten Jahren. München: Ölschläger 1993

Riehl-Heyse, Herbert: Die Weihe des Ersatzkaisers und andere Geschichten. Basel/Frankfurt a. M.: Helbing & Lichtenhahn 1985

Roth, Joseph: Werke. Band 1-3 (Das journalistische Werk). Hrsg. v. Klaus Westermann. Köln: Kiepenheuer & Witsch 1989 ff.

Rothschild, Thomas: Verspielte Gedanken. Aufsätze zu Literatur, Film und Medien aus zwei Jahrzehnten. Wien: Deuticke 1996

Rowohlt, Harry: Pooh's Corner. Meinungen und Deinungen eines Bären von geringem Verstand. Gesammelte Werke. Mit einem Nachwort von Elke Heidenreich. Zürich: Haffmans 1993

Rühle, Günther: Theater für die Republik. Im Spiegel der Kritik. Zwei Bände. Frankfurt a. M.: Fischer ²1988.

Sack, Manfred: Auftritte. Valente, Belafonte & Co. Komplimente und Verrisse. Frankfurt a. M./New York: Campus 1991

Sartorius, Peter: Die Lust am kalten Fegefeuer. Basel/Frankfurt a. M.: Helbing & Lichtenhahn 1988

Scherer, Marie-Luise: Ungeheurer Alltag. Geschichten und Reportagen. Reinbek: Rowohlt 1988

Schlappner, Martin: Journalismus aus Leidenschaft. Hrsg. v. Alex Bänninger, Balts Livio, Jakob Zweifel. Zürich: Verlag Neue Zürcher Zeitung 1989

Schmidt, Konrad (Hrsg.): Feuilleton der roten Presse. 1918-1933. Rote Fahne. Junge Garde. Arbeiter-Illustrierte Zeitung. Eulenspiegel. Roter Pfeffer. Berlin: Verlag des Ministeriums für Nationale Verteidigung o. J. [1960]

Schmitt, W. Christian: Vor dem Ende der Lesekultur. 20 Jahre Buch- und Literaturmarkt aus nächster Nähe. Kehl/Strasbourg/Basel: Morstadt 1990

Schödel, Helmut/Rittenberg, Joseph Gallus: »Meine Wut seid ihr!« Unter Dichtern, Huren & im Wald. München: Kunstmann 1993

Schreiber, Hermann: Durchblicke. Reportagen aus dreißig Jahren Gegenwart. Zürich: Schweizer Verlagshaus 1989

[Schreiber, Hermann] Lebensläufe. Hermann Schreiber im Gespräch mit Joseph Beuys, Julius Hackethal, Ernst Herhaus, Manfred Krug, Hans Küng, Loriot, John Neumeier, Leni Riefenstahl. Frankfurt a. M./Berlin/Wien: Ullstein 1982

Schulze Vellinghausen, Albert: Anspielungen. Ausgewählte Reden, Aufsätze, Kritiken zur bildenden Kunst, Literatur, Architektur etc. Hrsg. und typographisch eingerichtet von Adam Seide. Velber: Friedrich 1962

Schulze Vellinghausen, Albert: Theaterkritik 1952-1960. Velber: Friedrich 1961

Schumacher, Ernst: Berliner Kritiken. Ein Theater-Dezennium. 1964-1974. Zwei Bände. Berlin: Henschel 1975

Schwarze, Michael: Weihnachten ohne Fernsehen. Kulturpolitische Essays, Glossen, Porträts. Hrsg. v. Volker Hage. Mit einem Nachruf von Joachim Fest. Frankfurt a. M.: Suhrkamp 1984

Sichtermann, Barbara: Fernsehen. Berlin: Wagenbach 1994

Sieburg, Friedrich: Lauter letzte Tage. Prosa aus zehn Jahren. Stuttgart: Deutsche Verlags-Anstalt 1961

Sieburg, Friedrich: Zur Literatur 1924-1956. Hrsg. v. Fritz J. Raddatz. Frankfurt a. M./Berlin: Ullstein 1987

Siemsen, Hans: Kritik – Aufsatz – Polemik. Hrsg. v. Michael Förster. Essen: Torso 1988

Skasa-Weiss, Eugen: Von hinten besehen. Feuilletons. Stuttgart: Klett-Cotta 1984

Slang: Gebet einer Potsamer Jungfrau. Gereimtes und Ungereimtes aus den »goldenen« zwanziger Jahren. Ausgwählt von Wolfgang U. Schütte. Berlin/Weimar: Aufbau 1986

Sling [Schlesinger, Paul]: Die Nase der Sphinx oder Wie wir Berliner so sind. Feuilletons aus den Jahren 1921 bis 1925. Hrsg. v. Ruth Greuner. Berlin: Der Morgen 1987

Spiel, Hilde: Das Haus des Dichters. Literarische Essays, Interpretationen, Rezensionen. Zusammengestellt und hrsg. v. Hans A. Neunzig. München: List 1992

Spiel, Hilde: Die Dämonie der Gemütlichkeit. Glossen zur Zeit und andere Prosa. Zusammengestellt und hrsg. v. Hans A. Neunzig. Reinbek: Rowohlt 1993

Sucher, C. Bernd: Theaterzauberer. Schauspieler. 40 Porträts mit 131 Fotos. München: Piper 1988

Sucher, C. Bernd: Theaterzauberer 2. Von Bondy bis Zadek. Zehn Regisseure des deutschen Gegenwartstheaters. Mit 40 Fotos. München: Piper 1990

Tergit, Gabriele: Atem einer anderen Welt. Berliner Reportagen. Hrsg. und mit einem Nachwort versehen von Jens Brüning. Frankfurt a. M.: Suhrkamp 1994

Tergit, Gabriele: Blüten der Zwanziger Jahre. Gerichtsreportagen und Feuilletons 1923-1933, hrsg. v. Jens Brüning. Berlin: Rotation 1984

Torberg, Friedrich: Auch Nichtraucher müssen sterben. Essays – Feuilletons – Notizen – Glossen. Hrsg. v. David Axmann und Marietta Torberg. München/Wien: Langen Müller 1985

Torberg, Friedrich: Das fünfte Rad am Thespiskarren. Theaterkritiken. Zwei Bände. München/Wien: Langen Müller 1966 f.

Torberg, Friedrich: PPP. Pamphlete, Parodien, Postscripta. München/ Wien: Langen Müller 1964

Tucholsky, Kurt: Gesammelte Werke in 10 Bänden. Hrsg. v. Mary Gerold-Tucholsky, Fritz J. Raddatz. Reinbek: Rowohlt 1975

Viertel, Berthold: Schriften zum Theater. Hrsg. v. Gert Heidenreich unter Mitarbeit von Manfred Nöbel. Mit einem Geleitwort von Herbert Ihering. Berlin: Henschel 1970

Weigel, Hans: Nach wie vor Wörter. Literarische Zustimmungen, Ablehnungen, Irrtümer. Graz/Wien/Köln: Styria 1985

Weigel, Hans: 1001 Premiere. Hymnen und Verrisse. Graz/Wien/Köln: Styria 1983

Wiegenstein, Roland H./Raddatz, Fritz J. (Hrsg.): Interview mit der Presse. 12 internaionale Zeitungen stellen sich. Reinbek: Rowohlt 1964

Wiegenstein, Roland H.: Über Theater. 1966-1986. Zürich: Ammann 1987

Wieser, Harald: Von Masken und Menschen. Zwei Bände. Zürich: Haffmans 1991

Witte, Karsten: Im Kino. Texte vom Sehen & Hören. Frankfurt a. M.: Fischer 1985

Witter, Ben: Spaziergänge mit Prominenten. Erweiterte Ausgabe. Frankfurt a. M.: Fischer 1984

[Wolff, Theodor] Theodor Wolff – Der Publizist. Feuilletons, Gedichte und Aufzeichnungen. Hrsg. v. Bernd Sösemann. Düsseldorf: Econ 1995

Worm, Hardy: Streifzüge eines Ironikers. Feuilletons, Geschichten und Gedichte. Hrsg. und mit einem Nachwort von Wolfgang U. Schütte. Berlin: Tribüne 1982

Zimmermann, Bernhard: Television im Wandel der Zeiten. Essays und Rezensionen zum deutschen Fernsehprogramm 1985-1996. Frankfurt a. M./Berlin/Bern/New York/Paris/Wien: Lang 1997

Handbücher, journalistisches Grundwissen, Darstellungsformen

Arnold, Bernd-Peter: ABC des Hörfunks. Ein Handbuch für Radio-Journalisten. München: Ölschläger 1991

Beifuß, Hartmut/Evers, Karl Heinz/Rauch, Friedrich u.a.: Bildjournalismus. Ein Handbuch für Ausbildung und Praxis. 2., völlig neu überarbeitete Auflage. Hrsg. v. Rolf Sachsse. München/Leipzig: List 1994

Blaes, Ruth/Heussen, Gregor Alexander (Hrsg.): ABC des Fernsehens. Konstanz: UVK Medien 1997

Branahl, Udo: Medienrecht. Eine Einführung. Opladen: Westdeutscher Verlag ²1996

Brendel, Detlef/Grobe, Bernd E.: Journalistisches Grundwissen. Darstellung der Formen und Mittel journalistischer Arbeit und Einführung in die Anwendung empirischer Daten in den Massenmedien. München: Saur 1976

Brielmaier, Peter/Wolf, Eberhard: Zeitungs- und Zeitschriftenlayout. Konstanz: UVK Medien 1997

Camen, Rainer: Die Glosse in der deutschen Tagespresse. Zur Analyse »journalistigen« Raisonnements. Bochum: Brockmeyer 1984

Dovifat, Emil: Zeitungslehre. Zwei Bände. Sechste, neubearbeitete Auflage von Jürgen Wilke. Berlin/New York: de Gruyter 1976

Egli von Matt, Sylvia/Peschke, Hanspeter von/Riniker, Paul: Du sollst dir (k)ein Bildnis machen. Das Buch zum journalistischen Porträt. Aarau/Frankfurt a. M./Salzburg: Sauerländer 1997

Glotz, Peter/Langenbucher, Wolfgang R.: Der mißachtete Leser. Zur Kritik der deutschen Presse. Köln/Berlin: Kiepenheuer & Witsch 1969 (Nachdruck München: Fischer 1993)

Häusermann, Jürg/Käppeli, Heiner: Rhetorik für Radio und Fernsehen. Regeln und Beispiele für mediengerechtes Schreiben, Sprechen, Informieren, Kommentieren, Interviewen, Moderieren. Hrsg. v. Medienausbildungszentrum Luzern. Aarau/Frankfurt a. M.: Sauerländer 1986

Haller, Michael: Das Interview. Ein Handbuch für Journalisten. Konstanz: UVK Medien ²1997

Haller, Michael: Die Reportage. Ein Handbuch für Journalisten. Konstanz: UVK Medien ⁴1997

Haller, Michael: Recherchieren. Ein Handbuch für Journalisten. Konstanz: UVK Medien ⁵1997

Haller, Michael/Holzhey, Helmut (Hrsg.): Medien-Ethik. Beschreibungen, Analysen, Konzepte für den deutschsprachigen Journalismus. Opladen: Westdeutscher Verlag 1992

Jipp, Karl-Ernst: Wie schreibe ich eine Nachricht? Eine Anleitung mit vielen Beispielen und Übungen. Stuttgart: Bertelsen 1990

Knobloch, Heinz: Vom Wesen des Feuilletons. Mit Studienmaterial Theorie und Praxis des Feuilletons. Halle: Sprache und Literatur 1962

Koszyk, Kurt/Pruys, Karl Hugo: Handbuch der Massenkommunikation. München/New York/London/Paris: Saur 1981

La Roche, Walther von: Einführung in den praktischen Journalismus. Mit genauer Beschreibung aller Ausbildungswege Deutschland, Österreich, Schweiz. München: List ¹⁴1995

La Roche, Walther von/Buchholz, Axel (Hrsg.): Radio-Journalismus. Ein Handbuch für Ausbildung und Praxis im Hörfunk. Mitarbeit Hans-Dieter Hillmoth und Hermann Stümpert. München/Leipzig: List ⁶1993

Mast, Claudia (Hrsg.): ABC des Journalismus. Ein Leitfaden für die Redaktionsarbeit. 8., überarbeitete Auflage. Konstanz: UVK Medien 1998

Meyer, Werner: Journalismus von heute. Herausgeberin Mercedes Riederer. Starnberg: Schulz (Loseblattsammlung)

Noelle-Neumann, Elisabeth/Schulz, Winfried/Wilke, Jürgen (Hrsg.): Das Fischer Lexikon Publizistik/Massenkommunikation. Aktualisierte, vollständig überarbeitete Neuausgabe. Frankfurt a. M.: Fischer 1994

Nowag, Werner/Schalkowski, Edmund: Kommentar und Glosse. Konstanz: UVK Medien 1998

Pürer, Heinz (Hrsg.): Praktischer Journalismus in Zeitung, Radio und Fernsehen. Konstanz: UVK Medien ²1996

Rauter, E. A.: Vom Umgang mit Wörtern. München: Weismann 1978

Roloff, Eckart Klaus: Journalistische Textgattungen. München: Oldenbourg 1982

Rühl, Manfred: Die Zeitungsredaktion als organisiertes soziales System. Freiburg/Schweiz: Universitätsverlag ²1979

Schlapp, Hermann: Einstieg in den Journalismus. Ein Leitfaden zum Handwerk. Hrsg. v. Medienausbildungszentrum Luzern. Aarau/Frankfurt a. M.: Sauerländer ²1991

Schneider, Wolf: Deutsch für Profis. Handbuch der Journalistensprache – wie sie ist und wie sie sein könnte. Hamburg: Gruner + Jahr 1982

Schneider, Wolf/Raue, Paul-Josef: Handbuch des Journalismus. Reinbek: Rowohlt 1996

Schöfthaler, Ele: Recherche praktisch. Ein Handbuch für Ausbildung und Praxis. München: List 1997

Schult, Gerhard/Buchholz, Axel (Hrsg.): Fernseh-Journalismus. Ein Handbuch für Ausbildung und Praxis. München: List ⁵1997

Schwochow, Heide: Maske und Gesicht. Eine Arbeit über das Porträt. Diplomarbeit Hannover 1992

Weischenberg, Siegfried: Journalistik. Theorie und Praxis aktueller Medienkommunikation. Zwei Bände. Opladen: Westdeutscher Verlag 1992 ff.

Weischenberg, Siegfried: Nachrichtenschreiben. Journalistische Praxis zum Studium und Selbststudium. Opladen: Westdeutscher Verlag 1988

Zindel, Udo/Rein, Wolfgang (Hrsg.): Das Radio-Feature. Ein Werkstattbuch inklusive CD mit Hörbeispielen. Konstanz: UVK Medien 1997

Verzeichnis der Abbildungen

S. 10: Aus: Mauri und Tarja Kunnas: »Die Zeitungsmacher«. (c) by Verlag Friedrich Oetinger, Hamburg 1992

S. 84: »Kritiker«. (c) by Matthias Meßmer, Berlin / Theater heute

S. 133: »Die Filmkritiker: Der Flipper, der Genießer und der Kramer«. (c) by Stephan Probst, Schwaig

S. 149: »Der Medienkritiker«. (c) by Peter Kaczmarek, Leverkusen

S. 221: »Der Theaterkritiker«. (c) by Rainer Hachfeld, Berlin

S. 262: »Der Dichter und die Kritiker«. Aus: Olaf Gulbransson: »Heiteres und Weiteres«. (c) by Langen Müller Verlag in der FA Herbig Verlagsbuchhandlung, München ²1976

Autorenverzeichnis

Dieter Baukloh
Chef Landesdienst Nord der Deutschen Presse-Agentur (dpa) in Hamburg. Geboren 1944 in Eilmsen/Kreis Soest. Volontariat beim »Soester Anzeiger«. 1965 bis 1968 Redakteur der »Holsteiner Nachrichten« in Pinneberg. Danach Dienstleitender Redakteur in Landesdienst und Zentrale der Deutschen Presse-Agentur in Hamburg. Von 1985 bis 1994 Leiter des Kulturressorts.

Gert Gliewe
Feuilleton-Autor der Münchner »Abendzeitung«. Geboren 1944 in Kiel. Studium der Kunstgeschichte und Theaterwissenschaft in München und Münster. Freie journalistische Tätigkeit unter anderem für die Kunstzeitschrift »art« und »Theater heute«. Redakteur bei der Münchner Boulevardzeitung »tz«.

Benedikt Gondolf
Redakteur bei »aspekte« (ZDF). Geboren 1953. Nach dem Abitur erste journalistische Erfahrungen beim »Donau Kurier« Ingolstadt. Studium der Germanistik, Philosophie, Musik- und Theaterwissenschaft in Berlin, Düsseldorf und München. Während des Studiums freie Mitarbeit beim Bayerischen Rundfunk (Hörfunk). 1979 Volontariat beim Zweiten Deutschen Fernsehen. Seit 1981 in der »aspekte«-Redaktion.

Dieter Hergt
Freier Journalist. Geboren 1956 in Bünde/Westfalen. Studium der Germanistik, Politologie, Theaterwissenschaft und Philosophie in Berlin. Freie Mitarbeit bei verschiedenen Tageszeitungen, Stadtmagazinen und bei dpa. 1985 Volontariat beim »Westfalen-Blatt« Bielefeld und der angegliederten TV-Agentur Teuto-Tele. Danach Redakteur der Fernsehproduktionsgesellschaft TVN in Hannover. Gründungsmitglied der SAT.1-Regionalredaktion »Wir in Niedersachsen«. Von 1992 bis 1994 Redakteur beim privaten Fernsehsender VOX, zuständig für Magazinsendungen und eine aktuelle Diskussionsrunde. 1995 bis 1997 Reporter bei Pro 7. 1997 Reporter bei »Akte« (SAT.1), Chef vom Dienst und Autor einer Comedy-Sendung (SAT.1). 1998 Producer Business TV.

Horst Köpke
Bis 1992 Ressortleiter Feuilleton der »Frankfurter Rundschau«. Geboren 1926 in Schwerin. Nach dem Krieg Pressereferent der Liberal-Demokratischen Partei in Mecklenburg und Mitarbeiter der »Norddeutschen Zeitung«. Dann Studium der Politischen Wissenschaften in Berlin (West) und Redakteur der »Liberalen Studentenzeitung«. 1954 bis 1960 Volontär und Redakteur (Lokales und Politik) der »Allgemeinen Zeitung« Mainz. 1960 bis 1964 politischer Redakteur der »Welt« in Hamburg, zuletzt stellvertretender Ressortleiter Innenpolitik. 1964 bis 1992 Redakteur der »Frankfurter Rundschau«, zunächst verantwortlich für Bildungspolitik, dann 21 Jahre lang Leiter des Feuilletons. Nach zehnmonatiger Beratertätigkeit bei der »Märkischen Allgemeinen« in Potsdam freiberuflich mit Sitz in Frankfurt tätig.

Ina Rumpf
Chefredakteurin Radio Köln. Geboren 1957 in Arolsen/Waldeck, aufgewachsen in Fulda. Studium der Germanistik und Publizistik in Mainz. Von 1980 bis 1990 freie Hörfunkautorin und Moderatorin für die drei Hörfunkprogramme des Südwestfunks (heute SWR), RIAS2 (heute r.s.2) und den Westdeutschen Rundfunk. Von 1990 bis 1995 zunächst Chefin vom Dienst, dann stellvertretende Chefredakteurin bei radio ffn in Niedersachsen. Seit 1995 bei Radio Köln.

Hans Sarkowicz:
Programmbereichsleiter Kultur und Wissenschaft beim Hessischen Rundfunk (Hörfunk) in Frankfurt. Geboren 1955. Studium der Germanistik und Geschichte an der Universität Frankfurt. Danach Volontär und Redakteur beim Hessischen Rundfunk. Von 1986 bis 1994 Redaktionsleiter »Kultur aktuell«.

Personenregister

Das Personenregister enthält die Namen aller Persönlichkeiten, die in den Beiträgen dieses Buches oder im Text der Anmerkungen außerhalb bloßer Quellenangaben erwähnt werden.

A

Adorno, Theodor W. 124, 132
Altenberg, Peter 14
Altmann, Petra 50, 54, 56, 58, 75, 78
Auburtin, Victor 7, 14
Augustus (Kaiser) 7, 175

B

Bach, Johann Sebastian 112
Bahr, Hermann 77
Baier, Lothar 17
Bailey, Henry 94
Balakirew, Mili Alexejewitsch 121
Balthus (Balthasar Klossowski) 39
Balzac, Honoré de 65, 251
Barthes, Roland 39
Bauer, Günther 191
Baumgart, Reinhard 52, 260
Bausch, Pina 90
Bécaud, Gilbert 118
Becker, Donald 93
Becker, Maria 88
Beethoven, Ludwig van 37, 121
Behne, Adolf 103
Beltz, Matthias 85, 89
Bendokat, Margit 94
Benjamin, Walter 51
Berendt, Joachim Ernst 47
Bergholz, Olga 186
Bernhard, Thomas 37

Bernstorff, Andreas Graf von 180
Beuys, Joseph 103
Bieger, Eckhard 192
Bier, Rolf 110
Biermann, Wolf 258
Birkin, Andrew 139
Bismarck, Otto von 198
Bohrer, Karl Heinz 250
Böll, Heinrich 62
Brahms, Johannes 112, 121
Braudel, Fernand 175
Brauer, Jürgen 135
Braunfels, Michael 113
Brenton, Howard 93
Breth, Andrea 90
Brill, Alexander 162
Brod, Max 51
Brodkey, Harold 39
Brodsky, Joseph 38
Brook, Peter 90
Brötzmann, Peter 114
Bruckmaier, Karl 123
Bunin, Iwan Alexejewitsch 186
Burde, Wolfang 118

C

Canaris, Volker 161
Castorf, Frank 12
Cézanne, Paul 103
Chalonge, Christian de 138
Chapman, Roger 122

Chopin, Frédéric 121
Cocker, Joe 113, 125
Cohn-Bendit, Daniel 161, 166-168
Collins, Phil 124
Conrad, Hans-Werner 146
Cook, Bruce 130
Cook, James 182
Corot, Camille 104

D

Dall, Karl 124
Danella, Utta 99
Dante Alighieri 175
Disney, Walt 135
Döblin, Alfred 23, 85
Donner, Wolf 153
Döpfner, Mathias O. C. 34
Dörrie, Doris 42
Dostojewskij, Fjodor Michailowitsch 186
Dresen, Adolf 92
Dürrenmatt, Friedrich 169-170, 172
Dylan, Bob 129

E

Eckert, Hella 101
Eddy, Timothy 119
Eder, Klaus 156
Eisenstein, Sergej Michailowitsch 135
Elzholz, Max 110
Engel, Lehman 72
English, John W. 52, 54, 63, 78
Enzensberger, Hans Magnus 62, 250
Erasmus von Rotterdam 175
Erenz, Benedikt 253
Eschberg, Peter 223

F

Fellini, Federico 232
Fels, Ludwig 98
Fest, Joachim C. 250-253, 255
Filz, Walter 103, 109
Fitz, Peter 37
Flaubert, Gustave 65
Flimm, Jürgen 161
Fontane, Theodor 55, 182, 200
Forster, Georg 182
Friedell, Egon 76
Früh, Werner 43

G

Garber, Klaus 175
Gaus, Günter 258
Geus, Theodor 184
Glaser, Hermann 14, 35, 164-165
Glinka, Michael Iwanowitsch 186
Glotz, Peter 15, 30, 65
Goethe, Johann Wolfgang von 9, 182
Goetz, Rainald 257
Gogh, Vincent van 236
Goldberger, Paul 111
Goldwyn, Samuel 9
Gordon, George N. 11
Gottschalk, Thomas 243
Grabbe, Christian Dietrich 38
Grass, Günter 62, 200, 257
Greene, Gael 198
Greffrath, Mathias 65
Greger, Max 59
Greiffenhagen, Martin und Sylvia 177-178
Greiner, Ulrich 11-13, 17, 63, 65
Grimmelshausen, Hans Jakob Christoffel von 199
Grohmann, Will 105

Gründgens, Gustaf 88, 241
Gülden, Jörg 126
Gunßer, Christoph 105-106

H

Haacke, Wilmont 15, 162
Haarmann, Fritz 104
Habermas, Jürgen 250, 258
Hachmeister, Lutz 140, 142, 146
Hahn, Ulla 59
Hall, Peter Christian 148
Haller, Michael 205
Hamilton, Lady Emma 102
Hamm, Peter 258, 260
Handke, Peter 39, 97
Hardy, Oliver 139
Hauptmann, Gerhart 23
Haußmann, Leander 93
Hegel, Georg Wilhelm Friedrich 250
Heidenreich, Elke 95
Heidkamp, Konrad 114-115, 122, 126
Hein, Christoph 257
Heine, Heinrich 118-119, 121, 200
Heller, André 89
Hellmann, Manfred 204
Hendrix, Jimi 129
Henrichs, Benjamin 56, 91, 152
Hensel, Georg 48, 59, 74
Herburger, Günter 11
Hermlin, Stephan 11
Herodot 181
Heß, Dieter 15, 101
Heyme, Hansgünther 152
Hirsch, Eike Christian 192
Hitler, Adolf 138, 176, 251
Hoffman, Dustin 51
Hölderlin, Friedrich 169

Hömberg, Walter 172, 204
Honegger, Arthur 47
Honigmann, Barbara 98
Hoppe, Ralf 152
Hrdlicka, Alfred 104
Hugo, Victor 112
Huismann, Wilfried 150
Hummel, Siegfried 229
Hunt, Lisa 122

I

Ibanez, Susana 94
Iden, Peter 61, 152
Ihering, Herbert 85
Imdahl, Max 48, 109-110
Jackson, Michael 125
Jackson, Peter 139
Janáceková, Viera 112
Jansen, Peter W. 137
Janßen, Karl-Heinz 176
Jean Paul 181
Jens, Walter 49, 62, 64, 243, 257
Jonke, Gert 37
Jörder, Gerhard 42
Joyce, James 86

K

Kafka, Franz 12, 259
Kaiser, Joachim 65
Kant, Hermann 251
Karajan, Herbert von 232
Karasek, Hellmuth 53
Karcher, Eva 104
Kästner, Erich 14
Kaulbach, Friedrich August von 218
Keller, Gottfried 194
Kemener (Pastor) 176
Kempowski, Walter 61

Kennedy, Nigel 61
Kepplinger, Hans Mathias 62
Kerr, Alfred 53, 85
Kettel, Joachim 111
Kilb, Andreas 132
King, B. B. 122
King, Stephen 99
Kisch, Egon Erwin 187
Klää, Greti 135
Klein, Katrin 94
Kleist, Heinrich von 39
Kluge, Alexander 235
Kneif, Tibor 123-124, 126
Knobloch, Heinz 15
Koch, Gertrud 130, 132
Koeppen, Wolfgang 182
Kohl, Helmut 252
Korte, Rainer 191
Koszyk, Kurt 14
Kracauer, Siegfried 134
Kramer, Jane 42
Kranzkowski, Karl 94
Krechel, Ursula 11, 95
Kreimeier, Klaus 131
Kresnik, Johann 94
Kriegel, Volker 47, 154
Kubelka, Peter 199
Kudszus, Hans 59
Kunert, Günter 251
Kunnas, Mauri und Tarja 9
Kupfer, Harry 90

L

Lagerfeld, Karl 197
Lang, Fritz 138
Langenbucher, Wolfgang R. 15, 30
Latchinian, Sewan 93
Laurel, Stan 139
Lenbach, Franz Seraph von 218
Lesle, Lutz 50, 54, 56, 62, 70, 75, 116
Lessing, Gotthold Ephraim 51
Lichtenberg, Georg Christoph 33
Liers, Kathie 94
Lippe, Jürgen von der 140, 145
Liszt, Franz 13
Löffler, Sigrid 19
Lorenz, Otto 99
Losansky, Rolf 135
Luft, Friedrich 49, 57
Luther, Martin 175-176

M

Madonna 61
Mahfus, Nagib 253
Mahmoody, Betty 99
Man, Paul de 255-256
Mann, Golo 187
Marcuse, Ludwig 95
Martens, Alexander U. 98
Marx, Karl 250-251
Matthäus, Lothar 151
May, Rolf 94
McCarthy, Joseph Raymond 259
McCullers, Carson 101
Meinecke, Ulla 59
Mendelssohn Bartholdy, Felix 112
Metsu, Gabriel 200
Metz, Catherine 119
Meysel, Inge 88
Meysing, Birgit 60, 69-70, 72, 74, 78, 80, 92
Michalkow, Nikita 138
Miller, Glenn 186
Millowitsch, Willy 42
Milva (Maria Ilva Biolcati) 117
Minetti, Bernhard 161
Minnelli, Liza 47

Personenregister

Mnouchkine, Ariane 61
Molière (Jean-Baptiste Poquelin) 87
Morandi, Giorgio 104
Mounk, Alicja 113, 115
Mozart, Wolfgang Amadeus 112, 119, 121
Mühe, Ulrich 90
Müller, Heiner 35, 62, 161, 257
Murnau, Friedrich Wilhelm 135
Muschg, Adolf 258
Mussorgskij, Modest Petrowitsch 186

N
Nagel, Ivan 257
Newman, Barnett 109-110
Nietzsche, Friedrich 250
Nitsch, Hermann 35
Noack, Barbara 99
Nolte, Ernst 251-252
Nöstlinger, Christine 98

O
Ortega y Gasset, José 249

P
Paganini, Niccolò 118-119
Passow, Wilfried 87
Pastier, John 108
Pauser, Wolfgang 201-203
Pavarotti, Luciano 117
Peymann, Claus 14, 152, 161
Philipp, Udo 36
Pierwoß, Klaus 72
Ploog, Peter 200
Pogorelich, Ivo 120-121
Polgar, Alfred 14, 85
Ponkie 145
Postman, Neil 222, 226

Prédal, René 66

Q
Quadflieg, Will 88

R
Raddatz, Fritz J. 252
Randow, Thomas von 169
Rathenau, Walther 7
Rauter, E. A. 33, 43
Ravel, Maurice 121
Reed, Dizzy 129
Reger, Max 59
Reich, Steve 114
Reich-Ranicki, Marcel 72, 176-177, 251-252
Rolland, Romain 47
Roloff-Momin, Ulrich 161
Rose, Axl 129
Rössler, Patrick 54, 58, 77, 79
Roth, Joseph 182
Rothmann, Bernhard 176
Rothschild, Thomas 96, 101, 123
Rovan, Joseph 165-166, 168
Rowohlt, Harry 100
Rühle, Günther 72, 80
Rumpf, Ina 8
Russell, John 103

S
Sack, Manfred 127
Saint-Exupéry, Antoine de 187
Salinger, Jerome David 101
Sanches, Miguel 54, 58, 63, 77, 134
Sander, Jil 197
Satie, Erik 34
Seghers, Anna 251
Seidl, Claudius 130, 132
Seiler, Manfred 79
Shaw, George Bernard 47, 118

Shelley, Percy Bysshe 12, 259
Sichtermann, Barbara 193
Siebeck, Wolfram 201
Simmel, Johannes Mario 65, 99
Simon, John 53
Slash (»Slash« Hudson) 129
Smolka, Margund 111
Sommer, Carlo Michael 195
Sontag, Susan 102
Sorum, Matt 129
Spahn, Claus 116
Speidel, Ludwig 188
Spielberg, Steven 135
Spitzer, Daniel 14
Springer, Axel Caesar 258
Sucher, C. Bernd 152
Swift, Jonathan 9

SCH

Schami, Rafik 98
Scharioth, Joachim 71
Scheibe, Johann Adolf 112
Schelm, Klaus und Helga 189-190
Schirinowskij, Wladimir 37
Schirrmacher, Frank 65, 252-256
Schlaf, Johannes 11
Schmid, Eva M. J. 132
Schmieding, Walther 233
Schmitt, W. Christian 153
Schönhuber, Franz 40
Schopenhauer, Arthur 36
Schostakowitsch, Dimitrij
 Dimitrijewitsch 113
Schulz, Tom R. 125
Schulze, Kay 94
Schumann, Robert 66
Schwaetzer, Irmgard 36

ST

Stadelmaier, Gerhard 12-14, 19
Stalin, Iossif Wissarionowitsch
 (Josef) 251
Stauffenberg, Franz Ludwig Graf
 176
Stegert, Gernot 15
Stein, Peter 28, 37, 85, 152
Stephan, Cora 177
Stockhausen, Karlheinz 112
Strauß, Botho 98, 177
Strindberg, August 85, 91
Stuck, Franz von 218
Stuckenschmidt, Hans Heinz 55
Stürmer, Michael 252-253

T

Tabori, George 11, 224
Tappert, Horst 88
Thalbach, Katharina 90
Thomas, Michael Wolf 142
Tolstoi, Lew Nikolajewitsch Graf
 (Leo) 65
Töpfer, Klaus 177
Trunkenpolz, Sieglinde 26, 54, 56, 194
Tschaikowskij, Pjotr Iljitsch (Peter)
 186
Tucholsky, Kurt 14, 33, 38, 51
Turner, Tina 122, 126

U

Uhde, Torsten 111

V

Valéry, Paul 9
Vallone, Raf 59
Velazquez, Diego Rodriguez de
 Silva y 200
Viehoff, Reinhold 50, 58, 63, 72

Vischer, Friedrich Theodor 194
Vogt, Ludgera 65
Volpers, Helmut 157
Voss, Gert 94

W

Waldmann, Norbert 56, 58, 74, 78, 142
Warhol, Andy 103, 200
Weiss, Peter 251
Westphal, Kurt 66, 74
Westphalen, Joseph von 85, 92, 152
Wied, Friedrich von 176
Wiesand, Andreas 103
Wieser, Harald 49, 61-62
Wilde, Oscar 194
Wolf, Christa 62, 254, 257
Wolff, Theodor 7
Wondratschek, Wolf 257
Wussow, Klausjürgen 88

Z

Zacher, Hans F. 169
Zadek, Peter 152, 161
Ziman, John 171
Zimmer, Dieter E. 35, 43
Zola, Emile 65
Zöller, Elisabeth 98
Zschau, Mechthild 145
Zucchero (Zucchero Fornaciari) 122-123

Sachregister

Das Sachregister bezieht sich auf die systematische Darstellung in den beiden Hauptteilen dieses Buches (S. 7-209). Ein solches Verzeichnis kann nicht lückenlos sein. Es enthält ausgewählte Begriffe, die in den Kapiteln oder im Text der Anmerkungen (nicht aber innerhalb bloßer Quellenangaben) eine Rolle spielen. Meist haben diese Begriffe die Form eines Hauptwortes. Sie müssen auf den angegebenen Seiten nicht wörtlich auftauchen. So verweist zum Beispiel das Stichwort »Thema« auch auf thematische Vorschläge innerhalb der einzelnen Kapitel. Andere Begriffe können ebenfalls auf längere zusammenhängende Passagen hinweisen. Eingang ins Register fanden Namen von kulturellen Einrichtungen (zum Beispiel Theatern, Verlagen, Bands, Sendern, periodischen Sendungen oder Zeitungen), wenn sie nicht lediglich einen Teil der Quellenangabe in den Fußnoten bilden. Die Titel einzelner Bühnenwerke, Bücher, Filme, Musikstücke und ähnlicher Produktionen sowie Hochschulen und Hochschulorte erscheinen dagegen nicht im Register. Ebenso unberücksichtigt bleiben vielfach wiederkehrende allgemeine Begriffe wie »Kultur«, »Kritik«, »Kritiker«, »Kulturjournalist«, »Kulturberichterstatter«, »Feuilleton« (Ressort), »Kulturteil«, »Journalist«, »Massenmedien«, »Zeitung«, »Fernsehen«, »Redakteur« und andere.

A

Abonnement, Abonnenten 69, 71-74, 80, 92, 104, 113
»Abendzeitung« 145
Abstraktion 35
Adjektiv → Attribut
Akademie der Künste 67
Aktualität 15, 48, 108, 114, 136, 138, 143
Alltag, Alltagskultur (allgemein) 7, 13, 26, 53, 61, 81, 106, 108, 118, 127-128, 131, 134, 143, 146, 163, 181-182, 187-189, 191-193, 197-198, 202-203, 208-209

Alternativkultur 23, 28, 123
Amateurfilm, Amateurvideo 136-137
Analyse 15, 50, 93, 98, 102, 108, 110, 123, 132, 137, 143-144, 155, 178-179, 197
Anekdote 12, 100
Anerkennung 64
Anpassung (Redaktion) 62-63, 66, 97
Anspielung 38, 81, 136
Anzeigen → Werbung
»Arbeiterzeitung« 194
Architekt 16, 105, 111

Sachregister

Architektur, Architekturkritik, Architekturkritiker 104-108, 111
Archiv 42, 100, 163
ARD 27, 31, 67-68, 80, 86, 114, 131, 141, 151, 180
Argumentation 30, 51, 61, 146, 179
»Art« 104
»aspekte« 27, 42, 68, 98
Assoziation 35, 110, 120
Ästhetik 12-13, 35, 50-51, 90, 102, 105-106, 108, 110, 127, 132, 136-137, 195, 199, 202-203
Atmosphäre 120
Attribut (Adjektiv als Attribut) 14, 36-38, 43, 81, 94, 148
Aufklärung 49, 55, 132, 175
Auflage 53
Aufmachung 49
Aufsatz 12, 155
»Augsburger Allgemeine« 60
Auktion 108
Ausbildung 58-59, 165, 169, 171
Ausstellung -> Museum
Auswahl 49, 52, 60-65, 71, 82, 96-97, 99, 131, 134-135, 144-145, 153, 157, 161, 208
Autor (Buch) -> Schriftsteller
Autorenfilm 135
Avantgarde 87, 89, 115, 135, 208

B

Ballett -> Tanz
Bauen -> Architektur
Bauwerk -> Gebäude
Bayerischer Rundfunk 153
Belehrung -> Erziehung
Belletristik -> Buch
Bericht 7, 12, 30-33, 57, 62, 67, 70, 82, 86, 89-90, 100, 102, 108, 135-137, 141, 147, 170, 175, 181-182, 184-185, 196, 204-205
Berichter 12-13, 48-50, 54, 78, 92, 94, 109, 120, 128, 138, 194
Berliner Ensemble 161
»Berliner Tageblatt« 7
Beschreibung 48, 50, 93-94, 103, 107, 109-110, 113, 118, 120, 127-128, 138-140, 143, 150, 197, 209
Bestseller 96, 98-99
Betrachtung 126-127, 147, 197, 202
»Betrifft: Fernsehen« 141
Bewertung -> Wertung
Bewußtsein 177, 179, 195
Bibliothek 100, 104, 106, 163
Bild (Theater, Kunst, Film) 14, 48, 86, 92, 94, 107, 109-110, 126, 131-132, 134, 136-138, 140, 146, 150, 183
»Bild« 145
Bildhauerei, Bildhauer 104, 108
Bildung, Bildungsbürger 14, 28, 38, 43, 47, 49, 55, 57-58, 68-70, 80, 81, 103, 123, 142, 163, 165, 169, 172, 183-184, 192, 208
Bildungspolitik 165
Blues 93, 114, 122, 129
Boulevardtheater 69, 89
Boulevardzeitung -> Straßenverkaufszeitung
Bräuche 191
Brief 118
Broadway 72
Buch, Buchkritik, Buchkritiker 7, 11-12, 15, 18, 24-25, 27, 29, 31, 38-39, 41, 48, 50, 52, 54, 56, 58-59, 63-66, 67, 72, 75, 78-79, 81,

95-104, 107, 131, 135, 142, 146, 147, 153, 157, 191, 208
»Buchbesprechung« 67
Buchhandel, Buchhändler, Buchmarkt 72, 95-98, 100, 153
Buchtip 11, 99
Bühnenbild, Bühnenbildner 12, 48, 91, 94, 165
Bunte Seite 26, 196
Bürgerkultur 178
Burgtheater 85, 88

C

»Canale Grande« 141
»Captain Future« 147
Causerie 91
CD → Schallplatte
Chanson 116
Chefredakteur 12, 36, 200
Chor 91
Choreographie 51
Chronik 31, 91
Cineast 80, 132
Comics 28, 99
Computer, Computerspiel 103, 126, 147, 172-173, 191
»Der critische Musikus« 112
Cyberspace 191-192

D

Darstellungsform → Form
Demokratie 13, 37, 142, 163, 165-166, 168, 171, 202
Denkmalschutz 106, 163
Design, Designer 28, 42, 61, 71, 106, 108, 197
Deutscher Bühnenverein 88
Deutscher Presserat 147
Deutsches Theater 93

Dialog → Gespräch
Dichter → Schriftsteller
Dirigent 66, 71
Diskussion → Gespräch
Disney Company, The Walt 135
Distanz 51-52, 92, 100-101, 109, 125, 128, 144, 183, 185, 197
documenta 103-104
Dokumentarfilm 135
Dokumentation 26, 86, 97, 145
»Donau Kurier« 60
dpa 103
Drama, Dramatiker → Schauspiel
Dramaturgie 62, 91, 101, 139, 169
3sat 41
Dudelfunk 67, 144
Düsseldorfer Schauspielhaus 161

E

Eingriff (Manuskript) 63
Einordnung 33, 93, 102, 105, 110, 114, 128, 137, 178, 199
Einstürzende Neubauten 114
elitär 13, 28-29, 47, 69, 146, 198, 202
Elite, Elitekultur 13, 23, 29, 69, 168
Emanzipation 167
Engagement 65, 91, 117, 144, 177, 208
Erbe (kulturell) 105, 115, 135
Erkenntnis 171-172, 175, 184, 199, 209
Ernst 55-56, 114, 140, 171
Erotik 189
Erzählung, Erzählen 7, 39, 42, 56, 98, 102-104, 128, 137-138, 179, 184-185, 192, 196-197, 209

Sachregister

Erziehung, Erzieher 55-57, 59, 70, 82, 130-131, 138, 142, 164-165, 171, 189
Essay 12, 16, 31-32, 38, 91, 98-100, 108, 117-118, 136-137, 179, 185, 197, 201-203, 205
Essen und Trinken, Eßkultur 26, 61, 167, 181-182, 198-203
»Essen & Trinken« 200
Etablierte Kunst 28-29, 81, 107, 113, 126
Ethik 63, 143, 170, 174
E- und U-Musik 114, 116
Europäische Kulturpolitik 165-166
Experte 26, 38, 57-59, 119, 135, 143-145, 170, 191, 196, 200

F

Fachbegriff 34, 118
Fachzeitschrift 16, 105-106, 143, 201, 204
Faith No More 129
Fall (Gruppe) 114
Familie 36, 117, 124, 147, 166, 175, 185, 188-190
Fans 125, 126, 128, 197
Feature 31, 70, 99, 108, 117, 136, 147, 185
Fernsehkritik, Fernsehkritiker 36, 49, 56, 58, 64, 66, 74, 76, 78, 136, 140-142, 145-151, 157
Fernsehmagazin 26-27, 29, 65, 68, 71, 81-82, 88, 100, 108, 126-127, 132, 141, 145-146, 150, 178, 193
Fernsehspiel 145, 147
Festival 28, 117, 131, 136, 165
Feuilleton (Form) 7, 15, 49, 56, 100, 118-119, 128, 136, 188, 192, 197

Film, Filmkritik, Filmkritiker 24-25, 27-28, 31, 35, 37, 41, 48, 51, 54, 58, 60, 63, 66, 69, 70, 72-73, 77, 80-81, 86, 101, 124, 130-140, 142, 145-146, 153, 155-156, 206, 208
Filmemacher 135, 150
Filmförderung, Filmfinanzierung 137, 139
Filmgeschichte 135-138
Film- und Fernsehmusik 115-117, 139
Filmtip 132
Filmwirtschaft 131, 135, 137
Fischer Verlag, S. 96, 153
»Focus« 141
Folklore 114, 116
Form (journalistische Darstellung allgemein; Kultur allgemein) 7, 11-17, 26-33, 35, 40, 42, 48, 50-51, 55, 60, 62, 65, 68, 73, 81, 87, 89, 90-95, 99-105, 107-111, 113-121, 127-128, 130, 135-140, 145-151, 173, 177, 181, 184-185, 187-188, 193, 198-199, 201, 205, 208-209
Formel 34, 43, 109-110, 113, 121, 127, 196
Forschung → Wissenschaft
Fortschritt 123-124
Fotografie 39, 98, 100, 107-108, 110, 127, 144-145, 190
»Frankfurter Allgemeine« 17, 19, 24-25, 28, 31, 65, 145, 184, 204
Frankfurter Buchmesse 96
»Frankfurter Rundschau« 143
Frankfurter Schule 47, 152, 154
Freie Mitarbeiter 50, 54, 58, 62-63, 77, 87, 89

Freie Theater 42, 69, 72, 87, 89-90, 162
»Freitag« 164
Freizeit 26, 68, 82, 140, 147, 157, 166, 190
Freizeitzentrum 163-164
Fremde Kultur 166-168, 174, 181-187
Fremdsprachen 165
Fußball 193

G

Galerie, Galerist 29, 71, 104-105, 107, 109
Gastronomie –› Restaurant
»Gaudimax-Show« 151
Gebäude 48, 105-106, 108, 111, 182-183
Gebrauchsgegenstand 48, 106
Gedenkstätte Deutscher Widerstand 176
Gehalt 150
Geisteswissenschaften, Geisteswissenschaftler (verschiedene) 169, 174
Genre –› Form
Genuß 199-202
Germanistik, Germanist 58, 165
Geschichte, geschichtlich, Geschichtswissenschaftler 24-25, 30, 32, 37, 86, 98-100, 137-138, 140, 147, 161, 163, 165, 175-176, 179, 182, 185, 187, 198, 201
Geschichtsverein, Geschichtswerkstatt 163
Geschirr 199
Geschmack 13, 53, 55, 87, 99, 104, 117, 122, 124, 132, 167, 196, 199-203

Gesellschaft 25, 29, 48-49, 54, 70, 86-87, 91, 105, 124, 132, 134, 142-143, 161, 166-171, 177-179, 182, 185, 187-195, 199, 209
Gespräch 13, 29, 32, 62, 68, 71, 78, 91-92, 97, 100-101, 103, 109, 114, 117, 120, 125, 131, 137, 139, 145, 147, 164, 189
Gestaltung 23, 54, 86, 102, 105-107, 150, 170, 172, 177, 185, 209
Gewalt 139, 146-147, 180, 189
»Glashaus - TV intern« 141
Glossar 118, 137
Glosse 12, 14, 31-32, 42, 70, 91, 100, 117, 128, 136, 145, 147, 180, 185, 189, 197, 202
Goethe-Institut 166
Golf 198
»Gong« 148
Gourmet 202
Graffiti 108
Grafik 104, 107
Groteske 102
Guns N' Roses 128-29

H

Handel 181-182
Handlung 73, 102, 138-139
Handwerk 181
»Hannoversche Allgemeine Zeitung« 24-25, 28, 31, 40-42
Hanser Verlag, Carl 96, 153
Haute Couture 197
Heimatmusik 116-117
Hessischer Rundfunk 146
Hintergrundbericht 12, 14, 101, 107-108, 117, 147
Hip-Hop 113

Sachregister

»HNA Hessische Allgemeine« 24-25, 28, 31, 40-42
Hobby 189
Hochschule 58, 103, 113, 124, 165, 174, 197, 199
Hollywood 134
Hörer → Publikum
Hörertypen (Rockmusik) 123-125, 128
Hörfunkkritik, Hörfunkkritiker 142, 144, 147
Hörfunkmagazin 26-27, 29, 31, 40, 65, 72, 81-82, 88, 98, 108, 126-127, 144, 178, 193
Hörgewohnheit 112-114, 117
Hörspiel 144
Hothouse Flowers 130
Humor 14, 35, 37, 57, 102, 109-110, 121, 139, 189, 197

I

Identität 125, 167-168, 178, 195-196, 201
Illustration 110, 150
Impressionismus 103
Improvisation 14, 114, 126
Industrie 201
Information 15, 27, 32, 39, 41, 48-50, 56, 59-60, 67, 70-71, 78, 82, 102, 137, 139, 141, 171, 184
Inhalt 15-16, 30, 50, 60, 63, 93, 102, 107, 126, 130, 132, 147-150
Innermediale Einflüsse 62-64, 82
Insel Verlag 96
Inszenierung 72, 88, 109, 134, 138, 151, 165, 195, 197
Intendant 72, 91, 164
Interesse 13, 30, 54, 56, 59, 61-62, 64, 67-71, 73, 82, 86, 96, 98, 105, 107, 109, 114, 116-117, 128, 131, 134, 137, 147, 157, 163, 165, 168, 170-171, 179-180, 185, 208
Interpretation, Interpret 14, 28-30, 50, 93, 105, 107, 110, 113, 115-116, 120, 201
Interview 11-12, 31, 65, 88, 91, 100, 108, 117, 127, 136-137, 147, 164, 166-168, 189, 197
Ironie 30, 61, 102, 125, 128

J

Jazz 47, 113-116, 196
Jethro Tull 113
Journalismuskritik 142-144
Justiz, Justizkritik 40, 193

K

Kabarett 28, 40, 69, 89
Kamera, Kameramann 120, 126, 137, 138-139, 144
»Käpt'n Blaubär« 147
Karikatur 107, 145
Karriere 73-74
Kinderfernsehen, Kindermedien 146-147
Kinderfilm 135
Kinderfunk 144
Kinder- und Jugendbuch 9, 98-99, 153
Kinder- und Jugendtheater 14, 87-88, 90, 98
Kino → Film
Kinobesitzer 63, 137
Kirche → Religion
Kirchenmusik 116
Klassische Musik 41, 114, 117

Kleidung und Mode, Modejournalismus, Modejournalisten 11, 16, 26, 58-59, 66, 106, 182, 194-198, 206
Kleine Form 14, 136
Kleinkunst 28, 69, 98
Kleinverlag 96-98
Klischee 34, 37-38, 122, 127, 179, 194
Koch 61, 200, 202
Körperkultur 23, 193
Kolumne 12, 64, 85, 137
Kommentar 30-31, 33, 100-101, 107, 117, 136-137, 139-140, 144-145, 147, 161, 164, 173, 185
Kommunales Kino 63, 135
Kompetenz 13, 16, 38, 57-59, 90, 123, 141-142, 144, 148, 170-172
Komposition, Komponist 34, 37, 47, 112-113, 121, 186
Konflikt 62, 82, 86, 107, 134, 144, 161, 177
Konrad-Adenauer-Stiftung 161
Kontrolle 171
Konzert 54, 66, 68-69, 112-113, 116, 118-121, 125-129, 144, 155, 197
Konzertsaal, Konzerthaus 28-29, 114, 118, 120, 208
Konzertveranstalter, Konzertagent 66, 114, 117, 125-126
Korrespondentenbericht 137
Kosmetik 26, 194, 197
Kostüm 48, 51, 94, 196
Kriminalroman 99
»Kritik der Kritik« 11
Kritische Theorie —› Frankfurter Schule
Kubus 111

Kulturanwalt 52-55, 91
Kulturbegriff 23, 25, 27, 163, 169-170, 177, 194, 202, 205
Kulturdezernent, Kultursenator 29, 161-162, 164
Kulturförderung 162-165
Kulturgeschichte 25, 191
Kulturladen, Kulturtreff 163
Kulturpolitik 25, 48, 90, 137, 143, 161-168, 205, 209
Kunst, Kunstkritik, Kunstkritiker (allgemein) 9, 12-13, 14, 17, 23-29, 32, 40-42, 49-50, 52-53, 54-56, 59, 67-69, 78, 81-82, 89, 91, 112, 120-121, 131, 134, 137, 169, 187, 199, 205
Kunst, Kunstkritik, Kunstkritiker (Bildende Kunst) 9, 24-25, 27-28, 34-35, 41-42, 48, 58, 81, 102-111, 135, 142, 148, 163, 184
Kunsterziehung, Kunstschule 108, 163
Kunstgeschichte, Kunsthistoriker 105, 108-109, 200
Kunsthalle Tübingen 103
Kunsthandel 108
Kunsthandwerk 107-108
Kunstkenntnis, Kunstkenner 13, 54, 68-69, 82, 109
Künstler 28, 47, 52-54, 63, 66, 74-75, 109, 119, 161, 163-164, 186, 208
Künstlichkeit 202
Kunstmusik 124
Kunstnorm 49, 109-110
Kurzgeschichte 7

L

Laienkunst 28, 75, 107, 208
Laienorchester, Laienchöre 61, 116-117, 155
Laientheater 28, 61, 89-90, 162
Landesbühne Anklam 12
Landesbühnen 72, 87-88, 91, 152
Landestheater Dinslaken 152
Landestheater Tübingen 72
Layout 107
Lebensstil, lifestyle 11, 179
Led Zeppelin 129
»Leipziger Volkszeitung« 24-25, 28-29, 31, 42
Leitmedium 14, 64, 82
Leseförderung, Leseverhalten 100
Lesekultur 96, 98
Leser → Publikum
Leserbrief 104
Liebhaber 47, 57-59, 123, 125
»Li-La-Launebär« 147
»Literarische Quartett, Das« 60, 72, 100
Literatur → Buch
Literaturbeilage 96-97
Live-Musik 69, 125-126
Lob, Lobpreiser 51-52, 72, 76, 85, 91
»logo« 146
Lokales, Lokaljournalismus, Lokaljournalisten 12-13, 24-25, 26, 28-29, 31, 34, 41-42, 54, 60, 63, 67, 89, 116, 134, 137, 196
Lokalzeitung, lokale Medien 16, 63, 65, 77, 141, 145
Lyrik 59, 99, 169

M

Malerei 28, 104, 108
Masse, Massenkultur 13-14, 23, 53, 55, 82, 109, 124, 148, 163, 185, 198, 202
Materielle Bedingungen (Redaktion) 63, 82
Max-Planck-Gesellschaft 169
Medienkritik, Medienkritiker (allgemein) 24-25, 27, 31, 41, 81, 136, 140-151, 157, 208
Medienlandschaft, Mediensystem 143, 178
Medienmagazin 141
Mediennutzer → Publikum
Medienorganisation 16, 204
Medienpolitik 143, 165
Medienrealität 60, 62, 143-144, 146, 170
Medienrecht 16
Medientechnik 143
Medienwirtschaft 142-143, 147
Medienwissenschaft (Thema) 143-144, 147
Medium (Einfluß auf Kritik) 17, 59-66, 82
Medizin, Mediziner 24, 171-172, 174, 202
Meinung → Wertung
Meldung 31-32, 41-42, 50, 67, 81, 136, 144, 147, 185
Metapher 34-35, 81, 120, 161
Migranten 161-162, 166-167
Miniatur 188
»Mittelbayerische Zeitung« 60
Möbel 26, 106
Mode → Kleidung und Mode
Modenorm 194-195

Modenschau 59, 196-197
Moderation 36, 101, 150
Moderne Kunst 103-105, 109-110
Modeschöpfer, Modebranche 61, 71, 195-197
»Monitor« 150
Moral 30, 167
»Morgenblatt für gebildete Stände« 118
»Münchener Zeitung« 55
multikulturell 24, 165-168
Multimedia 107, 143-144
Mundarttheater –› Volkstheater
Museum 9, 28, 71, 103-104, 106-109, 148, 163, 196, 208
Museum Folkwang 71
Musical, Musicaltheater 89, 114
Musik, Musikkritik, Musikkritiker 16, 24-29, 34, 41-42, 50-51, 54-56, 58-59, 61-63, 66, 69-70, 74, 80-81, 93, 101, 112-129, 135-136, 141-142, 144, 154-155, 167, 186, 206
Musikerziehung, Musikschule 117, 163
Musikgeschichte 118
Musikwirtschaft 115, 117, 125-126, 128, 154
Musikwissenschaft, Musikwissenschaftler 123, 126

N

Nachricht –› Meldung
Nachrichtenagentur 32, 147-148
Nachrichtenfaktor 60-62, 73, 82, 88, 90, 177, 208
Nachrichtenmagazin 62, 141, 187
Nachruf 42

Nähe 14, 60, 82, 90, 92, 100, 107, 125, 128, 142, 208
Nahrungsmittel –› Essen und Trinken
Name-dropping 32
Naturfilm 185
Naturwissenschaften, Naturwissenschaftler (verschiedene) 25, 165, 169-174
Neue Musik 80, 112-113, 115
»The New York Times« 111
Niveau, Nivellierung 13, 24, 55, 89, 102, 115, 177
Norddeutscher Rundfunk 27, 142
Novelle 194
NS-Kulturpolitik, NS-Propaganda 163
Nutzung (Kulturkritik) 14, 67-74, 80, 82, 95, 131-132, 138, 141, 171

O

Objektivität, Objektivierung 49, 78, 113, 120
Öffentlichkeit 13, 48, 59, 78, 86, 97, 102, 105, 107, 140, 144, 170-171, 191
Öffentlich-rechtlicher Hörfunk 60, 144
Öffentlich-rechtliches Fernsehen 151, 193
Öffnung, Offenheit 14, 68-69, 82, 104, 168
Ökologie 164, 201
Oper 24, 86, 88, 90-91, 94, 169
Operette 114
Orchester 61, 113, 116, 118-119, 165, 186
ORF 79

Sachregister

Orientierung 18, 32, 56, 72, 99, 104, 131, 138-139, 169, 177, 200
Originalität 33-34, 63, 114, 123
Orion-Quartett 119
O-Ton 12

P

»Panorama« 150
Partitur 113, 121
Personalisierung 137
Phantasie 16, 30, 109, 130, 165, 173, 187
Philosophie, Philosoph 174, 193-194
Physik, Physiker 100, 171-173
Piper Verlag, R. 97
Plakat 106-108, 163, 183
Plattenfirma 114
Platz, Plazierung (Veröffentlichung) 14, 16, 24-26, 28-29, 81, 87, 90, 95, 110, 115-116, 141-142, 147-151, 163, 170, 172, 176, 178, 184, 187-188, 193, 196, 200, 204-205
Pluralismus –› Vielfalt
Polemik 17, 85, 154
Politik, Politiker, politischer Journalismus, politische Journalisten 7, 40, 47-48, 51, 55, 62, 65, 67-68, 70, 90, 98, 105, 124, 129, 132, 134, 137, 145-146, 150, 157, 161-169, 173-181, 185, 205
Politische Kultur 176-181, 187, 209
Pop-Art 103
Popgruppe, Popsänger 61, 73, 114, 115, 122-130, 196, 200
Popmusik –› Rock, Pop

populär 28-29, 69, 73, 74, 88-89, 103-104, 115, 124, 131, 135, 146, 170-171, 185, 208
Porno- und Sexfilme 134-135
Porträt 12, 16, 31, 42, 91, 100, 108, 117, 128, 136-137, 189, 197
Postmoderne 105
»Power Rangers« 146
»Prager Tagblatt« 51
Pressefreiheit 147
Pressekonferenz 66, 91, 104
Pressekritik, Pressekritiker 144-145, 147
Presse- und Informationsamt der Bundesregierung 50
Prestige 28, 64, 68, 71-72, 74-75, 86-87, 91, 96, 98, 162, 165, 199, 208
Prêt-à-porter 197
Privater Hörfunk 60, 132, 144
Privates Fernsehen 11, 136, 156
Privattheater 88-89
Probenbericht 31, 91, 118
Profikunst 28, 75
Programmhinweise 40, 141-142, 144, 147-148
Programmkino 135
Prominenz 61, 64, 82, 88, 90, 200, 208
Prosa 7, 37, 39, 96, 101, 188
Psychologie, Psychologe 195
Public Relations 26, 63, 79, 96, 126, 132, 142
Publikum 7, 9, 11, 13-14, 17, 25, 29-30, 32, 34-36, 39-40, 43, 51-57, 59, 61-63, 66-75, 79, 82, 86, 88-89, 91-92, 94-95, 98-104, 107-110, 112, 114-117, 121-128, 130-135, 137-140, 143, 146-148, 152,

155, 157, 164, 168, 171, 178, 184, 188, 200-201, 208
Publikumsanwalt 52-55, 91
Publikumszeitschrift 11, 16, 91, 98, 132, 141, 145, 148, 171, 189, 196, 201
Punk 129, 197

Q

Quote 53, 67-68

R

Radio Köln 8
Rap 42
Recherche 16, 63, 90, 100, 105-106, 142, 144, 172, 209
Redaktionskonferenz 9
Regie, Regisseur 12, 37, 48, 64, 71, 74, 85, 91-93, 137, 139, 152, 206
Regietheater 92
Regionalzeitung 24-25, 28, 31, 35, 60-61, 65, 77, 135, 141-142, 145, 175
Reisen, Reisejournalismus, Reisejournalisten 26, 59, 66, 98, 181-187, 189, 205-206
Religion 25, 162, 175-176, 186-187, 193-193, 199, 206
Renommee –› Prestige
Reportage 12, 14, 31-32, 42, 90-91, 93, 100-101, 107-108, 117-118, 127-129, 137, 139, 144-145, 150, 152, 63, 185-187, 189, 197, 202
Reporter –› Berichter
Repräsentative Kultur (allgemein) 28-29, 69, 81, 86, 113, 208
Ressortleiter 62, 78, 90, 98, 194

Restaurant, Restaurantkritik, Restaurantkritiker 26, 58, 192, 198, 200
»Revue des deux Mondes« 118
Rezension, Rezensent 9, 11-12, 16-17, 19, 30-32, 34-35, 39, 42, 48-60, 63-65, 70-74, 80-81, 90-103, 105, 109-111, 116-129, 131-132, 136, 138-140, 141-142, 144, 147-151, 155, 196-197, 208-209
Rezeption –› Nutzung
Rezipient –› Publikum
Rhythm and Blues 123
Richter (Kritiker) 33, 48-50, 55, 59, 82, 94, 117, 173
Rock und Pop, Popkritik, Popkritiker 16, 24, 28-29, 41-42, 59-61, 66, 69, 73, 81, 113-117, 122-131, 146, 154-155, 208
Rolling Stones, The 129
Roman, Romancier 38-40, 61, 63, 65, 69, 95-99, 101-102, 196, 200, 206
Romantik 183
Routine 31, 42, 90, 116
Rowohlt Verlag 97, 153
Roxette 122, 125
Rücksicht 62-63

S

Sachbuch 98, 100, 102
Sachlichkeit 30, 70, 102, 119, 187
»Salzburger Nachrichten« 56
SAT.1 36
Satzbau 34, 37, 39-40, 43, 81
Sekten 193
Selbstverständnis (Kritiker) 17, 40, 47-59, 76, 78, 82, 91, 94, 96, 127-128, 131-132, 136, 142, 146, 148

Sachregister

Selektion → Auswahl
Serie 26, 117, 137, 145-146, 164, 189
Service 12-13, 53-54, 132, 142, 184
Show 26, 37-38, 100, 129, 145-146
Sinn 23-24, 99, 172-173, 193, 197
Sinne, sinnlich, Sinnlichkeit 14, 34, 49, 57, 59, 92-94, 113, 120, 127-128, 132, 185, 197, 199, 202, 208
Skandal 61, 73, 82, 161
Sommerloch 42
Soul 114, 122
Soundgarden 129
Sozialarbeit 164
Sozialwissenschaften, Sozialwissenschaftler (verschiedene) 169, 174, 177
Soziokultur 23, 164
spektakulär 14, 61, 69, 73, 85, 87, 105, 170, 177
»Spiegel, Der« 49, 62, 65, 79, 99, 144-145, 156, 177, 204
Spiel 35, 38, 55-56, 86, 88, 93, 114, 120-121, 124, 126-127, 134, 146-147, 173, 191-193
Spielplan 88, 91
Spitze (Form) 91, 198
Sport, Sportjournalismus, Sportjournalisten 30, 34, 67, 99, 144, 146, 151, 174, 185, 193, 198
Sprache 7, 11, 14, 16-18, 23, 33-40, 43, 51, 57-58, 81-82, 92, 97, 99-102, 104, 113, 119-123, 127-128, 130-132, 139-140, 145, 147-149, 175, 182, 192, 195, 203, 206
Sprachkultur 23, 192
Sprengel Museum 104
Subjektivität 49, 59-60, 70, 78, 82, 93, 102, 120, 130, 132, 148, 177

Subvention 73, 87-88, 152, 162-164
»Süddeutsche Zeitung« 60-61, 65, 141, 145
Südwestfunk/SWF-Bestenliste 153
Suhrkamp Verlag 97, 153
Superlativ 38, 102, 123, 127, 135
Symbol 105, 108, 137, 145, 195, 197-198, 201

SCH

Schallplatte 117, 125-126, 140, 154
Schauspiel, Schauspieldichter 11, 38, 64, 70, 86-88, 89, 91, 92-94, 118, 161, 199
Schauspieler 48, 51, 72, 91-92, 94, 137, 139, 165
Schauspieltruppe Zürich 88
Schilderung → Beschreibung
Schiller Theater 161-162
Schmidts Tivoli 28
Schmuck 26, 194, 196
Schnitt, Schnittmeister (Cutter) 126, 137, 139, 150
Schrift 107, 181
Schriftsteller 7, 11, 17, 39, 54, 61-62, 64-65, 77, 85, 96-102, 119, 121, 177, 182, 186-187, 194
Schülertheater 90
Schule 61, 100, 106, 108, 124, 165
Schwulst 33-35, 81, 120

ST

Stadtplanung, Stadtentwicklung 106, 163-164
Stadtteilkultur 162-165
Stadttheater Ingolstadt 60-61, 69-70, 72, 74, 78, 92

Stadt- und Staatstheater 69, 73, 86, 88, 90-91, 152, 208
Star, Starbetrieb 73, 85, 87-88, 115, 125-126, 128, 136-137
»Stern« 61-62
Stil 16, 34, 39, 60, 70, 81, 110, 130, 140, 154-155, 177, 183, 188, 196-197, 200, 206
Stimmung, Stimmungskontrolle 123-124, 130, 141
Straßenmusik 116
Straßentheater 69, 89
Straßenverkaufszeitung 60, 98
Streitkultur 23, 177

T

»Tabaluga tivi« 147
Tabu 199
Tafelmusik 199
»Tagesspiegel, Der« 65
»tageszeitung, die« 65, 141, 145
Talkshow 11, 26, 60, 145
Tanz, Tanztheater, Tänzer 24, 90, 94, 196, 198
Tanz- und Schlagermusik 114
»1000 Meisterwerke« 110
Technik, Technokratie 165, 171-172, 202
Techno 113
Tele5 41
Terminjournalismus 14, 32, 40, 42, 63, 81, 89, 105, 116, 208
»Texte und Zeichen« 27, 31, 41-42
Textform –› Form
Thalia Theater 61
Theater, Theaterkritik, Theaterkritiker 9, 12, 14, 16, 19, 23-29, 35, 37, 40-42, 48-49, 51, 53, 55, 57-58, 60-61, 69-70, 71-74, 78, 80-81, 85-95, 97, 102, 104-105, 107, 113, 118, 124, 127, 134, 142, 146, 150, 152, 161-162, 164-165, 182, 189, 193
»Theater heute« 12, 85
Theaterreform 164-165
Theaterstück –› Schauspiel
Theaterwissenschaft, Theaterwissenschaftler 87
Théâtre du Soleil 61
Thema (allgemein) 14-17, 23-29, 40-42, 50, 55, 62-63, 81-82, 86-91, 97-100, 102, 105-109, 115-118, 134-137, 139, 143-150, 157, 161-166, 171-174, 178, 184-185, 187-189, 191-193, 196-197, 201-205, 208-209
Thematisierung 61-62, 64-66, 71-72, 75, 99, 117, 173, 184
Theologie –› Religion
Tierschutz, Tierrechtler 174, 201
Toten Hosen, Die 124
Tourismus, Touristen 103, 166, 183-186
Tourneetheater 88
Trinklieder 199
Triviales, Trivialliteratur 65, 88-99, 134, 146
Typografie 107

U

Überregionale Zeitung 16, 24-25, 28, 31, 35, 60-61, 64-65, 141, 179-180
Uffizien 103
Ulmer Theater 113
Umfrage (Form) 108
Umgangsformen 189

Sachregister

Umwelt, Umgebung 23, 117, 141, 170, 183-185, 187
Universität → Hochschule
Unterhaltung, Unterhalter 7-8, 14, 26, 30, 55-57, 59, 69-70, 80, 85-86, 89, 91, 94, 100, 109, 114-115, 124, 128, 131, 134, 137, 145-146, 148, 151, 184
Urlaub 184, 190
Urteil → Wertung
Urteilsfähigkeit, Urteilskraft 33, 49, 106

V

»Vanity Fair« 104-105
Varieté 69, 89
Veranstaltungstips 31, 40
Verantwortung, Verantwortlichkeit 75, 143, 170-172
Verein 189
Verkehr 106, 183, 185, 189
Verlag, Verleger 28, 51, 62, 96-98, 100, 105, 143, 145, 147, 153, 171, 208
Verlautbarungsjournalismus 170
Vermischtes → Bunte Seite
Vermittlung 13, 16, 49-50, 54, 56, 58-59, 68, 70, 78, 81-82, 93, 102, 104-105, 109-110, 115, 135, 137, 164, 170-171, 175, 209
Vernissage 104, 109
Verriß, Verreißer 51-52, 72-73, 95-96, 146
Verständlichkeit 7-8, 14, 18, 33-35, 38-40, 43, 47, 57-58, 66, 81, 94, 110, 118, 130, 171, 175
Video, Videokunst, Videoclips 28, 107, 126, 136-137, 140, 147, 191
Vielfalt 8, 13, 16-17, 23-24, 27, 68-69, 81, 87, 93, 97, 102, 135, 161, 166, 174, 176, 182-183, 200, 202-203, 208
Virtuelle Realität 191
Völkerkunde, Völkerkundler 16, 24-25, 174
Volkshochschule 163
Volkstanzgruppe 89
Volkstheater 69, 89
volkstümlich → populär
Vorbericht 31, 91, 118, 155
Vorbild 64
»Vossische Zeitung« 55
VOX 141

W

Warenästhetik 106
»Welt, Die« 88
Weltbild 88, 134, 141
Werbung 38, 63, 66, 70-71, 96-97, 100, 106-107, 116-117, 124, 126, 128, 132, 135-136, 141, 146, 165, 183, 196
Wertewandel 178
Wertung 12, 26, 32-33, 37-38, 48-53, 57, 59-60, 62-63, 66, 70-75, 78, 82, 87, 88-89, 92-95, 97, 101-102, 105-111, 113, 120-121, 123, 126-128, 130, 132-135, 138-143, 148, 155, 157, 170, 172, 195-197, 209
Westdeutscher Rundfunk 50, 56, 63, 67
»Wetten, daß...« 124
Who, The 129
Wildecker Herzbuben 117
Wirklichkeit 30, 60, 126, 208
Wirkung (Kulturkritik) 7-8, 11, 30, 35, 38-40, 55-56, 57, 70-75, 80,

82, 91, 95, 101-102, 108, 124-128, 146, 155, 185, 200-201
Wirtschaft, Wirtschaftsjournalismus, Wirtschaftsjournalisten 30, 34, 40, 48, 67, 72, 90-91, 103, 105, 137, 162, 164-165, 166, 179-180, 193, 202
Wissenschaft, Wissenschaftler, Wissenschaftsjournalismus, Wissen-schafts-journalisten (allgemein) 52, 66, 110, 165-166, 169-176, 187, 204-205, 209
Witz 35, 37, 51, 93, 102, 120, 136, 140, 151
»Woche, Die« 99
Wochenendbeilage 25-26, 31, 96, 98, 117, 188
Wochenzeitung 25, 60, 64, 141, 187
Wohnen 26, 106, 182, 191, 206
Wortblasen –› Schwulst
Würdigung 42

Z

ZDF 27, 31, 68, 80, 86, 100, 114, 131, 141, 192
Zeichen –› Symbol
Zeichnung –› Grafik
Zeit (journalistische Arbeit) 9, 16, 63, 89, 95, 105, 116-117, 137, 150, 170, 175
»Zeit, Die« 11, 19, 42, 49, 64-65, 96-97, 114, 126, 141, 145, 176, 204
Zeitkritik 87, 97-99, 105, 128, 132, 134
»Zeitmagazin» 113, 201
Zentrum für Kulturforschung 103
Zielgruppe 16
Zirkus 69, 89

Zitat 101, 102, 107, 125, 128-129, 136
Zivilisation 167-168, 194, 202
Zuschauer –› Publikum
Zwischenmediale Einflüsse 64-66, 82
ZZ Top 122

DRUCK-SACHE

Profile / Passagen / Positionen

Herausgegeben von Walter Hömberg

UVK Medien

Die Leistungen einzelner Journalisten und Publizisten gehen in der Medienflut unserer Tage meist unter. Diese Buchreihe stellt profilierte Autoren verschiedener Medien mit einer Auswahl ihrer Werke vor.
Darüber hinaus bietet sie ein Forum zur Diskussion aktueller Zeitfragen.

Band 1
Herbert Riehl-Heyse
Am Rande des Kraters
Reportagen und Essays
aus drei bewegten Jahren
1993, 160 Seiten, engl. Broschur
ISBN 3-89669-034-5

Herbert Riehl-Heyse ist leitender Redakteur bei der »Süddeutschen Zeitung« in München und Träger zahlreicher journalistischer Auszeichnungen. Für den Beitrag »Man schlägt den Sack und meint den Esel« aus diesem Band erhielt er den Medienpreis des Deutschen Bundestages.

»*Herbert Riehl-Heyse überläßt es der Intelligenz des Lesers, die richtigen Schlüsse zu ziehen.*«

Stuttgarter Zeitung

Band 2
Jürgen Leinemann
Gespaltene Gefühle
Politische Porträts aus dem
doppelten Deutschland
1995, 256 Seiten, engl. Broschur
ISBN 3-89669-035-3

Jürgen Leinemann arbeitet seit 1971 für den »Spiegel« – von 1975 bis 1989 als Reporter in Bonn und seit dem Fall der Mauer in Berlin. Für sein Porträt von Hans-Dietrich Genscher erhielt er 1983 den Egon-Erwin-Kisch-Preis.

»*Wahrscheinlich der beste psychologische Porträtist deutscher Zunge.*«

Bayerischer Rundfunk

Band 3
Peter Sartorius
Seiltanz über den Fronten
Als Augenzeuge bei Krisen,
Kriegen, Katastrophen
Herausgegeben und eingeleitet
von Walter Hömberg
1997, 246 Seiten, engl. Broschur
ISBN 3-89669-035-3

Peter Sartorius arbeitet als leitender Redakteur bei der »Süddeutschen Zeitung« in München. Für seine Reportagen wurde er mit dem Theodor-Wolff-Preis und mehrfach mit dem Egon-Erwin-Kisch-Preis ausgezeichnet.

»*Ein sensibles, selbstkritisches, neugieriges – ja, eben ein durchaus großartiges Buch*«

Stuttgarter Zeitung

UVK Medien im Internet: www.uvk.de

Reihe
Praktischer Journalismus

Grundwissen

Claudia Mast (Hg.)
ABC des Journalismus
Ein Leitfaden für die
Redaktionsarbeit
8., überarbeitete Auflage 1998
600 Seiten, br.
DM 39,80/ÖS 291/SFr 37,-

Hans-Joachim Schlüter
ABC für Volontärsausbilder
Lehrbeispiele und
praktische Übungen.
Mit einem Geleitwort
von Herbert Riehl-Heyse
2. Auflage 1991
256 Seiten, br.
DM 38,-/ÖS 278/SFr 38,-

Heinz Pürer (Hg.)
Praktischer Journalismus in Zeitung, Radio und Fernsehen
Mit einer Berufs- und
Medienkunde für Journalisten
in Österreich, Deutschland und
der Schweiz
2., überarbeitete und erweiterte
Auflage 1996
682 Seiten, br.
DM 54,-/SFr 49,-

Peter Zschunke
Agenturjournalismus
Nachrichtenschreiben
im Sekundentakt
1994, 272 Seiten, br.
DM 39,80/ÖS 291/SFr 39,80

Michael Haller
Recherchieren
Ein Handbuch für Journalisten
5., überarbeitete Auflage 1999
300 Seiten, br.
DM 36,-/ÖS 263/SFr 33,-

Michael Haller
Das Interview
Ein Handbuch für Journalisten
2., überarbeitete Auflage 1997
458 Seiten, br.
DM 46,-/ÖS 336

Ernst Fricke
Recht für Journalisten
Grundbegriffe und Fallbeispiele
1997, 402 Seiten, br.
DM 48,-/ÖS 350/SFr 44,50,-

Hermann Sonderhüsken
Kleines Journalisten-Lexikon
Fachbegriffe und Berufsjargon
1991, 160 Seiten, br.
DM 30,-/ÖS 219/SFr 30,-

Ressorts

Josef Hackforth
Christoph Fischer (Hg.)
ABC des Sportjournalismus
1994, 360 Seiten, br.
DM 39,80/ÖS 291/SFr 39,80

Karl Roithmeier
Der Polizeireporter
Ein Leitfaden für die
journalistische
Berichterstattung
1994, 224 Seiten, br.
DM 38,-/ÖS 278/SFr 38,-

Gunter Reus
Ressort: Feuilleton
Kulturjournalismus
für Massenmedien
2., überarbeitete Auflage
1999, ca. 360 Seiten, br.
DM 45,-/ÖS 329/SFr 41,50

Gottfried Aigner
Ressort: Reise
Neue Verantwortung
im Reisejournalismus
1992, 272 Seiten, br.
DM 39,-/ÖS 285/SFr 39,-

Presse

Michael Haller
Die Reportage
Ein Handbuch für Journalisten
4. Auflage 1997
332 Seiten, br.
DM 38,-/ÖS 277/SFr 35,-

Werner Nowag
Edmund Schalkowski
Kommentar und Glosse
1998, 364 Seiten, br.
DM 45,-/ÖS 329/SFr 41,50

Karola Ahlke
Jutta Hinkel
Sprache und Stil
Ein Handbuch für Journalisten
1999, 172 Seiten, br.
DM 38,-/ÖS 277/SFr 35,-

Peter Brielmaier
Eberhard Wolf
Zeitungs- und Zeitschriftenlayout
1997, 268 Seiten, br.
DM 38,-/ÖS 277/SFr 35,-

Hörfunk

Bernd-Peter Arnold
ABC des Hörfunks
1991, 288 Seiten, br.
DM 38,-/ÖS 278/SFr 38,-

Sturm/Zirbik
Die Radio-Station
Ein Leitfaden für den
privaten Hörfunk
1996, 384 Seiten, br.
DM 60,-/ÖS 438/SFr 60,-

Antwort

UVK Medien
Verlagsgesellschaft mbH
Postfach 102051
D-78420 Konstanz

Bitte liefern Sie umseitige Bestellung mit Rechnung an:

Ort, Datum

Unterschrift

Zindel/Rein (Hg.)
Das Radio-Feature
Ein Werkstattbuch
1997, 380 Seiten, br.
DM 45,-/ÖS 329/SFr 41,50,-

Clobes/Paukens/Wachtel (Hg.)
Bürgerradio und Lokalfunk
Ein Handbuch
1992, 240 Seiten, br.
DM 19,80/ÖS 145/SFr 19,80

Claudia Fischer (Hg.)
Hochschul-Radios
Initiativen - Praxis - Perspektiven
1996, 400 Seiten, br.
DM 58,-/ÖS 424/SFr 52,50

Wolfgang Zehrt
Hörfunk-Nachrichten
1996, 240 Seiten, br.
DM 34,-/ÖS 248/SFr 34,-

Stefan Wachtel
**Sprechen und Moderieren
in Hörfunk und Fernsehen**
3., überarbeitete
Auflage 1998
192 Seiten, br.
DM 36,-/ÖS 263/SFr 33,-

Stefan Wachtel
Schreiben fürs Hören
Trainingstexte, Regeln und
Methoden
1997, 336 Seiten, br.
DM 42,-/ÖS 307/SFr 39,-

Fernsehen

Blaes/Heussen (Hg.)
ABC des Fernsehens
1997, 488 Seiten, br.,
25 SW-Abb.
DM 42,-/ÖS 307/SFr 39,-

Sturm/Zirbik
Die Fernseh-Station
Ein Leitfaden für das Lokal-
und Regionalfernsehen
1998, 490 Seiten, br.
DM 54,-/ÖS 394/SFr 49,-

Steinbrecher/Weiske
Die Talkshow
20 Jahre zwischen Klatsch
und News.
1992, 256 Seiten, br.
DM 36,-/ÖS 263/SFr 36,-

Hans Dieter Erlinger u.a. (Hg.)
**Handbuch des
Kinderfernsehens**
2., überarbeitete und
erweiterte Auflage 1998,
680 Seiten, br.,
35 SW-Abb.
DM 58,-/ÖS 423/SFr 52,50

Internet

Klaus Meier (Hg.)
Internet-Journalismus
Ein Leitfaden für ein
neues Medium
2., überarbeitete und erweiterte
Auflage 1999,
ca. 360 Seiten, br.
DM 42,-/ÖS 307/SFr 39,-

Ralf Blittkowsky
**Online-Recherche für
Journalisten**
inklusive Diskette
mit 1.400 Online-Adressen
1997, 336 Seiten, br.
DM 45,-/ÖS 329/SFr 41,50

BESTELLKARTE

Bitte liefern Sie mir zzgl. Versandkosten:
(ab DM 50,- ohne Versandkosten)

Anzahl   Autor/Titel

___ _____

___ _____

___ _____

___ _____

___ _____

___ _____

___ _____

___ _____

___ _____

___ _____

___ _____

___ _____

___ _____

___ _____

❏ Bitte informieren Sie mich über Ihre Neuerscheinungen.

Adresse und Unterschrift bitte auf der Vorderseite eintragen.

UNI-PAPERS

Heinz Pürer
**Einführung in die
Publizistikwissenschaft**
Systematik, Fragestellungen,
Theorieansätze,
Forschungstechniken
6. Auflage 1998
208 Seiten, br.
DM 32,-/ÖS 234/SFr 29,-

Erhard Schreiber
**Repetitorium
Kommunikationswissenschaft**
3., überarbeitete Auflage 1990
368 Seiten, br.
DM 39,-/ÖS 285/SFr 39,-

Werner Früh
Inhaltsanalyse
Theorie und Praxis
4., überarbeitete Auflage 1998
260 Seiten, br.
DM 32,-/ÖS 234/SFr 29,-

Thomas Knieper (Hg.)
Statistik
Eine Einführung für
Kommunikationsberufe
1993, 448 Seiten, br.
DM 39,-/ÖS 285/SFr 39,-

Jan Tonnemacher
**Kommunikationspolitik in
Deutschland**
Eine Einführung
1996, 296 Seiten, br.
DM 36,-/ÖS 263/SFr 36,-